AF571164

Histoire du football féminin au XXe siècle

ISBN : 2-7475-4730-2

Laurence Prudhomme-Poncet

Histoire du football féminin au XXe siècle

L'Harmattan
5-7, rue de l'École-Polytechnique
75005 Paris
FRANCE

L'Harmattan Hongrie
Hargita u. 3
1026 Budapest
HONGRIE

L'Harmattan Italia
Via Bava, 37
10214 Torino
ITALIE

Collection **Espaces et Temps du sport**
dirigée par Pierre Arnaud

Le phénomène sportif a envahi la planète. Il participe de tous les problèmes de société qu'ils soient politiques, éducatifs, économiques, sociaux, culturels, juridiques ou démographiques. Mais l'unité apparente du sport cache mal une diversité aussi réelle que troublante : si le sport s'est diffusé dans le temps et dans l'espace, s'il est devenu un instrument d'acculturation des peuples, il est aussi marqué par des singularités locales, régionales, nationales. Le sport n'est pas éternel ni d'une essence transhistorique, il porte la marque des temps et des lieux de sa pratique. C'est bien ce que suggèrent les nombreuses analyses dont il est l'objet dans cette collection qui ouvre un nouveau terrain d'aventures pour les sciences sociales.

Dernières parutions

Claude PIARD, *Education physique et sport. Petit manuel d'histoire élémentaire*, 2001.
Alice TRAVERS, *La montagne éducatrice, 1940-1944,* 2001.
Michel POUSSE, *Rugby, les enjeux de la métamorphose,* 2002.
Michel HELUWAERT, *Jeunesse & sport : espérances contrariées, marginalités récupérées*, 2002.
Jacques DUMONT, *Sport et assimilation à la Guadeloupe,* 2002.
Collectif, *Le sport et les français pendant L'Occupation*, 2 tome, 2002.
Patrice GICQUEL , *Un siècle de vélo au pays des Sourds*, 2002.
Fabien OLLIER & Henri VAUGRAND, *L'intégrisme du football*, 2002.
Claude PIARD, *Sport, éducation et société*, 2002.
Thierry TERRET et Henri HUMBERT, *Histoire et diffusion de la gymnastique aquatique (1960-2000*), 2002.
Thierry TERRET, *Les jeux interalliés de 1919, sport, guerre et relations internationales*, 2002.
Alex POYER, *Les premiers temps des véloces-clubs, Apparition et diffusion du cyclisme associatif français entre 1867 et 1914*, 2003.
Tony FROISSART, *« sport populaire » de Seine-et-Oise, 1880-1939*, 2003.
Michel HELUWAERT, *Sports... sans jeunesse ?*, 2003.
Fabien OLLIER, *La maladie infantile du Parti communiste français (« le sport »)*, 2003.

Remerciements

Je souhaite remercier tout particulièrement Pierre Arnaud et Thierry Terret, professeurs à l'Université Lyon 1, pour la confiance qu'ils m'ont accordée et les précieux conseils qu'ils m'ont donnés, Eric Poncet notamment pour son soutien, ses encouragements et sa patience (!), mes parents pour leur dévouement et leur soutien sans faille, mes collègues et ami-e-s pour leurs encouragements.

Je tiens également à remercier toutes les personnes qui, d'une manière ou d'une autre, m'ont aidé :
Roger Bei, Claude Borgeaud et Ruth Beck Perrenoud (Musée Olympique de Lausanne), Xavier Breuil, André Drevon, Ernie Jacky (Ligue d'Alsace de football), Serge Laget (L'Equipe), Monique Lambert (Association Maisons-Alfort Mille ans d'histoire), Julienne, Daniel Leclerc et Lucienne Siégel (Femina Sport), Charlotte Lubert-Notari (Société des Bains de Mer de Monte-Carlo), Isabelle Mercier (Musée du sport), Robert Prat (Comité Olympique de Monaco), Dr Marcel Robin (Commission Centrale médicale de la FFF), Bagdadi Si Mohamed (FSGT), Jean Schiltz
Les anciennes joueuses : Josette Bei, Marilou Duringer, Lisa Gerwig, Jocelyne Gout, Hélène Hillion, Monique Jacky, Jacqueline Laudré, Paulette Leblond, Nelly Reb, Dominique Rinaudo, Ghislaine Souëf, Paulette Sutter, Marie-Christine Tschopp, Lucienne Viel, Nelly Viennot
Les joueuses de l'équipe de France : Corinne Diacre (capitaine), Hoda Lattaf, Marinette Pichon et l'entraîneure-sélectionneure Elisabeth Loisel ainsi que l'animatrice nationale du football féminin à la FFF, Laurence Dabrainville
Mes entraîneurs de football, notamment Chantal Batier, Jeannot, Béatrice Jaricot, Michel Duc et Patrick Diemer
Mes coéquipières du Caluire Sporting Club et de l'UFRSTAPS de Lyon.

Principaux sigles utilisés

AD	Archives Départementales
APPP	Archives de la Préfecture de Police de Paris
AS	Association Sportive
CFI	Comité Français Interfédéral pour la propagation des sports
CNFF	Conseil National des Femmes Françaises
DTN	Directeur Technique National
FC	Football Club
FCFR	Football Club Féminin de Reims
FFA	Fédération Française d'Athlétisme
FFABB	Fédération Française d'Athlétisme et de Basket-Ball
FFBB	Fédération Française de Basket-Ball
FFF	Fédération Française de Football
FFFF	Fédération Française de Football Féminin
FFFA	Fédération Française de Football Association
FFFGEP	Fédération Féminine Française de Gymnastique et d'Éducation Physique
FFFGS	Fédération Féminine Française de Gymnastique et de Sports
FFFSA	Fédération Féminine Française de Sports Athlétiques
FFR	Fédération Française de Rugby
FFSF	Fédération Féminine et Sportive de France
FGSPF	Fédération Gymnastique et Sportive des Patronages de France
FIBA	Fédération Internationale de Basket-Ball
FIEFF	Fédération Internationale et Européenne de Football Féminin
FIFA	Fédération Internationale de Football Association
FSFI	Fédération Sportive Féminine Internationale
FSFSF	Fédération des Sociétés Féminines Sportives de France
FST	Fédération Sportive du Travail
IAAF	International Amateur Athletism Federation
JO	Jeux Olympiques
LAFA	Ligue d'Alsace de Football-Association
LFFA	Ligue Féminine de Football-Association
UEFA	Union Européenne de Football Association
UFSGF	Union Française des Sociétés de Gymnastique Féminine
UNFP	Union Nationale des Footballeurs Professionnels
USGF	Union des Sociétés de Gymnastique de France
USFSA	Union des Sociétés Françaises de Sports Athlétiques
WUSA	Women's United Soccer Association

INTRODUCTION

Alors que le « Mondial » est devenu l'événement le plus médiatique de la planète, la pratique du football par les femmes est marginale et souvent méconnue. Elle éprouve bien des difficultés à s'épanouir pleinement. La Fédération Française de Football (FFF), première fédération sportive française du point de vue du nombre de licenciés, ne compte que quarante mille femmes sur plus de deux millions de licenciés, soit à peine 2% des effectifs globaux. Le football, alors qu'il s'est très tôt mondialisé et qu'on le retrouve partout, reste aujourd'hui l'apanage des hommes. La féminisation des pratiques sportives s'est déroulée au fil du siècle d'une manière différenciée et certaines pratiques comme le football, l'haltérophilie, le rugby... demeurent en effet des territoires particulièrement masculins, alors que d'autres au contraire semblent réservés aux femmes : la danse, la gymnastique rythmique et sportive, le twirling bâton, la natation synchronisée...[1] Le sport reste aujourd'hui un lieu de différences et d'inégalités entre les sexes. Une étude historique du football féminin devrait nous aider à mieux cerner cette permanence, à souligner l'ancienneté des ancrages, des racines et à dégager l'évolution des représentations de la sportive.

Au XIXe siècle, la pratique sportive naissante est essentiellement masculine et se développe dans un monde masculin. La participation féminine demeure exceptionnelle et constitue un privilège de quelques élégantes issues de la haute société parisienne et de l'élite provinciale. Ces *Femmes de sport,* décrites pour la première fois en France par le baron de Vaux, en 1885, sont particulièrement amatrices d'équitation, qu'elles pratiquent notamment dans le Bois de Boulogne où se réunit la gentry parisienne[2]. Ces charmantes amazones comme la Duchesse d'Uzès pratiquent aussi la chasse, autre distraction de luxe de la société de l'époque,

---

[1] Cf annexe 1.

[2] Baron de Vaux, *Les Femmes de sport*, Paris, Marpon et Flammarion, 1885.

moyen pour elles de vivre leur temps libre menacé d'ennui[3]. D'autres comme la Comtesse de Salles sont des femmes d'épée, d'autres encore sont de véritables sportswomen de la glace ou font de la natation leur sport favori. Ces jeunes femmes distinguées s'adonnent également à la pratique du tir. Le baron de Vaux fait allusion à la Vicomtesse de Gilly, *habile tireuse à l'arc*, ainsi qu'à sa femme la baronne de Vaux qui *a adopté le tir au pistolet comme passe-temps de prédilection.* A Monte-Carlo, haut lieu de l'élégance mondiale, quelques dames aussi figurent parmi les fins tireurs qui arment leur carabine pour atteindre différentes cibles du Tir aux pigeons créé en 1872 par la Société des Bains de Mer. A ces pratiques, les sportswomen associent, au tournant du siècle notamment, la vélocipédie, qui est devenue la plus ardente passion des dames, et le tennis devenu à la mode notamment dans les stations balnéaires de Dinard, Dieppe... Comme le souligne E. André, *le lawn-tennis, qui convient à l'un et l'autre sexe,* n'est-il pas *le complément indispensable de l'éducation mondaine* [4]?

Ainsi s'esquissent les premières figures d'une pratique physique féminine. Les femmes de sport ne sont pourtant pas à l'origine du sport féminin comme le souligne P. Arnaud[5]. *En fait, le véritable début des pratiques sportives que nous connaissons présentement, en même temps que la rupture avec leurs antécédents aristocratiques ou hygiéniques, se situe entre 1912 et 1920* [6], même si les débuts de la natation sportive sont un peu plus précoces encore[7]. Les premières heures de l'organisation du sport féminin à Paris durant cette période nous sont brièvement livrées par Gustave de Lafreté, sportsman de la première heure au Racing Club de France, dans l'*Encyclopédie des Sports* de 1924[8]. Il trace le portrait des trois sociétés parisiennes, Femina Sport, Académia et En Avant, à l'origine de la première fédération sportive féminine en 1917. Le football figure parmi les activités pratiquées à cette époque, mais sa naissance n'est pas particulièrement évoquée.

Le second écrit mettant en rapport le sport et la femme, rédigé par une représentante du corps médical, ne nous apporte pas de renseignements sur la question. Il s'attache davantage à guider les femmes dans le choix d'une

---

[3] Corbin A., *L'avènement des loisirs 1850-1960,* Paris, Aubier, 1995.

[4] André E., *L'éducation physique et sportive des jeunes filles,* Paris, Flammarion, 1908.

[5] Arnaud P., "Le genre ou le sexe ? Sport féminin et changement social (XIXe - XXe siècle)", Arnaud P., Terret T. (textes réunis par), *Histoire du sport féminin,* Paris, L'Harmattan, 1996, Tome 2, p. 151.

[6] Thibault J., "Les origines du sport féminin", Arnaud P., *Les Athlètes de la République*, Toulouse, Privat, 1987.

[7] Terret T., *Naissance et diffusion de la natation sportive*, Paris, L'Harmattan, 1994.

[8] "L'éducation physique et sportive de la femme", *Encyclopédie des Sports*, Paris, Librairie de France, 1924, Tome 2.

activité physique parmi les possibles. C'est dans cette perspective de conseillère pour la santé et la beauté de la jeune fille et de la femme que E. Bensidoun décrit les différentes méthodes de gymnastique et fait l'inventaire des sports pour la femme[9]. Toutefois, au cours de cet exposé, elle situe le réveil sportif des femmes à la fin de la guerre, sans précision particulière pour le football qu'elle ne considère d'ailleurs pas comme un sport féminin. Dans le livre de Marie-Thérèse Eyquem[10] paru en 1944, le football est absent de la description des différents sports pratiqués par les femmes, bien qu'une partie de l'ouvrage soit consacrée aux sports collectifs, volley-ball, basket-ball, hand-ball, hockey sur gazon et hockey sur glace. Toutefois, elle apporte un élément intéressant à notre connaissance : la Fédération Française de Football Association (FFFA) à sa création en 1919 refuse formellement l'entrée des femmes. Dans l'ouvrage de Dirand et de Laborderie publié en 1969 brossant le portrait de dix *Reines du sport* [11] dont notamment Colette Besson, championne olympique du 400 m plat, Françoise Durr, la tenniswoman ou la nageuse Christine Caron... il n'est pas question non plus de joueuse de football. La pratique du football par les femmes est trop récente pour rapporter victoires et médailles et donc trouver sa place dans un ouvrage dont le sujet prétend cependant porter sur le sport féminin français. Absent de ces rares ouvrages sur le sport féminin, l'essor du football au féminin reste donc mal connu jusqu'à une époque récente. Seul l'ouvrage de Laget et Mazot qui retrace une histoire des différents sports féminins[12] consacre une partie conséquente au football féminin sur laquelle nous reviendrons.

Dans les ouvrages traitant spécifiquement de l'histoire générale du ballon rond, le football féminin est également le grand absent. Dans les deux tomes consacrés au football de l'Encyclopédie des sports modernes de 1953, pas un mot n'est dit sur les femmes[13]. Dans les publications essentiellement descriptives comme *La fabuleuse histoire du football en France*[14] qui retrace

---

9 Bensidoun E., *Le sport et la femme*, Paris, PUF, 1933.

10 Eyquem M. T., *La femme et le sport*, Paris, Susse, 1944.

11 Dirand G., Laborderie R. de, *Les reines du sport. Le sport féminin français*, Paris, Calmann-Lévy, 1969.

12 Laget F. et S., Mazot J.P., *Le grand livre du sport féminin*, Belleville-sur-Saône, FMT Éditions, 1982.

13 "Le football", 2 tomes, in *Encyclopédie des Sports Modernes*, Monaco, Union Européenne d'éditions, 1953.

14 Rethaker J. P., Thibert J., *La fabuleuse histoire du football*, Paris, Odil, 1984 ; Delaunay P., De Ryswick J., Cornu J., Vermand D., *100 ans de football en France*, 2e édition, Paris, Atlas, 1986 ; Bouchard J. P., Constant A. , *Un siècle de football*, Paris, Calmann-Lévy, 1996 ; Saccomano E. , *Larousse du football*, Paris, Larousse-Bordas, 1998.

pourtant, au fil du siècle, la succession de différents événements, la rétrospective des grandes compétitions et de leurs principaux résultats, ainsi que les heures de gloire des principaux clubs français, on ne trouve pas une ligne sur la pratique féminine. L'ouvrage collectif *100 ans de football* ne consacre que quelques lignes au football féminin pour annoncer brièvement sa naissance à la fin des années dix puis sa rapide disparition, ainsi que la création de l'équipe de France dans les années soixante-dix. De même, la rétrospective d'*Un siècle de football*, année par année, menée par Bouchard et Constant, ne reste qu'allusive en matière de football féminin, situant en quelques lignes sa naissance en 1917 et citant les principales compétitions créées récemment. Dans le *Larousse du Football*, n'est faite aux femmes qu'une allusion plus brève encore, relative à la création du championnat d'Europe en 1982. Elles ne sont, par ailleurs, pas mentionnées dans la partie de l'ouvrage consacrée à l'histoire du football. Enfin, *1000 ans de football* publié par le musée de la FIFA[15] consacre un chapitre à la liaison femmes et football, mais il s'agit en fait d'un recueil de reproductions iconographiques (dessins, photos, cartes postales...) des premières équipes anglaises de la fin du XIXe siècle. Y compris dans le riche ouvrage de l'historien Alfred Wahl[16] englobant différents angles d'approches explicatives de l'histoire du football, la référence au genre est quasiment absente. Quelques pages seulement sont consacrées à l'émergence du football féminin dans les années vingt, dont l'auteur situe la première apparition en 1917. Celles-ci soulignent les principales réserves qu'émettent les experts à propos de sa pratique par les femmes, pratique qui s'avèrera un échec dans les années trente. Cet échec, il l'explique par la faiblesse du spectacle offert qui aurait découragé le public. Toutefois, Wahl confirme un fait intéressant, pour la compréhension de son institutionnalisation, que M. T. Eyquem avait déjà rapporté dans son ouvrage : la Fédération Française de Football Association refuse d'intégrer le football féminin. Il n'en reste pas moins que l'histoire du football féminin demeure une zone d'ombre de la plupart des travaux sur l'histoire du football.

Les études sur l'histoire du football féminin sont également peu nombreuses, et l'on connaît en conséquence peu de choses sur cette activité. A ce jour, les travaux scientifiques concernant le football féminin ont davantage abordé les aspects médicaux, physiologiques et psychologiques[17] de la pratique du ballon rond par des femmes. On retrouve ces dimensions

---

15 *1000 ans de football, FIFA Museum Collection*, Ed. q., 1996.

16 Wahl A., *Les archives du football. Sport et société en France (1880-1980)*, Paris, Gallimard/Julliard, 1989, pp. 195-197.

17 Pour plus de détails, se reporter à notre thèse, Prudhomme-Poncet L., *Ces dames du ballon rond. Histoire du football féminin en France au XXe siècle*, Thèse de Doctorat en STAPS, Université Lyon 1, 2002.

dans le *Football féminin*[18], le principal ouvrage consacré à la pratique féminine du ballon rond en France, dans les chapitres consacrés d'une part aux conditions psychosociologiques liées à la pratique et d'autre part aux aspects médicaux. Par ailleurs, la documentation rassemblée par les auteurs est, pour l'essentiel, centrée sur la politique fédérale des années soixante-dix mais cette approche reste essentiellement descriptive. Sont décrites l'organisation du football féminin et les principales actions de la FFF : l'initiation des jeunes, les opérations de détection et de perfectionnement... Dans cette partie relative aux institutions, un chapitre d'une vingtaine de pages est consacré à l'histoire du football féminin. Pour la période de l'entre-deux guerres, une liste des clubs pratiquant le football est donnée de même qu'un bref aperçu de quelques matches de l'époque. Il situe l'apparition du football féminin en France vers 1900. Toutefois cette affirmation n'est pas étayée par une source historique précise. On ne sait donc pas très bien quand les jeunes filles ont commencé réellement à jouer à la balle au pied. L'esquisse qui nous est livrée dans le chapitre « football » du *Grand Livre du sport féminin* [19] est la plus précise sur la chronologie des faits. Elle retrace la naissance du football féminin au quatrième trimestre de l'année 1917, en passant par la mise sur pied des épreuves officielles avant sa disparition dans les années trente. De même elle situe sa réapparition à la fin des années soixante et indique les principales étapes de son organisation au sein de la Fédération Française de Football depuis lors. Cette description reste cependant incomplète, centrée sur des événements marquants. Les principaux éléments de compréhension des conditions d'apparition de la pratique féminine et des obstacles à son développement nous font défaut. Toutefois, il se dégage trois traits principaux : l'émergence du football féminin en 1917, un déclin dans les années trente et une réapparition à la fin des années soixante, points communs à plusieurs ouvrages. Cette présentation de repères chronologiques nous offre un excellent cadre de base pour la recherche de documents originaux.

Plus récemment, C. Mennesson et T. Ébelé[20] ont mené une étude régionale sur l'implantation du football en Alsace dont les premières tentatives remontent à 1947 en centrant leur propos sur la période plus récente, opérant principalement une comparaison entre le football féminin des années soixante-dix et celui des années quatre-vingt-dix. Cette étude fournit des informations relativement précises sur la réapparition du football féminin que l'on situe en Alsace en 1967. Enfin, G. Pfister a entrepris depuis peu une étude comparative du football féminin entre plusieurs pays

---

[18] Novak J., Virion B., *Le football féminin*, Paris, Chiron, 1981.

[19] Laget F. et S. , Mazot J.P. , op. cit., pp. 215-222.

[20] Mennesson C., Ebelé T., "Analyse socio-historique du football féminin en Alsace" in Arnaud P., Terret T., *Histoire du sport féminin*, op. cit., Tome 1, pp. 127-138.

européens[21]. La première recherche sur le sujet fait apparaître un décalage entre le football féminin français et allemand, ce dernier n'ayant pu se développer durant l'entre-deux-guerres, une première tentative ayant avorté au bout de quelques mois contrairement au cas français. Toutefois, cette entreprise n'apporte guère d'éléments nouveaux à la compréhension historique du football féminin français. L'étude menée sur quatre pays l'Allemagne, l'Angleterre, la Norvège et l'Espagne met en évidence le manque de travaux sur le sujet. Le cas espagnol est à peine évoqué faute de sources. En Norvège, seules quelques traces de matches ont été repérées d'abord en 1919 puis en 1931. Il s'agit de matches mixtes peu pris au sérieux, le sport étant trop dangereux pour être organisé en de réelles compétitions pour les femmes. Quelques pistes intéressantes sont données sur les raisons de l'échec du développement du football pour les femmes à partir des différences et des similitudes entre les pays. Enfin, la partie consacrée au football féminin anglais, la plus documentée, offre une bonne synthèse des principaux travaux menés en Angleterre sur l'histoire du football féminin. En effet, en Angleterre, plusieurs publications se complètent pour nous donner une première idée relativement précise de la question. Williams et Woodhouse retracent, dans un long article, l'évolution du football en Angleterre dont ils situent le premier match en 1884 à Wimbledon[22]. Deux périodes sont étudiées « The first women footballers », depuis les origines, et « The new age of women's football », des années soixante jusqu'à nos jours. Aucune allusion n'est faite au football féminin français pas plus qu'à d'autres pratiques étrangères. Gail J. Newsham nous propose une étude d'une autre nature plus descriptive mais très riche en informations[23]. Il s'agit de la monographie d'un club féminin, le fameux *Dick Kerr Ladies Football Club* , depuis sa création en 1917 jusqu'en 1965. Elle nous apporte ainsi quelques précisions sur les rencontres franco-anglaises des années vingt. Sue Lopez, dans *Women on the ball*[24], une étude plus globale, nous livre des détails sur les pionnières (joueuses et associations), sur les structures et leur développement ainsi que le rôle joué par les médias. Elle étudie également le statut des femmes en tant que joueur, entraîneur, arbitre, supporter... Dans le chapitre intitulé « Lessons from foreign fields », le cas français est peu développé. Seules quelques allusions aux rencontres

---

21 Pfister G. , Fasting K., Scraton S., Vasquez B., "Women and football. A contradiction ? The begginings of women's football in four european countries", *The European Sports History Review*, London, 1999.

22 Williams J., Woodhouse J., "Can play, will play ? Women and football in Britain", Williams J., Wagg S., *British Football and Social Change*, Leicester, Leicester University Press, 1991.

23 Newsham G. J., *In a League of their own!*, Lancashire, Pride of Place Publishing, 1994.

24 Lopez S., *Women on the ball. A guide to women's football*, London, Scarlett Press, 1997.

franco-anglaises des années vingt notamment et au développement des années soixante-dix y figurent. Faut-il en conclure que les sources sur le sujet lui font défaut ?

Finalement, il apparaît que la recherche historique, qui s'est particulièrement développée ces dernières années dans le cadre des Sciences et Techniques des Activités Physiques et Sportives, n'a guère porté sur le football féminin français. En ce sens, le football ne fait pas figure d'exception, car les relations entre femmes et pratiques sportives ont d'une manière générale peu fait l'objet d'études en France, comparativement aux nombreux travaux réalisés à l'étranger, aux États-Unis et en Angleterre notamment[25]. Elles restent *le point aveugle de la majorité des travaux*[26] français même si cette dimension commence à être mieux connue[27]. La question du sport féminin en France a cependant fait l'objet d'études de type sociologique, initiées principalement par C. Louveau[28], qui s'attache à montrer que le sport est un territoire sexué, un lieu d'inégalités entre hommes et femmes. Dans ses travaux, le football, différemment approprié par les hommes et les femmes, apparaît comme un univers très peu féminisé, comme un sport « viril », *de tradition masculine*[29]. En plus des résistances institutionnelles et réglementaires à son développement, elle identifie des obstacles liés aux attendus sociaux et culturels. Le football apparaît, du fait des rapports au corps qu'il engendre, loin des attendus de la féminité, des représentations de ce que qui convient à la femme. Toutefois, dans cette étude, la dimension temporelle est peu développée, et uniquement pour la période récente.

Il découle de ce constat l'intérêt d'étudier la naissance et le développement d'une pratique qui reste très mal connue, et à notre connaissance, très peu explicitée par des travaux approfondis, alors que la pratique masculine fait l'objet de nombreuses publications. Pourtant le football féminin a connu une période d'essor dans les années vingt à laquelle

---

[25] Howell R., *Her story in sport : A historical anthology of women in sport*, New York, Leisure Press, 1982 ; Fletcher S., *Women first. The female tradition in English Physical Education 1880-1980*, London, The Athlone Press, 1984 ; Guttman A., *Women's sports. A history*, New York, Columbia University Press, 1991 ; Hargreaves J., *Sporting females*, London, Routledge, 1994.

[26] Louveau C., "Sport masculin/Sport féminin : intérêts et apports de l'analyse couplée" in Arnaud P., Terret T., *Histoire du sport féminin*, op. cit., Tome 2, p. 261.

[27] Arnaud P., Terret T., op. cit.

[28] Voir notamment Davisse A., Louveau C., *Sports, école, société : La différence des sexes*, Paris, L'Harmattan, 1998.

[29] Louveau C., *Talons aiguilles et crampons alus, les femmes dans les sports de tradition masculine*, Paris, INSEP, 1986.

il est souvent fait allusion par les historiens des activités physiques et sportives mais dont on ne connaît finalement pas grand chose.

La question de l'appropriation par les femmes d'une pratique au fil du temps, de sa spécificité à l'égard du sport masculin, prend une place particulièrement intéressante dans le cas du football dont la connotation masculine est très forte. Le football est un sport très peu féminisé, et dont les institutions sont restées longtemps hostiles à la venue des femmes dans leur giron. De plus, son développement tout à fait singulier, comparativement à d'autres sports comme l'athlétisme, le basket-ball, le tennis de table... mérite que l'on s'interroge sur les raisons de son « succès » et de son déclin. Rappelons qu'après une période d'essais durant l'entre-deux-guerres, les footballeuses disparaissent pour ne réapparaître de manière durable que dans les années soixante. Pourquoi l'histoire du football féminin est-elle traversée par cette importante fracture et par de nombreuses périodes de crises et de ruptures ? Entreprendre l'étude de la féminisation du football c'est s'attacher à comprendre cette spécificité, au regard du football masculin mais aussi au regard des autres pratiques féminines de l'époque. C'est tenter d'analyser ressemblances et dissonances, de repérer plus précisément les facteurs défavorables ou résistances à sa pratique. Mais chercher une explication du côté des résistances n'occulte pas la détermination de conditions plus favorables qui permettent son émergence et son développement institutionnel. Finalement, il s'agit d'essayer de faire converger différents types d'explications pour mieux comprendre les réussites et les échecs de l'institutionnalisation du football au féminin. Finalement, notre problématique peut s'énoncer ainsi : pourquoi et comment le football a-t-il été approprié, ou non, par les femmes au cours du siècle ? Nous faisons l'hypothèse suivante : le football féminin suit une trajectoire banale liée aux représentations qu'hommes et femmes ont de la femme en mouvement, et en même temps spécifique en rapport à la pratique du football dont l'histoire possède une autonomie partielle.

Précisons que notre projet ne vise pas une histoire exhaustive du football féminin. Nous nous intéresserons d'une manière privilégiée à sa dimension française. Cependant, nous ferons référence aux réalités étrangères quand celles-ci pourront apporter un éclairage pertinent.

Du point de vue de la période étudiée, nous nous intéresserons au XXe siècle dans son ensemble. L'émergence de la pratique du football par les femmes durant la première guerre mondiale marquera le point de départ de notre investigation. Rappelons que la Grande guerre marque traditionnellement la fin du XIXe siècle et donc le début du XXe pour les historiens. Toutefois, l'implantation du football masculin plus précoce nous amènera à revenir sur la fin du XIXe siècle pour préciser les différences et les éventuelles similitudes. De même, resituer le football féminin parmi les pratiques physiques féminines nous conduira à un retour en arrière sur cette époque charnière.

Reste le problème de la périodisation. Périodiser, c'est identifier les ruptures, articuler ce qui change et ce qui subsiste. Les trois moments du football féminin repérés : premiers essais, déclin et renaissance pourraient s'imposer comme un découpage allant de soi. Toutefois, la disparition du football féminin résulte d'un processus lent de déclin que l'on ne peut circonscrire précisément et qui reste fortement attaché aux premiers essais. Les événements se chevauchent, s'imbriquent. Finalement, il apparaît plus riche de scinder les deux moments repérés afin de distinguer facteurs favorables et obstacles au football féminin au cours d'une même période. Cette première étape ne règle pas le problème des bornes de chacune de ces périodes mises en évidence. Si le début de la première semble circonscrite, tout au moins pour l'instant à 1917, la définition de la fin de celle-ci est plus arbitraire. Nous avons choisi comme borne les derniers matches repérés. Ils se situent à notre connaissance pour cette période de l'entre-deux-guerres en 1937. Enfin, l'année 1965 marquant la fin de la traversée du désert et les débuts de la renaissance du football féminin, s'affiche comme le début de la deuxième période étudiée. C'est en effet à ce moment-là que réapparaissent les premières rencontres en Champagne-Ardenne même si elles sont encore relativement inorganisées.

Pour ce faire, notre approche historique du football féminin privilégie l'exploitation de sources originales et de documents de natures diverses : presse sportive (*L'Auto, La Vie au Grand Air, L'Écho des Sports, Le Miroir des Sports, l'Équipe Magazine, Onze Mondial*...), presse sportive féminine (*La femme sportive, Les sportives, l'Éducation Physique et Sportive Féminine, Fémisport, Football Féminin*...), presse féministe (*La Française*), annuaires, règlements, bulletins officiels, compte-rendu de réunions de bureau (de la Fédération Française de Football, des ligues régionales, du Comité International Olympique...), statuts d'associations (Femina Sport, Ruche Sportive Féminine, Union Athlétique Clodoaldienne, Sportives de Reims...), archives privées d'associations (Femina Sport, Société des Bains de Mer de Monaco, Football Club Féminin de Reims...), archives privées de particuliers (Mlle Leblond, Mlle Laudré, Mme Viel...), entretiens avec d'anciennes pratiquantes ou d'anciens dirigeants ou entraîneurs (Mlle Leblond, Mlle Laudré, Mme Viel, Mme Souëf, M. Schiltz...). Cependant, la difficulté majeure reste le manque et bien souvent l'absence de documents notamment pour certaines périodes (années quarante-cinquante), pour certains lieux de pratiques (Toulouse notamment), ou certaines institutions (En Avant de Paris, Musée du Sport, Fédération Internationale de Football Association, Union Européenne de Football

Association), et il n'est pas toujours aisé de palier ce déficit. A Toulouse, les statuts des deux associations féminine ayant pratiqué le football, *Femina Tolosa Sport* et *Intime Sportive Toulousaine* sont introuvables dans les fichiers de la Préfecture de la Haute-Garonne, des Archives Départementales de Haute-Garonne et des Archives Municipales de Toulouse. Les périodiques sportifs régionaux *Auto et Sports*, *La Vie sportive méridionale* et *Les Sports du Midi* sont incomplets ou hors d'usage aux Archives Départementales comme à la Bibliothèque Nationale ce qui rend l'étude du football féminin dans le sud-ouest particulièrement délicate. L'accès au Musée du Sport à Paris a nécessité patience et persévérance, voire ténacité, et il est regrettable de ne pouvoir accéder à l'ensemble des fonds. L'accès aux documents de la FIFA, comme de l'UEFA, n'est pas chose plus aisée. Chaque nouvelle demande est repoussée de six mois en l'attente de la création d'un centre de documentation. Enfin, nous regrettons également que Monsieur le Président d'En Avant ait refusé l'accès aux archives de l'association malgré les multiples sollicitations. Tirer des enseignements d'un creux documentaire trouve rapidement ses limites. Il faut reconnaître que les difficultés d'accès aux sources limitent l'ambition de la recherche.

Première partie

PREMIER ESSOR DU FOOTBALL FÉMININ (1917-1937)

« S'il y a des femmes qui veulent jouer au football ou boxer, libre à elles, pourvu que cela se passe sans spectateurs, car les spectateurs qui se groupent autour de telles compétitions n'y viennent point pour voir du sport. »

P. de Coubertin, in *Le Sport suisse* , 21 novembre 1928.

« La maternité, c'est un sport aussi, le vrai sport de la femme, le plus auguste, le plus sacré. »

R. Miles, 1894, cité dans *Quel Corps ?* , n°12-13, 1979.

Le football féminin connaît en France une première période favorable durant l'entre-deux-guerres. L'enthousiasme tout relatif qui accompagne les premières rencontres de football ne doit pas masquer les réticences à son sujet. Le football féminin rencontre très vite des oppositions dans les rangs des footballeurs eux-mêmes comme des journalistes, médecins ou éducateurs qui vont freiner son développement. Vigoureusement combattu pour des motifs variés et contraint de s'organiser en marge des organisations fédérales masculines, le football réussira néanmoins à vivoter durant une vingtaine d'années tandis que le football masculin connaît par ailleurs une importante mutation.

CHAPITRE 1

Un ensemble de conditions favorables à l'émergence du football féminin

En dépit de la guerre, ou grâce à elle, les premières femmes balle au pied apparaissent en France au cours de l'année 1917. En quoi les hostilités peuvent-elles paradoxalement favoriser l'émergence des sports athlétiques féminins dans des sociétés vouées jusque-là à la gymnastique ? Qu'est-ce qui pousse ces adeptes des mouvements arrondis à s'initier au football ?

1- Naissance et essor du football féminin

Le football, aujourd'hui devenu sport universel, prend naissance au XIXe siècle dans les « public schools » britanniques, entre 1840 et 1860. Des jeux traditionnels de balle au pied se pratiquaient déjà en Angleterre et dans les autres pays d'Europe, mais l'émergence de ce nouveau jeu est le fruit d'une profonde transformation de ceux pratiqués jusque-là. L'activité est moins brutale, les règles se précisent peu à peu. Certains établissements optent pour le jeu à la main d'autres s'y refusent et préfèrent le dribbling game. Afin de faciliter les rencontres entre établissements s'engage un processus d'harmonisation des différents règlements. Il conduit en 1871, à l'occasion de la Coupe d'Angleterre, à une certaine uniformisation des règles et à la scission du football-rugby et du football-association. La pratique du football- association se développe alors sur l'ensemble du territoire, puis s'étend à l'Europe avant de conquérir le reste du monde.

En France, la première apparition du football-association a lieu au Havre à l'initiative de jeunes Anglais, employés de transport et de commerce de la South Western Railway résidant dans le port maritime français. Le football gagne la capitale plus tardivement, en 1888 au sein de l'Ecole Monge puis en 1891 et 1892 avec la création successive de deux clubs civils *The White Rovers* et du *Standard Athletic Club.* Né en 1872, le *Havre Athletic Club* est souvent considéré comme le premier club de football français. Cependant comme le précise Alfred Wahl, le jeu pratiqué par les Havrais donne lieu à différentes interprétations. S'agit-il réellement de football-association ou est-ce plutôt du football-rugby qui est pratiqué à cette époque ? Il semble que les Havrais aient eu tendance à pratiquer un jeu mixte, autorisant l'usage des mains, appelé « combination ». On peut considérer avec A. Wahl que *c'est au cours de la dernière décennie du siècle que se déroule la phase d'implantation définitive* du football-association en France[30]. En Suisse, l'introduction du football par les jeunes Anglais élèves des instituts privés est plus précoce puisqu'elle a lieu à Genève en 1869, mais comme pour le Havre une incertitude subsiste quant à la nature du jeu pratiqué. Aux Pays-Bas, le football pénétrant par l'intermédiaire d'un étudiant revenu d'Outre Manche apparaît avec le premier club en 1870. Au Danemark, l'apparition du football est également fortement marquée par la présence d'Anglais chargés de la construction des lignes de chemin de fer et le premier club apparaît à Copenhague en 1876. Puis le football gagne l'Empire Austro-hongrois en 1885, l'Allemagne en 1887, la Belgique en 1892, l'Italie en 1893, l'Espagne en 1896...[31]

Plus de trente ans après sa naissance dans les collèges anglais, le football-association pratiqué par les femmes fait son apparition sur ses terres en Grande-Bretagne. Le match joué, peu après la fondation de All England Women's Hockey Association[32], le 23 mars 1895 à Londres, opposant une équipe du nord de l'Angleterre et une représentant le sud suivi d'une rencontre jouée à Newcastle devant plus de huit mille spectateurs[33] passent habituellement pour les premiers exemples de football féminin. D'après, l'ouvrage de la FIFA *1000 ans de football,* les débuts du football féminin seraient plus précoces encore. Un match opposant une équipe écossaise à une équipe anglaise est en effet joué dès 1881 à Edinburgh[34]. Dans les autres pays européens, l'apparition des femmes sur les terrains de football est plus tardive. En Russie, la Fédération situe les débuts de la pratique du football

---

[30] Wahl A., *Les archives du football*, op. cit., p. 32.

[31] Pivato S., *Les enjeux du sport*, Florence, Casterman/Giunti, 1994, p. 31.

[32] Williams J. , Woodhouse J. , *Can play, will play ? Women and football in Britain* , Sir Norman Chester Centre for Football Research, University of Leicester, 1991.

[33] Williamson D. J. , *Belles of the ball*, Devon, R. & D. Associates, 1991, p. 4.

[34] Photos des équipes et coupures de presse in FIFA Museum Collection, *1000 ans de football*, Ed. q, 1996.

par les femmes le 3 août 1911 et rapporte le résultat du match opposant les équipes de la ville de Pouchkino et du village Petrovsko-Razoumovskoe[35]. Aux Pays-Bas, la première équipe féminine de football naît à Rotterdam en 1921[36]. En Allemagne et en Italie, les sportives ne pratiquent pas le football avant la première guerre mondiale alors qu'elles s'adonnent quasiment à tous les sports à l'honneur chez les athlètes masculins.

Les premières traces écrites de la pratique du football par des femmes en France datent de 1910. Il s'agit d'une équipe du Groupe Sportif de l'Ecole supérieure des filles de Pont-à-Mousson, en Meurthe-et-Moselle, dont seule une photographie est reproduite dans l'ouvrage d'André Isch, *La Gloire du football lorrain*[37]. Mais, cette tentative sans lendemain, n'a pas laissé d'autres traces. Il y a eu très vraisemblablement d'autres tentatives tout aussi éphémères au sein d'autres écoles ou pensionnats pour jeunes filles, là ou ailleurs, comme c'est le cas en Belgique, par exemple. Le couvent de l'Assomption à Huy, petite localité située entre Namur et Liège, faisait pratiquer aux jeunes filles les sports athlétiques et le tennis dès le début du siècle. A l'école de formation d'Uccle, les jeunes filles jouaient déjà au football en 1911[38]. Nous devons toutefois considérer que le football féminin, tel qu'il s'est développé durant l'entre-deux-guerres en France, prend vraiment naissance en 1917 à Paris.

1-1 Une initiative parisienne...

Dimanche 30 septembre 1917, *pour la première fois des jeunes filles ont joué au football association*, rapporte le journal *L'Auto*[39]. Il s'agit d'un match opposant deux équipes, de onze joueuses chacune, de la société parisienne *Femina Sport* (créée en 1912), l'équipe « Thérèse Brûlé » contre l'équipe « Suzanne Liébrard ». Il se termine sur le score de 2 à 0, après une *partie menée avec un grand entrain,* sous la direction de l'arbitre Monsieur Devaux, coureur bien connu à l'époque, dirigeant de *Femina Sport*[40]. Le dimanche suivant, à Vanves, au Stade Brancion, le terrain du *Club Français,* se dispute un second match entre ces deux équipes A et B quelque peu remaniées et incorporant de nouvelles joueuses. Comme l'indique le

---

35 Gorban' N. P., *Futbol'nye madonny*, Moskva, Sovetskij sport, 1992.

36 *Le Football Association*, 12 février 1921.

37 Isch A., *La Gloire du football lorrain, 1895-1995, Les Hommes, les équipes, les évènements de tout un siècle*, Nancy, Gérard Klopp Éditeur/Ligue Lorraine de Football, 1996.

38 Ruffin R., *La Diablesse. La véritable histoire de Violette Morris*, Paris, Éditions Pygmalion/Gérard Watelet, 1989.

39 *L'Auto*, 2 octobre 1917.

40 *Les Sports féminins*, n°28-29-30, avril-mai-juin 1918.

quotidien sportif *L'Auto*, les sociétaires de *Femina Sport* renouvellent cette rencontre les trois fins de semaine suivantes du mois d'octobre, ce qui témoigne du succès de l'expérience.

Contre toute attente, cette innovation ne provoque pas d'hostilité lisible dans la presse alors qu'*au sein même de la Société, parmi les adhérentes et le directeur une opposition se manifeste* dès la décision de créer une équipe féminine de football[41]. Alice Milliat se souvient en 1923 : *les débuts furent pénibles. Les premières adeptes de principe hésitaient à se lancer sur le terrain et celui-ci était fort difficile à trouver. Il fallut toute l'autorité et la persévérance de Payssé* (le directeur de la société) *pour surmonter les obstacles et créer à Femina Sport, la première équipe féminine*[42]. Il est frappant qu'aucune critique n'ait été formulée alors que quelques années plus tôt la femme montant à bicyclette avait déjà suscité une vive opposition au nom de la santé et de l'hygiène notamment sous la plume du Dr Philippe Tissié qui, considérant que la femme n'était pas faite pour ce sport, s'exclamait : *qu'elle abandonne le vélocipède au sexe fort*. M. Corday, dans une enquête menée par la *Revue des Revues* exprimait la même opinion : *la bicyclette est un sport contraire à l'hygiène fragile des dames* [43]. Ce point de vue est assez communément partagé en ce début de siècle. Ainsi, G. Demenÿ s'exprimant également sur ce sujet, tient à son tour des propos sans ambiguïté : pour les femmes, *le vélocipède sera toujours un appareil peu recommandable, une machine à stérilité* [44]. Les premières gymnastes ont également à essuyer des critiques, menaces religieuses et autres attaques violentes[45]. Monsieur E. Podesta, du Havre, se souvient : *la création des sociétés de gymnastique féminines remonte à l'année 1900, l'idée en fut dès le début, vivement critiquée, des articles très violents contre l'éducation physique de la femme furent publiés dans un organe spécial de sports*. Il fait aussi allusion au refus d'admettre la participation en public des gymnastes, et à cette intolérance qui pousse, à certains endroits, *à exclure du catéchisme les fillettes qui fréquentent les gymnases* [46]. Par contre, bien qu'elles soient toujours regardées avec curiosité, les jeunes filles de Femina Sport jouant

---

41 Payssé P., "Le football et la femme", *Les Sports féminins*, n°28-29-30, avril-mai-juin 1918.

42 Milliat A., "La progression du football féminin", *L'Auto*, 6 décembre 1923.

43 Tissié P., *L'hygiène du vélocipédiste* Paris, Doin, 1888, cité par J. Thibault in Arnaud P., *Les athlètes de la république*, op. cit ; "La femme dans les sports modernes", *Revue des Revues*, 1er juillet 1900.

44 Demenÿ G., *Mécanisme et éducation des mouvements*, Paris, Alcan, 1903 cité par Laplagne J. P. in Arnaud P. et Terret T., op. cit., tome 1.

45 *Le Gymnaste*, 10 juin 1911.

46 Podesta E. , "Orientation nouvelle de la réorganisation des sociétés féminines de gymnastique", *Le Gymnaste*, 30 septembre 1919 ; *La Culture physique*, 15 septembre 1910.

leurs premières rencontres de football semblent échapper à ce genre de critique.

Après quelques matches entre elles au mois d'octobre, ces nouvelles *footballeuses*[47], n'ayant pas trouvé d'équipe féminine pour matcher, rencontrent des équipes scolaires masculines, rencontres sans doute facilitées par la fonction du directeur de Femina Sport, Pierre Payssé, professeur de gymnastique au Lycée Buffon[48]. Elles jouent en effet d'abord contre les élèves de ce Lycée, la 3e équipe, le dimanche 28 octobre, offrant ainsi, pour la première fois aux spectateurs un match mixte. Elles s'inclinent 6 buts à 1[49]. Dès le dimanche suivant, les féminines, ayant été particulièrement encouragées lors de leur premier match rencontrent une autre équipe, la troisième équipe d'élèves du Lycée Charlemagne. Dans *L'Auto*, les comptes rendus (non signés) de ces matches mixtes accueillent plutôt favorablement ces premiers balbutiements du football féminin. On peut lire : *bon début pour l'équipe féminine de football association qui s'est défendue très courageusement contre une jeune équipe masculine très homogène du Lycée X.* Ces commentaires favorables encouragent la pratique féminine comme le montre l'article du lundi 5 novembre : *le deuxième match disputé hier entre la première équipe de Femina Sport et la troisième équipe d'élèves du lycée Charlemagne obtint un réel succès. Ce fut un beau spectacle pour le public compétent qui, ainsi que la semaine précédente, avait tenu à se déplacer pour manifester son intérêt à l'heureuse initiative de Femina Sport* [50].

En même temps, de nombreuses demandes de matches parviennent au siège de *Femina Sport*[51]. Les footballeuses en herbe rejouent contre des élèves des lycées Buffon et Charlemagne en novembre. Puis, elles alternent au cours de la saison hivernale rencontres entre elles et matches contre des élèves des établissements scolaires parisiens, de l'École Bréguet, du Lycée Henri IV, de l'École Turgot, de l'École Jean Baptiste Say, du Lycée Carnot, du Collège Sainte-Barbe[52]. Leurs adversaires sont des jeunes gens ne dépassant pas les classes de troisième et quatrième, ils ont donc moins de quinze ans. Elles rencontrent également d'autres équipes masculines de jeunes durant les mois qui suivent, du *Club Athlétique du XIVe*, de l'*Union Sportive Commerciale*, du *Stade Français*, du *Club Athlétique de la Société*

---

47 Terme utilisé pour la première fois par Pierre de Coubertin in *Revue Olympique*, n°79, juillet 1912.

48 D'après les archives de Femina Sport.

49 *L'Auto,* 29 octobre 1917.

50 *L'Auto,* 9 octobre 1917 ; 4, 5 et 26 novembre 1917.

51 *L'Auto,* 9 novembre 1917.

52 *L'Auto,* 3 décembre 1917 ; 16 décembre 1917 ; 30 décembre 1917 ; 21 janvier 1918 ; 18 février 1918 ; 18 mars 1918.

Générale et du *Club Français* [53]. Pas un dimanche sans rencontre. Ces matches se terminent le plus souvent à l'avantage des masculins. Sur les seize matches joués en cinq mois contre des jeunes gens, elles comptent une seule victoire et deux matches nuls. Leur plus lourde défaite est enregistrée face à la 4e équipe du Lycée Henri IV, 7 buts à 2. Le journaliste de l'Auto explique cette défaite particulièrement cinglante de la manière suivante : *Jusqu'à présent, Femina Sport s'était fort bien défendu contre des équipes troisièmes et deuxièmes qui par courtoisie ne jouaient pas toujours franc jeu, retenaient leurs efforts ou facilitaient aimablement les équipières. Hier le jeu de Femina Sport fut plus ample, et la défense plus acharnée car les jeunes éléments compris dans la quatrième équipe de Henri IV modérèrent moins leurs efforts et jouèrent inspirés fortement du désir de vaincre*[54].

Malgré leur succès, ces rencontres mixtes cessent l'année suivante. A l'automne, la secrétaire de Femina Sport informe tous les clubs masculins et les équipes scolaires que les joueuses ne feront plus de matches mixtes, sans doute en raison de la création d'autres équipes féminines à ce moment-là, et aussi de la volonté de la toute nouvelle fédération sportive féminine d'organiser des rencontres interclubs.

Il peut apparaître surprenant que s'organisent ainsi des matches mixtes alors que les activités de chacun sont par ailleurs traditionnellement séparées. Hommes et femmes vivent quasiment dans deux mondes différents. *La différenciation sexuelle des espaces et la non-mixité demeurent* en effet *le canevas d'organisation majeur, à l'oeuvre à l'école* comme ailleurs[55], le siècle nouveau conservant les modèles établis de longue date par l'usage. Dès le plus jeune âge, l'éducation de l'homme et de la femme sont distinctes, chacun devant s'approprier les devoirs de son sexe, se préparer à la mission qui lui est confiée. *Les garçons ont pour destination la vie publique, les travaux des armes et des lois. Les filles sont élevées pour le foyer et la vie conjugale* [56]. Ils ne suivent pas les mêmes enseignements et ne vont pas à l'école dans les mêmes murs sauf dans les villages reculés de campagne ou de montagne comme nous le rappelle Émilie Carles, institutrice pendant quarante ans dans les villages des Hautes-Alpes, dans son récit *Une Soupe aux herbes sauvages*[57]. Même la nouvelle réalité du travail féminin salarié consacre cette séparation. Les femmes sont amenées à exercer principalement des « métiers de femmes » qui s'inscrivent dans le

---

[53] *L'Auto,* 5 mars 1917 ; 16 novembre 1917.

[53] *L'Auto,* 5 mars 1918, 10 mars 1918, 18 mars 1918, 22 février 1918, 23 mars 1918.

[54] *L'Auto,* 17 décembre 1917.

[55] Perrot M., *Les femmes où les silences de l'histoire*, Paris, Flammarion, 1998.

[56] Mayeur F., "L'Éducation des filles : le modèle laïque" in G. Duby, M. Perrot, *Histoire des femmes, le XIXe siècle*, Paris, Plon, 1991.

[57] Carles E., *Une Soupe aux herbes sauvages*, Paris, Robert Laffont, 1981.

prolongement des fonctions maternelles et ménagères ou qui nécessitent des qualités que seules les femmes possèdent comme les « doigts de fée », l'idéal pour la couture[58]. Notons que ce partage sexué du monde se retrouve aussi dans les principaux lieux de sociabilité. Les femmes sont par exemple exclues des cafés et des cabarets. Peu d'endroits sont mixtes. Ce partage des attributions entre hommes et femmes se trouve encore renforcé par le conflit. L'été 1914 marque en effet une séparation radicale entre les sexes. Les hommes valides reçoivent leur ordre de mobilisation et quittent leur famille les uns après les autres. Quand les hommes partent au front, les femmes restent attachées à leur foyer, avant de les remplacer dans les champs ou à l'usine, notamment d'armement.

Pour ce qui est de la vie sportive, les frontières sont plus complexes. Généralement les ébats sportifs féminins se déroulent dans des espaces réservés, loin du public. Ils sont confidentiels. La pratique de l'escrime a lieu dans des salles d'armes réservées aux dames[59]. La natation féminine se déroule dans des espaces particuliers ou dans un même lieu que les hommes mais à des horaires différents. Même les associations mixtes comportent en réalité une section féminine et une masculine bien distinctes. Par contre, *les rencontres sont le plus souvent mixtes, avec classements séparés ou épreuves différentes* [60]. Cette entorse à la tradition s'explique par un effectif féminin insuffisant pour envisager l'organisation de compétitions strictement féminines. Mais, loin de déranger les hommes dans un monde bien à eux, la présence des femmes va au contraire être appréciée car elle assure souvent le succès des manifestations[61]. Comme les premières ondines, les footballeuses de la première heure ne sont pas en nombre suffisant pour s'affronter entre elles. Ce sera également le cas en province quand les Rémoises joueront en 1921 leurs premiers matches de football contre des jeunes garçons, les pupilles de la Société Sportive du Parc Pommery[62]. C'est pourquoi on outrepasse les interdits, l'organisation matérielle de ce sport nouveau prenant le pas sur les préjugés. Ce sont donc bien les circonstances qui sont à l'origine de cette pratique mixte. On ne peut donc pas encore parler de mixité.

Les premiers matches de Femina Sport, bien qu'ouverts aux spectateurs en échange d'un droit d'entrée de 0,50 francs, restent toutefois assez confidentiels. Seul le quotidien sportif *L'Auto* suit l'ensemble des

---

[58] Perrot M., op. cit.

[59] Bergès A., *L'escrime et la femme*, Paris, Désirée Benoist, 1896.

[60] Terret T., "La natation et l'émancipation féminine au début du siècle" in *Jeux et Sports dans l'histoire*, Paris, CTHS, 1992.

[61] Terret T., op. cit., p. 286.

[62] *L'Écho sportif du Nord Est*, 1er janvier 1921.

rencontres comme nous l'avons montré précédemment. Dans la *Vie au Grand Air*, aucune allusion n'est faite à ces rencontres. De même dans la presse non spécialisée comme *L'Écho de Paris, Le Journal*, cet événement passe inaperçu. Le premier match devant un public nombreux a lieu quelques mois plus tard, au printemps 1918, lorsque les deux « onze » de Femina Sport s'affrontent, durant une demi-heure, en lever de rideau d'un match France-Belgique organisé par le CFI et l'USFSA, le dimanche 21 avril 1918[63]. Le lendemain, quelques journalistes rapportent cet événement qui d'ailleurs ne fait pas scandale à leurs yeux. Ces articles de presse, peu nombreux, n'apparaissent pas hostiles. L'*Écho de Paris* signale la *bonne exhibition des deux équipes de Femina Sport* et adresse ses compliments aux *courageuses et habiles jeunes filles*[64]. *Le Journal, Le Petit Journal, Le Petit Parisien, Le Figaro, L'Humanité* ne prêtent aucune attention à cet événement peu ordinaire et ne donnent que les résultats du match France-Belgique masculin. Les critiques véhémentes, sur lesquelles nous reviendrons, sont plus tardives. Elles apparaîtront dans la presse en 1919-1920. Dans *L'Auto*, le premier article qui met en doute l'opportunité de la pratique du football par des femmes est daté du 28 janvier 1920. Son intitulé est clair : *Les femmes doivent-elles jouer au football* ?

En 1918, d'autres clubs parisiens rejoignent Femina Sport et se mettent à la pratique du ballon rond. Un an après son apparition dans la Capitale débutent ainsi les premières rencontres interclubs sur lesquelles nous reviendrons. Le football au féminin est donc bien d'origine citadine et plus particulièrement parisienne.

1-2 … En rupture avec les autres pratiques physiques féminines

Né en 1917, le football féminin prend son essor pour le moins en rupture avec les autres pratiques féminines développées jusque-là, pratiques distinctives, telles que l'équitation, l'aérostation, l'alpinisme… très en vogue au siècle précédent parmi les gens les plus fortunés, comme nous l'avons évoqué en introduction, ou hygiéniques, tels que la gymnastique.

Au tournant du siècle, les activités physiques restent essentiellement une distraction aristocratique et bourgeoise réservée à quelques marginales. Comme le souligne Charreton, *le terme de sport continue à évoquer l'exercice et le passe temps des classes aisées et Louis Barron note qu'il*

---

63 *L'Auto*, 21 avril 1918.

64 *Écho de Paris*, 22 avril 1918.

confère à ceux qui s'y adonnent un air d'élégance[65]. Dans ce contexte mondain de la Belle Époque, il constitue un véritable signe de distinction. *Il est de bon ton, dans la haute société, de s'intéresser, soit directement, soit indirectement, à certains exercices considérés comme fashionable*[66]. A partir du milieu du XIXe siècle, les femmes d'allure distinguée pratiquent fréquemment certains exercices corporels choisis. Les portraits réalisés par le Baron de Vaux évoqués précédemment montrent que la baronne Rothwiller pratique chaque matin l'équitation, de même que la Comtesse de Saint-Roman qui galope quotidiennement à travers bois. La Comtesse R. de Salles consacre également toutes ses matinées à l'escrime et à l'équitation, et ceci toute l'année sans interruption. Quant à la Comtesse H. de Villers, sa fauconnerie occupe aussi tout son temps. *Le sport, avec tous les développements qu'il comporte fait partie intégrante de la vie des mondaines*[67]. Parmi ces élégantes, certaines arpentent les terrains de golf, d'autres s'échangent la balle de lawn-tennis. D'autres encore préfèrent la voie des airs. Quelques dames goûtent en effet durant leur temps libre aux joies de l'usage du Ballon. Cette pratique coûteuse est réservée à quelques nobles qui prennent place dans la nacelle aux côtés de leur époux ou de leur père, avant de devenir pilote à leur tour[68]. D'autres, ascensionnistes comme Mademoiselle Henriette d'Angeville, grimpent et pratiquent le rappel. Ces véritables *amazones des neiges*[69] gravissent à leur tour les plus hauts sommets des Alpes. Enfin l'usage des bains de mer est devenu à la mode dans les stations balnéaires à Dieppe notamment. *Plus encore que chez les hommes, le sport féminin reste le fait d'une élite que sa fortune ou sa position met au-dessus des préjugés ordinaires et des conventions sociales*[70].

Parallèlement à ces récréations, à *ces passes temps de la belle existence*[71], le début du siècle voit la naissance de nouvelles pratiques physiques pour les femmes d'une toute autre nature. Il s'agit moins d'activités récréatives et distinctives que des pratiques hygiéniques. Un changement du sens accordé à la pratique s'opère en même temps qu'un glissement sociologique. Les activités physiques quittent le cercle fermé des

---

[65] Charreton P. , *Les fêtes du corps. Histoire et tendances de la littérature à thème sportif en France, 1870-1970*, Université de Saint-Étienne, CIEREC, 1985, p. 28.

[66] Thibault J. , *Sports et éducation physique 1870-1970*, Paris, Vrin, 1971.

[67] Baron de Vaux, *Les femmes de sport*, op. cit.

[68] Robène L., "Vers la création d'un sport féminin : des filles de l'air aux aéronautes" in Arnaud P. et Terret T., op. cit., tome 1, pp. 165-184.

[69] Mortane J., *La femme dans le sport et l'aviation*, Paris, Dupuis, 1937.

[70] Hubscher R., *L'histoire en mouvements. Le sport dans la société française (XIXe-XXe siècle)*, Paris, Armand Colin, 1992, p. 104.

[71] Chapus E. , *Le sport à Paris*, Paris, Hachette et Cie, 1854.

sportswomen fortunées de la haute société et, gagnant les milieux populaires, font de nouvelles adeptes. Contrairement à leurs aînées « inorganisées », les femmes développent leur pratique physique au sein de groupements, d'associations, privilégiant une nouvelle forme de sociabilité. A l'origine, les premières sociétés accueillant femmes et jeunes filles sont essentiellement des sociétés de gymnastique et limitent leur action à la gymnastique proprement dite. C'est le cas des *Enfants du Havre*, société née en 1881, qui crée une section féminine en 1900 sous l'impulsion de Monsieur E. Podesta, de l'*Union Athlétique Saumuroise* en 1908, d'*En Avant* de Paris au mois d'octobre 1909. La section dames de la société *En Avant*, fondée notamment par Messieurs Sandoz et Payssé, pratique une gymnastique éclectique dans le préau de l'école de garçons de la rue Huyghens. Les répétitions les mercredis et samedis soirs dirigées par M. Sandoz, professeur au lycée Buffon, assisté de Mesdames Deboutière et Hoenig et Mesdemoiselles Bernier et Karl, toutes diplômées du cours supérieur d'éducation physique, sont variées, exercices à mains libres, gymnastique d'assouplissement, mouvements respiratoires, mouvements correctifs, des exercices avec appareils notamment haltères et massues, du travail aux barres parallèles, saut à la corde, cheval... ainsi que la gymnastique rythmée en musique selon Dalcroze, danses reconstituées des Grecs... Des sections féminines sont fondées dans quelques sociétés de gymnastique de l'époque, avant que ne se créent des sociétés féminines de gymnastique, la Société Féminine de Gymnastique à Lyon en 1909, à Paris en 1911 et de bien d'autres encore. En 1910, la revue *Culture physique* en dénombre en tout (sections et sociétés féminines confondues) plus de quatre-vingts[72]. En 1911, dans une lettre adressée à C. Cazalet, Président de l'Union des Sociétés de Gymnastiques de France (USGF), E. Podesta fait allusion à la création de la centième société d'éducation physique féminine[73] bien que certaines d'entre elles aient déjà disparu n'ayant pu résister aux critiques. Les exercices diffèrent d'une société à l'autre avec une nette prédominance pour les mouvements d'ensemble exécutés en section, mais quoi qu'il en soit, la gymnastique est le maître mot.

A Femina Sport, association au sein de laquelle apparaissent les premières femmes en crampons en 1917, seules la culture physique et la gymnastique étaient enseignées jusque-là. Femina Sport ne se distingue pas des autres sociétés, c'est une société de gymnastique. A sa création, en 1911 (à la suite d'une scission dans le comité directeur de la société de gymnastique parisienne *En Avant*) le programme porte sur l'éducation physique, application des méthodes de gymnastique suédoise, aux agrès,

---

[72] *La Culture physique*, 15 septembre 1910.

[73] *Le Gymnaste*, 10 juin 1911.

hellénique, et gymnastique rythmique, malgré le nom attribué à la société. Suite à la première « répétition » du 28 février 1912 centrée sur la gymnastique, la boxe vient quelque temps plus tard compléter le programme. Toutefois elle est appliquée comme gymnastique corrective. *Il ne s'agit pas de boxe proprement dite mais d'exercices gymnastiques tirés de la boxe* tels qu'ils sont préconisés par ailleurs dans le manuel scolaire d'éducation physique en vigueur[74]. A l'origine c'est donc bien une pratique éclectique de la gymnastique qui est professée, deux soirs par semaine à Femina Sport, sous la direction de moniteurs bénévoles, d'abord à l'École de Boxe puis au gymnase Jeanne d'Arc.

Les fondateurs de la société, Auguste Sandoz et Pierre Payssé, sont avant tout gymnastes. Sandoz est professeur de gymnastique dans les Écoles de la Ville de Paris et au Lycée Buffon[75]. Il met au point avec G. Demenÿ les *danses gymnastiques*, une combinaison de divers mouvements gymnastiques harmonieusement associés et accompagnés de musique, spécialement conçus pour les femmes et les jeunes filles. Payssé, né à Paris le 21 novembre 1873, pratique la gymnastique de bonne heure. Appelé militaire à Nantes durant trois ans, il sollicite son inscription à la société de gymnastique *La Nantaise*. Il y prépare le diplôme de professeur qu'il obtient en 1897. De retour à Paris, il est admis à *En Avant* avec laquelle il participe à différents concours et tournois internationaux au cours desquels il obtient plusieurs prix dont le plus prestigieux est celui de « champion du monde » de barre fixe au troisième Tournoi International ou « Olympiades officieuses » (10e anniversaire de la rénovation des Jeux Olympiques) à Athènes en 1906. Il étudie les mouvements arrondis avec Demenÿ, suit les cours de gymnastique rythmique de Jean d'Udine, puis de Raymond Duncan et devient diplômé du cours supérieur de gymnastique en 1904. Il est professeur à Paris à l'École Gerson, puis au Collège Sainte-Barbe et au Lycée Buffon, ainsi qu'à l'École des Hautes Études Commerciales pour Jeunes Filles. Il est également moniteur dans différentes sociétés dont *La Vaillante de Clichy* et *En Avant*, avant de devenir moniteur de gymnastique, hellénique notamment, à Femina Sport[76]. Il apparaît ainsi que MM. Sandoz et Payssé sont fortement impliqués dans le milieu de la gymnastique de par

---

[74] Programme du *Grand Assaut Annuel de Boxe* (mercredi 27 mars 1912), Archives de Femina Sport ; *Manuel d'exercices physiques et de jeux scolaires*, Paris, Hachette, 1910 cité dans Loudcher J.F., *Histoire de la savate, du chausson et de la boxe française : de ses origines populaires à sa pratique sportive (1797-1967)*, Thèse de Doctorat, Université Bordeaux II, 1996, p. 368.

[75] Demenÿ G., Sandoz A., *Danses gymnastiques*, Paris, Vuibert, 1908.

[76] *Le Gymnaste*, 25 novembre 1899 ; Rapport d'activité de M. Payssé, Archives de Femina Sport ; Anthoine E., *Anthologie Olympique, douze siècles d'histoire des Jeux Olympiques*, 1967 ; Domard J., "Pierre Payssé : le maître", document de la Fédération Française de Gymnastique.

leur activité professionnelle ce qui explique le choix des moyens utilisés au sein de Femina Sport pour permettre aux sociétaires d'*acquérir et conserver force et santé* [77]. Rien ne prédisposait donc cette société à être la première à pratiquer le football féminin.

Cependant, les fêtes de gymnastique de l'Union Française des Sociétés de Gymnastique Féminine (UFSGF, créée à Lyon en 1912) incorporent quelques épreuves athlétiques à leur programme et quelques sociétaires participant à ces manifestations publiques commencent à goûter aux joies de l'athlétisme. En 1913 à Deauville, elles participent à une course par équipe sur 400m. A Melun en 1914, quatre d'entre elles remportent le Challenge Ludin, *sorte de concours athlétique qui comprend : un mouvement aux barres parallèles, un grimper, un saut en hauteur et une course* [78]. En 1914 également quelques sociétaires de *Femina Sport* font quelques essais de sauts, de lancement du javelot, de natation, de canotage, sous la direction de M. Mously (depuis moniteur au Collège d'Athlètes de Reims) sur les bords de la Marne, mais ils restent sans lendemain. Par ailleurs, en 1913, quelques sociétaires de Femina Sport se mettent à la natation formant une équipe de cinq nageuses. Loin d'abandonner la pratique de la gymnastique qui fait la spécialité de *Femina Sport* au regard d'autres sociétés comme l'*Ondine - association féminine d'enseignement et de vulgarisation de la natation* fondée le 25 novembre 1906[79] - la pratique physique commence à se diversifier. A la veille de la guerre, on perçoit l'amorce d'un mouvement en faveur des exercices athlétiques ouvrant la voie à l'essor du sport féminin.

La pratique des sports athlétiques ne se développe réellement, au sein de certaines sociétés féminines, que quelques mois plus tard. L'apparition du football féminin participe à cet élan de diversification du sens accordé à la pratique physique féminine. Celle-ci n'est alors plus uniquement envisagée comme une action purement hygiénique mais vise l'affrontement, la performance, la prouesse. Il s'agit désormais de vaincre le temps, de vaincre l'adversaire. Comme le souligne J. Thibault, *il existe à l'époque entre les gymnastes et les sportifs des différences de conception de l'exercice physique, sinon d'idéologie, qui font qu'il s'agit bien de deux mondes séparés* [80]. Comme le montre P. Arnaud, le sport est *une anti-gymnastique*. Les valeurs, les buts, les objectifs de ces exercices corporels sont bien de nature différente. La gymnastique est en effet une pratique à visée hygiénique qui ne se « sportivise » que quelques années plus tard. Les concours athlétiques qui se joignent aux fêtes de gymnastique n'ont eux rien

---

[77] Article premier des Statuts, Archives de Femina Sport.

[78] Liébrard S., "Comment je suis devenue athlète", *L'Auto*, 24 juillet 1918.

[79] Archives de la Préfecture de Police de Paris, ASS 4244 P.

[80] Thibaut J., "Les origines du sport féminin" in Arnaud P., *Les Athlètes de la République*, op. cit.

à voir avec la gymnastique proprement dite. De même, l'escrime pratiquée par les femmes est une activité, comme la boxe, que l'on fait surtout par hygiène et qui s'assimile plutôt à un entretien physique qu'à une recherche de prouesse aux différentes armes.

Pendant la guerre ont ainsi lieu les premiers pas de la pratique féminine des sports athlétiques qui se développera pendant les années vingt ; les essais en 1914 de *Femina Sport* étant restés sans lendemain. C'est la toute récente association féminine parisienne *Académia*, fondée en avril 1915 par G. de Lafreté, proposant différentes méthodes de gymnastique, suédoise, méthode Desbonnet... qui organise pour ses sociétaires une réunion sportive le dimanche 30 mai, porte Brancion. Pour la première fois, sous la direction de Monsieur et Madame Montiller, professeurs de culture physique, à la leçon en plein air d'après la Méthode Hébert, s'associent des épreuves chronométrées donnant lieu à un classement : un 60 mètres et une épreuve de deux séries de 300 mètres, et enfin une partie de basket-ball arbitrée par M. Ernest Weber. Cette initiative n'est toutefois qu'un demi-succès car si *de nombreuses sociétaires d'Académia sont présentes, beaucoup d'entre elles s'en tiennent pour cette première fois à un rôle de spectatrice* [81]. Il est difficile d'évaluer le nombre de jeunes filles réellement concernées par ces épreuves athlétiques. Si l'on se fie au nombre de sociétaires citées parmi les résultats, elles ne sont pas plus d'une dizaine. Cette journée marque néanmoins les débuts de la pratique des sports athlétiques par les femmes. Cette réunion dominicale sur le terrain mis à la disposition de la société par le *Club Français* se structure les semaines suivantes autour d'un programme comprenant trente minutes de culture physique, trente minutes de sports athlétiques (course, exercices de sauts et de lancers), et trente minutes de jeux de ballon (basket-ball) et divers.

L'année suivante, en juin 1916, l'engouement pour les sports athlétiques gagne définitivement *Femina Sport*. Sur le même terrain du Stade Brancion, les sociétaires de *Femina Sport* commencent l'entraînement en plein air (sports athlétiques et jeux) et, dès l'automne, l'athlétisme devient une pratique hebdomadaire. Chaque dimanche matin, au printemps 1917, sont organisées en plein air des réunions d'entraînement en courses, sauts, et basket-ball, sous la direction des maîtres Payssé et Mainguet pour la gymnastique et la boxe, du champion Decoville pour l'athlétisme et de Ernest Weber pour le basket-ball[82]. Très vite, *Femina Sport* organise des journées sportives interclubs. La première, le 3 juin 1917 comprend un programme varié : course de relais, 600 m par équipe de trois, lutte de traction à la corde par équipe de cinq, match de basket-ball, *Femina Sport*

---

[81] *L'Auto*, 31 mai 1915.

[82] *L'Auto*, 5 mai 1917.

contre *En Avant*, course de vitesse, 80m, 50m pour les fillettes de 12 à 14 ans, saut en hauteur avec et sans élan, course de 300 m, lancer du poids bras droit et gauche auquel s'ajoutent plusieurs démonstrations dont certaines menées par des athlètes masculins de renom. Le champion de France d'athlétisme, Mentrel, fait une démonstration de saut en hauteur, Decoville lance le poids, Mainguet boxe avec pour partenaire Mlle Y. Johannet, après une présentation d'un groupe de boxeuses par Monsieur Bros et une section de gymnastes par P. Payssé. Cent dix concurrentes sont inscrites pour cette première journée interclubs féminins ouvert au public pour un prix d'entrée de 0 franc 50[83].

Dans le cadre de ces grandes journées sportives estivales interclubs, *Femina Sport* crée, pour la première fois, des championnats féminins d'athlétisme, qualifiés de Championnats de France, les 14 et 15 juillet 1917. Au programme de ces deux journées de championnat, des courses 80m, 400m, 1200m, 83m haies, avec pour juge des arrivées le champion de France Arnaud, des sauts, longueur et hauteur avec et sans élan, et des lancers, de poids et de javelot[84]. Les premiers records féminins de France sont établis, comme le titre le journal *L'Auto*[85] : 4m15 en longueur, 1m23 en hauteur, 13m92 au lancer de poids à deux mains... Les grandes triomphatrices de cette journée sont Suzanne Liébrard et Thérèse Brûlé, deux pionnières de Femina Sport. On retrouve là le type même des compétitions masculines organisées à cette époque.

C'est de cet élan de l'été 1917 que va naître le football féminin. Quelques semaines après ces rencontres athlétiques, des jeunes filles de Femina Sport s'initient à la pratique du ballon rond, le dimanche 30 septembre 1917. Le football, s'il est en rupture avec les pratiques physiques existantes, distinctives et hygiéniques, s'inscrit toutefois dans une période d'essor des pratiques sportives de plein air que sont les sports athlétiques, athlétisme, basket-ball, cross-country, et plus tard le rugby. On peut se demander pourquoi en temps de guerre, ces sports athlétiques gagnent soudainement les femmes. Quelles conditions rendent possible la naissance de la pratique du football par les femmes ? En quoi le contexte peut-il être favorable ?

---

83 *L'Auto*, 2 juin 1917 ; 3 juin 1917 ; 4 juin 1917.

84 *Calendrier des sports de plein air (été 1917)*, Archives de Fémina Sport.

85 *L'Auto*, 16 juillet 1917.

1-3 Un contexte favorable ?

On explique souvent cet essor des pratiques sportives féminines par le contexte favorable du premier conflit mondial, celui-ci bousculant radicalement les rapports sociaux. Comme le souligne F. Thébaud, *l'idée que la Grande Guerre a bouleversé les rapports de sexe et émancipé les femmes est très répandue pendant et au lendemain du conflit. C'est un lieu commun de la littérature et du discours politique*. Cependant, pouvons-nous expliquer l'apparition du football féminin par un facteur favorable unique ?

En quatre ans et demi de guerre, plus de 60% des hommes actifs sont mobilisés sur le front[86]. Le concours des femmes devient momentanément indispensable devant la pénurie de main-d'oeuvre. La Grande Guerre voit ainsi naître par nécessité des métiers tout à fait nouveaux pour les femmes. A l'automne 1915, les circulaires ministérielles invitent les industriels à employer les femmes partout où cela est possible. Elles deviennent factrices, conductrices de tramway, cheminottes. Elles tournent des obus, fabriquent des avions, des explosifs... La munitionnette devient le symbole du travail féminin au service de la patrie. Bien que la mobilisation des femmes demeure limitée, la guerre offre aux femmes des emplois, leur ouvre de nouvelles possibilités, des fonctions auxquelles elles n'avaient pas accès jusqu'alors. Les femmes gagnent pour un temps l'espace public dans les administrations, les commerces, elles acquièrent par ailleurs de nouvelles responsabilités. Le rôle de chef de famille, par exemple, leur revient pour la première fois en l'absence de leur mari. La condition féminine connaît ainsi un profond bouleversement entre 1914 et 1918, les femmes donnant la preuve de leurs compétences dans divers domaines. *Balayées les polémiques sur la force, la douceur et leur rôle traditionnel*[87], pourquoi les femmes, alors qu'elles ont leur place à l'usine, dans les transports, les administrations, ne gagneraient-elles pas, à leur tour, les terrains de sport qui réunissent de plus en plus d'adeptes ?

Les circonstances de la guerre font aussi beaucoup pour le sport. La guerre *contribue très probablement à le faire pénétrer profondément dans les moeurs*[88]. Malgré l'envahissement partiel du pays et la mobilisation massive des hommes jeunes, le sport continue à se développer gagnant progressivement la population rurale. Le football, en particulier, quintuple le

---

[86] Thébaud F., *La femme au temps de la guerre de 1914*, Paris, Stock, 1986 ; Thébaud F., "La Grande Guerre. Le triomphe de la division sexuelle" in Duby G. et Perrot M., *Histoire des femmes*, le XXe siècle, tome 5, Paris, Plon, 1992.

[87] Klejman L., Rochefort F., *L'égalité en marche. Le féminisme sous la Troisième République*, Paris, Presse de la fondation nationale des sciences politiques, 1989.

[88] Rozet G., "Ce que la guerre a fait pour le sport", *Lectures pour tous*, 1er février 1917.

nombre de ses adeptes[89]. La guerre perturbe le déroulement des compétitions officielles, suspendues comme en Grande-Bretagne, en Belgique, en Allemagne, en Italie..., *mais la pratique du jeu s'est poursuivie parmi les plus jeunes de l'arrière et même parmi les mobilisés du front*[90]. Sur des terrains de fortune, au front, les poilus continuent en effet à s'entraîner pendant les heures de repos. Au cours de l'hiver 1917, G. Rozet rapporte : *il y a moins d'un mois, les équipes du 20e corps matchaient couramment entre elles à moins d'un kilomètre de la première ligne de tranchée*[91]. Le sport gagne l'armée. Les sportifs y sont à l'honneur. Aux yeux des militaires, leur attitude tant sur le plan physique que moral est exemplaire. Les propos du Général Pétain prononcés au cours de la Bataille de Verdun et relevés par G. Rozet en sont un bon exemple : *ce qu'il me faut maintenant comme officiers d'état-major, ce sont des coureurs cyclistes, des champions de course à pied et des joueurs de football*[92]. Le sport est ainsi, dans l'armée, encouragé par nombre d'officiers qui voient dans le sportif, un soldat modèle. Le football devient *un facteur même de la défense nationale. Il façonne les corps qui pourront tenir fortement un fusil et porter longtemps un sac*[93]. Ces arguments en faveur du football développé avant-guerre trouvent ici sur le terrain toute leur portée. Devenant un exercice de préparation militaire et une véritable arme au service de la victoire, le sport, et le football en particulier, s'en trouve glorifié. *Les journaux sportifs publient des nouvelles édifiantes des joueurs et des dirigeants du front qui tous deviennent des modèles de soldat grâce à leur formation de football ou d'éducateur de jeu. Chayriguès se bat dans l'artillerie près de Toul, comme il l'avait fait dans ses buts*[94]. A l'arrière, un véritable élan de solidarité s'organise en faveur de ces joueurs mobilisés pour leur faire parvenir des ballons de football-association. Une campagne est lancée notamment par le quotidien *L'Auto*, qui s'intéresse de plus en plus au football, ainsi que par le journal *Sporting*. Afin de favoriser l'envoi de ballons aux poilus, *L'Auto* rédige même une pétition : *sachant que la pratique du jeu de football est indispensable au développement et à l'entretien des qualités de la race française, les soussignés dirigeants de clubs sportifs et soldats de demain, demandent aux pouvoirs publics une intervention immédiate qui permettent soit la fabrication en France, soit l'importation des ballons qu'il est impossible*

---

89 Rozet G., *Le Football sport national et le stade communal*, Paris, Hachette, 1918.

90 Wahl A., op. cit., 1989 ; de Ryswick J., *Histoire du football au fil d'un siècle*, Genève, Éditions Famot, 1979.

91 Rozet G. , "Ce que la guerre a fait pour le sport", op. cit.

92 Propos du Général Pétain cité dans Rozet G., ibid.

93 Manchon J., *Le football*, Paris, Nilsson, 1911.

94 Wahl A. , op. cit., p. 132. Chayriguès est le fameux gardien de but de l'équipe de France.

actuellement de se procurer[95]. Cette campagne cesse quelques semaines plus tard au moment où le Ministère du Commerce décide l'importation de ballons d'Angleterre et favorise la fabrication nationale grâce à l'obtention des matières premières[96]. Les dons se poursuivent et des rencontres sont aussi organisées au profit des footballeurs des tranchées. Le football compte aussi ses disparus et ses héros. *Ainsi la guerre a-t-elle donné à ce jeu une popularité et une vogue de plus en plus grandes*[97], touchant une partie de la population qui l'ignorait jusque-là. La création, par ailleurs, de la Coupe de France, *Coupe Charles Simon,* en 1917 n'est-elle pas la preuve de cette vitalité du football ? *Le football-association a été pratiqué par les soldats du front et de l'arrière avec une telle généralité qu'on a pu qualifier ce sport de jeu national*[98]. Le football pénétrant ainsi davantage la société française, on peut alors comprendre que les femmes découvrent elles aussi cette joie de shooter dans un ballon.

Ce contexte favorable de la guerre est aussi le fruit d'un ensemble de transformations amorcées précédemment. Si la guerre participe au développement de l'idée sportive, elle ne marque pas de réelle rupture mais s'inscrit dans la continuité de l'évolution engagée en temps de paix. En effet, à la veille de la guerre, *le mouvement sportif en France prend de l'ampleur et devient une force*[99]. Le sport, longtemps confiné au sein des milieux favorisés des grandes zones urbaines, diffuse progressivement, le droit d'association aidant à sa vulgarisation. Bien que la grande majorité des gens issus des milieux populaires n'accèdent pas ou difficilement au sport, la loi sur le repos dominical obligatoire pour tous les travailleurs votée en 1906 favorise sa pratique par un plus grand nombre d'individus. Comme le souligne Wahl, *à partir de 1908, le football bénéficie de la brusque montée du mouvement sportif associatif et de sa spécialisation croissante.* Le football fait de plus en plus d'adeptes et s'étend à l'ensemble du territoire, de plus en plus de sociétés le pratiquant. Avant le déclenchement des hostilités, le football-association gagne toutes les villes, grandes et moyennes. *Le nombre de joueurs de balle au pied dépasse bientôt celui des rugbymen dans toute la zone située au nord de Paris. Les patronages ont déjà choisi le football-association plutôt que le football-rugby.* Son public s'élargit, près de deux mille clubs pratiquent le football en 1911. *Le chiffre de 200 000 joueurs officiellement licenciés dans un club est peut-être atteint à la veille*

---

[95] *L'Auto,* 29 août 1917.

[96] *L'Auto,* 13 septembre 1917.

[97] *Écho Sportif du Nord Est,* 8 janvier 1921.

[98] Hanot G., "Foot-ball association. La situation actuelle", *La Vie au Grand Air,* 20 novembre 1919.

[99] Thibault J., *Sports et éducation physique,* op. cit.

de la guerre [100]. Le sport pénètre également le milieu du travail même s'il rassemble un public encore restreint. Sur le modèle des premiers clubs sportifs d'entreprise fondés par les grands magasins parisiens à partir de 1896, Le Bon Marché, La Samaritaine..., de nouveaux clubs corporatifs voient le jour à Paris comme en province. Ces sociétés créées à l'initiative des patrons regroupent les employés d'administration, d'assurance ou de banque. On assiste à un véritable *triomphe des sports athlétiques. Une poussée formidable consacre en France, les bienfaits des sports de plein air. De tous côtés, ce n'est que créations de nouvelles méthodes d'entraînements à l'athlétisme. Les réunions au grand air attirent de plus en plus la grande foule des sportsmen et des profanes, qui par leur nombre imposant affirment hautement leur évidente satisfaction de contempler, ou de prendre part, à des manifestations du muscle* [101].

Le sport ne se réduit pas à la seule pratique, il est aussi spectacle. L'organisation de manifestations sportives d'importance, relayée par la presse, contribue à susciter l'enthousiasme public, *à cristalliser sur le sport l'attention de la foule* [102]. L'organisation de grandes courses, comme le Tour de France cycliste à partir de 1903, notamment, provoque un engouement certain auprès de la population. En effet, *il est impossible même à ceux qui ne se passionnent pas aux sports de ne pas admirer le héros de cette grande randonnée sportive.* Cette épreuve de la Grande Boucle contribue à *répandre, à travers villes et campagnes, et non plus dans un cercle restreint, l'habitude et le spectacle de l'effort musculaire compétitif en même temps qu'elle initie à la notion de record* [103]. Les stades comptent également de plus en plus de spectateurs qui se pressent autour des terrains. Ainsi en football-rugby, 10 000 spectateurs assistent à la finale du championnat de France en 1903, 25 000 lors de la rencontre France-Pays de Galles en 1913 contre seulement 600 en 1897[104]. Les rencontres internationales deviennent de véritables temps forts de l'activité sportive. Les Jeux Olympiques, véritable promoteur des sports athlétiques, commencent à toucher également un plus large public. Alors que les Jeux de 1900 à Paris perdus dans l'ensemble des manifestations de l'exposition universelle étaient *sans*

[100] Wahl A. , op. cit., 1989 ; Wahl A. , Lanfranchi P. , *Les footballeurs professionnels des années trente à nos jours*, Paris, Hachette, 1995, p. 17.

[101] Anthoine E., "le triomphe des sports athlétiques", *PortezVousBien!*, 1er mai 1913, p. 12.

[102] Charreton P., op. cit., p. 31.

[103] *Le Journal*, 21 juillet 1903 cité par Gaboriau P., "L'Auto et le Tour de France. Regard critique sur l'histoire du cyclisme et l'année 1903" in Terret T. (sous la direction de), *Histoire des sports*, Paris, L'Harmattan, 1996 ; Thibault J., op. cit., p. 145.

[104] Léziart Y. , op. cit., p. 124.

panache [105], ceux de Stockholm ont plus d'impact auprès de la population. J. de Pierrefeu rapporte à propos de ces Jeux Olympiques de 1912 : *pour la première fois, un évènement sportif retentissait profondément dans l'âme nationale et l'on pouvait mesurer du même coup l'immense intérêt que le public prenait aux choses du sport* [106]. La spectacularisation du sport va sans cesse croissant et cet effet se retourne vers la pratique incitant de nouvelles adhésions dans les clubs.

Journalistes, romanciers et littérateurs qui analysent la société française entre 1910 et 1914 constatent soit pour le déplorer, soit pour s'en féliciter, mais de façon quasi unanime que les sports commencent à déborder le cercle restreint des initiés et font leur apparition dans la vie quotidienne [107]. Les sports gagnent du terrain dans la presse, la publicité, la rue... Aux côtés de l'organe de l'USFSA *Tous les Sports*, *La Vie au Grand Air*, le quotidien omnisports *L'Auto*..., de nouveaux titres apparaissent tels que *Sporting*, ainsi que des publications spécialisées, *Le Football* ainsi que *La Boxe et les Boxeurs* en 1909, *Tennis* à partir de 1910. En province, la presse sportive se développe. Naissent également des périodiques *Lyon-Sport*, *Les Sports*, à Bordeaux, *L'Écho Sportif du Nord Est*... Parallèlement au développement de ces journaux sportifs initié par la presse vélocipédique, nombre de périodiques commencent à intégrer une rubrique sportive à leur édition d'information générale. Les manifestations sportives d'importance gagnent progressivement leur place à la une des journaux. *Cet envahissement de la presse par le sport accentue la propagation de l'idée sportive et de la valeur athlétique* [108].

Cette évolution dont les conséquences n'apparaissent clairement qu'après le premier conflit mondial, qui va en freiner le déroulement sur certains points, tout en l'accélérant sur d'autres, peut être cependant constatée dans les deux ou trois années qui précèdent 1914 [109]. Ainsi, il apparaît que si l'idée sportive progresse dans le coeur des Français durant le conflit, la voie était déjà tracée.

De même, si la guerre, expérience sans précédent de liberté et de responsabilité pour les femmes, a pu sans doute jouer un rôle déterminant dans l'avènement des sports athlétiques féminins, le terrain était cependant prêt[110]. *Nombre de changements dans la vie des femmes, trop hâtivement*

---

[105] Berlioux M., *Jeux Olympiques*, Paris, Manufacture des Arts, 1956.

[106] De Pierrefeu J., *Paterne ou l'ennemi du sport*, Paris, Ferenczi, 1927 cité par Thibaut J., *Sports et éducation physique 1870-1970*, Paris, Vrin, 1971.

[107] Thibault J., op. cit., p. 141.

[108] Charreton P., op. cit., p. 33.

[109] Thibault J.,op. cit., p. 142.

[110] Thibault J., "Les origines du sport féminin", op. cit.

attribués à la guerre, se sont en réalité produits à la Belle Époque[111]. Comme le montrent les travaux de Thébaud, la guerre a contribué tantôt à accélérer, tantôt à bloquer, des évolutions esquissées précédemment[112].

Au tournant du siècle, le modèle féminin traditionnel, s'il n'est pas révolu, est ébranlé par des situations qui permettent aux femmes de prendre conscience du décalage entre leur statut civil et leur fonction réelle dans la société[113]. Les dernières décennies du siècle précédent voient se modifier l'accès des femmes à l'instruction publique, l'accès au travail. La loi Camille Sée du 21 décembre 1880 participe au changement de la situation scolaire des filles jusque-là sous l'influence de l'église. Les portes de l'enseignement secondaire public leur sont ouvertes même si les études de ces jeunes filles, couronnées par un diplôme de fin d'études, diffèrent encore de celles des jeunes gens par un programme distinct jusqu'en 1924 date à laquelle les deux cursus sont alignés. Les lois Jules Ferry ne rendent obligatoire que l'enseignement primaire : *l'instruction primaire est obligatoire pour les enfants des deux sexes âgés de six ans révolus.* L'année 1881 voit à son tour la création de l'École Normale pour jeunes filles[114]. Cet accès à l'instruction, qui constitue un premier pas vers l'égalité politique des sexes, joue un rôle primordial dans l'ouverture, aux femmes, à un grand nombre de professions. En 1890, obtenant sa licence de droit, Jeanne Chauvin est la première avocate française, même si elle doit se battre plusieurs années avant de pouvoir prêter serment au barreau de Paris. En 1906, Marie Curie devient la première femme professeur d'université à la Sorbonne. Bien que minoritaires les travailleuses gagnent du terrain, notamment dans le secteur tertiaire qui se développe et se féminise. En 1906, on compte huit millions de femmes qui travaillent en France ce qui représente 37,1% de la main-d'oeuvre totale[115].

Cet essor du travail féminin salarié contribue au développement des revendications pour l'égalité des droits. Les femmes commencent en effet à prendre part aux mouvements revendicatifs, à battre campagnes pour le droit au travail, pour l'égalité de leurs salaires, à réclamer le droit au suffrage, à rejeter la dépendance conjugale... Elles aspirent à des rapports plus égalitaires avec les hommes, avec leur conjoint. Au prix de rudes combats, leur sort s'améliore lentement. Les femmes mariées obtiennent par exemple en 1907, le droit de disposer librement de leur salaire même si cette mesure n'est pas toujours effectivement appliquée. Ce *moment d'effervescence*

---

[111] Bard C., *Les filles de Marianne. Histoire des féminismes 1914-1940*, Paris, Fayard, 1995.

[112] Thébaud F., *La femme au temps de la guerre de 1914*, op. cit.

[113] Klejman L., Rochefort F., op. cit., 1989.

[114] Prost A., *Histoire de l'enseignement en France 1800-1967*, Paris, Armand Collin, 1968.

[115] Bard C., *Les filles de Marianne...*, op. cit.

féministe [116] même limité et de faible ampleur en regard des mouvements anglo-saxons s'appuie sur la création de plusieurs associations et l'organisation de congrès, d'actions qui donnent une impression de force. La Marche des midinettes du 25 novembre 1903 regroupant vingt cinq mille participantes sur douze kilomètres marque profondément les mémoires. La presse spécialisée connaît une période relativement florissante entre 1900 et 1914. A la veille de la guerre, en 1913, onze titres sont en vente. Après le quotidien *La Fronde* ayant défendu un féminisme nettement radical, figurent, parmi les plus importants journaux, *La Française*, de tendance plus modérée, *La Suffragiste*, un des journaux défendant les positions les plus avancées à l'époque et bien d'autres encore[117].

A la veille de la guerre, le désir de liberté et d'égalité est donc bien dans l'air du temps même s'il ne s'exprime pas toujours dans des mouvements militants qui rassemblent en fait peu de porte-parole et qui restent de fait très marginaux. Mais l'idée est là. Ce contexte de transformations économiques et sociales en même tant que d'évolution des mentalités s'accompagne de nouveaux comportements culturels des femmes, de nouvelles pratiques vestimentaires, de nouvelles pratiques physiques... qui servent à leur tour l'émancipation de la femme. A ce titre, l'exemple de la bicyclette est tout à fait significatif. En dépit des attaques lancées contre elle au nom de l'esthétisme et du respect des bonnes manières, de la santé et de l'hygiène, la bicyclette rallie un nombre croissant de pratiquantes et devient leur ardente passion. En plus de l'influence que joue ce nouvel engin sur le développement de l'idée sportive, elle joue également un rôle important chez la femme relayée par l'affiche. En effet, le sport qui *envahit peu à peu la vie quotidienne* [118], gagne aussi l'espace public par l'affiche qui vient fleurir les murs. Faisant la réclame d'un produit, d'un commerçant, annonçant une organisation ou une manifestation sportive, l'affiche connaît un véritable essor en ce début de siècle, répondant au besoin de vendre de la société industrielle en plein développement. Soutenue ardemment par l'industrie du cycle, la petite reine, en vogue, est souvent à l'honneur. D'abord centré sur le texte, l'iconographie prend de plus en plus de place. L'image est en effet plus convaincante comme argument de vente, et d'autant plus lorsqu'il s'agit d'une femme. Femme et bicyclette deviennent les deux inspirateurs des illustrateurs de la Belle Époque qui développent chacun leur style[119]. Comme le montre J. P. Laplagne, cette image réclame de la femme à

[116] Käpelli A. M., "Scènes féministes" in Duby G. et Perrot M., *Histoire des femmes en Occident*, le XIXe siècle, tome 4, Paris, Plon, 1991.
[117] Klejman L., Rochefort F., op. cit ; *La Fronde* créé en 1897 par M. Durand ; *La Française* créé en 1906 par J. Misme ; *La Suffragiste* créé en 1908 par M. Pelletier.
[118] Rozet G., *Les fêtes du muscle*, Paris, Grasset, 1910.
[119] Durry J., *Le Sport à l'affiche*, Hoëbeke, 1988.

bicyclette se multipliant dans les journaux, les lieux publics, participe à l'émergence d'une femme nouvelle. Elle aide la femme à adopter le costume masculin alors illégitime : le pantalon, admis d'abord comme sous-vêtement. La « cyclistine » en culotte bouffante resserrée au niveau des genoux devient alors le prototype de la femme moderne. La femme va jouer *à coups de pédales d'un instrument d'émancipation et de liberté* [120] inégalé. Si la pratique du vélocipède n'est pas encore envisagée comme une pratique compétitive pour la femme, on peut penser qu'elle joue un rôle important auprès de la masse. Selon R. Morténaque, *elle développe l'esprit d'initiative, la hardiesse physique, la confiance en ses forces, elle lui apprend l'art de se débrouiller, de s'orienter* [121]. On peut affirmer avec Tissié qu'elle représente, comme il le dit pour les hommes, *un facteur puissant de diffusion des idées* car *elle crée des tendances puis des besoins en faveur des exercices en plein air* [122]. La bicyclette participe donc à la diffusion de l'idée sportive et aide de ce fait l'évolution des conceptions de l'exercice physique de la femme qui conduira à voir l'émergence des sports athlétiques au féminin.

Parallèlement à ces évolutions, l'importance du corps et de l'activité physique pour la femme progresse notamment dans les discours. *Après avoir été trop longtemps négligée dans le passé, la question de l'éducation physique de la femme préoccupe aujourd'hui nombre d'esprits soucieux de l'avenir et de la prospérité de la nation* [123]. Médecins, pédagogues et journalistes se rejoignent pour affirmer que la femme, comme l'homme, a besoin de santé et plus encore de beauté. Les discours convergent autour d'un même argumentaire eugénique. *Travailler à donner à la femme de la santé et de la beauté, c'est travailler aussi à la conservation et à l'embellissement de la race* [124].

Le point de départ commun à l'ensemble des discours sur l'éducation physique est le *constat de la décadence* [125], de la dégénérescence de l'espèce humaine et plus particulièrement de la race française. C'est une réelle menace pour le pays en cette période revancharde ; la défense de la Patrie est en jeu. La démographie est fléchissante, déclin accentué par la comparaison avec les pays voisins. Ce constat de dégénérescence se centrant sur la femme prend à ce titre encore plus d'importance, elle qui est la

---

[120] Teincey J., "La femme de sport et les clubs de femmes ", *Revue Britannique*, juillet 1899.

[121] Morténaque R., "La femme à bicyclette", numéro supplémentaire du *Journal*, août 1893.

[122] Tissié P., *L'Éducation physique au point de vue historique, scientifique, technique, critique, pratique et esthétique*, Paris, Larousse, 1901.

[123] Danjou Dr G., "L'éducation physique de la femme", *La Vie au Grand Air*, 22 mars 1913.

[124] Rose-Nicole in *La Culture physique*, 1er décembre 1910.

[125] Liotard P., "L'impossible spécificité de l'éducation physique féminine", Arnaud P.et Terret T., op. cit., tome 2, p. 187.

génitrice de l'homme. Elle est chétive, *son organisme subit des désordres graves de toute nature* [126], son corps est déformé, sa colonne vertébrale souvent déviée. Cette détérioration physique de la femme évoquée est souvent imputée à l'inactivité excessive qui touche nombre de jeunes filles, notamment durant leurs études, ainsi qu'au port généralisé du corset qui gêne le développement physique de la femme, l'*enlaidit*, la *déforme* et la *fripe* [127]. Publiant les idées d'une jeune fille sur la question du costume et de l'exercice physique, le Docteur G. Lasserre écrit à propos du corset : *c'est une mode absurde qui surajoute ses néfastes effets au manque absolu d'exercices nécessaires au développement du corps* [128]. Comme le montre H. Salomon, le corset, porté depuis le Moyen-Age par les femmes se trouve, à cette époque, au centre des critiques qui sont de plus en plus nombreuses[129]. Le Docteur J. Darricarrère l'accuse de tous les maux : *déformation physique, déplacement d'organes, troubles physiologiques, respiratoires, digestifs, urinaires, et utériens* [130]. Il conduit, en les comprimant, à *l'immobilité des muscles et par conséquent atrophie ceux-ci plus ou moins* [131] alors qu'ils ont au contraire besoin de se développer. Henri Desgranges s'en prend aussi à la mode et évoque *ces corps admirables que l'on déforme comme à plaisir, à ces bassins que l'on comprime, à ces estomacs, à ces intestins que l'on empêche de se développer.* Il ajoute, *songez au supplice de ces malheureux corps perchés sur les talons à la mode, à ces colonnes vertébrales déformées* [132].

La femme s'enlaidit et devient un mannequin ambulant qui prête à rire mais elle perd même la notion de la vraie beauté. Le premier devoir de la femme c'est d'être belle, non pas dans ses vêtements, mais dans son corps, dans sa chair [133]. La femme, aux yeux de l'homme, ne se soucie pas suffisamment de sa plastique, ne cultive pas assez sa beauté physique intimement liée à la santé, si nécessaire à son rôle social[134]. Le corps féminin se trouve en décalage par rapport aux idéaux corporels de l'époque symbolisés par le retour au modèle antique de la statuaire grecque

---

[126] Lasserre Dr G., *Une opinion féminine sur l'éducation physique de la jeune fille*, Pau, Garet, 1901.

[127] *La Culture physique*, 15 juin 1910.

[128] Lasserre Dr G., op. cit.

[129] Salomon H. , "Le corset : entre la beauté et la santé", Arnaud P. et Terret T., op. cit., tome 2, p. 11.

[130] Darricarère Dr J., "Une victime du corset", *La Culture physique*, 1er juillet 1909.

[131] Kumlien M. cité par André E., *L'éducation physique et sportive des jeunes filles*, Paris, Flammarion, 1908.

[132] *L'Auto*, 30 avril 1915.

[133] Albert-Surier, "Le devoir d'être belles", *La Culture physique*, 1er novembre 1910.

[134] Desbonnet E., *Devenir belle... et le rester*, Paris, Berger Levrault, 1911.

notamment. La solution : l'éducation physique systématique ; certains préconisent même des exercices quotidiens[135]. *Les Grecs ont connu la vraie beauté et ils en ont laissé l'immortelle image dans leurs statues. Façonnons les corps de celles qui donneront bientôt des enfants à la France : faisons-leur des poitrines resplendissantes de force, des tailles parfaitement souples, des épaules qui supporteraient des fardeaux énormes, des reins infatigables, des bras qui pourraient porter plusieurs enfants et des ventres durs comme des pierres*. Par l'activité physique, *il est facile de préparer dans les jeunes filles d'aujourd'hui les vraies femmes de demain et les mères qui donneront au Pays beaucoup et d'invincibles soldats*[136]. *La femme comme l'homme a droit au mouvement qui est la vie et la santé. Elle a non seulement le droit, mais le devoir de rectifier, perfectionner, cultiver son corps*[137]. Elle doit acquérir, améliorer ou maintenir sa santé, sa beauté et l'harmonie des formes par une gymnastique rationnelle[138].

S'ajoutent à ces raisons d'ordre plastique liées aux canons de la beauté, des justifications d'ordre plus physiologique, sensibilisées par le progrès des connaissances, par les acquis de la physiologie, par les discours de F. Lagrange qui font école, par l'engouement pour le grand air. L'éducation physique de la femme est également soumise à la force du discours hygiéniste et à l'influence des idées accréditant une importance considérable à la fonction respiratoire. L'activité physique doit activer les grandes fonctions, améliorer *la fonction respiratoire lésée par l'usage du corset et la sédentarité*[139].

A une époque fortement marquée par une volonté nataliste, face à l'urgence de régénération de la race, on prend conscience de l'intérêt de l'éducation physique pour la femme et l'on commence à s'y intéresser théoriquement et pratiquement.

Au plan pratique, G. Demenÿ, avec l'aide de A. Sandoz, met au point une méthode de *danses gymnastiques* adaptée à la spécificité de la femme, avec pour objectif non seulement l'hygiène mais aussi et surtout l'esthétique. Comme il le souligne par ailleurs, *les procédés d'éducation doivent être adaptés* (...) *au sexe, les préjugés et les habitudes le veulent ainsi*[140]. Son élève, diplômé du Cours supérieur d'éducation physique, Irène Popard développe elle aussi une gymnastique pour les femmes, gymnastique

---

[135] Bernot S., "les exercices des dames", *La Culture physique*, 5 juillet 1910.
[136] Desgranges H., in *L'Auto*, 30 avril 1915.
[137] Guinet F., *Instruction et entraînement physiques de la femme*, Antibes, 1917.
[138] Parnet M., *La culture physique de la femme. Beauté et santé par la gymnastique rationnelle*, Paris, Nillson, 1913.
[139] Guinet F., op. cit.
[140] Demenÿ G., *Les bases scientifiques de l'éducation physique*, Paris, Alcan, 1909.

harmonique qui se situe aux confins de la gymnastique et de la danse[141]. Ces réponses apportées à l'éducation physique féminine continuent à alimenter les débats polémiques sur les méthodes.

Cette question de l'éducation physique féminine fait notamment partie intégrante du programme du Congrès International de l'éducation physique qui se déroule à Paris en mars 1913. Au même titre que les groupes de travaux « scientifique », « pédagogique » et « d'application », une section s'attache à l'étude de l'éducation physique de la femme. Dans son rapport, le Dr G. Danjou, de Nice en souligne l'importance. *L'éducation physique de la femme s'impose pour la bonne santé générale des nations au même titre que l'éducation physique de l'homme.* Il ajoute *la femme ignore le problème de l'éducation physique intégrale : réforme alimentaire, du vêtement, dans l'hygiène de l'habitation, du travail, etc...*[142] Cet avis semble partagé par l'ensemble des congressistes qui réclament de façon unanime pour la femme et la jeune fille les bienfaits d'une éducation physique plus générale et plus complète. Toutefois la discussion se fait plus vive et les désaccords plus tranchants lorsqu'il s'agit de définir une méthode. Les démonstrations pratiques sur le terrain qui accompagnent ce Congrès montrent d'ailleurs cette diversité de méthodes de gymnastiques enseignées dans différents pays d'Europe : des italiennes de l'Institut Royal de Gymnastique de Turin sous la direction du Dr Monti, des jeunes Anglaises pratiquant la gymnastique callisthénique sous la direction de leur monitrice Mlle Hart, un groupe de jeunes filles de Femina Sport, sous la direction de M. Payssé professant la gymnastique hellénique de Raymond Duncan, de jeunes belges de la Ligue Belge d'éducation physique, de jeunes filles des Lycées Victor Duruy et Lamartine, présentant la méthode Demenÿ emmenée par Mlle Karl, ainsi qu'un groupe de jeunes filles de l'Institut d'Helleran-Dresde et de Genève présentant la gymnastique rythmique sous la direction de M. Jacque-Dalcroze et enfin un groupe d'une dizaine de jeunes filles présentant la gymnastique aux mouvements complets continus et arrondis, sous la direction de Demenÿ. La question des méthodes a plus tendance à diviser qu'à rapprocher les différents protagonistes de l'éducation physique féminine. Le Dr Danjou, suédiste ardent, fait l'apologie de Ling. Dans son rapport sur l'éducation physique dans l'enseignement secondaire des jeunes filles, Mme le Dr Girard-Mangin, plus radicale, met en avant au contraire les bienfaits de certains sports notamment la natation et le tennis. Elle pense que l'*éducation physique donnée dans l'enseignement est à transformer complètement. Cette éducation se réduit généralement à la gymnastique*

---

[141] Eyquem M. T., *Irène Popard ou la danse du feu* , Paris, Editions du Temps, 1959.

[142] Congrès international de l'éducation physique , Paris 17-20 mars 1913, Résumés des rapports, Paris, Ballière et fils, 1913.

proprement dite selon les anciennes méthodes. Il faut reconnaître la mauvaise volonté des élèves des lycées et collèges que les exercices physiques ennuient. Pour elles comme pour nombre d'enfants, les jeux et les sports ont plus d'attraits [143]. Quelques minorités osent la pratique sportive comme moyen d'acquérir pour les femmes une solide santé. Certains comme Lucien Tellé envisagent, par ailleurs, la possibilité de *féminisation de certains sports,* la marche, le hockey, le patinage, l'aviron, le lawn-tennis, la natation, adaptés à l'anatomie féminine[144]. Cependant, il faut bien souligner que ces points de vue sont ultra-minoritaires et comme nous le verrons plus loin la tendance est bien plus à la modération. Il n'est pas question de sport pour les femmes dans les mentalités de l'époque, mais l'idée d'éducation physique pour la femme fait son chemin.

Le sport féminin bénéficie ainsi d'un ensemble de conditions propices à son émergence. Il est bien difficile de distinguer la part de chacune c'est pourquoi nous utilisons le terme de contexte. En effet, il apparaît à un moment où d'une part l'idée sportive diffuse, touchant un public plus vaste socialement et géographiquement. D'autre part, il bénéficie d'une période d'évolution des mentalités et de progrès de la condition féminine, renforcés par le phénomène de guerre. Les préjugés sont momentanément plus favorables aux femmes, les femmes faisant sur le terrain preuve concrètement de leurs compétences en remplaçant les hommes.

Enfin, le rêve d'une race forte amène une certaine prise de conscience de la part de pédagogues et de médecins de l'utilité de l'éducation physique de la femme, dans la continuité des discours d'avant-guerre, qui se traduit sur le terrain par la création de sections ou de sociétés féminines de gymnastique qui seront les foyers d'émergence du sport féminin.

1-4 L'implantation du football féminin : le rôle de la propagande

Les propos relevés dans *L'Auto* du 14 avril 1919 laissent penser que la diffusion du football féminin vers d'autres associations est difficile. *Femina Sport eut à user longtemps d'arguments démonstratifs pour décider d'autres clubs féminins à suivre son exemple* [145]. La seconde société à s'intéresser à la pratique féminine du football est la voisine *En Avant.* Quelques sociétaires viennent en spectatrices avant de mettre une équipe sur pied. Elles se déplacent au stade lors du match opposant les filles de *Femina Sport* à une

143 Ibid., p. 189.

144 Tellé L., "Les sports de plein air. La féminisation possible de certains sports" in *Culture physique*, 1er décembre 1909.

145 *L'Auto,* 14 avril 1919.

équipe d'élèves du Lycée Carnot, le dimanche 17 février 1918, afin de *se rendre compte de l'intérêt que représente le football, le comité de la dite société étant décidé à ajouter ce sport de plein air à son programme d'éducation physique* [146]. Puis, l'initiative de *Femina Sport* est suivie par d'autres sociétés parisiennes qui s'intéressent à leur tour au football. Comme le souligne Alice Milliat, alors qu'en Angleterre l'apparition du football entraîne la création de nombreuses sociétés spécialisées dans ce sport, en France ce sont les clubs déjà existants qui viennent, les uns après les autres au football[147]. En juin 1918, les sociétaires du *Cercle des Sports de Paris* se réunissent, sur le terrain des Vallées, pour leurs premières séances d'entraînement en vue de former une équipe. Puis, en août, c'est au tour de la section féminine du *Club Français* de décider la création d'une équipe féminine rejointe à l'automne par l'*Association Féminine*, l'*Association Sportive de la Seine* qui commence ses premiers entraînements en octobre, ainsi qu'*Académia* [148]. Pendant ce temps le football continue de faire des adeptes à *Femina Sport*. Les effectifs gonflent. A la fin de la saison, elles sont vingt-sept joueuses. Une troisième puis une quatrième équipe sont formées en août et une cinquième équipe voit le jour en septembre[149]. Si le nombre de footballeuses augmente également à *En Avant* [150], le football, à ces débuts, ne concerne en fait qu'une poignée de femmes. Les sociétaires de l'*AS de la Seine* sont un peu justes pour former une équipe ; elles jouent des matches de sixte pour s'entraîner[151]. Alors que débutent en parallèle des matches d'entraînement à l'intérieur de chacun des clubs, les premières rencontres (d'entraînement) interclubs notamment entre *Femina Sport* et *En Avant*, puis entre *En Avant* et *Académia*, elles ne peuvent disputer leurs rencontres que sous forme d'entente avec des joueuses d'*En Avant* [152]. Par ailleurs, le *Club Français* et l'*Association Féminine* qui, avant la saison, avait l'intention de former une équipe féminine de football n'ont visiblement pas réussi leur tentative. Le journal *L'Auto* ne fait plus ensuite allusion à ces deux sociétés ni à l'occasion de matches d'entraînement, ni à l'occasion des matches interclubs. Enfin le championnat organisé par la Fédération des Sociétés Féminines Sportives de France, en mars 1919, ne comprend que deux clubs participants, les joueuses de *Femina* face à celles d'*En Avant* !

---

[146] *L'Auto,* 15 février 1918.

[147] *L'Auto,* 6 décembre 1923.

[148] *L'Auto,* 25 juin 1918 ; 1er août 1918 ; 28 septembre 1918 ; 7 octobre 1918 ; 9 octobre 1918.

[149] Payssé P., "Le football et la femme", op. cit. ; *L'Auto,* 25 août 1918 ; 28 septembre 1918.

[150] *L'Auto,* 17 décembre 1918.

[151] *L'Auto,* 5 novembre 1918.

[152] *L'Auto,* 9 novembre 1918 ; 6 janvier 1919 ; 13 janvier 1919 ; 15 mars 1919.

S'il s'agit au début d'une pratique essentiellement parisienne, d'autres clubs se mettent à la pratique du football d'abord à Rouen puis à Reims, Lille, Toulouse et Marseille, grâce à des démonstrations de propagande de la part des pionnières. C'est *la brillante démonstration d'une équipe de Femina Sport à Rouen, sur le stade du Football Club Rouennais, qui détermine la création de Normandia Sport* en août 1919[153]. Quelques jours après la venue des sociétaires de Femina Sport, l'*Écho des Sports* rapporte en effet : *les jeunes sportives sont enchantées de leur déplacement et très heureuses d'avoir contribué une fois de plus au développement du sport féminin en province. Il est d'ailleurs à remarquer que partout où Femina Sport fait des démonstrations, des sociétés féminines se fondent où sont en voie de formation*[154]. Il est fort probable également que la démonstration de football par deux équipes de Femina Sport le 18 avril 1920 à Rouen ait suscité l'envie de pratiquer le football à *Femina Sportive Quevillaise*, récente société féminine née en février 1920. En effet, d'abord centrée sur l'athlétisme, l'éducation physique et le cross country, la société quevillaise inclut le football à son programme dominical quelques semaines plus tard, en juillet 1920[155]. De même à Reims, *après la fête du 6 juin* (1920), *où les Sportives de Paris nous ont montré ce que pouvait faire la femme dans le domaine des sports, beaucoup de jeunes filles eurent le grand désir de faire la même chose que leurs soeurs parisiennes, et comme c'est le premier pas qui coûte le plus quand il s'agit d'entreprendre quelque chose beaucoup hésitaient ; or le premier pas fut fait par Mlle Morel,* qui est devenue présidente du groupe des Sportives. *En effet, dans les premiers jours de juillet, un entrefilet paraissait dans l'Indépendant Rémois annonçant que Mlle Morel recevait les adhésions de toutes les jeunes filles désireuses de faire du sport. L'appel était donné, il fut entendu, et quelques jours après avait lieu la première réunion qui comptait environ une vingtaine de jeunes filles ; depuis le nombre a grossi et nous espérons faire boule-de-neige, certaines que les esprits larges comprendront les bienfaits du sport pour la femme*[156].

Il est indéniable que les déplacements effectués par les sociétés féminines en province, de même que les manifestations publiques organisées par la Fédération ont puissamment aidé à la propagande et au développement du sport féminin dans toutes ses branches, participant

---

[153] *Normandie Sports*, 31 janvier 1920 ; Lafreté G. de, "Sociétés sportives de femmes", *Le Chasseur Français*, mars 1920.

[154] *L'Écho des Sports,* 6 août 1919.

[155] Déclaration de la société, 27 février 1920, AD de la Seine Maritime, 4M492 ; *Normandie Sports*, 3 juillet 1920.

[156] *L'Echo Sportif du Nord Est*, 25 septembre 1920

activement à la *guerre contre les préjugés*[157]. Ces rencontres publiques, comme tout spectacle sportif, agissent comme une sorte de publicité destinée à populariser la pratique sportive dans le but de recruter de nouveaux pratiquants, comme le souligne A. Ehrenberg[158].

Très tôt, les sociétaires de *Femina Sport*, comme leurs homologues, effectuent des démonstrations publiques. La section féminine des *Enfants du Havre*, la première fondée, participe à la fête fédérale de l'Union des Sociétés de Gymnastique de France au Mans dès 1902, puis au Havre en 1905[159]... Ces démonstrations de propagande jouent un rôle important dans la diffusion de l'éducation physique féminine, du sport féminin en général, et du football en particulier. On a vu plus haut que c'est à cette occasion que quelques jeunes filles disputent pour la première fois des épreuves athlétiques.

Dès mars 1912, les sociétaires de *Femina Sport* se joignent en effet à la fête annuelle organisée par le Professeur Mainguet au cours de laquelle élèves et anciens élèves de son école font une démonstration de boxe, comme l'avait fait l'année précédente *En Avant*. Neuf d'entre elles présentent la boxe française, appliquée comme gymnastique corrective. L'année suivante, dans le cadre du Congrès International de l'Éducation Physique - que nous avons déjà évoqué précédemment - organisé à Paris du 17 au 20 mars 1913, *Femina Sport* présente, au Vélodrome d'Hiver, la gymnastique hellénique de Raymond Duncan, professée par P. Payssé à un groupe de douze jeunes filles, *vêtues de tuniques grecques, les pieds et les mollets nus*[160]. Cette même démonstration est reprise pour la fête des sociétés de Préparation Militaire aux Tuileries en juin ainsi qu'au concours de Deauville le 6 juillet, première fête fédérale organisée par l'Union Française des Sociétés de Gymnastique Féminine à laquelle participent vingt-six sociétés. Le 22 février 1914, Femina Sport organise au gymnase municipal Huyghens sa première grande fête, *exclusivement féminine*. Dans le gymnase *archi-comble*, une trentaine de jeunes filles exécutent un simultané aux barres parallèles, présentent des mouvements d'ensemble en musique, des danses, font une démonstration de gymnastique rythmique d'après Jacques Dalcroze, Jean d'Udine et Raymond Duncan..., devant 3 500 à 4 000 spectateurs[161]. Cette fête réussie devant une foule enthousiasmée sera ensuite organisée annuellement avec l'ensemble des sociétaires dans un but principal de promotion afin d'attirer de nouvelles jeunes filles, et aussi et surtout, des

---

[157] Milliat A. in *L'Auto*, 24 janvier 1924. ; Milliat A. in *L'Auto*, 29 novembre 1923.

[158] Ehrenberg A., *Le culte de la performance*, Paris, Calmann-Lévy, 1991.

[159] *La Culture physique*, 1er septembre 1909.

[160] *Matin*, 20 mars 1913.

[161] *L'Auto*, 22 février 1914 ; *L'Auto*, 23 février 1914 ; Rapport du directeur général M. Pierre Payssé, 1930, Archives de Femina Sport.

aides financières. Avec cette même volonté de propagande, la société multipliera les démonstrations et les déplacements au cours des années suivantes à Nice, Monte-Carlo, Chalon-sur-Saône, Troyes, Vierzon, Reims, Calais, Bourges, Issoudun, Bordeaux, Rennes, Le Mans, Chateaudun, Elboeuf, ainsi qu'à Anvers, Bruxelles, Londres, Preston, Manchester, Dublin, Porto et Saint-Sébastien[162].

Il semble que la propagation de la gymnastique féminine *passe par des productions publiques notamment par la participation de l'élément féminin aux fêtes masculines.* C'est l'idée que défend Podesta[163]. Mais l'on peut s'interroger : s'agit-il vraiment d'une propagande pour l'éducation féminine ou n'est-ce qu'une attraction pour la fête masculine ? La propagande a d'abord une fonction pédagogique ; il s'agit de montrer à l'occasion de fêtes les vertus de la pratique physique et sportive pour les femmes. Et, la propagande a aussi et surtout une fonction lucrative comme l'illustrent les propos suivants : *Normandia-Sports va inviter les notabilités civiles, sportives et militaires à des séances d'entraînement en son local de la rue Pouchet, pour montrer ses efforts et les progrès accomplis. Nul doute qu'elle n'en sorte encouragée par des subventions des membres honoraires et un bon appui moral*[164]. Mais les femmes vont aussi bien souvent servir en même temps que leur propre propagande, celle des hommes, comme le montre T. Terret pour la natation[165]. E. Podesta écrit à regret en 1909 : *nous servons souvent maintenant d'attraction, on nous met comme les étoiles en vedette sur l'affiche, on parle de nous dans les journaux de la localité avant notre venue, mais, quant aux récompenses nous sommes un peu traités comme les sections de pupilles garçons. On nous promet beaucoup avant l'arrivée pour nous donner peu au départ après le succès. Si nous ne faisons pas à nous seuls la recette, nous y contribuons largement*[166]. N'est-ce pas la même motivation qui anime les organisateurs du match France-Belgique de football de 1918, au profit des oeuvres de guerre des réfugiés du Nord[167] ? Les hommes ne pourraient-ils pas tirer bénéfice de la présence féminine en lever de rideau pour augmenter l'affluence des spectateurs ? C'est le cas également de la *Courageuse de Romilly* qui organise au cours de sa fête sportive une rencontre de football opposant *Les Sportives de Paris* aux

[162] *Sports Féminins,* 15 mai 1926.

[163] 65e Congrès de l'USGF, *Le Gymnaste*, 13 janvier 1906 ; Guyomard C., "Les débuts de la gymnastique féminine, 1912-1945 : la fédération féminine", *Le Gymnaste* , n°94, 1987.

[164] *Normandie Sports*, 31 janvier 1920.

[165] Terret T., "La natation et l'émancipation féminine au début du siècle", op. cit.

[166] *La Culture physique,* 1er mai 1909.

[167] *Écho de Paris*, 22 avril 1918.

Sportives de Reims espérant que ce match amical devienne *le clou de la réunion* [168].

Sur le même modèle, manifestations de propagande pour l'éducation physique et manifestations pour le sport féminin s'organisent. Les objectifs visés sont les mêmes : apporter la preuve que l'activité physique féminine est bien vivante, tenter d'attirer de nouvelles pratiquantes et des fonds pour la faire vivre et susciter la création de nouveaux groupements féminins. Il s'agit de *prêcher l'exemple dans les régions où l'éducation physique et sportive féminine est peu ou pas connue* [169]. Très vite, le programme de ces manifestations devient très éclectique mêlant souvent éducation physique et sport ce qui n'empêche pas l'organisation de matches de propagande par ailleurs. La fête d'Asnières de décembre 1920 comprend notamment football, démonstrations de gymnastique et basket-ball. La Fête du Printemps, fête de propagande de la FSFSF, organisée pour la première fois le 8 mai 1921 au stade Pershing, comprend mouvements d'ensemble, leçons d'éducation physique, ballets et sports athlétiques, courses diverses, saut en hauteur, lancement du javelot. Toutes les fillettes et jeunes filles sont réunies en une démonstration d'ensemble, puis chaque groupement exécute des exercices de son choix : aux agrès, mouvements libres, gymnastique et danses rythmiques ou ballets. La fête est complétée par quelques épreuves sportives. Pour cette journée sont réunis tous les éléments principaux du programme que la Fédération s'est tracée : éducation physique préparatoire, culture physique à ses divers degrés et sous des aspects différents, enfin compétitions sportives[170]. Sous forme de réunions éclectiques ou de rencontres unisport, la propagande suscite la création de nouveaux groupements féminins indispensables à la diffusion de la pratique des exercices physiques pour la femme. Comme le souligne un journaliste dans *L'Auto*, *aucune propagation rapide des idées ne sera réalisée sans la fondation d'une infinité de clubs* qui manquent à Paris et plus encore en province. *L'association seule procure le terrain, favorise les réunions l'entente, la cohésion* [171]. C'est pourquoi des efforts sont tentés sur le terrain pour assurer leur développement. En effet, ce n'est sans doute pas un hasard si en juin 1919 une section féminine est créée à Choisy-le-Roi alors qu'un mois auparavant deux équipes de football de *Femina Sport* y avaient disputé une rencontre au Parc des Sports. L'année suivante, en avril 1921, la rencontre des *Sportives de Paris* face aux *Sportives de Reims* à Romilly-

[168] *L'Écho sportif du Nord-Est*, 16 avril 1921.

[169] Milliat A., "Propagande", *La Femme Sportive*, 1er mars 1922.

[170] *L'Auto*, 24 décembre 1920 ; *La Femme Sportive*, n°1, 1er mai 1921.

[171] "Des clubs féminins", *L'Auto*, 3 novembre 1919.

sur-Seine laisse espérer la naissance d'une section féminine dans cette petite ville[172].

La promotion de *Femina Sport*, comme des autres sociétés, passe donc par l'organisation de fêtes, dont la fête annuelle reste la principale, de matches de propagande et de grandes manifestations d'éducation physique et de sports athlétiques qui font sa renommée et qui contribue à la diffusion de l'éducation féminine, du sport féminin et moins largement du football. *Des exemples sont nécessaires pour créer l'émulation, pour propager l'amour des exercices de plein air, et aussi pour contribuer à la renommée de la France à l'étranger*[173]. Toutefois ces manifestations, si elles aident à la propagation de l'éducation physique et du sport féminin, sont également la cible des détracteurs de l'activité physique pour la femme qui refusent de la voir s'exhiber en public.

1-5 Les pionnières

Qui sont ces footballeuses de la première heure ? Les écrits sur la question sont quasiment inexistants. A cette époque, on compte une seule biographie d'une sportive, il s'agit de la célèbre tenniswoman *Suzanne Lenglen*, qui n'a jamais joué au football, de Claude Anet, publié en 1927. Jacques Mortane dans *La femme dans le sport et l'aviation* s'intéresse également à Suzanne Lenglen et plus encore aux filles de l'air et des montagnes. Il publiera un ouvrage consacré à Hélène Boucher en 1936[174]. Rien sur les joueuses de football. Seul l'ouvrage *Athlège. Biographies des plus grands champions français de tous les sports*, évoquant quatre-vingt-dix sportives, fait allusion à Madame Bouchard-Desneux, championne, entre autres, de football-association sous les couleurs d'*Académia*[175]. Mais les informations fournies sont minces et peu exploitables. Seuls quelques-uns de ses résultats sportifs sont retracés et ils ne sont pas datés. On apprend ni son âge, ni son occupation, ni ses origines sociales, ni l'âge auquel elle a commencé la pratique physique. Par ailleurs, l'étude de la presse sportive apporte quelques informations disparates et lacunaires à ce sujet. Seulement quelques portraits de sportives sont réalisés dans la presse spécialisée dont notamment *L'Auto, le Miroir des Sports ou Match.* Enfin, les déclarations et statuts des différentes sociétés repérées nous renseignent quasiment

[172] *L'Auto,* 3 mai et 7 juin 1919 ; *L'Écho sportif du Nord-Est*, 30 avril 1921.

[173] Milliat A., "Considérations générales", *Bulletin des Sociétés Féminines Françaises de Sports et Gymnastique*, octobre-novembre 1920.

[174] Mortane J., *Hélène Boucher aviatrice*, Paris, Plon, 1936.

[175] Rossini M. et al., *L'Athlège. Biographies des plus grands champions de tous les sports*, Paris, Éditions Kléber, 1949, p. 438.

exclusivement sur les membres actifs au bureau, les « dirigeants » et bien peu sur les autres sociétaires. Enfin, les pionnières ont, à quelques exceptions près, malheureusement disparu, et leurs souvenirs sont bien lointains. Toutefois, recoupant ces diverses sources, nous pouvons nous faire une idée un peu plus précise du milieu auquel appartiennent ces sportives, de leur âge, de leur nombre, de leurs activités. Il est cependant plus difficile de réaliser une étude sur la durée en raison d'un écueil majeur, le changement de nom des jeunes femmes à leur mariage.

Attachons-nous dans un premier temps à l'étude des pionnières. Les footballeuses de la première heure à *Femina Sport* se nomment Th. Brûlé, A. et M. Pons, Cadiès, J. Brûlé, Cormelier, Dulaurens, Joly, Trichard, Bruneau, Rimbaud pour l'équipe 1 et S. Liébrard, J. Liébrard, Fildier, Fontaneuve, Fisher, Delapierre, Fléchelles, Baudrand, Micheau, Sturwage et Léon pour l'équipe 2[176]. L'étude de la composition de ces deux équipes de la première rencontre féminine laisse apparaître la présence de plusieurs soeurs parmi les vingt-deux joueuses : Jeanne et Thérèse Brûlé, Jeanne et Suzanne Liébrard ainsi que les soeurs Pons. Trois d'entre elles, J. Brûlé, J. et S. Liébrard, font partie des membres fondateurs de *Femina Sport*. Elles sont à l'origine, sous l'influence des professeurs de gymnastique Messieurs P. Payssé et Sandoz, de la création de *Femina Sport* en 1911 aux cotés de Eva Plançon, employée, Henriette Kramer, dessinatrice, Yvonne Molotte, couturière, et Mesdames Jeanne du Bouvot et Margueritte Mabille, sans profession. Avant de se mettre à la pratique du football, ces trois jeunes femmes ont déjà pratiqué la gymnastique, constitué la première équipe de natation en 1913, pratiqué la boxe française et participé à différentes démonstrations de gymnastique. Elles ont également remporté le Challenge Ludin de gymnastique à Melun en 1914. Elles ont participé aux premiers interclubs féminins de sports athlétiques du printemps 1917 ainsi qu'aux premiers championnats de France féminin d'athlétisme en juillet 1917. S. Liébrard a remporté les épreuves de longueur avec et sans élan, de lancement de javelot et du 83 m haies[177]. Selon P. Payssé, elles se sont aussi déjà essayées à d'autres sports d'équipe. Il écrit en effet en 1918 : *notre première équipe d'association fut formée par des jeunes filles ayant joué au basket-ball et hockey* [178]. Commençant à pratiquer la balle au pied, elles n'abandonnent pas pour autant les autres activités. Les footballeuses pratiquent en réalité diverses activités physiques, de la gymnastique proprement dite, souvent de la gymnastique rythmique, ainsi que les sports athlétiques. *Elles se livrent pendant les six meilleurs mois de l'année à du*

[176] *L'Auto*, 2 octobre 1917.

[177] Album de photographies 1912-1925, Archives de Femina Sport ; *L'Auto*, 16 juillet 1917.

[178] Payssé P., "Le football et la femme", op. cit.

sport en plein air : courses de vitesse et de fond, sauts, lancer de poids et de javelot, courses de haies, etc... et les six autres mois de l'année au football association [179], comme les pionniers de la discipline au siècle précédent. En effet, les *footballeurs de la saison hivernale pratiquaient aussi d'autres sports. Ils étaient des adeptes des sports athlétiques comme la course, le saut et les lancers au cours de l'été.* D'autres pratiquaient le cyclisme ou la boxe. *La pratique omnisports était la règle* [180]. Les jeunes filles et les femmes ont une pratique éclectique et ne sont pas des spécialistes comme le confirment les propos de S. Liébrard : *je puis dire que je n'ai jamais choisi tel ou tel sport. Je les pratique en grand nombre* (...) et souhaite *n'en abandonner aucun. Je ne désire nullement me spécialiser.* Dans sa carrière, elle nagera, courra, sautera, lancera le javelot, jouera au basket-ball, au hockey[181]. Germaine Delapierre se souvenant de ses débuts déclare elle aussi : *je pratiquais avec un égal plaisir les exercices les plus divers, gymnastique, athlétisme, cross country, et football naissant. Les Françaises diffèrent des Anglaises en ce sens qu'elles s'adonnent indistinctement à plusieurs sports tandis que leurs rivales d'Outre Manche se spécialisent résolument dans un genre d'épreuves. En France, ce sont les mêmes sportives qui pratiquent la course à pied, les sauts, les lancements, le football, la balle au panier et les danses rythmiques* [182]. Quelques années plus tard, on note que cette situation n'a pas changé. G. Hanot écrit, en 1925, à la suite du match de football Olympique-En Avant : *ces sportives ne sont pas spécialisées. Les unes sont des ferventes adeptes de l'athlétisme, d'autres sont des nageuses, d'autres des cyclistes impénitentes* [183]. Toutefois, les athlètes ne pratiquent pas toutes le football, c'est le cas de Mlle Georgette Gagneux, L Radideau... par exemple, connues pour leurs performances athlétiques. D'autres l'abandonnent. Certaines comme Lucienne Vellu goûtent aux joies du football mais ne pratiquent pas longtemps. Elle commence par faire du football à la *Ruche Sportive* en 1922 mais abandonne assez rapidement pour se consacrer à l'athlétisme et au basket-ball[184].

Les toutes premières footballeuses sont avant tout des femmes actives. Mesdemoiselles Jeanne et Suzanne Liébrard sont comptables, Jeanne Brûlé est dactylographe[185], Germaine Delapierre est, elle, licenciée en philosophie.

---

179 Liébrard S., "Comment je suis devenue athlète", op. cit.

180 Wahl A., Lanfranchi P., op. cit., p. 15.

181 *La Vie au Grand Air*, 15 avril 1921 ; *Femina Sport*, mai 1932.

182 *La Vie au Grand Air*, 15 juin 1921 ; *Le Miroir des Sports*, 23 février 1922.

183 *Le Miroir des Sports*, 28 janvier 1925.

184 *Match*, 19 août 1930.

185 Déclaration de l'association, Archives de la Préfecture de Police de Paris, ASS 5910 P.

Plus difficile de connaître les occupations des autres joueuses qui n'ont pas investi de fonction de dirigeant. A l'origine, il semble que les jeunes élèves de *Femina Sport appartiennent pour la plupart aux classes ouvrières*[186]. C'est dans un but social que, d'après le journal *L'Auto*, *Femina Sport* est créé, ses fondatrices espérant *faire du prosélytisme sportif dans la masse ouvrière*[187]. C'est le même esprit qui avait animé les sociétaires de *En Avant* à la création de la section féminine en octobre 1909. Pour elles, En Avant *s'adresse, non pas à un milieu volontairement choisi, déjà sélectionné de lui-même par le taux assez élevé des cotisations, mais à la classe de femmes qui a vraiment le plus besoin de ce qui est son seul bien ici-bas, la santé : aux employées, aux ouvrières. A celles qui après le labeur de la journée dans la chaleur mortelle du bureau, de l'atelier ou du magasin, après l'immobilité étiolante du corps courbé sur la machine à écrire, le grand livre, le corsage de dentelle ou le chapeau fleuri ont besoin de respirer, de s'étirer, de se redresser, de revivifier leur système nerveux surmené, leur sang appauvri*[188]. Rien de bien étonnant à cela puisque l'on sait que *Femina Sport* est née d'une scission au sein d'*En Avant* et que figuraient déjà parmi les membres d'*En Avant* notamment Mlle Kramer, Mesdames du Bouvot et Mabille. Il est difficile de connaître les origines sociales des autres membres d'*En Avant* dont on n'a pas de trace dans les documents administratifs. D'après les archives de la Préfecture de Police de Paris, les femmes n'apparaissent officiellement au sein du Conseil d'Administration qu'en 1920, soit onze ans après la fondation de la section féminine. Il apparaît que ces femmes investies dans l'encadrement de la section féminine à ce moment là, Mlle Suzanne Goetz, secrétaire, Mme Jeanne Bardol, trésorière et Mlle Georgette Rigal, administratrice, sont toutes trois employées[189], mais l'on n'est plus déjà à l'origine de la société.

Très vite *l'élément intellectuel, étudiantes, actrices, secrétaires, forme* en fait *le noyau de Femina Sport*[190]. Les autres sociétés pratiquant le football semblent présenter un profil sociologique comparable d'après la lecture de la composition des conseils d'administrations et bureaux. *La Ruche Sportive Féminine*, fondée à Paris en janvier 1921, compte dans son comité directeur Mesdemoiselles Marguerite Portêtes et Fernande Bothelin exerçant la profession de comptable et d'employée et qui sont respectivement secrétaire et trésorière de l'association et Mesdames Hélène Routier, vice-présidente et France Rousseau, simple membre, qui n'exercent pas de profession. A *Dunlop Sports*, association athlétique mixte déclarée à

---

186 *Le Gymnaste*, 5 avril 1913.

187 *L'Auto*, 1er décembre 1921.

188 *La Culture physique*, 1er décembre 1910.

189 Archives de la Préfecture de Police de Paris, ASS 13096 P.

190 *L'Auto*, 1er décembre 1921.

Paris le 25 février 1921, les secrétaires adjointes Mesdemoiselles Fernande Signol et Germaine Renaud sont toutes deux employées de commerce[191]. Elles travaillent à la Société Anonyme des Pneumatiques Dunlop, l'association ayant été créée pour le personnel de l'entreprise. Aux *Sportives de Reims*, association déclarée officiellement le 28 janvier 1921, la vice-présidente, Mademoiselle Masson, qui s'exercera au football, est employée de bureau. A la tête de la société féminine *Les Fauvettes d'Argenteuil* déclarée le 6 avril 1922, Madame Reine Thoret est couturière. Quant aux *Cadettes de Gascogne*, elles sont postières pour la plupart[192]. A l'aide de ces quelques exemples on se rend compte en fait, comme le note G. de Lafreté, que l'on retrouve dans les sections ou sociétés féminines une population mélangée de *petite bourgeoisie et d'éléments démocratiques : employées, dactylographes* [193]. C'est le cas aussi à Normandia Sport où *les petites couturières, modistes, dactylographes et ouvrières* composent la société[194]. Ainsi, on peut penser que les jeunes filles et les femmes pratiquant le football ne se distinguent pas des autres sportives de par leur origine sociale. Georgette Guellier de *Femina Sport* exerce la profession de vendeuse. Lucie Bréard, championne de France de cross en 1920, venant au football en 1923 à *Olympique*, est issue d'une famille modeste. Son père est employé de bureau et sa mère lingère. Elle devient employée à son tour[195]. La composition de la première équipe de France de football réunie pour une tournée en Angleterre en avril 1920 en atteste également. Elle comprend en effet dans ses rangs, deux ouvrières Mlles G. et Th. Laloz ainsi que deux étudiantes, l'une en chirurgie dentaire, Mlle C. Pomiès, et l'autre en philosophie, Mlle G. Delapierre dont nous avons déjà parlé. Mlle Duray est vendeuse et interprète. L'une des arrières, Mlle Rigal, est couturière, de même que Mlle Patureau. Mlle Bracquemond, capitaine de l'équipe, est sténodactylographe tout comme ses camarades Mlles Rinbaux et Brûlé Mlle Rillac quant à elle est comptable. On ne connaît pas les occupations de Mesdemoiselles Oury, la gardienne de but, ni des trois demis de terrains que sont Janiaud, Viani et Madame Lévêque, la seule femme mariée de l'équipe[196]. Sans doute n'exercent-elles pas de profession.

Un autre indice permettant de caractériser l'appartenance sociale de ces jeunes filles et ces femmes est le montant de la cotisation annuelle des sociétés et des droits d'inscription. Les statuts initiaux de Femina Sport, datés du 13 juillet 1912, fixent le droit d'inscription à deux francs. La

[191] Archives de la Préfecture de Police de Paris, ASS 4326 P et ASS 23354 P.

[192] AD du Val d'Oise ; *Miroir des Sports,* 23 novembre 1926.

[193] *Encyclopédie des Sports,* op. cit., 1924.

[194] *Normandie Sports* , 31 janvier 1920.

[195] Archives de Femina Sport, lettre du 27 avril 1939 ; *Spiridon*, novembre 1983.

[196] Newsham G. J., op. cit., p. 34.

cotisation pour les membres actifs est de un franc par mois sachant que les cotisations ne sont pas perçues pendant les mois de vacances août et septembre, soit dix francs pour l'année, ce qui est une cotisation peu élevée. Les nouveaux statuts de 1920 fixent le montant des droits d'inscription à trois francs et la cotisation annuelle à dix-huit[197]. A sa création en 1915, *Académia* fixe le coût de la cotisation à un franc par mois, comme à *Femina Sport*, afin de permettre l'accès au plus grand nombre. En 1918, la cotisation annuelle est alors de vingt-cinq francs par an[198]. L'assemblée générale d'*En Avant* fixe, pour l'année 1921, le droit d'entrée à trois francs et la cotisation mensuelle à 1 franc 50. Le football comme les autres sports athlétiques est donc accessible à un grand nombre de femmes. Les cotisations des clubs sont en effet peu élevées. De même, à Dunlop Sports, la cotisation annuelle est fixée en 1921 à dix-huit francs. A la *Ruche Sportive Féminine*, le droit d'inscription est de trois francs mais la cotisation annuelle pour 1921 est plus élevée et se monte à trente-six francs[199]. Globalement, en 1920, le coût de la cotisation varie de 1 franc 50 à 2 francs 50 par mois selon les sociétés. Comme le note Jeanne May dans *La Vie au Grand Air*, *l'enseignement* de l'activité physique féminine est dans l'ensemble *à la portée de toutes les bourses*[200], tout au moins dans les sociétés pratiquant divers sports athlétiques. D'autres groupements conservent en effet une clientèle issue des couches aisées de la société. C'est le cas notamment de deux grands clubs français, le *Racing Club de France* et le prestigieux *Stade Français*. Leur section féminine, à l'image de leur section masculine, est assez homogène socialement comptant dans leur rang une population issue principalement de la bourgeoisie parisienne. Leurs activités sont d'ailleurs différentes et se limitent au hockey et au tennis[201]. Seuls les hommes pratiquent le football.

Les clubs féminins offrant la possibilité à leurs sociétaires de pratiquer le football ont un recrutement plutôt populaire. Ils sont composés de filles de milieux modestes, en majorité des employées, ce qui n'est pas le cas des clubs masculins dans lesquels la bourgeoisie tient encore une grande place[202]. Toutes les pratiquantes sont relativement jeunes. La célèbre Violette Gourraud-Morris débute le football à Femina Sport en 1917 à l'âge de 24 ans, Georgette Guellier, que l'on a déjà citée, a, quant à elle, 17 ans. Jacqueline Laudré commence le football à *La Clodo* à 17 ans également. Edith Alauze, connue pour ses performances en athlétisme, débute en 1923 en jouant au football, à *La Clodo* elle aussi ; elle a 16 ans. Lucie Bréard fait

[197] Archives de la Préfecture de Police de Paris, ASS 5910 P.

[198] *L'Auto*, 14 septembre 1915 ; 8 mai 1918.

[199] Archives de la Préfecture de Police de Paris, ASS 13096 P, ASS 23354 P et ASS 4326 P.

[200] *La Vie au Grand Air*, 20 mai 1920.

[201] *Miroir des Sports*, 18 mars 1925.

[202] Wahl A., Lanfranchi P., op. cit., p. 25.

ses débuts en football à 21 ans[203]. Les demoiselles composant la première équipe française de football en 1920 sont âgées de 18 à 25 ans[204].

Sur un plan plus individuel, comment ces jeunes femmes sont-elles venues à la pratique du sport et du football en particulier ?

Suzanne Liébrard vient au sport par la culture physique sur les conseils de son médecin en 1909. Elle fait de la culture physique d'abord seule puis dans le cadre de la section féminine de la société *En Avant* récemment créée avant d'adhérer à la fondation de *Femina Sport* où elle découvre ensuite les sports athlétiques. Dès son enfance, elle pratique des jeux de plein air, de la course, des sauts. *Que de parties de cerceaux ai-je faites, des après-midi entiers à courir en compagnie de mes frères! Et le saut à la corde ? J'affolais la maîtresse d'école pendant toute la durée des récréations.* Cependant, rien apparemment ne la prédisposait à la pratique du football-association. Ses frères jouaient-ils au ballon rond ? Nous ne le savons pas. Elle se *sentit attirée par l'effort musculaire qui est si paradoxal que cette idée puisse paraître, un véritable repos au surmenage forcé imposé par la vie dans une grande ville et surtout à Paris* [205]. Pour elle, le sport est un moyen de se distraire et d'améliorer sa santé, le football comme la course ou les sauts. C'est en tout cas ainsi qu'elle justifie sa pratique.

Mlle Janiaud, quant à elle, voit deux éléments qui ont pu la pousser à s'adonner aux exercices physiques dans leur ensemble. D'une part, le saut à la corde de son enfance qu'elle pratiquait avec le souci de maintenir sa supériorité sur ses camarades de la pension et, d'autre part, l'habitude de faire très jeune de la marche et de la bicyclette au grand air[206]. Comme ses camarades, elle pratique différents sports et les apprécie tous également. Réussissant mieux en lancer du poids et du javelot, elle s'y est plus particulièrement entraînée mais sans pour autant abandonner les autres activités dont le football.

Pour Germaine Delapierre, c'est le hasard qui l'a amené au sport. C'est *la rencontre fortuite dans un couloir de la Sorbonne, d'une amie sportive* [207] qui la conduit à *Femina Sport* où elle débute la pratique de la gymnastique puis de l'athlétisme, et du football naissant. Elle bénéficie d'aides, de conseils du *maître* et des *as* du club, ainsi que de leurs exemples et

---

203 Archives de Fémina Sport ; Entretien avec Jacqueline Laudré, Roissy-en-Brie, 15 avril 1999 ; *L'Auto*, 19 septembre 1924 ; Carmelli J., op. cit.

204 Newsham G. J. , op. cit., p. 34.

205 Liébrard S. , "Comment je suis devenue athlète", op. cit. ; "Mlle Liébrard, sportswoman de naissance", *La Vie au Grand Air*, 15 avril 1921.

206 "Sportive dès l'école nous dit Mlle Janiaud", *La Vie au Grand Air* , 15 mai 1921.

207 "Les grandes enquêtes de la Vie au Grand Air : Comment je suis venu au sport", *La Vie au Grand Air*, 15 juin 1921.

notamment celui de Suzanne Liébrard, qui la pousse à poursuivre fidèlement ses premiers efforts jusqu'à l'obtention de ses premiers titres. De même Lucie Bréard découvre Femina Sport en 1917 par une collègue de travail qui l'emmène au Gymnase de la rue du Bac qu'elle fréquentera régulièrement[208].

Pour Madame Laudré et ses deux filles, le milieu familial joue un rôle prépondérant. En effet, Monsieur Georges Laudré est particulièrement impliqué dans le milieu sportif. Champion de saut en hauteur en 1905, il est secrétaire de l'*Union Sportive Clodoaldienne* au sein de laquelle il fonde une section féminine en 1921[209]. Il deviendra ensuite membre du conseil de la Fédération Sportive Féminine de France. Selon sa fille Jacqueline, Germaine Laudré s'est mise au sport sous l'influence de son mari. Elle ne pratiquait pas d'exercices physiques avant son mariage. Lucienne et Jacqueline se sont, elles, retrouvées très tôt, dès leur plus tendre enfance sur les terrains de sport, d'abord comme spectatrices. Une photo d'un album de famille les montre, pendant la guerre, devant l'équipe de cross country des hommes. Elles ont cinq et neuf ans. Mais très vite aussi en tant qu'actrices. L'aînée Lucienne participe au premier championnat féminin interclubs de cross country en avril 1918, elle a onze ans. Sa soeur, elle, court son premier cross à l'âge de huit ans ce qui déclenchera un scandale et une sérieuse polémique. Mais elle vient véritablement à la pratique du sport à l'âge de 17 ans, commençant par le football. Les souvenirs de ses débuts sont assez révélateurs de la « pression » familiale. *Je suis venue au sport parce que j'avais froid sur la touche, parce que ma mère jouait arrière, ma soeur avant-centre, mon père arbitrait et moi j'avais froid.* Lucienne, quant à elle, met plutôt en avant l'intérêt qu'elle éprouve dans la pratique physique pour expliquer ses débuts. Elle exprime son plaisir dans la pratique du sport. Elle aime *la compétition, la lutte. C'est ça qui m'a toujours plu, battre les autres. L'envie de gagner*[210].

Ces quelques exemples montrent que les raisons explicites de l'engagement sportif d'un genre nouveau sont différentes pour chacune d'elles. Il apparaît difficile de déterminer le motif qui pousse réellement ces pionnières à la pratique des sports athlétiques et du football naissant, et notamment de distinguer ce qui relève de la trajectoire individuelle de chacune et ce qui relève plutôt du déterminisme social. Ceci est d'autant plus délicat que nous disposons seulement de quelques indices très partiels. Cependant ces quelques cas participent à une meilleure connaissance des premières footballeuses.

---

208 Carmelli J., op. cit.

209 AD des Hauts de Seine, 6M73.

210 Entretien cité avec Jacqueline Laudré ; entretien avec Lucienne Viel (née Laudré), Louveciennes, 8 mai 1999.

Néanmoins, nous pouvons mettre en évidence que les premières footballeuses sont principalement des femmes jeunes, célibataires, issues de milieux modestes, et professionnellement actives pour la plupart.

2- Institutionnalisation du football féminin : vers une organisation spécifique?

Au moment où les femmes commencent à taper dans le ballon rond, le football (masculin) voit se dessiner des changements d'importance dans son organisation institutionnelle. Bien que réunies au sein du Comité de Football Interfédéral, depuis 1913, les quatre fédérations régissant le football (Union des Sociétés Françaises de Sports Athlétiques, Fédération Gymnastique et Sportive des Patronages de France, Ligue de Football Amateur et Fédération Cycliste Amateur de France), rivales en raison des tensions entre laïques et patronages et des conflits entre amateurs et professionnels, continuent à organiser chacune leur propre compétition[211]. Une réforme du CFI s'impose d'autant que les attaques contre l'USFSA (la première fédération amateur omnisports régissant une vingtaine de pratiques sportives) persistent. Le mouvement vers la formation d'une fédération de football s'engage. La FFFA verra le jour en 1919. A défaut de s'intégrer à cet élan d'unification du football français, le football féminin se développe en marge des instances masculines comme la plupart des sports athlétiques féminins.

2-1 L'attitude de l'USFSA et de la FFFA à l'égard des femmes

Suite au succès des réunions athlétiques féminines de l'été 1917, germe l'idée d'un groupement national féminin et des pourparlers s'engagent. Dans ce cadre là, le président d'Académia fait une tentative auprès des dirigeants de l'USFSA, *pour leur demander de prendre le mouvement en main. Il est mal accueilli. Les « compétences » jugent bien suffisant de s'occuper des hommes*[212]. Pourtant la Commission de lawn-tennis accepte les femmes depuis quelques années déjà, ainsi que la mixité. Les femmes participent d'ailleurs à des démonstrations aux Jeux Olympiques dès 1900 à Paris. Marguerite Brodequis remporte notamment en 1912 à la fois la médaille d'or

---

[211] Wahl, op. cit., p. 117.

[212] Le Coq-Carloni M., "Propos d'actualité. Direction féminine ou masculine ? ", *Sports Féminins*, 1er mai 1926.

en simple et la médaille de bronze en double avec Albert Canet aux Jeux Olympiques de Stockholm, elle gagne aussi, en 1914, le championnat de France face à Suzanne Lenglen avant que celle-ci ne prenne sa revanche[213]. Le Comité de Hockey admet également dès avant la guerre quelques dames et jeunes filles dans les équipes de championnat. *Mme May, Mlle Carloni jouent régulièrement dans les équipes masculines, la Commission Centrale de Hockey ayant réglé les conditions de leur participation.* Le Comité directeur de natation au sein de l'USFSA accepte lui une femme pour y représenter l'élément féminin[214].

A l'égard du football, et plus largement des sports athlétiques, l'attitude de l'USFSA est plus ambiguë. Comme on l'a vu, les premiers adversaires des footballeuses de *Femina Sport* sont des équipes scolaires de football adhérant à l'USFSA. Mais, cette situation, qui dure quelques semaines, ne satisfait pas l'Union. En effet, il est clairement stipulé dans les statuts que les équipes affiliées et contrôlées par l'Union ne peuvent rencontrer des sociétés étrangères à celle-ci. C'est pourquoi l'USFSA met en garde *Femina Sport* si l'on en juge par les quelques lignes relevées dans la presse : *le comité de Femina Sport a l'honneur d'informer les scolaires et les clubs que l'association féminine de culture physique ne faisant pas partie de l'USFSA, les scolaires désirant matcher Femina Sport ne doivent pas être licenciés de l'Union et sont priés, en conséquence de former des équipes indépendantes*[215]. A la lecture de ces propos, il apparaît que l'USFSA refuse l'intégration des femmes jouant au football comme elle refuse les « athlétesses ».

Défavorable dans un premier temps à l'organisation des sports féminins, l'USFSA est amenée à accepter cette mission, en mars 1920, bien tardivement selon certains. Les conditions ont changé. L'USFSA ne s'impose plus comme la fédération dirigeante des sports en France. Le mouvement vers la constitution d'une fédération pour chaque sport est engagé. Le football lui a déjà échappé et la scission menace. Sans doute dans l'idée de renforcer son pouvoir, l'Union, constitue donc un *Comité Directeur des Sports Féminins*[216]. Sa durée de vie est toutefois éphémère puisqu'au moment de l'éclatement de l'USFSA à l'automne 1920 ce comité s'organise en une fédération féminine, sur laquelle nous reviendrons.

Le football féminin naissant n'intègre donc pas la fédération omnisports qu'est l'USFSA. Cependant en 1917, l'Union n'a déjà plus le

---

[213] Lagorce G., Parienté R., *La fabuleuse histoire des Jeux Olympiques*, Paris, Nathan, 1988 ; Laget F. et S., Mazot J. P., op. cit., p. 191.

[214] Eyquem M. T., *La femme et le sport*, Paris, Susse, 1944, p. 110 ; Le Coq-Carloni, op. cit.

[215] *L'Auto*, 16 novembre 1917.

[216] *Bulletin des Sociétés Féminines Françaises de Sports et Gymnastique*, octobre-novembre 1920.

monopole de la gestion du football et les footballeurs sont dispersés. C'est le Comité Français Interfédéral, le principal organisme régissant le football. Comme on l'a vu, en lever de rideau du match de football France-Belgique qu'organise le Comité Français Interfédéral le dimanche 21 avril 1918, a lieu un match féminin. La veille de la rencontre, on peut lire dans la presse sportive : *pour montrer tout l'intérêt qu'il porte à l'éducation physique féminine, le CFI a décidé de présenter au public, en lever de rideau, les deux premières équipes féminines françaises*[217]. Quelle que soit la réelle motivation de l'institution, soutien de l'initiative féminine ou utilisation d'une prestation inédite à des fins propagandistes et mercantiles, il faut retenir que cette organisation masculine n'ignore pas totalement le football pratiqué par les femmes. Toutefois, au-delà de cet événement, le CFI ne s'engage pas dans l'organisation de cette nouvelle pratique. On ignore encore pourquoi.

Si les organisations masculines refusent officiellement d'intégrer le football féminin naissant, les hommes, sur le terrain, apportent toutefois leur concours. Les différents clubs font appel aux compétences des joueurs de football d'abord pour l'encadrement de leurs sociétaires mais aussi pour l'arbitrage des rencontres. En effet, des joueurs ou ex-joueurs de clubs parisiens masculins viennent donner des cours, faire des démonstrations dans différentes sociétés féminines qui, en 1918, se mettent au football. C'est le cas notamment au *Club Féminin* où des *conférences* sont prévues *au Stade Brancion tous les dimanches matin sur le jeu des avants, des demis, des arrières par des Internationaux du Club Français*. A *Femina Sport* également messieurs Geria, Fraikin et Van Parys du *Club Français* proposent conférences et démonstrations du jeu aux sociétaires, ainsi que des entraînements. Les débutantes de *En Avant* bénéficient aussi d'entraînements, avec celles de Femina, sous la direction de M. Van Parys. Au même moment, *Académia cherche un ancien et bon joueur d'association qui pourrait se tenir à la disposition des adhérentes le dimanche pour les entraîner*[218]. G. Hanot ira plus loin et proposera la mixité pour permettre aux jeunes filles d'*acquérir le sens pratique tactique du jeu.* Il envisagera pour ce faire la formation d'équipes composées de sept footballeuses et de quatre footballeurs vétérans[219], mais ce projet ne sera pas réalisé.

Les sportifs des fédérations masculines apportent donc leurs compétences au service de la pratique féminine naissante même si les organismes officiels dont ils dépendent refusent initialement de prendre part au développement et à l'organisation du football féminin. Qu'en est-il un an

[217] *L'Auto*, 20 avril 1918.

[218] *L'Auto*, 1er août 1918 ; 2 et 28 septembre 1918 ; 11 novembre 1918 ; 18 décembre 1918.

[219] Hanot G., "Les équipes féminines de football", *Le Football-Association*, 6 novembre 1920.

plus tard, en 1919, au moment de la fondation de la Fédération Française de Football Association (FFFA) ? Quelle réponse apporte cette nouvelle fédération unisport ?

Il est clairement établi par M.T. Eyquem et plus récemment par A. Wahl[220] que la FFFA, au moment de sa constitution *refuse d'emblée d'intégrer le football féminin malgré l'avis de Reichel* [221], vice-président. Toutefois cette hostilité n'apparaît pas clairement dans les statuts initiaux de la Fédération. Aucune allusion au genre des membres de la FFFA n'apparaît par exemple dans le texte. Pas d'allusion non plus à des échanges de points de vue à ce sujet dans les comptes rendus de réunion du bureau[222]. Nous n'avons pas trouvé à ce jour de document, d'article... nous confirmant clairement le refus de la FFFA d'intégrer les femmes. Seuls les propos, plus tardifs, du secrétaire administratif, M. Dosogne, nous donnent une idée de l'évolution de ces rapports : *nous sommes totalement hostiles au football pour la femme et nous nous contentons de l'ignorer*, dit-il en 1928[223].

Dans un premier temps, les footballeuses semblent ignorées par la Fédération nouvellement créée. Dans les premiers numéros de l'hebdomadaire *Le Football Association*[224], organe officiel de la Fédération Française de Football Association, aucune occurrence à la pratique féminine du football n'est faite non plus. Ce journal spécialiste ne se désintéresse cependant pas de la question. En mai 1920, lors de la tournée des Françaises en Angleterre, il rapporte le succès de *nos footballeuses* outre-manche. De même en octobre pour les matches retour en France, un compte rendu est réalisé. Dans le numéro du 17 avril 1920, en première page deux articles sont consacrés aux femmes, l'un signé par Frantz Reichel, le second par Alice Milliat. Les propos de F. Reichel nous éclairent sur les rapports qu'entretient la Fédération avec la pratique féminine du football même s'ils sont à relativiser compte tenu de la prise de position un peu particulière de son auteur à l'égard de la pratique féminine. Il écrit : *le football-association féminin dont la 3FA suit avec sympathie le développement croissant, non point qu'elle désire le revendiquer, mais parce que son succès et les résultats bienfaisants qu'il a sur la vigueur, la santé et la bonne humeur de ses pratiquants, est un triomphe de plus à l'actif d'un sport auquel tous et toutes, bambins et bambines, garçonnets et fillettes, jeunes gens et jeunes filles peuvent tous s'adonner de la plus profitable façon*[225]. Il apparaît ainsi que la Fédération, au moins d'après son porte-parole, ne rejette pas le

---

[220] Eyquem M. T., *La femme et le sport*, Paris, Susse, 1944 ; Wahl A., op. cit.

[221] Wahl A., p. 195.

[222] Procès Verbal des réunions du Bureau, Archives de la Fédération Française de Football.

[223] *L'Auto*, 12 septembre 1928.

[224] *Le Football Association*, n°1, 4 octobre 1919.

[225] Reichel F., "Les sports et la femme", *Le Football-Association*, 17 avril 1920.

football féminin mais ne souhaite pas pour autant en assurer l'organisation. Monsieur J. Rimet, président, assiste, par exemple, à la première rencontre France-Angleterre à Paris, en octobre 1920. Ce match est par ailleurs arbitré par Monsieur Wallon, président de la commission des arbitres de la FFFA. Si la Fédération reste ainsi initialement distante à l'égard du football féminin, elle cherche toutefois à garder un certain contrôle sur la pratique féminine, notamment par le biais de l'arbitrage. A ce sujet des liens vont se créer avec les fédérations féminines sur lesquels nous reviendrons.

La Fédération n'apparaît donc pas fondamentalement hostile au football féminin. Un lien existe entre les organisations fédérales féminines et la FFFA. Les comptes rendus des réunions du bureau laissent apparaître des échanges de courrier avec les représentants des deux principales fédérations régissant le sport féminin[226], dont nous évoquerons la formation ci-après. Malheureusement nous ne pouvons avoir accès au contenu de ces lettres. Toutefois, il apparaît finalement que les délégués de ces deux fédérations sont reçus à la FFFA en mars 1921. Finalement, le bureau déclare qu'*il ne donnera délégation du football féminin que lorsque les règles auront été modifiées à l'usage des jeunes filles et lorsqu'une seule Fédération féminine régira ce sport*[227].

2-2 Les structures fédérales féminines : des fédérations autonomes

A défaut de pouvoir s'intégrer à la vie fédérale masculine, les sociétés féminines fondent leurs propres fédérations sportives autonomes grâce à l'initiative masculine.

En septembre 1917, suite au succès des réunions estivales d'éducation physique et d'athlétisme féminin organisées par Femina Sport est décidée la création de la *Fédération Française des Sociétés Féminines de Sports Athlétiques* qui prend le nom quelques semaines plus tard de *Fédération des Sociétés Féminines Sportives de France* (FSFSF). Elle est déclarée officiellement à Paris en janvier 1918[228]. D'après *La Femme Sportive,* organe officiel de la FSFSF, c'est à messieurs Pierre Payssé, fondateur et directeur de *Femina Sport* et Albert Pélan, directeur de la section féminine d'*En Avant* que l'on doit l'initiative de la création de la FSFSF auxquels se joignent Paul Mainguet, professeur de boxe, qui prend soin des premières relations avec la presse et de la trésorerie, et Ernest Weber, joueur de

---

226 *Le Football Association*, 9 octobre 1920 ; 5 mars 1921 ; 16 juin 1922 ; 7 juillet 1923 ; *France- Football*, 2 novembre 1923.

227 *Football Association*, 5 mars 1921 ; 12 mars 1921.

228 Archives de la Préfecture de Police de Paris, ASS 27971 P.

football au *Club Français* et journaliste sportif, qui s'occupe du secrétariat[229]. La présidence est à l'origine assurée par le Docteur Raoul Baudet, chirurgien en chef des hôpitaux de Paris, et la vice-présidence par Monsieur Payssé conjointement avec Madame Jeanne Weber, n'exerçant pas de profession. Puis Gustave de Lafreté, rédacteur du quotidien l'*Écho de Paris* et directeur d'*Académia* se joint au groupement. Deux mois plus tard seulement, les membres réunis décident la nomination de deux femmes comme membre du conseil. Madame Marie Surcouf de la société féminine d'aéronautique *La Stella* remplace Madame Weber, et Madame Milliat, représentante de commerce et présidente de *Femina Sport*, remplace Paul Mainguet au poste de trésorier[230]. D'abord administrée par un bureau essentiellement masculin, la FSFSF se féminise rapidement. Dès l'année suivante, lors de la première assemblée générale statutaire du 10 mars 1919, les femmes investissent le bureau. Mme Milliat est élue présidente, Mlle Jeanne Brûlé, secrétaire et Mlle Eliane Thiébaut trésorière. Le bureau devient quasiment exclusivement féminin. Les vice-présidences sont toutefois occupées par Messieurs Lafreté et Weber. Mesdemoiselles Cécile Bigot, Madeleine Bracquemond et Madeleine Mouquin sont membres du bureau aux côtés de Messieurs Payssé, Pélan et Moreau. Il est décidé de plus qu'à l'avenir *les places actives au Conseil* seront *réservées autant que possible à des femmes*. Et dès l'année suivante, le bureau devient entièrement féminin, Mme Milliat et Mlle Brûlé conservant leur poste, Mmes Defigier et Bine devenant vice-présidentes et Mlle Lefèvre, trésorière[231].

Cette initiative d'une société spécifiquement féminine n'est cependant pas la première[232]. Il existe déjà l'*Union Française des Sociétés de Gymnastique Féminines* (UFSGF), créée avant la guerre, officiellement le 21 avril 1912 à Lyon, et affiliée à l'*Union des Sociétés de Gymnastique de France* (USGF)[233]. Fondée sous l'impulsion des dirigeants de *L'Églantine*, société de gymnastique fondée à Lyon en 1910 - qui avait pris, dès 1911, la décision de former une association nationale[234] - et du précurseur Monsieur E. Podesta, de la Société Féminine des *Enfants du Havre*, elle regroupe initialement quatre autres sociétés : *La Société Féminine de Gymnastique de Lyon*, *La Gauloise de Lyon*, *L'Union Athlétique de Saumur* et *La Vaillante*

---

229 *La Femme Sportive*, 1er mai 1921.

230 *L'Auto*, 31 mars 1918.

231 Archives de la Préfecture de Police de Paris, ASS 27971 P ; *L'Auto*, 13 mars 1919 ; *La Vie au Grand Air*, mars-avril 1920.

232 Cf annexe 2.

233 AD du Rhône, 4M 610.

234 *Bulletin des Sociétés Féminines Françaises de Sports et Gymnastique*, août-septembre 1920.

Châtillonnaise. Le premier bureau, provisoire, comprend à la présidence E. Podesta, à la vice-présidence le Docteur Jules-André Pangon et Madame Claudine Ludin, présidente de l'Eglantine. Son mari, masseur de métier, est nommé secrétaire général tandis que Monsieur Charles Duranson, expert-comptable, est au poste de trésorier.

Toutefois cette association nationale originale, dont le bureau est mixte, *défend* seule *la cause de la gymnastique* conformément à ses statuts. Elle ne préconise les activités sportives ni pour les jeunes filles ni pour les femmes. Or le sport, nous l'avons vu, commence à prendre plus d'ampleur dans la société française et ce contexte encourage l'initiative en faveur de la pratique sportive pour les femmes. L'Union se refuse à donner son appui au sport féminin naissant, malgré les pressions de Payssé. En effet, ce dernier informe Podesta dès 1917, de ses essais de championnats féminins d'athlétisme à *Femina Sport. Il l'engage fortement à convoquer les membres de l'Union en congrès, pour discuter cette question de sports athlétiques dans les sociétés féminines de gymnastique. Il revient même à la charge pour obtenir l'adhésion de l'Union à son projet de Fédération sportive féminine*. Mais Podesta s'y oppose à ce moment-là, évoquant notamment l'état dans lequel se trouvent l'Union et les sociétés qui lui sont affiliées pendant cette période de guerre. Selon lui, *il ne faut pas risquer en province ce que l'on peut faire à Paris, des essais de ce genre pouvant attirer de sérieuses critiques, et même nuire plus tard à la réorganisation* du mouvement[235].

En effet, l'UFSGF connaît une période de crise pendant la guerre. Elle avait pourtant connu un développement relativement important à ces débuts regroupant six mois après sa naissance quarante sociétés lors de son premier congrès en novembre 1912, organisant deux fêtes fédérales, la première à Deauville le 6 juillet 1913 avec 26 sociétés et près de 500 jeunes filles puis à Melun le 19 juillet 1914 avec un effectif de près de 1 000 exécutantes[236]. Cet élan brisé, elle doit *pratiquement repartir de zéro* à la fin du conflit[237]. Seules trois sociétés ont survécu, note C. Ludin. Le Président E. Podesta ne fait pas une description aussi pessimiste mais constate avec force également les difficultés d'existence durant la guerre, notamment dans le Nord-Est. Selon lui, sur un effectif de quatre-vingt-quatre sociétés en juillet 1914, seules *trente sociétés au maximum ont fonctionné plus ou moins régulièrement, cinquante-quatre laissent supposer par leur complet silence qu'elles étaient en sommeil pour différentes causes, mobilisation de leurs*

---

[235] E. Podesta cité par Eyquem M. T. , *La femme et le sport*, op. cit., pp. 35-36.

[236] *Le Gymnaste* , septembre 1919.

[237] Guyomard C., op. cit.

administrateurs, instructeurs, réquisition de leur local, suppression des allocations, subventions et cotisations des membres honoraires et actifs [238].

Quoi qu'il en soit, l'existence de l'UFSGF est affaiblie au moment de la création de la FSFSF et elle ne souhaite pas s'ouvrir aux nouvelles pratiques sportives contrairement à la FSFSF qui se fixe pour objectif notamment de *propager la pratique des sports et des exercices physiques* en France[239]. En cela FSFSF et UFSGF, bien qu'elles aient des objectifs très proches notamment dans la volonté de vulgariser l'enseignement des activités physiques et d'encourager la création de sociétés féminines, divergent essentiellement sur les moyens, comme le souligne P. Arnaud[240].

Malgré les difficultés des premiers mois d'existence, la FSFSF connaît à son tour une période de lent essor. Elle réussit à organiser dès 1918 le championnat de Paris de cross country, le 28 avril. Quatre sociétés participent, *Académia, En Avant, Femina Sport* et *US Voltaire*. Quarante-deux concurrentes prennent le départ de cette épreuve de 2 Km 500, distance fixée par la commission d'athlétisme. Elle est remportée par la jeune Antoinette de Tinguy, âgée de 16 ans, première du classement individuel devant Lucienne Laudré, toutes deux sociétaires d'Académia, club qui remporte l'épreuve par équipe. On peut lire dans *L'Auto*, le lendemain, *ce premier cross country féminin fut plaisant, et même intéressant. On ne peut que reconnaître sportivement le bon succès de ce premier essai*. Ce compte-rendu souligne la bonne tenue des sportives. *Il apparaît que le cross country n'est pas incompatible avec la constitution féminine à condition toutefois que l'effort ne soit pas trop violent* [241]. La revue de presse réalisée par le mensuel *Les Sports Féminins* confirme le succès de ce cross. *Vif succès* peut-on lire dans *l'Écho de Paris*, *gros succès* dans *Paris-Midi*. L'*Écho des Sports* est plus réservé et constate que cette *manifestation fut parfaitement correcte*. Cette première est donc dans l'ensemble plutôt bien accueillie par la presse. En juillet, alors que continuent les détonations des obus ennemis sur Paris, la Fédération met en place les seconds championnats de France d'athlétisme, en fait les premiers organisés par la Fédération, sur le stade Jean Bouin, mis gracieusement à la disposition de la fédération par le *Club Athlétique de la Société Générale*. Ces championnats comprenant neuf épreuves, quasiment les mêmes que l'année précédente, 80, 300 et 1000 m plat, 83 m haies, hauteur et longueur avec et sans élan, lancement du poids de 4 kg sont disputés par les quatre sociétés précédemment citées. Mlle Suzanne Liébrard triomphe remportant le titre de Championne de France

---

[238] Podesta E., in *Le Gymnaste*, 15 mars 1919.

[239] Article premier des Statuts, Archives de la Préfecture de Police de Paris, ASS 27971 P.

[240] Arnaud P., "Le genre ou le sexe? Sport féminin et changement social (XIXe-XXe siècle)", op. cit.

[241] *Les Sports féminins* , n°28-29-30, avril-mai-juin 1918 ; *L'Auto*, 29 avril 1918.

dans cinq épreuves. D'après le quotidien sportif *L'Auto*, cette journée est une réussite. *La tenue parfaite de ces jeunes filles, leur sportivité, leur entrain, leur ardeur, ont plu au public* [242]. Les premières manifestations organisées par la FSFSF sont donc plutôt réussies.

C'est une fois la guerre terminée, en 1919, que la FSFSF fait disputer les premiers championnats de Paris de sports d'équipe[243]. Les premières rencontres de hockey féminin se déroulent en février, un an après le premier match interclubs opposant *Académia* à *La Vie au Grand Air du Médoc* à Bordeaux. Le championnat de football voit le jour en mars opposant *Femina Sport* à *En Avant*. En juillet, débute le championnat de basket-ball entre *Académia, Femina Sport et l'École de Haut Enseignement Commercial* au Stade Élisabeth. Juillet marque aussi le premier championnat de natation sous l'égide de la Fédération comprenant comme épreuve, 60 m vitesse, 400 m fond et trois épreuves de plongeon, aux bains Deligny. Le football possède donc désormais son championnat féminin au sein d'une fédération féminine autonome même s'il ne regroupe que quelques pratiquantes, la FSFSF ayant encore pris peu d'ampleur.

En septembre 1919, la fédération sportive comprend huit sociétés dont sept parisiennes. Il s'agit de *Femina Sport*, d'*Académia*, de *La Stella*, des sections féminines d'*En Avant*, de l'*Association Sportive de la Seine*, de l'*Union Sportive Voltaire*, qui disparaîtra peu après, de l'*École du Haut Enseignement Commercial pour Jeunes Filles* et de la *Vie au Grand Air du Médoc* à Bordeaux. Quelques semaines plus tard, une deuxième société de province *Normandia-Sport* de Rouen s'affilie. Avec le début des années vingt commence le réel développement de cette organisation nationale. Lors de la troisième assemblée générale, le 15 mai 1920, la FSFSF compte quatorze sociétés. A la fin de l'année, le nombre de sociétés affiliées atteint quasiment la trentaine[244]. L'année suivante, la FSFSF *enregistre la cent troisième association régulière dont il faut déduire : une radiation, une démission, et quatre disparitions de sociétés*. Au 1er janvier 1922, elle compte cent trente sociétés affiliées[245]. En quelques mois, la fédération s'est singulièrement développée. Elle est agréée, en juillet 1919, par le Ministère de la Guerre (dont dépend l'éducation physique) après maintes démarches, recevant les premières subventions gouvernementales quelques mois plus tard[246]. En 1920, elle crée la *Section des Écolières* c'est-à-dire des cours gratuits d'éducation physique et de jeux de plein air pour les fillettes des écoles de la ville de Paris et des communes de banlieue immédiate. Les

---

242 *L'Auto*, 8 juillet 1918.

243 *L'Auto*, 24 février 1919 ; 23 mars 1919.

244 Archives de la Préfecture de Police de Paris, ASS 27971 [P].

245 *L'Auto*, 19 novembre 1921 ; *La Française*, 14 janvier 1922.

246 *La Femme Sportive*, 1er mai 1921.

premiers cours débutent en juin 1920 et ont lieu tous les jeudis matin. S'occupant ensuite des élèves plus âgées des établissements scolaires, la Fédération organise dès 1920, les premiers championnats interscolaires de basket-ball et d'athlétisme.

Les effectifs augmentent, d'autant plus avec l'affiliation des groupements scolaires. Cette croissance amène la Fédération à envisager la création de douze Comités Régionaux, subventionnés par elle, le Comité Régional d'Alsace, du Centre (Châteauroux), de Provence (Marseille), du Sud-Ouest (Toulouse), de Bretagne (Nantes), de Normandie (Caen), de Lorraine, de Champagne, du Nord (Roubaix), d'Ile-de-France, du Lyonnais[247]. Le Comité de Paris voit également le jour, la Fédération ne pouvant plus administrer cette région comprenant soixante-dix sociétés[248], et devient alors de loin le plus important comité en nombre de pratiquantes. *Ces Comités Régionaux disposent de leur autonomie dans les limites des statuts et règlements fédéraux, ceux-ci imposant* notamment *la désignation de femmes aux fonctions du bureau. Chaque comité fédéral nomme lors de son assemblée générale annuelle, ses commissions de chaque sport* [249]. Ces dernières dépendent du Comité Fédéral, *pouvoir sportif suprême* [250]. La fédération sportive féminine devient donc peu à peu une force. Elle est capable d'éditer son organe officiel, bien que modeste et éphémère, *La Femme Sportive*, dont le premier numéro sort le 1er mai 1921. En mai, la FSFSF organise pour la première fois la *Fête du Printemps*, un meeting de propagande, preuve de sa vitalité. En quelques années, le sport féminin se dote d'une organisation nationale sur laquelle s'appuyer ayant créée des championnats de différentes activités. C'est grâce à la vitalité de cette Fédération que le football peut se développer durant les années vingt.

Cette vitalité, la Fédération la doit beaucoup à la personnalité de sa présidente, Alice Milliat[251], personne très active. Elle va jouer en effet un rôle prépondérant dans l'organisation autonome du sport féminin français. Elle se consacre entièrement à la Fédération, abandonnant ses fonctions à Femina Sport pour s'y investir davantage. Elle *se voue à l'oeuvre telle une apôtre*. Elle en devient *l'âme, le cerveau qui pense et le bras qui agit tout à la fois* [252]. Elle encourage d'abord la création des différents championnats de Paris. Sur le terrain, elle accompagne les équipes à l'étranger et notamment

---

[247] Ibid. ; *L'Auto*, 26 janvier 1922 ; 30 novembre 1922 ; 1er janvier 1929 ; 4 janvier 1923.

[248] *L'Auto*, 16 novembre 1922.

[249] Milliat A., "L'organisation sportive féminine", *L'Auto*, 10 janvier 1924.

[250] Milliat A., "L'organisation du sport féminin en France", *L'Illustration économique et financière*, 5 juillet 1924.

[251] Née le 5 mai 1884 à Nantes décédée à Paris le 19 mai 1957.

[252] May J., "Sports féminins. Pas de mâles! Pas de mâles!", *La Vie au Grand Air*, mars-avril 1920 ; *Le Sportif*, 25 août 1922.

le premier déplacement en Angleterre de l'équipe de France de football féminin au printemps 1920. Elle participe aussi très activement au développement de l'idée sportive féminine par des articles publiés notamment dans le quotidien *L'Auto*, en signant la « Chronique féminine » dans *Le Soldat de Demain* (Bulletin Officiel de l'Union des Sociétés d'Éducation Physique et de Préparation Militaire de France) au début des années vingt avant la création des journaux spécialisés tels que *La Femme Sportive* ou *Les Sportives*. Elle devient ainsi *la plus ardente propagandiste du sport féminin* [253] restant à la tête de la Fédération jusqu'en mars 1925 (date à laquelle elle démissionne), puis de 1930 à 1935 date à laquelle elle doit de nouveau abandonner son poste. L'activité politique de Mme Milliat ne se limite cependant pas à l'hexagone. Elle va prendre très vite une dimension internationale. Elle est à l'initiative également du développement des rencontres internationales et de la création de la Fédération Sportive Féminine Internationale en 1921, donnant à la Fédération sportive française une reconnaissance internationale.

L'oeuvre de Alice Milliat à la Fédération reçoit également l'important soutien de Henry Paté, député de Paris, président du Groupe Sportif de la Chambre des députés, avant d'être nommé en 1921-1923, Haut Commissaire, ou Commissaire général, du Ministère de la Guerre, chargé de l'éducation physique, des sports et de la préparation militaire[254]. En 1919, il accepte en effet la présidence d'honneur de la Fédération, ce qui constitue pour celle-ci un appui de taille. A ce titre, il assiste alors à de nombreuses réunions qu'il soutient par sa présence et par ses encouragements à la FSFSF. Il est par exemple dans la tribune officielle lors du match de championnat de France de football opposant *En Avant* à *Femina Sport*. Il préside avec le Dr Raoul Baudet les championnats de France d'athlétisme du 11 juillet 1920[255]. Au lendemain de cet événement, il réaffirme à A. Milliat son soutien. Il écrit : (...) *le sport féminin est en pleine voie de succès. Vos présidentes de sociétés, votre dévoué collaborateur M. Payssé, et vous-même, vous avez compris depuis longtemps l'importance du développement de l'éducation physique chez les fillettes, les jeunes filles et les femmes. Je vous demande de continuer vos efforts en prenant comme vous l'avez fait jusqu'ici, toutes les précautions nécessaires pour que le sport féminin se développe. C'est l'intérêt de la Nation. Il m'est agréable de vous confirmer encore aujourd'hui que toute ma sollicitude et tout mon dévouement vous*

---

253 *Le Sportif*, op. cit.

254 Cf Defrance J. in Delaplace J. M., *L'Histoire du sport, l'histoire des sportifs. Le sportif, l'entraîneur, le dirigeant. 19ème et 20ème siècles*, Paris, L'Harmattan, 1999, pp. 77-88.

255 *L'Écho des Sports* , 22 mars 1920 ; *La Vie au Grand Air*, mars-avril 1920 ; *Bulletin des Sociétés Féminines Françaises de Sports et Gymnastique*, n°2-3, août-septembre 1920.

restent acquis [256]. Il patronne, avec Adolphe Chéron, Jean de Castellane, le Comte Clary et l'ambassadeur Lord Derby la rencontre France-Angleterre de football-association de l'automne 1920. Il assiste aussi aux principales manifestations de la Fédération dont notamment la Fête du Printemps, en mai 1921. Au cours de l'assemblée générale d'octobre 1922, il déclare approuver entièrement la gestion de la Fédération à un moment où elle est vivement critiquée, nous le verrons. De même en 1923, il félicite la fédération de son développement et apporte à nouveau l'assurance de son dévouement[257]. Selon Alice Milliat, avec laquelle il a établi des liens amicaux, H. Paté est en effet particulièrement *dévoué* à la cause du sport féminin[258].

Cependant, la FSFSF, groupement national dirigé par des femmes pour des femmes, au sein duquel se développe le football grâce à l'organisation d'un premier championnat, voit rapidement naître une autre organisation nationale régissant le sport féminin. En mars 1920, sous l'impulsion du journaliste M. Gustave de Lafreté, fondateur de la société féminine parisienne *Académia*, est créé le *Comité Directeur des Sports Féminins* au sein de *l'Union des Sociétés Françaises de Sports Athlétiques* (USFSA), dont le président n'est autre que lui-même. Son but : *développer la pratique des exercices physiques et des sports chez les femmes et les enfants* [259]. Ce Comité apparaît au moment où *Académia* est suspendue pour trois mois de la Fédération pour avoir participé à des rencontres de hockey non autorisées par la Fédération[260] ce qui explique sans doute la volonté du président de créer un groupement fédératif dissident. Ce nouveau Comité gagne son autonomie, le 21 novembre 1920, au moment de l'éclatement de l'USFSA en fédérations indépendantes, sous le titre *Fédération Féminine Française de Sports Athlétiques*, dirigée désormais par Madame Paulette Bron. Trois fédérations féminines régissent alors les pratiques physiques et sportives des femmes avant que la dernière-née ne fusionne avec l'UFSGF, le 13 novembre 1921, pour former la *Fédération Féminine Française de Gymnastique et de Sports* (FFFGS), réunissant en son sein éducation physique et sport, deux principes différents. Avec à sa tête Robert Amy, le comité directeur de la FFFGS s'appuie en effet sur deux commissions distinctes, la Commission technique d'éducation physique et la Commission

---

256 *Bulletin des Sociétés Féminines Françaises de Sports et Gymnastique*, août-septembre 1920.

257 *L'Auto*, 8 octobre 1922 ; 29 octobre 1923.

258 *L'Auto*, 29 mars 1923.

259 *Bulletin des Sociétés Féminines Françaises de Sports et Gymnastique*, octobre-novembre 1920.

260 *L'Écho des Sports*, 27 mars 1920.

sportive, avec comme maître mot : la modération[261]. Sur ce principe, elle développe de nouvelles compétitions et de nouveaux règlements mieux adaptés à la condition féminine et notamment une autre façon d'envisager le football.

Au début des années vingt, deux pratiques du football existent donc en parallèle, au sein de deux fédérations différentes, avant que la FSFSF ne soit reconnue comme seule fédération officielle régissant le sport féminin, prenant le nom de *Fédération Féminine Sportive de France* (FFSF).

2-3 La réglementation de la pratique féminine : un football adapté

Les sports féminins *sont-ils une simple répétition des sports masculins, avec des records inférieurs*[262] ? Le football-association que les jeunes filles commencent à pratiquer durant la première guerre mondiale est-il identique à celui pratiqué par les garçons depuis une trentaine d'années ? Le qualificatif « féminin » qui lui est attribué laisse supposer une certaine originalité. Quelle est alors la particularité de ce football *féminin* à ses débuts ?

Pour les tous premiers matches de football joués par *Femina Sport*, d'abord entre elles puis contre les scolaires, nous n'avons pas trouvé de précision quant au règlement. Rien ne laisse penser que le règlement utilisé soit différent de celui des équipes masculines. C'est la naissance de la FSFSF qui va encourager les réflexions sur cette question de la spécificité réglementaire.

En effet, assurer l'uniformité des règles de jeu et des règlements de records et concours fait partie des buts assignés à la Fédération. La FSFSF se penchant sur l'organisation de compétitions interclubs dans différentes activités sportives forme des commissions techniques à cette fin. Pour le football-association, Messieurs Weber et Payssé ainsi que Mlle J. Brûlé en sont chargés. *Après enquête sur les résultats de la saison, la commission décide 1° que les matches auraient une durée d'une heure : deux mi-temps d'une demi-heure ; 2° que toutes les charges, bousculades, seraient interdites ; 3° que les dimensions maxima des terrains seraient les dimensions minima des terrains des jeunes gens*[263]. D'après les comptes rendus des rencontres du premier championnat féminin de football de la FSFSF (1919), ces adaptations des règles du jeu sont réellement appliquées sur le terrain même si elles n'apparaissent pas évidentes aux yeux des

---

[261] *L'Auto*, 14 novembre 1921.

[262] Sévrette G., "Les sports féminins. La méthode nécessaire", *Bulletin des Sociétés Féminines Françaises de Sports et Gymnastique*, octobre-novembre 1920.

[263] Payssé P., "Le football et la femme", op. cit.

journalistes. Nous pouvons lire : *le temps sera un peu réduit* et *le terrain de jeu ne varie pas sensiblement du ground ordinaire* [264]. Ensuite, quelques précisions sont apportées à ce règlement : *relativement à la dimension du terrain (90x45,5 maximum), à la longueur du jeu (une heure avec repos de 10 minutes), l'interdiction de certaines charges,* le nombre des joueuses restant le même que celui des joueurs. *Le ballon plus léger est envisagé mais comme en cas de grand vent le jeu deviendrait impossible son imposition n'a pas rallié tous les avis et le ballon ordinaire est maintenu* [265]. Finalement, en 1923, la FFSF fixe les règlements définitifs. L'Officiel de la Fédération Féminine et Sportive de France revient sur quelques points importants de ces règles de jeu et signale : *1° La charge est totalement interdite. Tout contact volontaire est dit charge. Les infractions seront rigoureusement punies ; 2° Les joueuses ont le droit : a- de se protéger la poitrine avec les mains tournées les paumes vers la poitrine ; b- de jouer le ballon avec la poitrine protégée par les mains et avant-bras à condition que bras et mains soient adhérents au corps ; 3° La gardienne ne pouvant plus être chargée, ne devra pas garder le ballon plus de 3 secondes* [266]. *Tout ce qui peut rappeler le jeu masculin et ses gestes parfois un peu rudes* [267] est supprimé. *De cette façon nous aurons un football plus rationnel, plus doux, plus adapté au tempérament et à l'organisme féminin et qui pourra être vu sans laideur par les spectateurs,* conclut Paul Boucher[268]. Le jeu est ainsi *édulcoré*, *dénicotinisé*, selon l'expression de Payssé, ou en d'autres termes *adouci, adapté, féminisé* selon Pefferkorn[269].

Pour les rencontres internationales, les règles d'abord admises réduisent la durée de jeu à 70 minutes mais conservent le grand terrain[270]. Puis la FSFI, lors de son premier Congrès le 31 octobre 1921 à Paris, fixe elle aussi des *règles techniques féminines*, préalablement établies par M. Anthoine[271]. *Les règlements adoptés sont ceux en vigueur pour les équipes*

---

264 *L'Auto*, 23 mars 1919.

265 *Bulletin des Sociétés Féminines Françaises de Sports et Gymnastique*, décembre 1920-janvier 1921, p. 20.

266 *Les Sportives*, 27 octobre 1923.

267 *L'Auto*, 14 février 1926.

268 Boucher P., *La culture physique et les sports féminins. Guide indispensable pour le développement normal de la jeune fille*, préface de Pierre Payssé, Paris, Armand Girard, non daté.

269 *L'Auto*, 14 février 1926 ; Pefferkorn M., *Le football association. Théorie et pratique du jeu de football*, Paris, Flammarion, 1921, p. 290. M. Pefferkorn , ancien joueur du Gallia Club, membre de la commission de Professionnalisme de la FFFA est journaliste sportif.

270 *La Femme Sportive*, 1er novembre 1921.

271 Émile Anthoine participe à la naissance de la FSFI, devient délégué permanent puis vice-président d'honneur en 1926. Passionné de sport en général, il est un brillant marcheur. Auteur d'ouvrages techniques, conférencier... c'est un ardent défenseur du sport.

masculines mais avec les atténuations suivantes : dimensions maximas 90 x 45 m ; durée du jeu : 1 heure de jeu soit 2 fois trente minutes avec intervalle de 10 minutes ; interdiction de charges brutales ; autorisation de se protéger la poitrine avec les mains croisées au cas où le ballon serait dirigé vigoureusement vers cette partie du corps. Il s'agit en fait des règlements de la Fédération féminine française. *Les mêmes modifications aux règles masculines sont apportées pour rendre le jeu praticable par les femmes*[272]. M. Hamus, arbitre luxembourgeois de la première rencontre France-Belgique à Bruxelles, salue ces modifications. Selon lui, ce football est alors *en rapport avec les moyens physiques de la femme*. *Après les deux fois trente minutes, les joueuses ne sont pas fatiguées*. De plus, *la règle supprimant les charges donne à l'arbitre le moyen d'exclure d'une façon presque absolue, tout danger*.

Ces précautions prises pour protéger les faibles femmes, ménager leur corps des dangers de la compétition illustrent la représentation de l'époque de l'être féminin, un être naturellement faible et fragile, sur laquelle nous reviendrons. Forte de ces préoccupations, la FFFGS, fédération concurrente de la FSFSF développe, parallèlement, durant la saison 1921-1922, une autre façon d'envisager le football, comme l'athlétisme, pour les femmes et les jeunes filles. En effet, le 1000 m est supprimé, de même que le saut en longueur avec élan. L'épreuve de 300 m est réduite à 250 m afin d'atténuer l'effort violent. La masse des engins, disque, poids et javelot est revue à la baisse : disque plus petit et plus léger de 850 g au lieu de 2 kg, poids de 3 kg au lieu de 4 généralement adopté, et un javelot moins long et plus léger est à l'essai[273]. Pour la pratique du football, le terrain réduit mesure 70 x 45 m au minimum et 90 x 55 m au maximum (au lieu des dimensions masculines 100 x 50 et 120 x 90). La durée du jeu est de deux mi-temps de trente minutes. Enfin, le ballon est spécial, plus petit et surtout plus léger, il pèse 320 g au lieu de 425. *L'effort demandé est ainsi proportionné à la faible force des pratiquantes et ce ballon ne les fatigue pas. Ballon plus léger, terrain plus petit limitant la course à fournir, temps plus court limitant l'effort*. Louis Venard n'y voit que des avantages : les *dégagements sont de la valeur des dégagements masculins*, le *jeu* est *plus vif et beaucoup moins fatigant, surtout lorsque le terrain est lourd*. Il est favorable aussi au changement du nom et propose le terme de « ballon » car *les familles des jeunes filles s'effraient du mot, qui représente, à leurs yeux des jeunes filles pataugeant dans la boue et recevant des coups de pied dangereux*. De plus, *les sportifs sont souvent agacés de voir appeler football ce qui ne rappelle que d'assez*

---

[272] *Registre de la FSFI*, Musée National du Sport, MS 12428.

[273] *L'Auto,* 28 novembre 1921 ; Vénard L., "Modérations, terrains et engins appropriés : la cause des sports féminins y gagnera", *L'Auto,* 15 décembre 1921. Louis Vénard est secrétaire général de la *Fédération Féminine Française de Gymnastiques et de Sports*.

loin le vrai football qui est un jeu viril, décidé, rapide où il faut montrer de vraies qualités masculines. Or ce jeu, *si c'est encore un jeu de souplesse constituant une gymnastique excellente, ce n'est plus, heureusement, du football*, conclut-il[274].

En quoi cette deuxième version est-elle plus féminine, plus adaptée à la condition féminine ? Quelle est la limite entre le football et « le ballon » ? Cette distinction n'est pas très claire. Dans les faits, les caractéristiques du « ballon féminin » diffèrent peu de celles du « football féminin » de la FSFSF. Et de fait, le club *Olympique* bien qu'affilié à la FFFGS, se déplace en mars 1922 en Angleterre pour jouer un match de football « véritable », jeu que cette fédération ne préconise pas. Cette situation de confusion dure peu puisque la saison suivante seule la FFSF (ex FSFSF) sera amenée à pratiquer les sports[275]. Bien que cette ambiguïté soit réglée institutionnellement, la question de l'adaptation du football pour sa pratique par la gent féminine perdure. *Des différences psychologiques et physiologiques existent entre les deux sexes ; elles imposent des méthodes différentes et pour les femmes un dosage spécial et certaines précautions.* C'est pourquoi est *étudié un code sportif spécial pour la femme* [276] pour la pratique du football comme les autres activités. En cela, le football ne diffère guère des autres pratiques physiques féminines.

En effet, le type de modifications ou *atténuations*, selon l'expression de A. Milliat[277], apportées au règlement de football concerne également les autres sports d'équipe pratiqués par les femmes. Pour la pratique du basket-ball, afin d'éviter une fatigue excessive des participantes, la durée du match est fractionnée. *Les quarante minutes sont divisées en quatre parties de dix minutes chacune, séparées les unes des autres par un arrêt, le repos étant plus long à la moitié du match.* Pour le hockey, les adaptations adoptées, dimensions du terrain, durée du jeu et interdiction des charges sont les mêmes que pour le football-association[278]. Pour le rugby, les règles du jeu subissent aussi des modifications plus conséquentes encore, fruit d'une étude plus poussée et réalisée sur le terrain avant même sa pratique officielle au sein de la Fédération féminine.

---

[274] *L'Auto*, 15 décembre 1921 ; 2 mars 1922 ; 21 septembre 1922.

[275] *L'Auto*, 4 octobre 1922.

[276] Boigey M., "Il convient d'étudier un code sportif spécial pour la femme", *L'Auto*, 2 février 1922.

[277] *L'Auto*, 15 novembre 1923.

[278] Milliat A., "Le Basket-ball. Les règlements et les arbitres féminins", *L'Auto*, 22 novembre 1923 ; *Registre de la FSFI*, Musée National du Sport, MS 12428.

Le rugby féminin en effet n'est pas le « rugby » ; *les règles du jeu seront moins dures que celles du rugby masculin*[279]. Il s'agit d'un rugby dont les règles sont adaptées aux capacités physiques de la femme, par la suppression de toute occasion de brutalité. Lancé par *Femina Sport* durant l'hiver 1920-1921, ce sport de plein air, plus complet que l'association et le basket-ball puisqu'il exerce bras et jambes, est appelé *barette*. Il est « créé » par la doctoresse Houdré membre active de Femina Sport et André Theuriet, ancien international de rugby[280], après plusieurs mois d'essais et de retouches en utilisant un vieux jeu français joué dans le midi d'où il tire son nom. S'il est semblable dans l'esprit à la *barette* ou *football-rugby atténué*, élaboré par la Ligue Girondine d'Education Physique à la fin du XIXe, il diffère en certains points comme le montre la comparaison des règles de la Commission Technique de la Ligue girondine et celles élaborées par *Femina Sport*[281]. L'équipe se compose de douze joueuses (cinq avants, deux demis, quatre trois-quarts, un arrière) ou sept selon les possibilités, au lieu de quinze chez les garçons. Le temps de jeu est réduit d'une vingtaine de minutes. Le terrain est plus petit ; les poteaux éloignés de 4 mètres avec une barre à 2 mètres, au lieu de respectivement 6 et 3 mètres. La mêlée est supprimée pour la pratique à sept et limitée à seulement cinq joueuses par équipe pour le jeu à douze. Par contre, les principales règles visant à ôter tout ce qu'il y a de trop violent sont communes aux deux règlements : règle du « tenu », arrêts aux jambes et au visage interdits, éviction du joueur commettant une brutalité... A partir du modèle masculin lui-même déjà transformé pour s'éloigner d'un rugby trop violent pour la jeunesse, les règles ont subi de nouvelles modifications. Dans ce nouveau jeu, la force a encore perdu de son importance au profit de l'adresse afin de l'adapter au sexe féminin. On peut lire en conclusion du règlement : *le jeu de barette demande uniquement de l'agilité, de l'adresse, de la tactique ; à ce titre il est essentiellement féminin*[282].

A travers l'étude des règlements pour la pratique féminine du football et des autres sports d'équipe transparaît ainsi le souci majeur de limiter l'engagement physique de la femme, ce qui fait la spécificité du sport féminin. La femme peut donc pratiquer tous les sports *à condition qu'elle*

---

279 Bredeaut M., "Le rugby féminin ne sera pas le "rugby" !", *La Vie au Grand Air*, 20 janvier 1921.

280 André Theuriet pratique de nombreuses activités sportives mais c'est surtout en rugby qu'il acquiert sa notoriété en représentant la France de 1909 à 1913. Il créera la première école de rugby de France en 1924 qu'il dirigera jusqu'en 1946. A la mort de Payssé en 1938, il deviendra Directeur Général de Femina Sport jusqu'en 1962.

281 Ligue girondine d'Éducation Physique, *Règles de la barette*, Bordeaux, 1899 ; "La barette", Archives de Fémina Sport.

282 "La barette", ibid.

demeure dans la limite des forces physiques que lui permet sa constitution. C'est là qu'intervient le rôle des éducateurs et éducatrices qui doivent savoir quelles modifications et quels adoucissements apporter aux règlements et pratiques des divers sports [283]. Le règlement du football obéit donc aussi à cet impératif de modération. La modération n'est-elle pas *la condition sine qua non de la vie même des sports féminins* [284] ? Elle se retrouve en effet dans les discours relatifs au sport comme à l'éducation physique sur lesquels nous reviendrons.

En quelques années, le football possède donc sa commission technique au sein d'une Fédération autonome, spécifiquement féminine, avec un règlement spécifiquement adapté. Qui va diriger ces rencontres et se charger de faire appliquer le règlement ? La Fédération va-t-elle créer un corps d'arbitres féminins ?

2-4 Vers la féminisation de l'arbitrage ?

Veiller à l'application des règles du jeu est une tâche, ingrate, délicate à mener, et ce dans tous les sports. *Il ne suffit pas de posséder les règlements dans tous leurs détails ; il faut avant toutes choses du sang-froid, de l'autorité, de l'esprit de décision et du jugement dans l'interprétation des règlements. Il faut aussi accomplir ce rôle délicat par conviction personnelle, sans chercher d'autres satisfactions que celle du devoir accompli*. Comme le souligne A. Milliat *n'est pas arbitre qui veut* [285]. C'est pourquoi la Commission de football de l'USFSA organise pour les hommes, dès 1895, un examen de compétence afin de désigner quelques arbitres officiels[286]. La Fédération féminine va-t-elle employer les arbitres officiels masculins ou va-t-elle franchir un pas de plus vers la féminisation totale de son organisation en formant à son tour ses propres arbitres ?

D'après les comptes rendus de matches dans la presse, les premiers arbitres des matches féminins sont d'abord les dirigeants même des sociétés ou sections féminines. De toute évidence, en effet, en raison de l'immaturité du jeu, il n'y a pas encore de femmes compétentes pour arbitrer ces rencontres. Monsieur Devaux arbitre en 1917 le premier match relevé dans le journal *L'Auto* entre deux équipes de *Femina Sport* ainsi qu'un match

---

283 Milliat A., "Tous les sports... adoucis", *La Vie au Grand Air*, 20 janvier 1921.

284 Eyquem M. T., ibid., p. 289.

285 Milliat A., "La Fédération aura prochainement ses propres arbitres", *L'Auto*, 15 novembre 1923.

286 Wahl A., op. cit., p. 75.

opposant *Femina Sport* aux élèves de Charlemagne un mois plus tard[287]. Cependant, très souvent, le nom de l'arbitre n'apparaît pas dans les résultats des matches. Monsieur Devaux est-il amené à juger les différentes parties de la saison 1917-1918 ou n'y-a-t-il pas d'arbitre lors des autres rencontres ? Il est difficile de l'affirmer faute d'éléments suffisants. En 1918-1919, c'est M. Geria, du *Club Français* , moniteur à *Femina Sport*, qui le remplace[288]. M. Laudré arbitre, lui, quelques matches joués par son club, *Académia*[289]. Pour les premières rencontres interclubs, on peut penser que l'arbitre n'est pas « officiel » et qu'en conséquence l'arbitrage est réalisé indifféremment par l'accompagnateur d'une des deux équipes alors que les matches d'entraînement intra-club sont vraisemblablement souvent joués sans arbitre. C'est ainsi que se déroulaient les rencontres masculines trente ans plus tôt. Les premiers règlements du football-association à la fin du XIXe siècle indiquent en effet que l'arbitre était choisi d'un commun accord par les deux camps en présence ce qui n'était pas sans causer des problèmes de partialité[290].

Pour les matches de championnat, nous nous heurtons à la même difficulté : le nom de l'arbitre n'est quasiment jamais mentionné par les journalistes. M. Plagne arbitre la première rencontre *En Avant/Femina Sport* en mars 1919[291]. Qu'en est-il des autres rencontres de cette même année ? De l'année suivante ? Nous pensons que les premiers temps, il n'y a pas non plus d'arbitre officiel pour les rencontres de championnat. Les propos de Jacqueline Laudré semblent confirmer cette hypothèse. *Mon père arbitrait très souvent parce qu'il n'y avait pas tellement d'arbitres pour les femmes. C'est souvent qu'il arbitrait les matches même de championnats*[292]. Cette situation perdure puisque quelques années plus tard, une fois à *La Clodo*, il est amené à arbitrer notamment un match de Coupe opposant son club au *Club Athlétique des Sports Généraux de Marseille*[293]. Lors d'un match de championnat opposant *Olympique* à *Ruche*, en janvier 1923, quelques minutes avant le match, on cherche un arbitre, lequel se présente finalement sous les auspices d'un joueur de Pantin[294]. Comme le souligne A. Milliat, *il arrive trop fréquemment que l'arbitre d'un match soit tiré au sort entre les membres des deux clubs en présence. Quelquefois le sort est d'accord avec l'impartialité et la compétence ; trop souvent il en est*

---

[287] *L'Auto*, 2 octobre 1917 ; 5 novembre 1917.

[288] *L'Auto*, 10 décembre 1918, 7 et 25 janvier 1919.

[289] *L'Auto*, 13 janvier ; 8 février 1919.

[290] Wahl A., *Les archives du football*, op. cit., p. 60.

[291] *L'Auto*, 24 mars 1919.

[292] Entretien cité avec Jacqueline Laudré.

[293] *L'Auto*, 26 décembre 1925.

[294] *Sportives*, 13 janvier 1923.

autrement[295]. Comme pour les matches masculins, les arbitres sont trop fréquemment *mal informés et peu qualifiés* pour accomplir cette tâche délicate. *Sur l'aire de jeu, ils hésitent et palabrent avec les capitaines*[296], par exemple. *En ce temps-là, on manquait de bénévoles et n'importe qui se trouvait promu juge de touche. Beaucoup ignoraient les règles du jeu et les erreurs étaient monnaie courante*, se souvient Yvonne Goussert en 1975[297]. Cette situation ne peut satisfaire la Fédération féminine.

Toutefois pour quelques matches importants comme la finale du championnat de France et les rencontres internationales, quelques arbitres de la FFFA viennent prêter leur concours. La FFFA qui refuse de fédérer le football féminin conserve ainsi un moyen d'exercer un certain contrôle sur lui. La rencontre qui désigne *En Avant* champion de France en 1920 face à *Femina Sport* est arbitrée par Monsieur Viallat de la FFFA. Pour les premiers matches France-Angleterre féminins, en octobre 1920, les arbitres de la 3 FA acceptent de se mettre à la disposition de la FSFSF pour assurer l'arbitrage des différentes rencontres. Le 31 octobre 1920 au Stade Pershing, à Vincennes, l'arbitre de la partie est le président de la commission des arbitres de la FFFA en personne, M. Wallon. L'année suivante, le même match France-Angleterre, organisé à Paris par la FSFSF, est arbitré par Monsieur Brouzes, de la FFFA, joueur au Red Star, club champion de France[298]. Comme le confirme A. Milliat, *la Commission Centrale des Arbitres de la FFFA a toujours eu l'amabilité de déléguer un de ses officiels aux grandes rencontres féminines nationales et internationales, mais il est impossible de leur demander de s'intéresser aux rencontres hebdomadaires entre clubs*[299]. En effet, les arbitres sont bien peu nombreux. Comme le note un journaliste de l'*Écho Sportif du Nord-Est*, cette insuffisance n'est pas circonscrite à une région ou une autre, partout on en manque. La FFFA, comme les autres fédérations, déplore d'ailleurs cette pénurie. *La crise de l'arbitrage n'est pas un vain mot* peut-on lire dans les colonnes de *Normandie Sport*[300]. *La crise de l'arbitrage existe à l'état latent et s'aggrave à mesure que le sport se développe. Au point de vue féminin, les difficultés sont plus grandes encore du fait que le sport féminin, remontant à peine à une dizaine d'années, les sportives d'alors sont parmi les sportives*

---

295 Milliat A., "De l'arbitrage", *L'Auto,* 21 décembre 1923.

296 Wahl A., *La balle au pied. Histoire du football*, Paris, Gallimard, 1990, p. 64.

297 Ruffin R., op. cit., p. 137.

298 *L'Auto,* 22 mars 1920 ; *Le Football Association* , 25 septembre 1920 ; *Le Football Association,* 16 octobre 1920 ; *L'Auto,* 30 octobre 1921.

299 Milliat A., "La Fédération aura prochainement ses propres arbitres", *L'Auto,* 15 novembre 1923.

300 *Écho Sportif du Nord Est*, 25 septembre 1920 ; *Football Association,* 8 janvier 1923 ; *Normandie Sport,* 28 août 1920.

d'aujourd'hui. Et il est bien plus intéressant d'être équipière que de tenir le sifflet[301]. D'ailleurs, nous n'avons relevé dans la presse spécialisée qu'un seul match de football arbitré par une femme, Mlle Bracquemond, capitaine de l'équipe de France. Il s'agit d'une rencontre un peu particulière opposant *Femina Sport* à la *Ruche Sportive Féminine* à l'occasion du dixième anniversaire de Femina[302].

Les matches de championnat régional ou national méritant d'être dirigés avec compétence et impartialité au même titre que les grandes rencontres, la Fédération décide de gérer sa propre équipe d'arbitres. Elle lance un appel aux clubs. On peut lire en janvier 1922 dans *L'Auto*, *les sociétés sont priées de désigner un ou deux arbitres, qui après décision favorable de la commission compétente pourront, en cas de besoin, arbitrer les matches autres que ceux disputés par leur propre club*[303]. Quelques bonnes volontés se présentent et officient tant bien que mal. Mais la présidente de la Fédération n'est pas satisfaite de la situation. Selon elle, il leur manque la connaissance parfaite des règlements avec les légères modifications, ou plutôt atténuations, apportées à la pratique du football par les femmes. Et quoi qu'il en soit, ils ne sont pas suffisamment nombreux. C'est pourquoi, la FFSF instaure, la saison suivante, une indemnité de 10 francs pour chaque match et prend la décision de former ses propres arbitres en sollicitant la fédération de football[304].

Un cours d'arbitrage, réservé aux joueuses et dirigeants de la FFSF, se met en place, en novembre 1923. M. Jandin, vice-président de la Commission Centrale des arbitres de la FFFA, arbitre du Tournoi Olympique de 1924, anime cet enseignement qui se déroule tous les vendredis soirs pendant deux mois environ. A l'issue de ces cours, une commission qu'il préside fait subir un examen, théorique et pratique, aux candidates et candidats au titre d'arbitre officiel de la FFSF[305]. Pour le basket-ball, le Comité Fédéral met en place le même genre de dispositif avant le début de la saison officielle des comités régionaux. Deux séances sont prévues, une conférence sur le basket-ball et une démonstration d'arbitrage au cours d'un match opposant une équipe de la *SS Printemps* à une équipe de *Dunlop Sports*, suivies quelques semaines plus tard d'un examen de compétence[306]. Selon A. Milliat, il est en effet nécessaire de *faire connaître à toutes les joueuses françaises, à tous les dirigeants de club, à toutes les personnes appelées à diriger un match ce que sont ces règlements*

---

301 Milliat A., "De l'arbitrage", *L'Auto*, 21 décembre 1923.

302 *L'Auto*, 17 décembre 1922.

303 *L'Auto*, 26 janvier 1922.

304 *Football et Sports*, 7 juillet 1923.

305 Milliat A., in *L'Auto*, 15 novembre 1923.

306 *Les Sportives*, 17 novembre 1923.

dans tous leurs détails et leur interprétation[307]. Une meilleure connaissance des règlements permet en effet à chacun de gagner dans la compréhension du jeu et d'éviter ainsi les éventuels incidents d'arbitrage.

Ces cours d'arbitrage de football-association sont suivis par une vingtaine d'élèves qui participent régulièrement aux séances[308]. L'hebdomadaire de l'éducation physique et des sports féminins *Les Sportives* signale dans son numéro du 1er mars 1924, la réussite aux examens théoriques de Mesdemoiselles Deleval de *En Avant* et Couval de *Femina Sport* de même que Messieurs Masson et Bergogne. Nous ne savons pas quels sont les autres candidats. Seules deux autres joueuses Mlles Pomiès et Chatelut doivent aussi subir cette épreuve à leur tour avant que tous les lauréats puissent passer ensuite l'examen pratique. Nous ne connaissons pas, malheureusement, le résultat final de ces postulants à la fonction d'arbitre. Les numéros suivants du journal *Les Sportives* nous font défaut, et les résultats ne figurent pas dans *L'Auto*. De plus, ces leçons d'arbitrage sont très vite abandonnées, faute de participantes d'après la FFFA[309]. Il est donc fort probable qu'il n'y ait pas eu d'autres sessions. Quoi qu'il en soit, les comptes rendus de matches dans la presse ne font pas allusion à un arbitrage féminin comme c'est le cas en basket-ball. En effet, on peut lire dans la presse sportive : *la rencontre Paris contre Lorraine sera dirigée par Mlle Mullebrouck de Roubaix, à qui le jury a décerné le numéro 1 lors de l'examen de janvier*[310]. Quelques semaines seulement après l'examen une femme arbitre donc, pour la première fois, un match officiel. Le seul arbitre fédéral mentionné cette année-là en football est Monsieur Daviau qui officie lors de la finale du championnat de France opposant *Femina Sport* à *La Clodo*, le 27 avril 1924[311]. En conséquence, nous pouvons penser soit qu'il n'y a pas d'arbitre féminin de football, soit que, en pratique, celles qui ont été reçues à l'examen n'officient pas. L'article de *L'Auto* du 28 avril 1926 intitulé *est-il prudent ou encore prématuré de donner aux joueuses des arbitres féminins ?* laisse supposer que l'arbitrage féminin reste confidentiel. Quelques années plus tard, la situation ne semble pas avoir évolué. A ce sujet, en 1931, M. Payssé fait seulement allusion à l'arbitrage d'un match par Mlle Madeleine Bracquemond, que nous avons déjà mentionné, et à quelques-uns par Thérèse Brûlé[312]. Toutefois cette situation n'est pas propre

307 Milliat A., "Le Basket-ball. Les règlements et les arbitres féminins", *L'Auto*, 22 novembre 1923.

308 *L'Auto*, 8 décembre 1923.

309 *L'Auto*, 12 septembre 1928.

310 Milliat A., "Les grandes épreuves de la saison", *L'Auto*, 28 février 1924.

311 *L'Auto*, 17 avril 1924.

312 "Petite enquête : Les sportives peuvent-elles arbitrer les rencontres masculines? ", *L'Auto*, 22 novembre 1931.

au football. En hockey, par exemple, on compte, en 1929, une seule arbitre femme officiellement reconnue par la FFH, Mme Lecoq-Carloni[313].

Si l'arbitrage féminin reste davantage une velléité qu'une réalité, la fédération réussit toutefois à se doter de ses propres arbitres. A partir de la saison 1924-1925, les comptes rendus des rencontres dans la presse sportive mentionnent pour chaque match le nom de l'arbitre, ce qui faisait défaut auparavant. Leur lecture laisse apparaître que les arbitres sont peu nombreux. Pour cette même année, on retrouve Messieurs Carigliano et Daviau essentiellement, ainsi que Bergogne, Masson et Philippe. La création d'une commission d'arbitres en octobre 1925 va toutefois progressivement aider à recruter des arbitres fédéraux[314]. En 1930, par exemple, la FFSF accepte dix arbitres pour la saison : Messieurs Barthélémy, Bouquet, Estot, Grange, Lefèvre, Petit, Martel, Mosnier, de Brézanc, Lugar[315]. Toutefois, la FFSF peine à trouver des volontaires. Chaque début de saison est marqué par un appel à candidature par la commission de football qui *prie messieurs les arbitres qui seraient désireux d'arbitrer les matches de la saison d'envoyer leur nom et adresse, au siège du Comité* [316] ; preuve que le nombre d'arbitres reste insuffisant. Quoi qu'il en soit l'apparition d'un corps d'arbitres désignés par les instances fédérales pour diriger les matches de championnat marque la volonté d'autonomisation du sport féminin.

A défaut de pouvoir créer un corps arbitral féminin, malgré ses efforts de formation, la FFSF s'entoure d'une équipe d'arbitres et se libère ainsi du joug de la fédération masculine.

3- Pour imiter les hommes ?

Développé au sein d'une fédération autonome dans l'entre-deux-guerres, le football, comme beaucoup d'autres pratiques féminines d'ailleurs, a tendance à s'inspirer du modèle masculin même si certains considèrent que *les joueuses cherchent moins à imiter les hommes qu'à vulgariser le sport dans les milieux féminins* [317]. En même temps, d'autres vont plus loin dans leur constat et reprochent aux sportives de *singer et de ridiculiser les sports masculins* [318]. Pourquoi et comment les jeunes filles et les femmes cherchent-elles à se conformer à ce modèle masculin ?

---

313 *L'Auto,* 27 août 1929.

314 *L'Auto,* 1er octobre 1925.

315 *L'Auto,* 26 octobre ; 14 novembre 1930.

316 *L'Auto,* 10 octobre 1924 ; 1er octobre 1925 ; 7 octobre 1926 ; 2 septembre 1928 ; 3 octobre 1929 ; 2 octobre 1930 ; 9 octobre 1931.

317 *Normandie Sport,* 21 août 1920.

318 *L'Auto,* 8 décembre 1921.

3-1 Des championnats « féminins » à l'instar des championnats masculins

Suite aux premiers matches interclubs de hockey, de cross country au printemps 1918 puis de football à l'automne, la Fédération féminine met en place en 1919 différentes compétitions officielles de hockey, cross country, football, athlétisme, natation et basket-ball[319].

En football-association, la première édition du championnat ne met aux prises que deux équipes parisiennes *En Avant* et *Femina Sport* alors que, d'après les comptes rendus des activités dans la presse sportive, le football est aussi pratiqué régulièrement par les dames et demoiselles de deux autres associations *Académia* et *Association Sportive de la Seine*, dont les équipes sont sans doute incomplètes. Pourtant la Fédération *afin d'encourager le football féminin encore à ses débuts, et de permettre aux premiers groupements de prospérer*, autorise la fusion, *dans le cas où deux sociétés ne pourraient réunir chacune l'équipe réglementaire de onze joueuses* [320]. Ces arrangements proposés par la Fédération ne suffisent cependant pas à voir l'engagement de ces jeunes filles dans la compétition. Le championnat se déroule donc sur deux seules journées, un match aller le dimanche 23 mars 1919, sur le terrain de la Fédération Gymnastique et Sportive des Patronages de France (FGSPF) à Gentilly, et un match retour le 13 avril sur le terrain du Red Star. Le terme de Championnat de France utilisé abusivement par le quotidien *L'Auto* du 22 mars à la veille du premier match est un peu « pompeux ». On retrouve le besoin de prestige qui animait déjà les premiers footballeurs qui avaient qualifié de Championnat de France, en 1894, un tournoi réunissant six équipes disputé en trois journées[321].

Au match aller, on assiste, *dès le coup d'envoi, à une partie menée avec entrain de part et d'autre et l'on est absolument dans l'incertitude du résultat. Mlle Borgela de Femina rentre le premier but, et quelques minutes après, le second est rentré par Mlle Delapierre, sur un coup franc. Dans la seconde mi-temps, aucun but n'est marqué et pendant le dernier quart d'heure En Avant domine franchement.* Cette première rencontre officielle, en présence d'*un nombre fort imposant de spectateurs* se termine par la victoire de *Femina Sport*, en maillot bleu, aux dépens de son rival *En Avant*, en blanc, sur le score de 2 à 0[322]. D'après le compte rendu publié dans *L'Oeuvre*, *la partie a fait ressortir le mérite des nouvelles adeptes du*

---

[319] *L'Auto*, 11 janvier 1919.

[320] "Pour la saison 1918-1919, communiqué officiel de la FSFSF", *L'Auto*, 7 décembre 1918.

[321] Wahl A., p. 91.

[322] *L'Auto*, 24 mars 1919.

football, et l'on peut dire que le football féminin est certainement d'adaptation possible. Ce n'est ni laid, ni ridicule, et cet essai est purement courageux[323]. Pour la seconde manche sous un accueil également très favorable du public, les deux équipes se séparent après un match équilibré sur un score vierge. Les footballeuses de Femina sortent donc victorieuses de cette compétition et deviennent ainsi les premières détentrices du Challenge Raoul Baudet, du nom du Président de la FSFSF.

L'année suivante, en janvier 1920, après quelques matches à l'automne et quelques rencontres interclubs organisées par la FSFSF en décembre, une troisième société, *Académia*, s'engage dans le championnat[324]. Les six rencontres prévues ne réussissent cependant pas à départager *En Avant* et *Femina Sport*, à égalité de points à l'issue de leurs quatre matches. Finalement après une rencontre *âprement disputée*, *En Avant* réussit à battre *Femina Sport*, un but à zéro[325]. Le but est marqué, dès le début, après cinq minutes de jeu, alors que le reste du match est dominé à plusieurs reprises par *Femina Sport* qui ne réussit pas à déjouer la gardienne de but adverse[326]. *En Avant* remporte le titre, officiel cette fois-ci, de Champion de France en même temps que celui de Champion de Paris. Championnat de France et championnat de Paris, on sent bien là le besoin d'imiter la pratique masculine et de s'afficher comme tel. Il faut cependant attendre l'année suivante pour qu'une équipe provinciale participe à ce championnat.

Le championnat parisien

A partir de 1921, s'organise dans un premier temps le championnat de Paris puis un championnat de France avec la province. Le championnat de Paris comprend deux clubs pionniers *Femina Sport*, *En Avant* auxquels se joignent deux nouveaux participants : *Ruche Sportive Féminine* et *Sportives*. Sept équipes sont engagées, représentant ces quatre sociétés[327]. La finale opposant *Femina Sport* à *En Avant* est gagnée par cette dernière un à zéro[328]. On note la non-participation au championnat d'*Académia* en 1921 et d'*En Avant* en 1922[329]. Cette « disparition » momentanée s'explique par la mise sur pied, par la fédération rivale, du deuxième championnat de football

---

323 In *L'Oeuvre* cité par *La Française*, 29 mars 1919.

324 *L'Auto*, 25 octobre 1919 ; 2 décembre 1919 ; 3 janvier 1920.

325 *L'Auto*, 22 mars 1920.

326 *La Vie au Grand Air*, mars-avril 1920.

327 *Bulletin des Sociétés Féminines Françaises de Sports et Gymnastique*, février-mars 1921.

328 *L'Auto*, 11 avril 1921.

329 *L'Auto*, 20 février 1922.

féminin ou « ballon » que nous avons évoqué précédemment. En février 1921, la FFFSA (puis la FFFGS), met en place son championnat de Paris, opposant deux équipes, *Académia* et *US Clodoaldienne* auxquelles se joint *Olympique*, la saison suivante[330].

Avec l'augmentation du nombre d'équipes engagées, le championnat de Paris FSFSF, en 1921-1922, se scinde en deux catégories. La première est réservée aux équipes premières, *Association Sportive Amicale, Asnières Femina, Cadettes de Gascogne, En Avant, Femina Sport, Ruche Sportive Féminine, Sportives*, la seconde aux autres formations, les équipes « deux » de *En Avant* et *Sportives* et les équipes 2A, 2B, 2C de *Femina Sport* [331]. La victoire cette année revient aux Sportives sur un score de trois à deux. Elle échappe encore à Femina Sport, de justesse cette fois-ci. *La partie est chaudement disputée, le résultat restant en balance jusqu'aux dernières minutes du jeu. Les Sportives prennent tout d'abord l'avantage à la suite d'un moment de confusion entre deux arrières de Femina. Peu après Femina réussit à égaliser après un shot sans conviction à demi paré par la gardienne des Sportives. La mi-temps arrive sur ce résultat. Peu après la reprise, un deuxième but échoit aux Sportives. A partir de ce moment, l'équipe de Femina établit nettement sa supériorité. Une chance d'égaliser leur échappe quand elles manquent un penalty. Elles font cependant amende honorable quelques secondes plus tard en marquant un but d'une belle facture. Cependant la déveine qui joue contre Femina se matérialise lorsqu'une de ses arrières rentre le but qui consacre la victoire des Sportives* [332].

En 1922-23, année phare, dix-huit équipes sont engagées dans ce championnat de Paris, lui redonnant de l'intérêt. *Académia, La Clodo* et *Olympique* rejoignent la FFSF et de nouveaux clubs s'engagent dans l'aventure : les *Fauvettes* d'Argenteuil, les *Muguettes* de Charenton, *Navarre Athletic Club*, *Parisiana* et *Union et Avenir d'Argenteuil*. L'année suivante, seize équipes se disputent le titre que remporte *Femina Sport* et que la société va conserver pendant dix ans quasiment sans interruption lui ouvrant la porte de chaque finale du championnat de France.

Le championnat de France

Pour la finale du championnat de France, le 17 avril 1921, l'équipe championne de Paris, *En Avant*, s'oppose pour la première fois à une équipe de province, *Sportives de Reims*, *champion de Champagne* (c'est la seule

[330] *L'Auto*, 10 février 1921 ; 4 décembre 1921.

[331] *L'Auto*, 10, et 24 décembre 1921.

[332] *L'Auto*, 6 mars 1922.

équipe de sa région !!). *Bien que peu encouragées par le temps, les équipes se présentent au grand complet et le public ne boude pas non plus le stade. La valeur d'En Avant est incontestable mais il faut féliciter la défense des Sportives de Reims, qui, fort à l'ouvrage a empêché que l'équipe champion de Paris augmente son score*[333]. *En Avant* battant les Rémoises 3 à 0 devient ainsi champion de France de football association. L'année suivante, les *Sportives de Reims* subissent le même échec 3 à 0 face cette fois-ci à leurs homologues parisiennes, les *Sportives*[334].

En 1923, de nouveaux clubs viennent au football à Quevilly, dans la banlieue de Rouen, à l'*Union Sportive Quevillaise*, et à Toulouse, au *Femina Tolosa Sport*, apportant un air nouveau à la compétition. En demi-finale, les footballeuses de Reims, à dix sur le terrain, battent les Toulousaines qui ne se montrent *jamais dangereuses* et *ne donnent pas l'impression de pouvoir marquer* ; elles manquent même deux penalties[335]. Vainqueur des équipes de province, *Sportives de Reims,* est par contre en finale de nouveau battue sur le score de quatre à zéro par *Femina Sport*[336]. En 1924, *Femina Sport* l'emporte aussi en finale sur la *Clodo. Femina Sport* devient désormais le leader du championnat de France de la FFSF qu'il remporte chaque année jusqu'en 1933 laissant peu de chances de succès aux équipes provinciales[337].

Les différentes Coupes

En 1920, parallèlement au championnat remporté par *En Avant*, une *Coupe de l'Encouragement* de la FSFSF se met en place avec les équipes de *Femina Sport* (A et B), *Ecole Haut Enseignement Commercial* et *En Avant*, vraisemblablement pour multiplier les rencontres encore peu nombreuses. Le règlement prévoit un match aller et retour si le nombre d'équipes est inférieur à quatre, et un seul match dans les autres cas. Cette première édition est remportée par *En Avant*, qui reçoit en garde le Challenge de la Fédération qui sera acquis définitivement à l'équipe qui l'aura gagné trois fois[338]. En 1921, la Coupe de l'Encouragement ne se joue qu'entre les équipes premières et secondes des sociétés *En Avant* et *Femina Sport* et voit la victoire de cette dernière[339]. Maintenue l'année suivante, cette Coupe disparaît rapidement avec l'augmentation des effectifs.

---

[333] *L'Auto,* 18 avril 1921.

[334] *L'Auto,* 14 mars 1922.

[335] *Les Sportives,* 28 avril 1923.

[336] *L'Auto,* 16 avril 1923.

[337] *L'Auto,* 28 avril 1924 ; 7 juin 1926 ; 25 avril 1927 ; 23 avril 1928 ; 27 mai 1929 ; 26 mai 1930 ; 13 avril 1931 ; 12 avril 1932. En 1925, le challenge n'est pas attribué.

[338] *L'Auto,* 29 février 1920 ; 12 avril 1920 ; *La Femme Sportive,* 1er octobre 1921.

[339] *L'Auto,* 8 janvier 1921 ; 21 janvier 1922.

A cette date-là (1921-1922) vient s'ajouter une nouvelle compétition, la *Coupe de l'Espérance*, lancée en même temps en hockey, et réservée aux nouvelles équipes. Créée *afin d'encourager les Sociétés à créer des équipes nouvelles de football, d'intéresser les joueuses débutantes et les préparer à prendre part aux championnats dans de bonnes conditions,* cette épreuve ne concerne que *les joueuses des sociétés affiliées à la FSFSF possédant leur licence et qui n'ont encore participé à aucune compétition de football* [340]. Elle se déroule suivant le même principe que la Coupe de l'Encouragement à l'exception de la récompense qui n'est pas, contrairement à ce qui devient partout une habitude, une coupe décernée au vainqueur. Les deux équipes finalistes reçoivent en prix du matériel afin de les aider à prospérer.

Cette même année 1922, une nouvelle compétition est créée. Il s'agit de la *Coupe La Française*, prenant le nom de l'objet d'art offert à la FSFSF par *La Française*, l'organe du *Conseil National des Femmes Françaises.* Elle se joue par éliminatoires après tirage au sort, suivant un règlement analogue à la Coupe de France masculine. *Les équipes se rencontrent le deuxième dimanche de chaque mois jusqu'au moment où il ne reste plus en présence que les deux clubs finalistes*. Pour la première édition, dix sociétés pratiquant le football s'engagent : *Sportives, Union et Avenir d'Argenteuil, Femina Sport, Association Sportive Amicale de Maisons-Alfort, Sportives de Reims, Navarre Athletic Club, Union Sportive de Tourcoing, Ruche Sportive de Paris, Cadettes de Gascogne, Asnières-Fémina* [341]. La finale opposant *Sportives* de Paris à *Ruche Sportives Féminine*, le 2 avril 1922, est l'occasion d'une fête au stade Elisabeth. En lever de rideau, se déroulent un match de barette entre deux équipes de *Femina Sport*, attraction tout à fait inédite, ce jeu n'ayant jamais été présenté au public et une démonstration de culture physique par les jeunes filles de l'*Union Athlétique Clodoaldienne.* La coupe revient finalement à *Sportives* après un match joué dans des conditions difficiles. En effet, *pendant une heure, insouciantes sous la pluie, les joueuses des deux camps luttent de courage et d'adresse. Malgré une défense très méritoire, les vertes* (Ruche) *s'inclinent devant les Sportives où brillent Madeleine Bracquemond, capitaine de l'équipe de France, et Mlles Rillac, Gisclard et Puisais*, sur le score de cinq buts à zéro[342].

La deuxième saison, la Coupe La Française compte quinze clubs engagés, tous ceux pratiquant le football en France et participant au championnat. Il en est de même en 1924, où douze clubs de région parisienne et trois de province se disputent cette coupe. Si le championnat de Paris est largement dominé par *Femina Sport*, la Coupe voit aussi la

---

340 *La Femme Sportive*, 1er octobre 1921.

341 *L'Auto*, 16 septembre 1922 ; *La Française*, 30 septembre 1922 ; 25 février 1922.

342 *La Française*, 1er avril 1922 ; 8 avril 1922.

victoire de la Clodo en 1924 et de l'Olympique en 1925[343]. A partir de la saison 1926-1927, la Coupe la Française n'existe plus en tant que compétition, la FFSF voulant éviter que les compétitions ne se prolongent trop tard dans la saison. La coupe est toutefois offerte au vainqueur du championnat de France[344].

Au début des années vingt, la FSFSF (puis FFSF) instaure donc différentes compétitions officielles s'inspirant du modèle masculin même si elle est amenée à quelques particularismes en raison de la faiblesse des effectifs en créant les Coupes de l'Espérance et de l'Encouragement. Le championnat sous forme de rencontres aller-retour est en effet une réplique du championnat masculin de même que le championnat de France, disputé entre les champions des régions. Par mimétisme, on va même jusqu'à qualifier Sportives de Reims, champion de Champagne alors qu'il est le seul club de sa région et qu'il n'a pu disputer d'autres rencontres que les matches amicaux contre les Parisiennes! La Coupe La Française prend également pour modèle l'épreuve organisée par Henry Delaunay appelée d'abord Coupe Charles Simon puis Coupe de France. Mais, comme les hommes, les femmes ne se limitent pas à ces rencontres nationales et vont être aussi amenées à matcher les étrangers et notamment les Anglaises, les pionnières.

3-2 Une équipe nationale

C'est en football qu'ont lieu les premières rencontres sportives féminines internationales en 1920. Pour aller disputer plusieurs matches en Angleterre, la première équipe féminine française est mise sur pied au printemps. Après un match de sélection, l'équipe est composée de dix-sept joueuses, neuf issues de *Femina Sport*, sept de *En Avant* et une de *Sportives*, accompagnée par Alice Milliat[345]. On peut se demander qui est l'initiateur de cette rencontre Franco-Anglaise et quel est le but de cette tournée. S'agit-il de tests-matches avec des joueuses confirmées ou une propagande pour le sport féminin ? Le football n'est-il pas un merveilleux agent de propagande à l'étranger[346]? Il s'agit en fait à l'origine d'exhibitions lucratives au profit d'oeuvres de bienfaisance comme l'indique la presse britannique : *all the games are in aid of discharged and demobilised sailors and soldiers'*

---

343 *L'Auto,* 15 octobre 1922 ; 27 décembre 1923 ; 2 mars 1925.

344 *L'Auto,* 26 août 1926.

345 *L'Auto,* 26 avril 1920.

346 Gautier-Chaumet L. F., "Le football est un merveilleux agent de propagande à l'étranger", *L'Auto,* 19 janvier 1923.

organisations[347]. *Dick Kerr Ladies*, du nom de la firme dans laquelle cette équipe s'est formée, a en effet contacté la FSFSF pour jouer une série de matches pour aider l'association *National Association of Discharged and Disabled Soldiers and Sailors*. L'équipe Dick Kerr qui reçoit les Françaises est friande de ce type de manifestations. Dès sa création, l'équipe anglaise commence par jouer des matches de football association dans l'intention de gagner de l'argent pour la charité afin d'apaiser la souffrance des soldats mobilisés et leur famille. Leur première rencontre s'est jouée le jour de Noël 1917, devant 10 000 spectateurs rapportant 600 Livres de bénéfice pour un hôpital militaire[348]. Lors de leur visite en France, les Anglaises déposeront d'ailleurs une couronne sur le Monument aux Morts interalliés dans chacune des villes où les matches seront joués[349]. Pour les Françaises, il s'agit davantage d'une propagande pour le sport féminin. Plus que les rencontres nationales ce sont surtout les rencontres internationales qui marquent l'attention du public.

Cette tournée outre-manche suscite un réel engouement à la grande surprise des Françaises peu habituées à être admirées par des spectateurs aussi nombreux, de 20 à 40 000 selon les matches. Elles attirent autant de curieux que la rencontre France-Angleterre masculine qui aura lieu en 1921 devant 35 000 personnes[350]. *Le public anglais fait sur les terrains de jeux un accueil enthousiaste aux Françaises et ne leur marchande pas leurs applaudissements.* Dans les rues, la foule est plus impressionnante encore, *c'est du délire. En particulier le retour du premier match est épique : impossible aux voitures d'avancer ; quant à la descente d'auto et à la traversée du trottoir pour pénétrer dans l'hôtel, c'est inénarrable : les robustes agents anglais essayaient de frayer un passage qu'ils étaient impuissants à maintenir libre plus de quelques secondes et si les Françaises réussissent à sortir victorieuses de cette foule ce n'est pas sans y laisser des lambeaux de leurs vêtements*[351]. *Partout elles sont accueillies avec un très vif enthousiasme, acclamées, choyées, submergées de discours*[352]. Ce premier essai de rencontre outre-manche se transforme, contre toute attente, en *une tournée triomphale*[353] dont la presse se fait l'écho. Il obtient finalement autant de succès qu'on aurait pu en attendre d'un match international masculin.

347 *The Lancashire daily post*, 29 avril 1920.
348 Newsham G. J., op. cit.
349 *Le Football Association*, 23 octobre 1920.
350 Wahl A., op. cit., p. 223.
351 *L'Auto*, 14 mai 1920.
352 "Nos footballeuses en Angleterre", *Le Football Association*, 8 mai 1920.
353 May J., "Une tournée triomphale", *La Vie au Grand Air*, 20 juin 1920.

Sur le plan sportif, les résultats sont plus mesurés. Vêtues aux couleurs nationales, maillot bleu orné de l'écusson tricolore, culotte (short), béret et bas noirs, les joueuses, pour leur premier match le samedi 1er mai à Preston s'inclinent devant les Anglaises 2 buts à 0, en présence de 30 000 spectateurs. De même à Stockport le 3 mai où la défaite est plus sévère encore (5 à 0). Puis, leur troisième match à Manchester le 4 mai se solde par un match nul 1 à 1, acquis après une lutte difficile sur un terrain détrempé par la pluie[354]. Finalement, le « onze » français renoue avec la victoire et s'impose 2 buts à 1, pour le dernier match le 6 mai à Londres, finissant sa tournée sur une note plus positive.

La revanche de ces matches disputés en mai a lieu en France à l'automne, au moment des fêtes de la Toussaint. Après deux matches de sélection interclubs et trois matches d'entraînement entre « probables » et « possibles », selon la formule consacrée, l'équipe de France est définitivement constituée. Douze des seize sélectionnées participaient déjà aux premières rencontres mais pas forcément aux mêmes postes. Rigal d'*En Avant* et Pomiès de *Femina Sport* passent par exemple du poste d'arrière à celui de demi[355], l'équipe jouant à deux arrières, trois demis et cinq avants comme les masculins. Ces *quatre matches ont un très grand succès de propagande en même temps que l'affluence du public*, même s'il est plus restreint qu'en Angleterre. Le premier match, dimanche 31 octobre 1920 au stade Pershing à Paris, est l'occasion d'une grande réunion sportive féminine comprenant en lever de rideau la finale de basket-ball du championnat de Paris opposant *Sportives* à l'*École du Haut Enseignement Commercial* et à la mi-temps une démonstration originale de push-ball[356]. L'assistance est nombreuse puisque 10 000 Parisiens assistent à cet événement[357]. Le public envahit même la pelouse quelques minutes avant la fin du jeu. Il s'est passionné pour cette rencontre *comme s'il s'était agi d'un match entre hommes* [358]. *Est-ce un succès de curiosité ou la conquête définitive des parisiens pour le sport féminin* ?, s'interroge un journaliste[359]. Pour Pefferkorn, *les joueuses de football ont leur public* et connaissent quelque succès comme en témoigne les nombreux spectateurs mais il est encore trop

---

354 Ibid.

355 *L'Auto,* 26 avril et 25 octobre 1920.

356 Le push-ball est un jeu disputé entre deux équipes. *Il s'agit de pousser dans le camp adverse, jusqu'entre des buts semblables à ceux du rugby, un immense ballon peu maniable* selon Jeanne May, in *La Vie au Grand Air*, 15 novembre 1920.

357 8 à 10 000 d'après *L'Auto* (1er novembre 1920), 10 000 d'après *Le Miroir des Sports* (4 novembre 1920), 10 à 12 000 pour l'*Écho des Sports* (1er novembre 1920) , plus de 12 000 d'après *La Vie au Grand Air* (15 novembre 1920).

358 *Le Miroir des Sports,* 4 novembre 1920.

359 *L'Auto,* 1er novembre 1920.

tôt pour déterminer s'il s'agit effectivement *d'une curiosité plus ou moins déplacée ou d'un témoignage de réel intérêt* [360]. A nos yeux, il n'est pas douteux que c'est plutôt la curiosité qui attire les spectateurs vers ces audacieuses exhibitions féminines d'une originalité exceptionnelle à Paris, comme à Roubaix où le lendemain, on compte aussi 10 000 spectateurs[361]. Quoi qu'il en soit, le football féminin connaît quelques succès, le football association *consacré par ces rencontres internationales, fait ses preuves* [362] d'autant que le modèle de référence est anglais. Le football féminin gagne exceptionnellement la une de nombreux journaux et quelques caricaturistes croquent avec plaisir ces scènes inédites.

Du point de vue technique, la rencontre de Pershing se termine par un match nul, les deux équipes marquant chacune en première mi-temps. La France marque la première *par Mlle Bracquemond sur un centre bien amené* puis l'Angleterre égalise *à la suite d'un coup de pied de volée* [363]. *Chacune des deux équipes a marqué un but recevant ainsi la récompense de leurs mérites particuliers : les Anglaises montrent leur supériorité dans le maniement et le contrôle de la balle ; les Françaises l'emportent en vitesse et en souffle* [364]. A Roubaix, le lendemain, la victoire est acquise par les Anglaises deux buts à zéro. Les footballeuses anglaises confirment leur supériorité sortant victorieuses des deux autres rencontres au Havre le 6 et le 7 à Rouen[365]. Pour J. Brûlé comme pour A. Glarner du *Miroir des Sports*, *le style des deux équipes est très différent. Alors que les Anglaises sont plus massives et jouent d'une façon plus scientifique prouvant que leur entraînement est dirigé depuis plusieurs années par des footballeurs très compétents, les Françaises les surpassent en vitesse et en souplesse, grâce à leur entraînement athlétique aussi bien qu'à leurs qualités de race* [366]. *Football association* fait le même constat sur la prestation française et les qualités de finesse et de rapidité que leur donne leur entraînement athlétique. Les Anglaises, *en moyenne plus grandes et plus lourdes, dominent nettement en science, en adresse et en puissance les petites*

---

360 Pefferkorn M. , op. cit., p. 290.

361 *Le Journal de Rouen,* 3 novembre 1920.

362 Milliat A., "Les sports féminins pendant la saison d'hiver", *Le Miroir des Sports* , 16 décembre 1920.

363 *L'Auto,* 1er novembre 1920.

364 Glarner A., "Les épreuves et les vedettes de la semaine", *Le Miroir des Sports,* 4 novembre 1920.

365 *Le Football Association,* 30 octobre 1920 ; *Normandie Sport,* 3 novembre 1920.

366 *Bulletin des Sociétés Féminines Françaises de Sports et Gymnastique,* décembre 1920 - janvier 1921.

Françaises plus frêles mais plus rapides surtout en avant[367]. Plusieurs observations se rejoignent donc pour opposer le jeu plus rapide des Françaises au jeu plus scientifique des Anglaises. Ainsi s'explique la supériorité des Britanniques par une *plus nette compréhension du jeu* et par l'expression sur le terrain *de combinaisons dignes véritablement de footballeurs très au courant des finesses du jeu* qui manquent aux Françaises, qui elles *ignorent un peu leur métier*[368].

L'année suivante, en mai 1921, l'équipe de France de football association traverse de nouveau la Manche pour se mesurer à quatre équipes différentes *Dick Kerr*, *Huddersfield Ladies Football Team*, *Stocke Ladies Football Club* et *Plymouth Ladies Association Football Club*. Si A. Milliat se défend de vouloir faire des femmes phénomènes capables d'égaler les performances masculines, elle avoue que *quelques exemples sont nécessaires pour contribuer à la renommée de la France à l'étranger* : *nos voyages hors de France ne constituent pas seulement d'agréables déplacements pour nos sportives, ce sont aussi des manifestations de propagande nationale*[369]. Après un échec face à Dick Kerr, la sélection française remporte ses trois autres matches. Quelle meilleure propagande qu'une belle exhibition de la sélection nationale! Comme l'année précédente les matches retour en France ont lieu à l'automne, à Paris et au Havre. A Paris, le dimanche 30 octobre 1921, la rencontre est l'occasion d'une grande manifestation franco-anglaise comprenant un programme d'athlétisme et un match de football association la même journée. Le match d'athlétisme est à l'avantage des Anglaises qui remportent cinq épreuves sur huit, tandis que la partie de football, dominée par Plymouth, s'achève sur un score vierge[370]. Même résultat le lendemain sur le terrain du Havre Athletic Club, 0 à 0 autour duquel se presse *une foule nombreuse et enthousiaste parmi laquelle un nombre inaccoutumé de dames*[371]. Malgré les progrès réalisés par la sélection française, la différence de jeu relevée par différents chroniqueurs en 1920 semble se confirmer d'après le compte-rendu du match dans *L'Auto* : *l'équipe anglaise fait montre d'une meilleure cohésion, d'une technique moins rudimentaire et d'une puissance légèrement supérieure.*

---

367 *Le Football Association*, 25 septembre 1920 ; 30 octobre 1920 ; *Le Journal de Rouen* , 8 novembre 1920.

368 *L'Auto*, 1er novembre 1920 ; Delarbre M. , "La vigoureuse conquête féminine", *Écho des Sports*, 1er novembre 1920.

369 Milliat A., "Considérations générales", *Bulletin des Sociétés Féminines Françaises de Sports et Gymnastique*, octobre - novembre 1920 ; Milliat A., "Propagande", *L'Auto*, 29 novembre 1923.

370 Mortane J., "L'Angleterre sportive bat les Françaises", *La Vie au Grand Air*, 15 novembre 1921.

371 *L'Auto*, 1er novembre 1921 ; *La Femme Sportive*, 1er décembre 1921.

L'équipe de France se montre plus rapide, animée d'un bel esprit offensif mais vraiment désordonnée avec excès [372]! Si les résultats sont plus serrés les années suivantes la victoire revient toutefois plus souvent aux Anglaises.

L'autre adversaire de la sélection française est l'équipe de Belgique, à partir de 1924, les sportives belges n'ayant pas débuté les activités athlétiques avant 1921[373]. A Bruxelles, au Vélodrome d'hiver, les Françaises, sélectionnées quelques semaines auparavant, rencontrent le 17 février 1924 pour la première fois leurs homologues belges qu'elles battent deux buts à un. Au match retour, la victoire est plus franche encore 3 à 0, grâce notamment à deux buts coup sur coup de Thérèse Laloz en seconde mi-temps. En avril 1926, l'équipe tricolore matche à nouveau les Belges à Bruxelles. Après deux corners sans résultat, une reprise de volée de Laudré repoussée par la gardienne, et trois shoots stoppés par les arrières, Bracquemond finit par marquer à la 27e minute. *La première mi-temps est à l'avantage de la France, dont la vitesse et la technique sont supérieures.* En deuxième mi-temps, la France domine mais ne réussit pas à marquer, pas plus que ses adversaires. *Les arrières Charbonnel et Maunoir forment un tel rempart que Rebardy, la gardienne, ne touche pas la balle*. Résultat : une victoire française un but à zéro[374]. Ces éléments ne doivent pas masquer la faiblesse du jeu même si les Françaises sont dans l'ensemble plus expérimentées que les Belges et notamment la capitaine M. Bracquemond qui participait déjà au premier match international de 1920 de même que C. Pomiès et Th. Herckelbout (Th. Brûlé). Les années suivantes, les rencontres contre la Belgique seront le plus souvent marquées par une victoire de la France, la sélection française conservant sa suprématie en 1926, 1928, 1929, 1930, 1931 et 1933.

Tout comme leurs homologues masculins, les féminines mettent donc très tôt sur pied une équipe nationale issue d'une sélection opérée quelques semaines avant la rencontre prévue. Une liste des « internationales » est même tenue à jour dès 1921 et compte déjà 29 joueuses[375]. Les sportives mettent autant de coeur à faire triompher les couleurs de la France que leurs camarades masculins mais face à l'Angleterre, leur premier adversaire, les résultats ne sont pas plus brillants. Néanmoins ces matches inédits sont un véritable succès spectaculaire notamment en Angleterre, terre du football. Face aux Belges les rencontres sont moins une réussite en terme d'affluence qu'une réussite sportive. Malgré tout, les matches internationaux marquent la

---

372 *L'Auto*, 31 octobre 1921.

373 Milliat A., "L'activité des sportives belges", *L'Auto*, 31 janvier 1924.

374 *L'Auto*, 25 février 1924 ; *Sports Féminins*, 15 avril 1926.

375 *La Femme Sportive*, 1er novembre 1921.

consécration officielle de la victoire du football féminin sur le monopole masculin, même si celle-ci demeure limitée.

3-3 Les Olympiades féminines

Participer aux Jeux Olympiques serait une preuve de reconnaissance de l'activité physique féminine en même temps qu'un puissant moyen de propagande et de vulgarisation des exercices physiques et du sport dans les milieux féminins. Mais Pierre de Coubertin, rénovateur des jeux, n'est pas favorable à une participation féminine. Il estime que *les Jeux Olympiques doivent être réservés aux hommes*. Avant même que les femmes commencent à pratiquer l'athlétisme ou jouer au football en France, il s'y oppose : *demain il y aura peut-être des coureuses ou même des footballeuses ? De tels sports constitueraient-ils donc un spectacle recommandable devant les foules qu'assemble une Olympiade ? Nous ne pensons pas qu'on puisse le prétendre* [376].

Si les femmes en 1900, à Paris, participent à quelques épreuves, et seulement en golf et tennis, c'est grâce à l'influence des organisateurs de l'exposition universelle, contre la volonté de Coubertin[377]. A Saint-Louis, en 1904, les femmes ne participent qu'à l'épreuve de tir à l'arc, et toutes les concurrentes sont américaines[378]. En 1908 à Londres, seuls le tennis, le tir à l'arc et le patinage sont au programme. C'est également grâce à l'initiative des Suédois, qualifiés alors de féministes à la 11e session du CIO en 1910, qu'est admise la natation au programme de Stockholm en 1912[379]. Péniblement, les femmes luttent pour obtenir le droit de participer à d'autres épreuves et notamment l'athlétisme. Selon Robert Parienté, Alice Milliat demande dès 1919 au CIO d'ajouter au programme d'Anvers quelques épreuves féminines ce qu'elle se voit refuser catégoriquement par plusieurs membres et notamment Coubertin résolument contre[380].

---

[376] Coubertin P. de, "Les femmes aux Jeux Olympiques", *Revue Olympique*, juillet 1912.

[377] Cholley P., *L'histoire du sport à travers l'olympisme de 1914 à nos jours*, Lausanne, Musée et Centre d'Études Olympiques, 1996 ; Boulongne Y. P., "Pierre de Coubertin : un regard neuf sur son humanisme, ses croyances et son attitude à l'égard du sport féminin", in Landry F. et M., Yerlès M., *Sport... Le troisième millénaire*, Sainte-Foy, Les Presses de l'Université Laval, 1991, p. 379.

[378] Guttman A., *Women's sports. A history*, New York, Columbia University Press, 1991, p. 163.

[379] Procès Verbal de la 11e session du CIO, 11-13 juin 1910, Luxembourg, Archives du CIO.

[380] Parienté R. , *La fabuleuse histoire de l'athlétisme* , Paris, ODIL, 1978.

Bravant les objections, les femmes concourent entre elles d'abord grâce à une initiative monégasque. Les premières *Olympiades féminines*, ou premier *Meeting International d'éducation physique féminine et de sports* [381], ont lieu à Monte-Carlo du 24 au 31 mars 1921. Organisées par l'*International Sporting Club* de Monaco à l'initiative de son président, Camille Blanc, elles se déroulent au stade du Tir aux Pigeons installé en contrebas des terrasses du Casino. Participent plus d'une centaine de jeunes filles et de femmes venues d'Angleterre, de France, de Suisse et d'Italie[382]. Pour les épreuves sportives, les Françaises, une soixantaine, sont pour la plupart issues de *Femina Sport* de Paris et de *Riviera Sport* de Nice. Au programme : course à pied, 60 m, 250 m, 800m, 65 m haies, relais 4 fois 75 m, concours de saut en hauteur et en longueur, lancement du javelot et du poids, tournoi de basket-ball, diverses démonstrations collectives de gymnastique et de push-ball. Matches de hockey et football sont inscrits dans le programme officiel initial mais n'ont finalement pas lieu. Bien qu'annoncées dans la presse sportive à quelques jours des festivités[383], ces rencontres de sports d'équipes n'apparaissent pas dans les comptes rendus de la presse locale, ni de la presse parisienne ; pas de trace non plus dans les documents photographiques archivés à la Société des Bains de Mer.

Au palmarès de cette *olympiade de la grâce* [384], Françaises et Anglaises se partagent les titres. Germaine Delapierre, *la « Thompson » féminine décroche un gros succès dans la course de haies* [385]. Sa coéquipière de Femina Sport Lucie Bréard remporte le 800 m tandis que Mlle Kusel est à égalité avec une anglaise en hauteur. Madame Gouraud-Morris s'attribue les lancers du poids et du javelot. Comme se plaît à le dire Marguerite Bredeaut, *les femmes sportives françaises réussissent plus tôt que les hommes à rivaliser avec les championnes étrangères* [386].

Cette manifestation, véritable *réplique des JO masculins à l'intention des sportives* [387], est un succès, dont la presse se fait l'écho. *Une affluence considérable ne cesse d'occuper les tribunes et le parterre admirablement aménagés pour suivre les épreuves, tandis que la foule se presse jusque sur les toits des immeubles avoisinants, les terrasses du Casino formant une tribune supérieure, noire de monde* [388]. Ils sont aussi très nombreux à

381 *Journal de Monaco*, 29 mars 1921 ; *Monte-Carlo, 1er Meeting International d'Éducation Physique Féminine et de Sports* (Programme), Archives de Femina Sport.

382 *Revue de la Riviera illustrée*, 3 avril 1921.

383 *Écho des Sports*, 21 mars 1921.

384 Pelletier P. , "Olympiades féminines", *L'Écho des Sports*, 24 mars 1921.

385 *Écho des Sports*, 29 mars 1921.

386 Bredeaut M., "La première Olympiade féminine", *La Vie au Grand Air*, 15 avril 1921.

387 Pelletier P. , op. cit.

388 *Journal de Monaco*, 29 mars 1921 ; *Revue de la Riviera illustrée*, 3 avril 1921.

applaudir le *défilé des Olympiques* au cours duquel *les équipes concurrentes défilent, précédées du pavillon national,* comme leurs homologues masculins, *l'Angleterre d'abord, puis l'Italie, la Suisse et les sociétés françaises ; derrière les instituts de gymnastique et de danses* [389].

Néanmoins, le succès de cette fête du sport féminin ne suffit pas à favoriser la propagande et le développement de la participation féminine aux Jeux Olympiques, malgré la présence du Comte Clary, Président du Comité Olympique Français. Comme le souligne Alice Milliat, cette rencontre internationale a surtout *l'avantage de créer des liens d'amitié entre les diverses nations présentes et de préparer l'union des intéressés, consacrée par la création en octobre 1921 de la Fédération Sportive Féminine Internationale* [390]. Mettant aussi en évidence la carence d'un organisme capable de gérer les records féminins mondiaux, elle va faire germer l'idée à la FSFSF de la nécessité d'une organisation internationale. Cette volonté apparaît quelques semaines plus tard dans l'organe officiel de la fédération féminine sous la plume d'Émile Anthoine : *Le Conseil de la FSFSF procède à une révision sévère des records de France* (...). *Si l'on veut y joindre les performances Anglaises, Françaises, Suédoises et... Allemandes, une liste de Records du Monde s'impose. Qui le fera ? Mais une Fédération Sportive Féminine Internationale. Et c'est à la FSFSF que revient l'honneur de créer cet organisme l'an prochain* [391].

Au lendemain de la réunion France-Angleterre d'athlétisme et de football, La *Fédération Sportive Féminine Internationale* se constitue à Paris, le 31 octobre 1921, avec l'adhésion des États-Unis et avec le concours de l'Angleterre, de l'Espagne, et de la Tchécoslovaquie et est déclarée officiellement à la Préfecture de Police le 7 décembre 1921[392]. Elle a pour objet : *la fixation des règles et conditions des concours internationaux de sports ; l'élaboration des règlements techniques ; l'homologation des records du monde féminin* [393]. Au cours du Congrès de constitution, les statuts prennent corps ainsi que les premières règles internationales pour l'athlétisme et les sports d'équipe. Les membres du Comité International sont nommés, quatre vice-présidents : M. Palmer de Grande Bretagne, M. Trantina de Tchécoslovaquie, un représentant des États-Unis et Mme Milliat pour la France ; le secrétariat général est confié à la France[394]. C'est seulement au cours du 2e Congrès de la FSFI à Paris, le 18 août 1922, que

---

[389] *Revue de la Riviera illustrée*, 10 avril 1921.

[390] Milliat A., "Les rencontres internationales", *L'Auto*, 24 janvier 1924.

[391] Anthoine E., "Les records féminins", *La Femme Sportive*, 1er juin 1921.

[392] *L'Auto*, 3 novembre 1921 ; Archives de la Préfecture de Police de Paris, ASS 27 971 P.

[393] *La Femme Sportive*, 1er décembre 1921.

[394] Registre de la FSFI, Musée National du sport, MS 12 428.

Mme Milliat est nommée présidente, sur proposition des États-Unis, Mlle Delapierre est secrétaire générale et trésorière.

Grandie par la constitution de cette organisation internationale Alice Milliat présente à nouveau les revendications de sa fédération à Coubertin. Elle demande notamment l'introduction aux JO d'un programme athlétique féminin complet, ce qu'elle se voit refuser formellement[395]. Faire « comme » les hommes n'étant pas synonyme de « avec », mettre sur pied les Jeux Olympiques parallèles devient alors une nécessité.

Un an plus tard, en août 1922, la FSFI organise une manifestation internationale d'athlétisme qu'elle intitule *Premiers Jeux Olympiques Féminins*. Ils se disputent entre les États-Unis, la Grande Bretagne, la Tchécoslovaquie, la Suisse et la France, soit 77 concurrentes dont 32 Françaises. L'Italie n'étant pas encore affiliée à la FSFI ne peut y participer. Onze épreuves sont au programme : 100m, 100 yards, 300m, 1 000m, 100 yards haies, saut en hauteur et en longueur avec élan, saut en longueur sans élan, lancement du javelot et du poids et 400 yards relais. *La cérémonie d'ouverture s'appuie sur le protocole olympique. Elle commence avec le défilé des nations et Alice Milliat prononce la formule : « Je proclame ouverts les premiers Jeux Olympiques Féminins du Monde »*[396]. Bien qu'organisés sur une seule journée, ces Jeux se veulent une réplique des Jeux coubertiniens. Ils sont l'occasion d'une victoire de l'Angleterre devant les États-Unis et la France ; la France ne compte que la victoire de Lucie Bréard au 1000 m[397]. Cette similitude n'échappe à personne et suscite des critiques rapportées dans la presse. On peut lire dans *L'Auto* : *le cérémonial de dimanche à Pershing imitant les jeux olympiques masculins dépassait la réalité* [398]. *Il est exagéré devant la faible importance des sports féminins d'imiter pompeusement dans les titres et maigrement sur le terrain, le cérémonial des Jeux Olympiques masculins*[399]. Cette ressemblance est plus criante encore quand le 2e Congrès de la FSFI, le 18 août 1922 à Paris, décide d'organiser les Jeux Olympiques Féminins tous les quatre ans.

La seconde édition a lieu en effet en 1926 à Göteborg en Suède. Le cercle des concurrentes s'élargit. Cent quatre sportives inscrites dans les

---

395 Ibid, p. 67 ; "Les femmes peuvent-elles participer à tout le programme olympique ?", *L'Auto*, 17 novembre 1921.

396 Gafner R. (sous la direction de), *1894-1994. Un siècle du Comité International Olympique. L'idée. Les Présidents. L'oeuvre*, Lausanne, CIO, 1994, vol 1, p. 224.

397 *L'Auto*, 21 août 1922.

398 Vénard L., "La voie suivie par les sports féminins jusqu'à dimanche était-elle la bonne ?", *L'Auto*, 24 août 1922.

399 *L'Auto*, 3 mai 1923.

différentes épreuves représentent dix nations : l'Angleterre, la Belgique, la France, l'Italie, le Japon, la Lettonie, la Pologne, la Suède, la Yougoslavie, et la Tchécoslovaquie. La France termine deuxième derrière la Grande Bretagne[400]. Le succès de cette entreprise amène petit à petit certains membres de la FSFI à reconsidérer leur position. Au 4e Congrès de la FSFI en Suède en août 1926, les avis deviennent très partagés quant à la volonté d'une participation féminine aux JO. L'Anglaise Elliott Lynn, par exemple, pense que les Fédérations féminines désirent rester *maîtresses chez elles*, selon son expression[401]. Dès lors volonté de faire comme les hommes ne signifie plus forcément avec les hommes. Les Jeux Mondiaux, *stimulant remarquable pour le sport féminin*[402], comme le sont les Jeux Olympiques pour le sport masculin, conservent leur autonomie.

Est-ce dans un souci d'égalité des sexes que les sportives en général, comme les footballeuses, cherchent à se conformer au modèle masculin ?

3-4 Une revendication féministe affirmée ?

S'aventurer sur des terrains réservés aux hommes et oser faire comme les hommes, est-ce, pour ces femmes, un moyen de revendiquer une certaine égalité avec l'autre sexe ? Un moyen de s'affranchir de la tutelle masculine ? *Les mots « féminisme » et « féministe » sont utilisés aujourd'hui pour décrire à la fois les idées qui préconisent l'émancipation des femmes, les mouvements qui s'emploient à la réaliser et les individus qui y adhèrent*[403]. Peut-on alors considérer cet engagement sportif des femmes comme une action féministe, ou tout au moins, une certaine forme d'expression du féminisme ?

On admet généralement que l'essor du sport féminin en France, s'il bénéficie d'un contexte favorable aux idées égalitaires comme nous l'avons montré précédemment, n'a pas de lien direct avec les revendications et manifestations féministes en faveur de l'émancipation de la femme. Il n'y a guère d'allusion au sport dans les actions et mouvements féministes. De même, les gymnases et les stades ne sont pas des lieux de revendications explicitement formulées[404]. Les groupements sportifs féminins n'affichent

[400] *L'Auto*, 27 août 1926 ; Registre de la FSFI, op. cit., p. 75.

[401] Ibid., p. 67.

[402] Milliat A., "L'esprit national et les 2e jeux féminins", *L'Auto*, 12 août 1926.

[403] Offen K., "Sur l'origine des mots féminisme et féministe", *Revue d'Histoire Moderne et Contemporaine*, tome XXXIV, juillet-septembre 1987, pp. 492-496.

[404] "Le sport au féminin, point aveugle du féminisme", Davisse A., Louveau C., *Sports, école, société : la différence des sexes*, Paris, L'Harmattan, 1998, p. 126 ; Arnaud P., "Sport et anti-féminisme : mythe ou réalité ? La construction historique d'une problématique identité

pas de projet émancipateur, ni dans leurs statuts, ni dans leurs fêtes de propagande[405]. Il y a très peu de féministes militantes parmi les sportives au début du siècle. En effet, comme le constate à regret Jane Misme, la fondatrice du journal *La Française*, organe du Conseil National des Femmes Françaises, *les jeunes femmes dont nous admirons les exploits dans les stades se préoccupent peu de la question féministe.* (...) *Elles viennent peu dans nos réunions* [406]. Toutefois, si la plupart des sportives ne rejoignent pas les différentes associations militantes qui émergent à cette époque, elles ne sont pas pour autant totalement indifférentes à la condition de la femme. Elles, tout au moins certaines d'entre elles, rêvent d'un monde plus égalitaire. On perçoit ces préoccupations dans les discours, et notamment dans les propos tenus par l'ardente propagandiste du sport féminin, Alice Milliat.

Selon elle, la réussite des championnats d'athlétisme marque une *victoire sur la routine, les préjugés et... l'esprit de monopole de nos frères sportifs. L'opposition masculine* (au sport féminin) *vient d'un vieil esprit de domination, du désir de tenir toujours les femmes en tutelle, de la crainte de les voir devenir autre chose que des objets utiles ou agréables à l'homme.* S'exprimant à propos des Jeux Olympiques, elle écrit : *la femme a encore beaucoup à lutter pour faire admettre sa valeur dans les différentes catégories de la vie sociale (...) dans le domaine du sport, comme dans tous les autres, elle s'est trouvée aux prises avec l'atavique esprit de domination masculin* [407]. Ainsi défend-elle une certaine conception de la femme. A ce sujet ses propos sont tout à fait semblables aux revendications des femmes activement engagées dans un mouvement dit féministe, refusant l'ordre du monde fondé sur la hiérarchie sexuelle et la domination masculine. Selon elle, *nombre de gouvernants n'ont pas compris le rôle de la femme dans notre société moderne. Ils en sont encore à la conception de la ménagère gardienne du foyer, uniquement préoccupée d'assurer le bien-être matériel de la famille, et probablement ils lui dénient même le droit à la culture de l'esprit et à l'exercice de ses facultés intellectuelles* [408]. *L'idée féministe réduite à sa plus simple expression, celle de la défense de la valeur des*

---

féminine par le sport (1900-1939) histoire et méthode", Fauché S., Callège J. P., Gay-Lescot J. L. et Laplagne J. P., *Sport et identités*, Paris, L'Harmattan, 2000, pp. 15-27.

405 Seule la société lyonnaise de natation l'Ondine inscrit les termes "Émancipation féminine" en tête de ses courriers. Cf Terret T., *Naissance et diffusion de la natation sportive*, op. cit.

406 Misme J., "Pourquoi les sportives doivent voter", *La Française*, 10 mars 1923.

407 Milliat A.,"Considérations générales", *Bulletin des sociétés féminines françaises de sports et gymnastiques*, octobre-novembre 1920 ; "Amis ou ennemis", *L'Auto*, 17 janvier 1924 ; "Le pouvoir international du sport athlétique féminin", *L'Auto*, 15 février 1923.

408 Milliat A.,"Considérations générales", op. cit.

femmes[409], est bien présente dans les idées soutenues par Alice Milliat à propos du sport féminin. Plaider en faveur des épreuves féminines aux Jeux Olympiques, en faveur d'un groupement spécifiquement féminin, c'est finalement défendre les droits des femmes. Mme Milliat considère en effet le sport, *comme certains l'intellectualisme, comme un instrument de l'émancipation de la femme*[410]. Elle le dit elle-même. *Il ne s'agit point pour nous de faire ressortir ce que le progrès a encore à réaliser pour que la société soit organisée sur des bases équitables, mais qu'il nous soit permis de faire remarquer que notre oeuvre d'éducation physique et sportive féminine constitue en somme, une manifestation féministe du meilleur aloi*[411]. On peut en effet aussi considérer sa volonté du tout féminin comme un engagement féministe visant à montrer que la femme est l'égale de l'homme. Elle mène donc son combat dans une perspective féministe plus large et ne dit rien de moins que la doctoresse de *Femina Sport*, Marie Houdré, une des rares militant par ailleurs à la *Ligue Française du Droit des Femmes*[412].

Alice Milliat n'est pas la seule à véhiculer de telles idées avant-gardistes et revendicatives dans la presse sportive. Des allusions au droit de vote, refusé aux femmes, apparaissent dans quelques discours. Sans faire le bruit des suffragettes, ces militantes en faveur du sport féminin ont l'occasion parfois de se prononcer aussi en faveur de l'égalité civique. Le bulletin de vote est en effet un atout nécessaire, l'*instrument de succès le plus puissant*[413]. Madame Houdré regrette de ne pouvoir en bénéficier : *les femmes ne sont pas électeurs...et cela ne facilite pas les concessions et les subventions*[414]. *Nous n'avons pas d'influence sur le Parlement parce que nous n'avons pas de bulletin de vote*, reprend-elle quelques années plus tard. Et d'ajouter à propos des terrains de jeux qui font défaut : *les femmes paient des impôts comme les hommes : que les hommes aient au moins la galanterie de leur en accorder une petite partie pour leur permettre de se retremper corps et âme, dans l'air pur, la lumière, la joie des muscles en mouvement*[415]. On n'est pas loin des idées défendues par Jane Misme ; seul le ton diffère. Cherchant à convaincre les sportives de militer activement pour défendre les droits des femmes, elle écrit : *les Sportives ont besoin du vote en qualité de femmes, comme nous toutes ; et elles en ont besoin en qualité de sportives. Elles ont besoin du vote comme femmes parce que si les*

---

409 Bard C., Les filles de Marianne..., op. cit, p. 165.

410 *Le Sportif*, 25 août 1922.

411 *Le Soldat de demain*, 5 février 1922.

412 Bard C., Les filles de Marianne..., op. cit, p. 371.

413 Milliat A., "Le pouvoir international du sport athlétique féminin", *L'Auto*, 15 février 1923.

414 Houdré M., "Des terrains pour les sportives", *L'Auto*, 4 octobre 1923.

415 Houdré-Boursin Dr M., "Nos terrains de jeux", *L'Auto*, 25 mars 1930.

femmes votaient, les hommes politiques dont l'élection dépendrait de leur suffrage s'inquiéteraient davantage de créer des lois favorables au bien-être, au bonheur de la femme et de la famille, d'abolir celles qui sont une perpétuelle occasion de discorde au foyer, de souffrance pour la jeune fille, pour l'épouse ou la mère (...). Elle ajoute : *je ne prétends point apprendre aux sportives en quoi, comme sportives, il leur serait utile d'être ainsi une part du peuple souverain que les législateurs encensent. Elles savent mieux que moi tout ce qui leur manque, ce qu'elles demandent, gymnases, terrains de sport, subventions, qu'elles n'obtiennent pas tandis que les sportifs, électeurs eux, bénéficient de tout ce qu'on refuse aux sportives non électrices*[416]. Privées de tout droit politique, elles ne peuvent exercer de pression suffisante sur les autorités. Le vote est moins qu'un but, un moyen, une véritable force de pouvoir décisionnel. Si le droit de vote n'est pas le cheval de bataille des dirigeantes du mouvement sportif féminin, il apparaît toutefois comme un moyen d'améliorer leurs conditions d'existence. Toutefois, il s'agit moins d'une réclamation en faveur de droits civiques et politiques égaux qu'un simple constat, bien que cette préoccupation s'inscrive dans une vague d'agitation suffragiste particulièrement marquée à cette époque. En effet, *si un slogan devait résumer le féminisme de l'entre-deux-guerres, c'est assurément : « la femme veut voter »* [417].

Si les sportives, à l'exception de la présidente de *Femina Sport*, ne s'engagent pas dans une action militante et revendicative, elles sont néanmoins sensibles aux transformations des rapports entre les sexes ; ce souci transparaît notamment dans les discours d'une des principales dirigeantes Alice Milliat. De l'autre côté, il semble que les allusions au sport et aux sportives dans les mouvements féministes, soient très rares également. Le sport n'est pas porteur de revendications. En dehors de *La Fronde* qui au début du siècle publie régulièrement une rubrique de sport et gymnastique et abrite un club d'escrimeuses[418], les féministes dans l'ensemble se désintéressent du corps en mouvement. La question de l'éducation des filles va toutefois conduire certains groupements à s'intéresser à l'éducation physique. L'éducation physique *est à peu près inexistante à l'école et nous n'avons pas besoin d'insister sur son importance pour la race.(...). Le féminisme doit entreprendre une campagne énergique et incessante pour que la gymnastique fasse sérieusement partie de l'enseignement primaire et de l'enseignement*

[416] Misme J., "Pourquoi les sportives doivent voter", *La Française*, 10 mars 1923.

[417] Bard C., Les filles de Marianne..., op. cit, p. 164.

[418] Klejman L., Rochefort F., op cit., p. 134.

secondaire[419]. Néanmoins il s'agit d'éducation physique et non de sport, et d'éducation physique uniquement envisagée dans un cadre scolaire.

Le *Conseil National des Femmes Françaises* fait un peu figure d'exception. *La Française*, son hebdomadaire, se fait l'écho de l'intérêt porté à l'égard du sport féminin. Elle considère en effet *le sport féminin comme un heureux mouvement qui tend à développer la valeur physique et morale de la femme* qu'*elle se doit de le défendre au même titre que les autres initiatives féminines*[420]. *La Française* va plus loin que la plupart des périodiques de l'époque. Non seulement il annonce dans sa rubrique « Sports » les principaux événements sportifs, transmet les résultats et les commente, mais il incite également ses lectrices à se rendre au stade. A la veille d'un match de football, on peut lire, par exemple, en conclusion d'un article sur le sujet, *que chaque lectrice considère comme un devoir d'assister à cette manifestation.* Sous le titre *Les progrès de la culture physique féminine*, *La Française* rapporte notamment dans ses colonnes, le premier match de championnat de football féminin opposant les équipes de *Femina Sport* à *En Avant* en 1919, à partir du compte rendu de G. Rozet publié dans *L'Oeuvre*. *C'est par les sports que progresse la culture physique de la femme*, débute cet article. Après un compte rendu technique du match, il s'achève sur des propos visant à encourager ces initiatives : *il reste à souhaiter que le foot-ball et tous les jeux de plein air et la gymnastique rationnelle fassent désormais partie de l'éducation des filles comme celles des garçons*[421]. Les articles signés de la main du Docteur Maurice Pillet sont aussi particulièrement favorables à la pratique du sport par les femmes et sont de véritables encouragements. *De même que le sport masculin commence à nous donner des générations de jeunes audacieux et robustes, de même le sport féminin aura pour la femme, des conséquences physiques et morales inéluctables. Le sport qu'on le veuille ou non, aura pour la femme, des conséquences sociales. Et à ce titre, il intéresse le féminisme*[422]. *Le féminisme doit de plus en plus proposer une série d'actions diverses qui peuvent paraître de prime abord sans rapport avec le féminisme, mais dans la pratique desquelles les femmes acquerront sans s'en apercevoir, le sentiment de leur valeur avec, comme corollaire, la volonté de faire respecter cette valeur. Au premier rang de ces actions il faut ranger la pratique des sports. En développant la FSFSF, en la rendant l'égale des fédérations masculines, les femmes s'habitueront à diriger leurs intérêts elles-mêmes. Et elles prouveront qu'elles sont aptes au gouvernement de la*

---

[419] *La Française,* 21 octobre 1916.

[420] *La Française,* 3 juin 1922.

[421] *La Française,* 1er avril 1922 ; 29 mars 1919.

[422] Pillet Dr M., "Sport et féminisme", *La Française,* 22 juillet 1922.

nation en se gouvernant d'abord elles-mêmes. Mais surtout par la pratique des sports, la femme acquerra une personnalité. En accomplissant progrès après progrès, les divers actes sportifs, elle prendra peu à peu conscience de la puissance dynamique de son individu. Et en luttant dans les compétitions sportives, elle apprendra à se décider et à agir. Enfin en pratiquant les sports, les femmes participeront à la seule joie sans mélange et qui ne lasse jamais : la joie, pour l'être humain de se sentir jeune, souple et vigoureux. Le sport contribuera à donner aux jeunes filles de ce pays joie et santé [423].

Bien que ces propos favorables au sport féminin soient périodiquement repris dans les colonnes de *La Française*, le sport ne fait pas partie des thèmes de mobilisation. Au programme, *les grandes revendications féministes* : *égalité des salaires, liberté du travail et protection pour tous, protection de la femme enceinte et récemment accouchée, recherche de la paternité, égalité de l'instruction, libre disposition de ses biens et de son salaire pour la femme mariée* [424] . Ce travail est réparti en sept sections : Assistance et prévoyance sociale, Hygiène publique, Éducation, Législation, Travail, Suffrage, Unité de la morale et Paix[425]. Dans chacune d'elles, tout est mis en oeuvre pour remédier à l'injustice du sort des femmes et promouvoir l'égalité des sexes dans de nombreux domaines mais le CNFF est avant tout mobilisé pour le suffrage. Néanmoins ce soutien au sport féminin va se traduire en acte. Pour marquer l'intérêt qu'il porte à la question de l'éducation physique et pour soutenir celles qui travaillent à *l'émancipation physique de la femme*, le journal crée une épreuve sportive, la *Coupe La Française* [426], que l'on a évoquée précédemment. Il s'agit en fait d'une coupe offerte à la FFSF qui est disputée chaque hiver en une série de matches de football. Cependant, cette manifestation vise moins à servir la propagande sportive qu'à attirer les sportives elles-mêmes. *Comment les convaincre que les revendications féministes, c'est-à-dire la réclamation pour les femmes de droits civils et politiques égaux à ceux des hommes a pour elles la plus grande importance* [427] ? La finale de cette compétition marque un premier contact entre les féministes et les sportives[428], une première tentative de récupération d'un mouvement qui leur échappe. Les féministes espèrent ainsi s'agrandir en s'appuyant sur une diffusion de leurs idées auprès des sportives. Le discours de clôture de cette finale de Madame Avril de Sainte-Croix est équivoque. Elle souhaite que *la Coupe La*

---

[423] Pillet Dr M., "La personnalité féminine et les sports", *La Française*, 11 juin 1921.

[424] Klejman F., Rochefort F. , op. cit., p. 154.

[425] "Ce qu'est le Conseil National des Femmes Françaises", *La Française*, 21 janvier 1922.

[426] *La Française*, 21 janvier 1922.

[427] Misme J., "Pourquoi les sportives doivent voter", *La Française*, 10 mars 1923.

[428] *La Française*, 8 avril 1922.

Française rappelle aux sportives qu'il existe un Conseil National des Femmes Françaises qui défend sur tous les terrains la cause de la femme. J. Misme exprime, quant à elle, *la certitude que le sport donnerait au féminisme des femmes robustes et décidées à conquérir leurs droits*[429]. Les propos ajoutés, l'année suivante, à la une à côté du nom de l'hebdomadaire sont très racoleurs : *Sportives, lisez chaque semaine La Française. Abonnez-vous. Vous aiderez ainsi les féministes et elles vous aideront*. Les derniers mots de l'article signé de la main de J. Misme sont par ailleurs sans ambiguïté : *Sportives, joignez-vous à nous pour réclamer le vote des femmes : ensemble nous ferons de la bonne besogne*[430].

Toutefois, il ne semble pas que ce rapprochement ait eu pour conséquence d'amener les sportives à plaider pour la cause des femmes, à moins que l'on ne considère la pratique sportive des femmes comme une sorte de *féminisme en action* ou *féminisme sportif*[431]. La revendication sous-jacente et peu explicitée n'est-elle pas d'accéder aux mêmes pratiques physiques et sportives que l'homme ? Ne mènent-elles pas, en dehors des aspirations suffragistes, une lutte active pour l'amélioration des conditions de l'existence physique de la femme par leur pratique elle-même ? D'ailleurs, Jane Misme n'indique-t-elle pas que le mouvement revendicateur des droits civils et politiques de la femme, et le mouvement sportif féminin sont deux manifestations différentes d'une même cause : le féminisme[432]. Ces deux formes d'engagement appartiennent en effet à une même « mouvance ». On ressent une même adhésion aux principes égalitaires même s'il est vrai que les femmes sportives travaillant à leur mieux être, à leur émancipation physique, ne deviennent pas pour autant sensibles à l'idée de voter, prêtes à revendiquer ouvertement leurs droits civils, sociaux et politiques... En définitive, elles ne joignent pas leurs forces à celles des féministes, mais luttent à leur manière pour les droits de la femme en aspirant elles aussi à un partage des pouvoirs. On peut dire que le féminisme revêt ainsi une autre forme d'engagement, dans l'action principalement.

---

429 "La finale de la Coupe La Française", *La Française*, 8 avril 1922.

430 *La Française*, 10 mars 1923.

431 Jane Misme in *La Française*, 21 janvier 1922 ; 10 mars 1922 ; Louis Venard, *L'Auto*, 3 mai 1923.

432 Misme J., "Les Droits de la Femme et le Sport" in *La Femme Sportive*, organe mensuel de la Fédération des Sociétés Féminines Sportives de France, 1er avril 1922.

CHAPITRE 2

Les obstacles à la diffusion du football féminin

Le football féminin, accueilli avec méfiance, rencontre très tôt des réticences, voire des hostilités. Peu compatible avec la féminité telle qu'on la définit alors, il devient la cible privilégiée des critiques à un moment où l'on dénonce par ailleurs le racolage, les pratiques d'indemnisation des joueurs... Si le football féminin parvient à survivre quelques années, non sans difficulté, il sera condamné à disparaître.

1- La cristallisation des résistances

1-1 L'image de la femme : un impératif de protection et de modération

Même si dans les années vingt dominent les signes d'émancipation, d'évolution des moeurs, l'image traditionnelle de la femme perdure. L'idéal de la femme au foyer évolue peu. *Les années d'entre-deux-guerres apparaissent*, en effet, *dans l'histoire des femmes, comme une époque de transition entre modernité esquissée et traditions réaffirmées*[433]. L'image valorisée est celle de la femme, naturellement fragile, assurant la fonction de mère de famille, d'épouse et de gardienne du foyer. Les mentalités n'ont pas été profondément modifiées. *La guerre a plutôt tendance à fortifier la pensée sociale avant 1914, qui de façon quasi consensuelle, faisait de la travailleuse un être intrinsèquement faible et de la femme une « mère de la race » avant tout*[434].

---

433 Amar M., "La Sportive rouge (1923-1939)", Arnaud P. (sous la direction de), *Les origines du sport ouvrier en Europe*, Paris, L'Harmattan, 1994, p. 167.

434 Thébaud F.,"La grande guerre. Le triomphe de la division sexuelle", Duby G. et Perrot M., *Histoire des femmes. Le XXe siècle*, op. cit., p. 53.

La femme est considérée comme un être faible et fragile. Ne parle-t-on pas d'ailleurs du sexe « faible » par nature et tradition pour désigner le sexe féminin ? Elle est dotée d'une infériorité constitutive par rapport à l'homme, fondée par la biologie. Il en est de même pour ses facultés mentales. Nombre d'auteurs insistent sur cette différence entre le corps de la femme et celui de l'homme utilisant l'homme comme critère de comparaison pour faire apparaître les différences morphologiques et physiologiques. *La femme plus petite d'un douzième environ, offre également d'autres proportions dans toutes les parties principales de son corps. La tête est plus petite, plus arrondie, la face plus ouverte, les membres inférieurs plus courts* [435]... *La femme a un squelette moins consistant, les déviations de colonne sont plus fréquentes*. Sa force musculaire est moindre que celle de l'homme. Pour Bensidoun, la puissance musculaire féminine est égale à deux tiers voire la moitié de celle de l'homme[436]. Comme l'observe Boigey, *la puissance de leurs muscles, mesurée au dynamomètre, ne représente guère que les deux tiers de celle de l'homme*. Ce qui lui fait dire que *les filles sont handicapées du point de vue du développement musculaire*. La capacité respiratoire de la femme est aussi inférieure à celle de l'homme[437]. Cette affirmation repose notamment sur l'étude réalisée par le docteur Mac Auliffe sur quatre cent vingt-trois femmes françaises à l'issue de laquelle il constate que la capacité spirométrique de la femme est en moyenne de 2 litres 700 alors que celle de l'homme atteint 3 litres 500 [438]. Les autres résultats scientifiques de l'époque sur ce sujet confirment que la *femme est anatomiquement inférieure à l'homme* [439] et ne viennent que renforcer les préjugés et les convictions. La faiblesse du corps féminin se qualifie par l'importance de la masse graisseuse dans ses tissus, la faiblesse de sa capacité respiratoire, l'absence de puissance physique... *La texture générale de toutes les parties est plus lâche et plus molle. N'oublions pas,* dit Séhé , *que la femme est créée pour faire une mère et nous trouverons dans ce rappel de la vérité physiologique les raisons naturelles qui expliquent ces différences avec la nature masculine* [440]. Pour d'autres, comme Hébert, la faiblesse n'est pas innée. *La femme est faible parce que, fillette ou jeune*

---

435 Séhé D., "La femme et l'éducation physique", *Bulletin des Sociétés Féminines Françaises de Sports et Gymnastique*, juillet-août-septembre 1921.

436 Bensidoun Dr E., op. cit.

437 Boigey M., *Physiologie de la culture physique et des sports*, Paris, Albin Michel, 1927, pp. 213-215.

438 Résultats présentés notamment au Congrès de l'Éducation physique de l'Enfant et de la Femme, 9-11 septembre 1922 à Vichy sous le titre "La spirométrie de la femme française".

439 Bellin du Coteau Dr, "La femme et l'éducation physique", *L'Almanach sportif*, 1927, p. 61.

440 Séhé D., "La femme et l'éducation physique", op. cit.

fille, rien n'est tenté ou entrepris pour lui faire acquérir son développement intégral [441]. Quelle qu'en soit la cause, la faiblesse de la femme reste principalement attachée à sa constitution physique précisément liée à sa particularité organique l'utérus qui implique fragilité et faiblesse ; les menstruations, la grossesse sont des causes de fatigue. La femme est en effet une matrice, un ovaire. *Engendrer est sa destination naturelle*, soulignait Virey un siècle plus tôt ; il en veut pour preuve l'étymologie : femme, foemina, foetare, foetus, ont une même racine linguistique[442]. Cette particularité anatomique s'inscrit dans une fonction sociale particulière : la maternité. Ce destin biologique prend toute son importance, et, comme le remarque Liotard, *il n'est plus possible de distinguer ce qui relève de la spécificité organique de la femme et ce qui relève de sa spécificité sociale, tant la première détermine la seconde.* Ce sont deux réalités *interpénétrées* [443].

Le devoir de maternité : la femme est faite pour procréer

« Tota mulier in utero », selon le vieil adage. La vraie vocation féminine est avant tout la maternité, moyen de perpétuer la famille et d'améliorer l'espèce. Régénérer la race est une opinion largement répandue dans la société française. La France, inquiète de sa dépopulation, mène un combat hygiéniste et nataliste. L'accroissement de la population française au plan qualitatif et quantitatif devient donc une priorité, l'hécatombe de la guerre renforçant cet engagement. Le discours dominant encourage la procréation. La religion ne dit rien d'autres : *croissez et multipliez* [444], dit la Bible. Même les féministes (la plupart) *célèbrent la maternité comme le plus haut devoir de la femme* [445] et participent à leur façon à ce vaste consensus nataliste. Cécile Brunschvicg, secrétaire générale de l'Union Française pour le Suffrage des Femmes, déclare, par exemple, en 1916 qu'après la guerre *le premier devoir sera d'avoir beaucoup d'enfants pour combler les vides* [446]. *La mort des hommes et la chute de la natalité stimulent la cause de mouvements jusque-là minoritaires (natalistes, familialistes ou hygiénistes)*

---

[441] Hébert G., *Muscle et beauté plastique féminine*, Paris, Vuibert, 1919, p. 32.

[442] Virey J. J., *De la femme sous ses rapports physiologique, moral et littéraire*, 1823 cité par Fraisse G., *Les femmes et leur histoire*, Paris, Gallimard, 1998, pp. 211-212.

[443] Liotard P., "Être belle pour être utile. Le discours sur l'éducation physique féminine après 1918", Arnaud P. et Terret T. (sous la dir. de), *Éducation et politique sportives XIXe-XXe siècles* , Paris, CTHS, 1995, p. 102.

[444] Goldmann A., *Les combats des femmes*, Firenze, Castermann-Giunti, 1996, p. 86.

[445] Frisque C., *L'objet femme*, Paris, La Documentation française, 1997, p. 57.

[446] Rapport sur la réunion du groupe de Paris de l'UFSF le 20 mars 1916 cité par Bard C., *Les filles de Marianne*, op. cit., 1995, p. 64.

qui favorisent l'émergence d'une politique démographique faite de répression et d'incitations, comme le développement d'une politique médico-sociale en faveur des mères et des enfants. Des mesures effectives, âprement discutée pendant la guerre, voient le jour à commencer par les fameuses lois de 1920 et 1923 qui répriment toute propagande anticonceptionnelle et correctionnalisent l'avortement [447].

Ces stéréotypes sur la nature féminine renforcés par la nécessité de voir naître de nombreux enfants, des enfants sains pour le bien être de la race française, se retrouvent dans la majorité des discours traitant du sujet de la femme et des exercices physiques. Ils sont véritablement imprégnés de cette idée dominante.

Pour Demenÿ, *il faut considérer dans la jeune fille la future mère et exiger d'elle une préparation à sa fonction sociale* [448]. Le Dr Danjou, au cours du Congrès International de l'éducation physique de 1913, souligne l'importance de l'éducation physique pour les femmes, longtemps négligée, en regard de l'avenir et la prospérité de la nation et pour le développement de la race. La valeur biologique des générateurs est nécessaire pour obtenir un enfant sain[449]. *Les mères fortes font les races fortes*, dit à ce sujet Tissié[450]. *L'éducation physique est la première éducation à lui donner pour la constitution de solides moteurs humains, par de meilleures gestations, de plus saines et plus fécondes maternités* [451]. Le Dr Maurice Boigey, médecin-chef de l'École Normale d'Éducation Physique de Joinville, dans son ouvrage précisément intitulé *l'Éducation physique féminine*, s'exprime aussi clairement sur la question. *Une femme n'a pas un moindre besoin d'activité physique qu'un homme. C'est un avantage pour elle d'avoir une bonne santé et d'être douée de vigueur. La maternité l'exige*. Il ajoute : *sur les femmes, l'absence de culture physique a des conséquences pires, si c'est possible, que sur les hommes. Car la fin suprême de la femme est le mieux-être de la postérité. Son rôle est de perpétuer la race*, dit-il quelques années plus tôt[452]. Les propos du Dr Robert Jeudon vont dans le même sens : *la femme est construite avant tout pour procréer ; la culture du corps féminin est au moins aussi importante que celle du corps de l'homme, puisque les qualités*

---

[447] Thébaud F.,"La grande guerre. Le triomphe de la division sexuelle", Duby G. et Perrot M., op. cit., p. 55.

[448] Demenÿ G., *Les bases scientifiques de l'éducation physique*, Paris, Félix Alcan, 1911, p. 162.

[449] Danjou Dr G., *L'Éducation physique de la femme*, présenté au Congrès International de l'éducation physique, Paris 17-20 mars 1913.

[450] Tissié cité dans Bensidoun Dr E., *Le sport et la femme* , op. cit.

[451] Tissié Dr P., *L'Éducation physique et la race*, Paris, Flammarion, 1919, p. 3.

[452] Boigey Dr M., *L'Éducation physique féminine*, Paris, Félix Alcan, 1925, pp. 2-3 ; Boigey Dr M., *L'élevage humain. Formation du corps, éducation physique*, Paris, Payot, 1917, p. 47.

physiques maternelles, outre qu'elles facilitent l'eugénétique, se transmettent à l'enfant. En cultivant la valeur physique et physiologique de la femme, c'est toute la race qu'on améliore avec elle [453]. Le rôle des éducateurs physiques est donc de faire entre autres *des femmes capables de procréer des enfants sains* [454]. Pour E. Bensidoun aussi, l'éducation physique de la femme doit *préparer son corps à la maternité*. Cette question revêt d'ailleurs une certaine importance puisque son ouvrage *Le sport et la femme* consacre un chapitre à ce sujet. La santé est un devoir de la femme vis-à-vis des enfants qui naîtront d'elle[455]. Comme les médecins, partisan du sport féminin modéré, M. Louis Vénard, secrétaire de la FFFGS, souhaite *donner au pays des femmes robustes qui nous promettront les beaux enfants dont la France a besoin* [456].

Les femmes aussi sont attachées à ce devoir de maternité. Marguerite Despaux, rappelle à propos de l'éducation physique scolaire, cette fois, que l'école *orientée selon les nécessités de la vie* doit *former des femmes robustes, capables de tenir leur rôle d'ouvrières et de procréatrices* [457]. La Doctoresse Marie Houdré, sportive fervente, accorde également une grande place au *rôle spécial de la femme*, à *sa tâche de mère et de gardienne du foyer*. Grâce aux exercices physiques, la jeune fille développe souplesse, vigueur, gagne du souffle et de la résistance à la fatigue. *Son organisme entier atteint ainsi sa pleine harmonie, sa pleine valeur physique. Bien mieux encore, par la gymnastique et le sport, elle se prépare à la maternité. La pratique personnelle de l'exercice l'aide à faire une bonne éleveuse d'enfants propres et vigoureux* [458]. Même Alice Milliat défend cette idée que *pour donner à notre France la suprématie physique nécessaire à sa tranquillité et à sa prospérité, pour la hisser à ce point de vue au rang qu'elle occupe déjà dans l'ordre artistique et intellectuel, il nous faut des femmes robustes capables de lui donner des enfants sains, vigoureux et nombreux* [459]. C'est un devoir patriotique et utilitaire. Une attention particulière à la santé de la mère doit donc être apportée. Régénérer et perpétuer la race par le devenir du corps féminin revient à s'attacher au perfectionnement de ce sexe. L'apparence physique prend aussi toute son

---

[453] Jeudon R., "Les gymnastiques féminines", Labbé (sous la dir. de), *Traité d'éducation physique*, Paris, Gaston Doin et Cie, 1930, pp. 537-578 .

[454] Boucher P., op. cit.

[455] Bensidoun Dr E., op. cit., p. 124.

[456] Venard L., in *L'Auto* , 24 novembre 1921.

[457] Despaux M., *L'éducation physique pendant la période de la puberté chez la femme*, Lille, C. Robbe, 1924.

[458] Houdré Dr M., "Bienvenue au sport féminin", *La Femme sportive*, 1er mai 1921.

[459] Milliat A., "Considérations générales", *Bulletin des Sociétés Féminines Françaises de Sports et Gymnastique*, octobre-novembre 1920.

importance pour la santé et la reproduction en raison du rôle de l'apparence dans la relation entre homme et femme.

Le devoir d'être belle : la femme est faite aussi pour la grâce [460]

Sa grande fonction est d'être mère ; si elle a le devoir d'être forte pour remplir cette mission, elle doit aussi avoir la grâce pour charmer [461]. Il faut être belle pour être une bonne épouse, et la grâce est l'élément principal de la beauté féminine comme le souligne Handrey[462]. La grâce et la beauté corporelle dépassent largement le cadre de l'éducation physique féminine. La mode s'attache à modeler le corps de la femme selon les canons de la beauté en vigueur pour le plus grand plaisir des hommes. Pour séduire, le corps féminin doit être beau. L'esthétique est l'image dominante de la femme comme objet de plaisir. *La beauté dans son sens le plus large, ne se borne pas aux simples traits du visage. C'est l'épanouissement complet de l'être tout entier, l'harmonie des proportions, la finesse des formes ; c'est à la fois la douceur et la fermeté des chairs, l'éclat superbe et plein de vie du regard, reflet de la bonne santé ; la souplesse et la grâce dans l'allure et les mouvements ; c'est enfin le charme général* [463]. Or il n'y a pas de véritable beauté sans la santé. Il faut être en pleine santé ; plus dur est de la conserver[464]. *La santé, et par conséquent la beauté de la femme ne peuvent se défendre que sous les solides remparts des deux places fortes de son organisme, la poitrine et le ventre* [465]. Ces préoccupations esthétiques rejoignent l'aspect social. Pour que la race ne dégénère pas il faut s'occuper de la beauté des mères. La femme doit plaire afin de trouver le meilleur partenaire, réaliser un bon mariage d'où naîtra de beaux et nombreux enfants pour le bien de la race française. Il s'agit de rendre la femme belle afin d'améliorer sa fonction sociale de reproduction : *être belle pour se reproduire et régénérer la race*, comme le propose F. Lagrange[466], ou *être belle pour être utile*[467].

---

460 Glarner A., "La femme doit-elle pratiquer l'athlétisme ? Non", *Les Sportives*, 24 novembre 1923.

461 Demenÿ G., *Les bases scientifiques de l'éducation physique*, 5e édition, Paris, Félix Alcan, 1911, p. 37.

462 Handrey P., *L'Éducation physique des filles*, Paris, L. Michaud, 1913.

463 Hébert G., *Muscle et beauté plastique féminine*, Paris, Vuibert, 1919, p. 2.

464 Desbonnet E., op. cit.

465 Ruffier Dr, "C'est faute de culture physique que s'en va la beauté féminine", *Éducation Physique et Sportive Féminine*, 1er février 1926.

466 Lagrange F. cité par Lefèvre B., "La sportive entre modèle masculin et norme esthétique", Arnaud P. et Terret T., *Histoire du sport féminin*, op. cit., p. 249.

467 Liotard P., "Être belle pour être utile...", op. cit., p. 99.

Pour toutes les raisons évoquées précédemment faiblesse, maternité et beauté, étroitement liées d'ailleurs, la plupart des théoriciens s'accorde à penser que l'éducation physique, au sens large du terme, est nécessaire pour la femme[468] ; partisans de la gymnastique suédoise comme de la rythmique, de la méthode naturelle d'Hébert ou de la Méthode Française[469] ou encore des sports. Mais en même temps cette façon de voir et concevoir le corps de la femme conduit à préconiser et à défendre une éducation du corps en mouvement adaptée à cette spécificité féminine, visant à protéger la future mère. Comme le remarque Jeudon lui-même en 1930, *tous les traités écrits au cours de ces trente dernières années débutent uniformément par un long chapitre insistant sur la nécessité d'une éducation physique féminine adaptée aux tendances propres au sexe féminin* [470]. Or s'adapter à la spécificité féminine, c'est appliquer prudence et modération ; c'est pourquoi il est question de dosage, de progressivité dans les exercices. C'est aussi et surtout éloigner la femme de toute proposition qui s'écarte de ce modèle et donc d'une activité qui n'est pas faite pour elle : le sport. Car, comme le précise le Dr Henri Diffre, *dans l'idée du sport il y a deux éléments essentiels qui empêchent toute possibilité de modération. C'est d'une part le goût du risque, de l'autre le désir d'un record. La meilleure preuve que le sport modéré n'existe pas serait encore bien plus facile à trouver dans la longue liste des excès auxquels il conduit. Les journaux sportifs sont pleins d'histoires de racolage, d'amateurisme marron, de professionnalisme déguisé* [471]...

1-2 Les dangers du sport

Nombres d'arguments développés à l'encontre de la femme en mouvement touchent d'abord le sport de compétition. Le développement du sport et plus particulièrement les compétitions nationales et internationales favorise l'essor de l'idée sportive on l'a vu, mais soulève aussi à contrario une vague de critiques. Des incidents de plus en plus nombreux, fréquemment dénoncés par la presse conduisent à une certaine remise en

---

468 Bonnamaux H., "Nécessité de l'éducation physique féminine", *Bulletin des Sociétés Féminines Françaises de Sports et Gymnastique*, décembre-janvier 1921.

469 Ministère de la guerre, *Règlement général d'éducation physique. Méthode Française* , première partie, Paris, Lavauzelle & Cie, 1932, p. 16.

470 Jeudon Dr R., op. cit.

471 Diffre Dr H., "Le sport modéré", *Éducation Physique et Sportive Féminine*, 1er décembre 1923 ; "Le sport modéré" in Boigey Dr M., *L'éducation physique féminine*, Paris, Felix Alcan, 1925, pp. 66-68.

question de la pratique du sport en général, et du football en particulier, par des journalistes surtout mais aussi médecins ou éducateurs.

L'intérêt croissant manifesté à l'égard du football, sa spectacularisation, ainsi d'ailleurs que les rivalités entre fédérations, tout concourt pour introduire une nouvelle dimension le chauvinisme[472], en football, mais aussi en rugby, en boxe... Les *passions partisanes* [473] exacerbées, la tension monte. La volonté de gagner à tout prix s'instaure. En conséquence, les actes anti-sportifs se multiplient. Sur les terrains, le jeu est dur ; les chocs entre joueurs ne manquent pas. L'engagement physique prend le dessus d'autant que la pression des spectateurs se fait vive. *A l'issue du derby local Amiens AC contre Stade Amiénois en décembre 1921, Le Journal d'Amiens constate, avec regret, qu'une grande partie des spectateurs énerve et excite les joueurs, que les vociférations chauvines de la touche amènent fatalement à pratiquer un jeu décousu et très dur*[474]. Dans son livre *Où va le sport ?*, Dubech déplore ce jeu agressif et violent et fait allusion à la finale de rugby des Jeux Interalliés en 1919 qui fut selon son expression *un véritable massacre*[475]. *Cette crise de « brutalité » sévit particulièrement dans les équipes « commerciales » : celles dont les joueurs doivent rapporter la victoire coûte que coûte, pour ne pas perdre leur place*[476]. Les arbitres sont également malmenés par les joueurs comme par leurs dirigeants. Ils sont aussi la cible privilégiée des spectateurs qui sont de plus en plus nombreux à se presser autour des stades. Dans certains matches, les arbitres sont hués et conspués par le public, parfois à demi assommés par des mécontents. La presse témoigne périodiquement de tels agissements, échanges de coups entre un spectateur et un arbitre, arbitre roué de coups à l'issue d'un match[477]... La transformation du football en un véritable spectacle induit donc des nouveaux comportements sur le terrain comme en amont.

La concurrence entre les clubs devenant de plus en plus vive, l'aire de recrutement s'élargit vers de nouveaux horizons. La recherche systématique de la victoire l'emportant sur les principes moraux, les changements de club en fin de saison sont de plus en plus intéressés. Un mal gagne le football : le racolage. *Depuis l'ouverture de la saison, ce mot de racolage revient à*

---

472 Wahl A., *Les archives...* , op. cit., p. 158.

473 Bromberger C., *Le match de football. Ethnologie d'une passion partisane à Marseille, Naples et Turin* , Paris, Éditions de la Maison des sciences de l'homme, 1995.

474 *Le Journal d'Amiens*, décembre 1921 cité par Dubois F., *Naissance et essor du football à Amiens*, Amiens, Encrage Édition, 1992, p. 124.

475 Dubech, *Où va le sport ?*, 1930 cité par Hubsher R., op. cit., p. 389.

476 Courraud L., "La crise du sport", *Sport et santé*, 15 mars 1929.

477 Dubois F., op. cit, p. 124.

chaque instant, constate l'Écho sportif du Nord-Est[478]. *Tous les moyens sont bons pour séduire le joueur avisé et le dégoûter de son club actuel. Une place dans l'équipe première du club racoleur est bien entendu, la base du premier argument... Il y a encore bien d'autres promesses*[479], en termes d'argent ou d'avantages en nature. Les rencontres plus fréquentes, les déplacements plus longs amènent d'abord les dirigeants à verser des indemnités sous le manteau en fin de match pour compenser le manque à gagner. Les meilleurs titulaires se font de plus en plus gourmands y compris en équipe de France. C'est le cas du célèbre gardien de but du *Red Star* Pierre Chayriguès. Renforcer l'équipe première devient une priorité des grands clubs qui ont l'ambition de se voir hisser au sommet. Les mutations donnent alors lieu à d'importantes transactions financières. Le racolage gagne du terrain. *C'est une véritable maladie qui règne dans les clubs de football*[480]. Le *FC Sète* est champion en la matière. A l'intersaison de 1921 il réussit à attirer trois nouvelles recrues britanniques. Marseille cherche ses renforts à la Capitale. Il fait venir des joueurs au talent reconnu avec pour monnaie d'échange l'offre d'un emploi et le remboursement des frais occasionnés pour les voyages à Paris[481]. D'année en année, on assiste à une véritable valse de transferts. L'épidémie se développe. Peu de clubs échappent à ce que l'on nomme l'amateurisme marron. Comme le souligne G. Hanot, *l'expansion du football semble dépasser ceux qui ont pour mission de diriger ce sport*[482]. L'amateurisme marron se généralise, mais le football n'est pas le seul exemple. La boxe voit aussi très tôt l'apparition de l'argent. Dès avant la guerre, plusieurs champions de France amateurs tournent professionnels suivant l'exemple des Britanniques[483]. Débutant avec de modestes cachets, les boxeurs finissent par se disputer sur le ring des sommes importantes. C'est le cas notamment du célèbre Georges Carpentier.

La presse sportive mais également la presse nationale dénonce ces manquements à l'amateurisme en rapportant de nombreuses histoires de racolage, d'amateurisme marron... Bien que les pratiques d'indemnisation doivent demeurer secrètes, elles apparaissent en effet très tôt dans les colonnes. Fréquemment des « affaires » sont soulevées. On ne parle plus que du cas X, de l'affaire Y, des nombreux abus. *On ne peut plus ouvrir un journal sportif sans découvrir un nouveau scandale. Des jeunes gens reçoivent des sinécures pour changer de club... voire même des sommes*

---

478 *L'Écho sportif du Nord Est*, 1er octobre 1921.

479 *France-Football*, 7 septembre 1923.

480 *Echo sportif du Nord Est*, 23 février 24.

481 Wahl A., Lanfranchi P., op. cit., p. 36.

482 Hanot G., "Vers la création d'une section professionnelle", *Écho sportif du Nord Est*, 8 janvier 1921.

483 Cuny F., "La boxe anglaise", *Encyclopédie des Sports*, 1924, p. 429.

rondelettes... des conseils de discipline rendant des sentences que les accusés dédaignent[484]. Dans la presse locale et en province, les journalistes s'élèvent aussi contre ces agissements et contre l'abus du sport-spectacle en général. En 1925, *Le Journal d'Amiens* constate *cette perversion de l'idée sportive, ce blasphème athlétique : la conversion en spectacle exclusif de ce qui devait rester le jeu ; au total, peu d'enrôlements de prosélytes, de plus en plus d'or aux guichets. C'est une conception du sport ce n'est pas la nôtre*[485]. Par ailleurs, G. Bourdon s'émeut dans l'Encyclopédie des Sports de *l'excessive publicité qui est faite aux rencontres sportives, de l'attrait malsain qu'elles exercent sur le professionnalisme.* Il s'inquiète aussi de voir, à cause de l'écho fait de ces manifestations dans la presse, *tant d'éléments corrupteurs livrer assaut à la pureté originelle du sport.* Il regrette enfin la part prise par *le snobisme, le goût de briller*, et l'engouement excessif de la foule dans l'athlétisme français[486]. Médecins, éducateurs s'insurgent également contre cette destinée du sport. *La décadence sportive est devenue la plus triste des réalités,* écrit le docteur Henri Diffre. *Ce qui aurait pu être un outil physique, moral et social de premier ordre, ce sport sur lequel nous étions nombreux à fonder tant d'espoirs sombre dans le plus lamentable exhibitionnisme. On fait 300 000 francs de recettes aux portes de Colombes, mais les rugbymen s'y battent comme des gladiateurs antiques et le public s'y conduit comme un ramassis de voyous*[487].

Du succès du spectacle sportif émerge donc une critique de la compétition et de ses excès que G. Hébert notamment présente dans son ouvrage célèbre paru en 1925, *Le Sport contre l'Éducation physique*[488]. Selon lui, le sport, *dévié de son but, glisse insensiblement vers tous les excès et devient dans certains cas un élément destructeur au lieu d'être un élément éducateur. S'il se pratique devant un public de spectateurs, il tombe dans le funambulisme et se fourvoie dans les basses combinaisons des professionnels ou des amateurs marrons, qui nous sont dévoilées par des scandales de plus en plus fréquents* auxquels nous avons fait allusion. Il identifie ainsi les principaux dangers, moraux, physiques et sociaux qu'entraîne l'évolution d'un sport qualifié d'*outrancier, de dévié ou dévoyé* par opposition au *sport vrai* qui n'est pas dégradé par l'argent et le spectacle. *Dévié de son but utile,* le sport devient en effet *malfaisant* ; *dévoyé sous la forme de l'exhibition et du spectacle, il est immoral. Lorsque*

---

484 Courraud L., "La crise du sport", *Sport et santé*, 15 mars 1929.

485 *Le Journal d'Amiens*, janvier 1925, cité par Dubois F., op. cit., p. 132.

486 Bourdon G. cité par Charreton P., op. cit., p. 44.

487 Diffre Dr H., "Les jeux du cirque", *Éducation Physique et Sportive Féminine,* 1er juillet 1924.

488 Hébert G., *Le Sport contre l'Éducation physique*, Paris, Vuibert, 1925.

dans le sport, le sentiment de la mesure fait défaut, l'esprit de lutte ou de combativité, qui n'a plus de bornes, produit rapidement l'agressivité et même, dans certains cas l'irascibilité. Le sport pousse également à l'individualisme. *Dans le sport exclusif, l'individualisme est exalté par l'idée d'arriver le premier ou d'être le plus fort. Les sentiments égoïstes s'affirment et s'exaspèrent d'autant plus que l'outrance est poussée plus avant.* L'exhibition amène un autre danger la vanité. *L'exhibition tend à exagérer ce sentiment jusqu'au cabotinage. Nombre de jeunes gens deviennent rapidement crâneurs à la suite de quelques exhibitions.* Au plan social, G. Hébert dénonce à son tour l'amateurisme marron qui n'est qu'un *professionnalisme clandestin*, qu'*une hypocrisie du sport amateur* et qui de surcroît *détourne la jeunesse du vrai labeur.* Il met donc en garde contre tous les excès possibles que peuvent engendrer la compétition et l'exhibition à outrance.

Ce sport nettement orienté vers l'exhibition systématique présente également, même s'ils sont moins développés dans la presse, des dangers physiques pour l'organisme notamment *coeur forcé, système nerveux épuisé, articulation abîmée. Est-il plus pitoyable spectacle que celui de l'arrivée d'un coureur après une épreuve longue et pénible à ramasser selon le langage argotique « à la cuillère »? L'état lamentable dans lequel parviennent au but les concurrents de certaines épreuves pédestres ou cyclistes est représentatif d'une terrible et anormale perturbation de l'organisme* [489]. Une étude du Dr M. Boigey sur les troubles cardio-vasculaires consécutifs à la pratique des exercices violents, montre par exemple qu'une violente course à pied de 3 000 m peut troubler le système cardiaque pendant 7 heures[490]. Répété souvent l'effort sportif exagéré menace l'organisme d'épuisement, de troubles graves et persistants, voire de graves et précoces lésions cardiaques et des déformations de toutes sortes. La spécialisation sportive à outrance, en effet, *conduit à ce que l'on appelle déformations sportives qu'il n'est pas rare de rencontrer à différents degrés chez les athlètes spécialisés, tels par exemple certains coureurs à pied, aux membres grêles, aux muscles cordés, aux voussures thoraciques, athlètes dit « en fil de fer », tels les coureurs cyclistes ou certains rameurs au dos rond. De plus, l'entraînement sévère et exclusif que nécessite la poursuite de la performance, l'attrait du record à atteindre ou à battre, par l'effort soutenu qu'il nécessite provoque du surmenage, de l'épuisement nerveux ou dans d'autres cas au contraire l'hyperexcitation, ou l'hypertrophie du coeur. Des*

[489] Zamacoïs M., "Les excès dans le sport", *Le Gymnaste*, 1er avril 1924.

[490] Cité par Zamacoïs M., ibid.

troubles cardiaques se rencontrent chez les joueurs de football même les plus vigoureux[491].

Cette dérive du sport inquiète les partisans comme les détracteurs du sport féminin. C'est une véritable menace. *Ce serait le pire des désastres si le sport féminin prenait la même orientation que le sport masculin*, écrit le Dr Pillet. Il ajoute : *ce dernier est, à l'heure actuelle, agité par la question du professionnalisme. Il n'est bruit de tous côtés, que d'athlètes, de rugbymen, de soccers, achetés ou payés comme bêtes au marché. Le sport féminin doit profiter de l'expérience du sport masculin*[492]. D'autres s'inquiètent de la violence sur les stades : *espérons que nos charmantes sportwomen n'iront pas jusqu'à égratigner l'arbitre s'il ne juge pas selon leur gré*[493], comme on peut le voir dans certains matches masculins. Victor Breyer également se montre *résolument opposé aux exagérations dangereuses dans lesquelles pourrait se laisser entraîner le sport féminin*[494].

Malgré ces avertissements, cette évolution du sport touche très tôt par ricochet les femmes. *Le souci du record prend, chaque jour, une importance plus grande*[495]. *Le sport féminin souffre du même mal que les autres catégories de sports : l'abus de la compétition en public, la multiplication des championnats*[496]. Les pratiques féminines ayant tendance à s'aligner sur les pratiques masculines, elles se trouvent atteintes par les mêmes travers. En conséquence, les critiques s'exacerbent.

On fait allusion dans la presse à des incidents qui se produisent sur les terrains. On peut lire dans *L'Auto* par exemple le compte rendu d'un match de football du championnat de Paris opposant *Femina Sport* à *En Avant* qui se termine mal. *Dans le feu de l'action une joueuse d'En Avant, un peu énervée probablement, fait un geste sur une adversaire de Femina, geste qui est considéré comme une gifle, car l'arbitre s'interposant, prie la jeune équipière de quitter le terrain. Le repos survient peu de temps après ; et à la reprise, les dix joueuses de En Avant, se solidarisant avec la onzième*

---

491 Sandoz Dr, "La gymnastique éducative et le sport", *La Vie au Grand Air*, 20 février 1920.

492 Pillet Dr M., "Sportives, jugez", *Sportives*, 9 décembre 1922.

493 Le Coq-Carloni M., "Qu'est-ce qu'un arbitre ?", *Bulletin des Sociétés Féminines Françaises de Sports et Gymnastique*, février-mars 1921.

494 Propos de Breyer V. publiés dans Boigey Dr M., *L'éducation physique féminine*, op. cit., pp. 72-74.

495 Mercier E., "Les records féminins", *Bulletin des Sociétés Féminines Françaises de Sports et Gymnastique*, octobre-novembre 1920.

496 Jeudon Dr R. , "Les gymnastiques féminines" in Labbé M. (sous la dir. de), *Traité d'éducation physique*, Paris, Gaston Doin et Cie, 1930, pp. 537- 578 .

déclarent qu'elles ne joueront pas plus avant[497]. L'*Éducation Physique et Sportive Féminine* donne également le bilan d'un match au cours duquel une joueuse est expulsée, trois joueuses blessées et d'ajouter *la mentalité de la joueuse de football est souvent déplorable*[498]. Plus grave, au cours de la finale du championnat de Paris de football opposant les équipes de *Femina Sport* et de l'*Olympique*, en mars 1923, un spectateur, avant même la fin du match, se permet d'entrer sur la pelouse pour frapper l'arbitre, aussitôt rejoint par deux joueuses, ses soeurs. *Cet incident nous montre que l'importance du sport féminin est arrivée à un tel point que : 1° le public exige des rencontres sérieuses et manifeste parfois des préférences exemptes d'esprit sportif ; 2° les joueuses ne jouent exclusivement que pour gagner ; 3° les supporters des clubs, enfin, apportent dans leurs exclamations et leurs gestes, une sorte de passion. C'est cette passion qui, dimanche dernier, s'est transformée en une fureur désordonnée pour en arriver au pugilat et pousser même certains éléments à frapper l'arbitre*[499]. Une enquête ouverte à la suite de ce match révèle quelques temps plus tard que la capitaine d'*Olympique*, Violette Morris, faisait prendre des excitants à ses joueuses[500] ; cette même Violette Morris qui est à l'origine de plusieurs incidents sur les terrains de football que nous conte Raymond Ruffin d'une façon romancée[501]. Le 10 décembre 1924, l'*Olympique* mène par trois buts à zéro en deuxième mi-temps avant que l'équipe adverse ne ramène le score à trois-un, par un tir fracassant. Un spectateur excité s'en prend à Violette Morris et lui crie : *« Hé! Grosse vache! tu l'as pas vu passer çui-là! faut le remuer ton gros cul! ou alors tu l'ménages pour Popaul! Y'en a qu'aiment ça les culs de salope! ». Mortifiée par ce but encaissé, furieuse de n'avoir pu arrêter son adversaire, elle ne fait qu'un bond jusqu'à la lice où se cramponne l'autre, hilare. D'un crochet très sec à la pointe du menton, elle l'envoie aux pâquerettes avant qu'il n'ait eu le temps de s'esquiver. Plusieurs supporters arrivent à la rescousse. Tout le monde accourt sur les lieux. Trois ou quatre partenaires de Violette Morris, aggripées à elle, réussissent à l'entraîner à l'écart. Après maintes palabres le match reprend à onze contre dix*[502]. Le 25 février 1925, elle récidive. Au Stade Bergeyre des

---

497 *L'Auto*, 23 janvier 1922.

498 Piret L., "Les nouvelles sportives", *Éducation Physique et Sportive Féminine*, 1er février 1928.

499 "Une vilaine action", *Les Sportives*, 10 mars 1923.

500 Événement cité au jugement de Violette Morris, Feuille des Jugements rendus en l'audience publique de la 3e chambre du Tribunal civil de première instance du Département de la Seine séant au Palais de Justice à Paris, mercredi 26 mars 1930, Archives de Paris, D.1 U^5 2700.

501 Ruffin R., op. cit., p. 136.

502 Ibid.

Buttes-Chaumont, son équipe l'*Olympique* reçoit *Les Fauvettes*. Elle est avant-centre. *On approche de la mi-temps, le score est nul. Elle hérite d'une balle venue de l'aile droite ; elle simule d'un départ vers le but adverse, mais en fait remise sur son inter gauche puis s'engage au centre. Sa coéquipière profite de son démarquage pour lui adresser une passe au cordeau qui la met en possession du ballon. Elle fonce en force, feinte le gardien et marque. L'arbitre accorde le but mais comme le juge de touche a levé son drapeau il l'annule aussitôt pour hors jeu. Ce but refusé déchaîne une fois de plus la colère de* V. Morris *qui se précipite escortée de trois ou quatre partenaires vers l'arbitre* et s'en prend violemment à lui. L'*Olympique* termine son mach à dix[503]. Ces faits, qu'évoque R. Ruffin à sa manière, montrent l'ambiance qui peut aussi régner sur les terrains féminins et qui prête ouvertement à la critique.

La suspicion de professionnalisme qui touche nombre de sportifs se pose également pour les sportives. Dès 1921, *L'Auto* s'interroge : *les jeunes sportives de la FSFSF seraient-elles professionnelles* [504]*?* Cette question fait suite à la décision prise par la Fédération Française d'Athlétisme (FFA) interdisant aux clubs de recevoir sur leurs terrains les jeunes sportives de la FSFSF qu'elle considère comme des professionnelles contrairement à leurs homologues de l'autre fédération, considérées comme amateurs. A ce discrédit, suit une réponse quelques semaines plus tard. Germaine Delapierre se défend de cette accusation en affirmant : *les sportives de la FSFSF travaillent pour une idée et non pour de l'argent, et elles n'admettent pas que quelqu'un ose en douter* [505]. Toutefois l'idée perdure. Les dirigeants de l'autre fédération féminine (la FFFGS) assimilent, par exemple, à du professionnalisme, les longs déplacements en Angleterre au cours desquels sont disputés différentes rencontres de football[506]. L'incident qui survient quelques années plus tard, en septembre 1926, au cours d'un match France-Belgique pose question. Violette Morris refuse de se mettre en tenue et de jouer avant d'être remboursée de son prix de voyage[507].

La question des transferts pèse également et le doute s'installe. Dès 1921, Jacques Mortane rapporte, dans *La Vie au Grand Air*, qu'une sportive de *Femina Sport* reçoit de multiples offres pécuniaires qu'elle refuse. *On serait venu la chercher en voiture à son bureau pour la raccompagner à son domicile, on lui aurait donné 700 francs contre sa signature, mensuellement, on lui aurait payé 300 francs pour s'entraîner, on lui aurait*

---

[503] Ibid., pp. 137-138.

[504] *L'Auto*, 29 septembre 1921.

[505] Delapierre G., "Les sportives de la FSFSF ne sont pas professionnelles", *L'Auto*, 26 novembre 1921.

[506] *L'Auto*, 16 mars 1922.

[507] Archives de Paris, D.1 U[5] 2700.

acheté tout un matériel de sports, etc, etc [508]. En 1922, *L'Auto* titre *Même chez les femmes... la question des transferts de clubs est posée.* La FSFSF tenant à *éviter les changements de club sans motif valable* prend cette question à coeur. C'est pourquoi elle introduit une période de demandes de transfert, une pour la saison d'hiver du 1er au 15 octobre et une pour la saison d'été du 15 au 30 avril[509]. Malgré cette décision, Mlle Lucie Bréard (celle qui a valu à la France sa seule victoire aux Jeux Olympiques) se voit suspendue pour un an, *convaincue d'avoir enfreint les règlements de la Fédération* (FFSF), *en essayant de se faire passer pour licenciée d'un nouveau club* [510]. Préférant prévenir l'arrivée des nouvelles moeurs du sport avant qu'il ne soit trop tard, les groupements féminins unanimes envisagent de s'organiser *pour empêcher tout esprit de racolage de pénétrer dans les sociétés. Il est en effet décourageant pour ceux qui se sont dévoués avec une abnégation de tous les instants à leur société de voir les meilleurs éléments les quitter pour aller briller chez le voisin* [511]. Une *Ligue d'Honneur contre le racolage* se crée donc à leur initiative, sous la présidence de M. Albert Pelan. Au cours de la première réunion, des statuts sont adoptés. Les dirigeants s'engagent sur l'honneur à ne pas accepter dans leurs sociétés une jeune fille d'un autre club sans le consentement de celui-ci[512]. Toutefois cette prise de position laisse sceptique sur son efficacité. Sur ce point, il semble que les clubs féminins sont atteints du même mal que leurs homologues masculins, à lire quelques articles parus dans *L'Auto* notamment à ce sujet.

Le racolage a gagné les clubs sportifs féminins, se lamente M. Robert Amy, président de la FFFGEP[513]. *Pour n'avoir plus rien à envier à leurs frères sportifs, nos sportives ont profité du mois de septembre pour changer de club et quitter et le club et le dirigeant qui les a formées. De ce fait sur les terrains féminins, il n'est bruit actuellement que de « mutations », changements de clubs et même « racolage ». On cite telle équipe composée en majeure partie de joueuses appartenant l'an dernier à un club ; telle autre renforcée d'une excellente joueuse d'un autre club, lequel club qui depuis trois ou quatre années l'avait formée, perd de ce fait tout le bénéfice de sa valeur actuelle et voit son équipe de beaucoup amoindrie. Nombre de ces changements eurent lieu sans raisons « valables », d'où bruit de*

---

508 Mortane J.," Les records féminins", *La Vie au Grand Air*, 15 septembre 1921.

509 *L'Auto*, 14 juillet 1922.

510 *L'Auto*, 21 janvier 1923.

511 *L'Auto*, 28 février 1923 ; *L'Auto*, 10 mai 1923.

512 Article premier des statuts de la Ligue, *Les Sportives*, 3 mars 1923 ; *L'Auto*, 8 mars 1923.

513 *L'Écho des sports*, 8 décembre 1927.

« racolage » [514]. Selon M. Domenc, président des *Cadettes de Gascogne* , *le mal est grand* ; durant le mois de septembre dernier *le racolage a sévi avec intensité.* Il en veut pour preuve des lettres adressées à des membres de sa société qui sont *édifiantes.* Il ajoute *ce sont toujours les mêmes clubs qui racolent... Ceux qui risquent d'avoir, au début de la saison, des équipes médiocres et qui parviennent à monter des équipes reines. Ah! Ces clubs-là ne tentent point de nous subtiliser les pratiquantes de culture physique et de danses rythmiques, ou même de natation, mais des joueuses de football, car le football seul attire les spectateurs*[515]*!*

D'autres avis sont moins tranchés sur la question. M. Laudré dirigeant de *La Clodo* et de la FFSF juge moins sévèrement ces fréquents changements de clubs. *Racolage! Non, les sports féminins n'en sont pas encore là, tout au moins dans le sens qu'on lui donne dans les sports masculins. Dans les sports masculins, le « racolé » acquiert un droit sur son nouveau club, droit qui se traduit par un non-paiement des cotisations, la fourniture de l'équipement, les déplacements largement payés, etc...Chez les jeunes filles rien de cela n'existe, car les caisses des clubs ne le permettent pas, chacune d'elles paie régulièrement ses cotisations et fait face à toutes ses dépenses.* Pour lui, la jeune fille quitte son club souvent par faute des dirigeants, par *manque de pédagogie*, de *compétence* ou *manque de moyens matériels. Ce n'est pas ce qu'on appelle à proprement parler du racolage* [516]. Pour Jeanne Brûlé, *la sportive est* effectivement *inconstante dans son attachement à son club* mais ce n'est pas par mécontentement ou à la suite de racolage mais y voit plutôt *mariage, autres occupations, vie encombrée, nécessité de l'existence* [517].

Si l'interprétation des événements par M. Laudré ou Mlle Brûlé se veut plus rassurante, l'essor des transferts et les bruits de racolage ne peuvent toutefois que nuire au développement du football et du sport féminin. L'essor du sport de compétition, *le culte de la performance* [518] suscitent de nombreux excès retentissant notamment dans la presse : violence, racolage, amateurisme marron, tricheries... Cette logique du sport dévoyé ne saurait épargner les femmes. En conséquence, les adversaires du sport féminin sont confortés dans leur position et dans l'idée que ce n'est vraiment pas une activité faite pour elles. Les faits ne font que renforcer les

---

[514] Moyse R., "A propos du racolage. On parle de la licence B pour nos soeurs sportives", *L'Auto*, 9 novembre 1927.

[515] Rondin J., "Le racolage sévit dans les clubs féminins", *L'Auto*, 23 novembre 1927.

[516] "Une lettre de M. Laudré à propos du racolage dans les clubs féminins" (en réponse à M. Domenc), *L'Auto*, 27 novembre 1927.

[517] "La sportive est inconstante... dans son attachement à son club", *L'Auto*, 25 novembre 1925.

[518] Ehrenberg A., op. cit.

préjugés. On comprend que, dans ce contexte, le développement des sports féminins soit problématique d'autant plus quand l'activité est violente, ce qui est le cas du football.

1-3 La place particulière du football féminin dans les discours : une pratique « interdite »

Ces temps derniers, on a vu la femme chausser la bottine à crampons et vêtir le maillot de footballeur. On a ri. C'était inévitable. Puis comme la persévérance désarme, on s'est mis à philosopher, à moraliser, à critiquer. Que n'a-t-on pas dit et écrit à ce sujet[519]*?*

A un moment où la campagne des ennemis du sport s'exacerbe[520] en raison des excès présentés précédemment, le football féminin naissant, âprement discuté, rencontre même une vive hostilité. Au cours de l'hiver 1919-1920, il *fait couler beaucoup d'encre,* selon l'expression de Mme Milliat. Mais plus que les premières rencontres parisiennes, ce sont surtout les rencontres internationales, dont on fait plus largement écho dans la presse, qui vont focaliser l'attention des détracteurs sur le football féminin. Ce n'est d'ailleurs pas un hasard si l'article de *L'Auto* intitulé « Le football et la maternité » paraît la veille d'un match France-Angleterre[521]. *C'est le sport féministe* (lire féminin) *le plus controversé*[522]*. Aujourd'hui la culture physique est généralement admise sans discussion : les danses gymniques ne rencontrent aucune objection ; les sports athlétiques, du moins dans une certaine mesure, ont une bonne presse. La plupart des arguments sont réservés contre la pratique du football par la femme*[523].

Le football pour le genre féminin *n'est pas convenable parce que... ça ne se fait pas. On ne voit pas une jeune fille comme il faut en train de faire du football en costume de garçon, avec de gros souliers boueux, et de courir comme une folle, la figure rouge et suante, et de se bousculer avec d'autres jeunes filles plus ou moins comme il faut*[524]. C'est impensable. D'ailleurs, comme un journaliste de *L'Auto* le dit lui-même *l'antipathie que j'éprouve à l'égard du maniement de la balle ronde par des équipes féminines est plutôt spontanée que raisonnée*[525]. Associé aux valeurs traditionnellement

---

519 Pefferkorn M., op. cit., p. 288.

520 "La violente campagne des ennemis du sport", *Le Miroir des Sports*, 1er septembre 1921.

521 " Le football et la maternité", *L'Auto*, 29 octobre 1921.

522 Vénard L., "Modérations, terrains et engins appropriés : la cause des sports féminins y gagnera", *L'Auto*, 15 décembre 1921.

523 "Le football et la maternité", op. cit.

524 Torquet C., "Le sport convient-il à la femme?", *La Vie Féminine*, 1er novembre 1918.

525 "Le football et la maternité", op. cit.

masculines, il est tenu pour une inconvenance et un danger. *Il est brutal et nuit à la grâce féminine* [526], il ne peut être compatible avec l'idéal féminin.

L'étude des discours critiques fait ressortir que les reproches formulés à l'encontre du football, bien que divers, sont fortement attachés au poids des habitudes, aux exigences de la morale et de l'éducation. Les attaques qui sont d'abord liées à la nature même du jeu trop violent, sont aussi d'ordre physique et esthétique (le football enlaidit), physique et moral (le football virilise), et d'ordre moral et social (le football éloigne la femme de son foyer et de ses devoirs pour une exhibition malsaine). On retrouve là, de façon plus exacerbée encore, les critiques faites au sport féminin en général.

Le football est un jeu trop violent

Les caractéristiques mêmes du football seraient dangereuses pour la femme. Avant même que le football ne débute à *Femina Sport*, des sportifs s'inquiètent des résultats que peut donner ce jeu trop brutal et trop violent[527]. *Le football est un jeu très rude, qui occasionne parfois des blessures et qui peut provoquer des excès de fatigue* [528]. Ces arguments rejoignent les attaques formulées par les premiers adversaires du football l'accusant d'anglomanie mais surtout d'être *un jeu brutal, dangereux et malsain* [529]. Gabriel Hanot, dans son ouvrage *Pour devenir un bon joueur de football association*, reconnaît que *le football revêt un caractère de dureté, d'âpreté, de brutalité. Les tibias des joueurs sont* d'ailleurs *de temps en temps bien marqués* [530]. Décrivant le jeu des arrières, Lenglet, joueur international, cautionne d'ailleurs cette brutalité même s'il s'en défend. *Je ne conseille aux deux arrières*, de préférence *deux grands gaillards bien bâtis, aucune brutalité mais le football n'étant pas un jeu de demoiselles, les joueurs ayant des qualités physiques seraient impardonnables de ne pas en faire état, et ces qualités sont particulièrement précieuses pour ces deux défenseurs* [531]. Le football est un jeu violent à ce titre l'ex-capitaine de l'équipe de France, Henri Bard, considère qu'il est dangereux pour la femme[532]. C'est l'idée que soutient aussi Lenglet. *Les femmes, dont on commence l'éducation sportive, ne sont pas faites pour le football qui est un*

---

[526] Milliat A., "Le football féminin", *Le Football Association* , 17 avril 1920.

[527] Payssé P., "Le football et la femme", op. cit.

[528] "Les femmes doivent-elles jouer au football ? ", *L'Auto*, 28 janvier 1920.

[529] Saint-Clair G. de, avant propos de l'ouvrage, Tunmer N. G., Fraysse E., *Football (Association)*, Paris, Armand Colin, 4e édition, 1913, p. 7.

[530] Hanot G., *Pour devenir un bon joueur de football association*, Paris, Berger-Levrault, 1921, p. 2.

[531] Lenglet E., *Le football. L'association*, Paris, Éditions Nillson, non daté.

[532] Bard H., Diffre H., *Le Football-association*, Paris, Doin et Cie, 1927.

sport rude. Je crois pouvoir dire que tous les jeux ou tous les sports qui comportent des chocs de joueur à joueur, ne sont pas compatibles avec l'élégance et la grâce qui sont les caractéristiques du féminin[533]. Victor Breyer, directeur du journal *L'Écho des Sports*, se prononce également *contre les bousculades des terrains de football*[534]. Nombre de médecins et d'hygiénistes condamnent aussi le football féminin[535] pour cette raison. Pour le Pr Langlois, *le football n'est pas un jeu pour la femme parce qu'il est brutal et nécessite des efforts continus et pénibles ;* elles ne devraient donc pas y jouer. Le Pr G. Racine considère lui aussi qu'il est trop violent[536]. Jeanne May, également, trouve que le football est *un peu brutal pour les femmes*, même si elle reconnaît par ailleurs l'intérêt et le succès de la partie qu'elle a suivie (finale du championnat de France opposant Femina Sport à En Avant le 21 mars 1920). *La lutte est âpre et souvent violente*[537] et demande un engagement physique excessif à son goût. *Au cours d'une partie une joueuse peut recevoir, de façon fort douloureuse, soit le ballon, soit un coup involontaire et mal placé*[538] qui risquent d'endommager les attributs les plus précieux de son organisme.

Le football est donc peu fait pour la femme. Sa physiologie spéciale ne la dispose pas aux mouvements et efforts violents. Certains *déplorent que l'être de grâce, d'élégance et de charme qu'est la femme, ne risque de perdre à la pratique des sports violents comme le football tant de qualités raffinées et de subtiles vertus*[539]. S'adonner au football c'est donc pour les femmes risquer de perdre leur grâce et leur charme, c'est renoncer à l'image traditionnelle de la femme et à ses principaux attributs beauté et maternité, ce que l'on ne saurait accepter. *La rudesse de ce sport et la vigueur qu'il exige sont des qualités viriles qu'il n'est pas souhaitable de voir la femme acquérir*[540]. Le football ne convient pas à la femme : ce *n'est pas un sport féminin*[541].

---

533 Lenglet E., op. cit.

534 Breyer V., "Où sont les ennemis du sport féminin?", chronique parue dans *L'Écho des Sports* et reproduite dans *Le Gymnaste*, 1er février 1924.

535 Cézembre J., "Quelques sports qui ne semblent pas réservés aux femmes", *Le Miroir des Sports*, 9 novembre 1922.

536 *L'Auto*, 21 février 1922 ; Racine Pr G., "Le développement musculaire chez la femme", conférence faite à Monaco le 2 avril 1923, *L'Éducation Physique et Sportive Féminine*, 1er décembre 1923.

537 May J., "Les championnats de France féminins", *La Vie au Grand Air*, mars-avril 1920.

538 "Le football et la maternité", op. cit.

539 Pefferkorn M., op. cit., p. 288.

540 Pefferkorn M., op. cit., p. 289.

541 Bensidoun Dr E., op. cit., p. 44.

Le football enlaidit la femme

Le football enlaidit la femme autant en modifiant son allure par le costume, les attitudes spécifiques qu'il demande, qu'en provoquant des déformations indélébiles sur le corps lui-même. Mme Irène Popard, par exemple, *trouve laid l'accoutrement des footballeuses, laids les gestes secs et brutaux des « shooteuses ». L'harmonie de la femme est dans sa souplesse et non dans la force musculaire qu'elle pourrait avoir*, ajoute-t-elle[542]. Pefferkorn, s'il n'est pas totalement hostile à la pratique féminine, craint lui aussi que *la pratique du football nuise à l'élégance féminine*[543]. Sport *inélégant*, il *risque de lui faire perdre toutes ses qualités naturelles*, de sacrifier sa grâce et sa beauté[544]. Le football amène à une déformation du corps et de ses traits fins qui concourent habituellement à la beauté féminine. *Le running, le kicking, le twisting et le turning qui sont autant de mouvement du jeu sont préjudiciables à la symétrie des membres inférieurs et développent des chevilles jusqu'à un degré qui les rend peu esthétiques.* De plus, *les efforts obstinés pour atteindre la balle ou tenir le goal obligent la femme à des contractions de figure, qui, répétées souvent laissent des traces sous formes de rides et de lignes désagréables*[545]. Ces exercices violents *déforment, crispent les traits du visage qui prend une expression de souffrance aiguë ce qui nuit à la grâce et à l'élégance de la femme*[546]. De même dans une partie de football, la chute d'une femme constitue un spectacle disgracieux ; *la femme ne sait pas tomber, elle s'écroule*[547]. Les footballeuses, *en voulant être nos égales au point de vue physique, ne renoncent-elles pas ainsi à nous plaire*[548] ?

Le football virilise la femme

Sur le terrain un non prévenu ne se douterait pas qu'il a devant lui vingt-deux joueuses, l'allure générale, la tenue des joueuses ne révélant en rien le sexe[549]. Le costume des jeunes femmes jouant à la balle au pied est en effet identique au costume masculin. Les photographies de l'époque ne laissent apparaître aucune différence, si ce n'est l'usage du béret qui est plus

---

542 "Les professeurs de gymnastique harmonique n'aiment pas le sport de compétition surtout le football", *L'Auto*, 27 janvier 1926.

543 Pefferkorn M., op. cit., p. 289.

544 Bard H. et Diffre H., *L'Éducation Physique et Sportive Féminine*, 1er février 1927.

545 "Les femmes doivent-elles jouer au football ? ", *L'Auto*, 28 janvier 1920.

546 *Le Miroir des Sports*, 11 août 1921.

547 Cardinne R., "La femme et les sports violents", *Le Figaro*, 20 août 1922.

548 Pefferkorn M., op. cit., p. 289.

549 Propos d'un sportif cité dans *L'Éducation Physique et Sportive Féminine*, 1er avril 1927.

fréquent chez les femmes. Si les boutiques d'articles de sport développent des tenues de football spéciales pour les femmes, elles sont tout à fait semblables à celles des masculins. L'étude des catalogues des magasins de sport parisiens *Mestre et Blatgé* et *Tunmer* [550] montre que les « culottes » qui sont proposées pour la pratique du football par les femmes, avec une coupe spéciale, une *ceinture spéciale dessinant la taille*, ont en fait la même apparence. Les maillots adoptés par les principales équipes féminines sont les mêmes *maillots de jersey de coton, col rabattu, ouvert sur le devant*, la chemisette en satinette étant plutôt utilisée pour le hockey. Les chaussures ne diffèrent en rien, ce sont les modèles utilisés par les scolaires en raison de leurs petites tailles. L'allure de la footballeuse, véritable réplique du footballeur, apparaît, aux yeux des spectateurs, comme une véritable transgression de l'ordre établi. Cette masculinisation de l'uniforme remet en effet en cause l'habitude de différenciation sexuelle par le vêtement et par extension la place de chacun dans l'univers social. Vêtue en footballeur, que fait la femme de son rôle de séductrice ?

La partie terminée, on doit honnêtement reconnaître qu'après l'effort fourni, les chutes et les quelques rares coups durs, la femme rentrant au vestiaire a tout perdu de son charme et de sa grâce naturelles [551]. La tenue des jeunes filles jouant au football est très critiquée. *Pourquoi donc ces demoiselles se donnent-elles pour taper dans un ballon ces allures garçonnières qui les font ressembler parfois à des jeunes garnements de la barrière* [552]? La footballeuse en copiant les manières masculines perd ses qualités de finesse, de souplesse, de grâce, d'élégance et de beauté qui la caractérise. En un mot, elle se masculinise, au point même de mettre en danger son aptitude à la maternité. L'usure physiologique provoquée par les rencontres de football menacerait le ventre de la future mère. *Le geste de lancer le pied dans un ballon exerce une pression abdominale très intense qui pourrait avoir les plus graves effets sur les organes de la femme. Sa pratique aurait sur l'enfant en gestation une influence néfaste à son épanouissement* [553]. Si pour le Dr Racine, le football peut avoir des fâcheuses conséquences sur la formation de l'enfant dans le ventre de sa mère, rendre l'accouchement plus laborieux, il pourrait rendre aussi la femme moins apte à procréer. Certains pensent même que la pratique du football pourrait aller jusqu'à condamner la femme à la stérilité. Persuadé que les footballeuses sont incapables biologiquement d'avoir des enfants, un journaliste de *L'Auto* en vient à interroger Mlle Jeanne Brûlé, la secrétaire

---

550 Mestre et Blatgé, *Articles de Sport et de voyage*, catalogue n°27, 1924 ; Tunmer, *Tout pour tous sports*, catalogue, 1923.

551 Propos d'un sportif cité dans *L'Éducation Physique et Sportive Féminine,* 1er avril 1927.

552 Jorsène A. cité dans *L'Auto*, 18 novembre 1931.

553 Racine Pr G., "Le développement musculaire chez la femme", op. cit.

de la FSFSF et Mlle Germaine Bracquemond, capitaine de l'équipe de France, à ce sujet. *Avez-vous des preuves irréfutables que le football ne condamne pas les femmes à la stérilité*, leur demande-t-il[554] ? Malgré les photos de jeunes mères ayant joué au football qui lui sont présentées, il reste sur sa position, convaincu que les footballeuses sont vouées à la stérilité.

Le football détourne la femme de sa mission naturelle et fondamentale qu'est la maternité et de sa fonction de gardienne du foyer que n'oublie pas de rappeler non sans ironie et sarcasmes certains journalistes. La vie intérieure, le foyer pourraient être sérieusement menacés, la femme se résignant de moins en moins à rester à la maison. Pefferkorn rapporte *les lieux communs débités* à ce sujet *dans lesquels on proclame que « l'Ange du foyer » doit bel et bien rester à la maison et ne pas participer aux délassements masculins surtout lorsqu'ils se passent en dehors du home. On gémit sur les pianos devenus silencieux, sur les aquarelles délaissées, sur les broderies abandonnées* [555]...

Football comme athlétisme

Ces arguments liés au corps féminin et à sa fonction biologique et sociale, généralement avancés à l'encontre du sport féminin, ne touchent pas en réalité tous les sports féminins avec la même force. Ils *lui interdisent certains sports violents, ainsi que les exagérations dans certains autres* [556]. Plus que de sport féminin, il convient de s'intéresser aux sports féminins et à leurs particularismes. Si le sport féminin est vivement critiqué, tous les sports féminins ne sont pas discutés ou pas avec la même vigueur. D'autres sont même, par les plus tolérants, conseillés à la femme, bien qu'existent des divergences d'opinion quant aux sports à préconiser ; c'est le cas notamment de la natation, du basket-ball..., sur lesquels nous reviendrons

Les critiques qu'essuie le football touchent également d'autres activités. *En sport féminin les conseilleurs foisonnent, l'un interdit tel sport, l'autre n'en admet qu'un, un troisième ne trouve aucun moins opportun*, constate, Flander-Restew[557]. Si le football est la cible privilégiée des détracteurs du sport féminin, ce n'est pas la seule. L'athlétisme, en particulier la course et les sauts, est aussi pour nombres de médecins et d'éducateurs un danger pour la femme. L'argumentaire développé est sensiblement le même. Il repose moins sur des données scientifiques ou des observations argumentées que sur des a priori. Aucune étude scientifique n'a été faite sur

---

554 "Le football et la maternité", op. cit.

555 Pefferkorn M., op. cit., p. 288.

556 Amy R., in *L'Éducation Physique et Sportive Féminine*, 1er février 1928.

557 *L'Auto*, 11 septembre 1924.

le sujet. Même l'étude menée en Angleterre sur le sport féminin, à laquelle on fait souvent allusion dans la presse, est en fait une enquête d'opinions faite auprès de 233 médecins, 58 femmes étudiant la médecine ou doctoresses et 185 institutrices et ne repose sur aucune analyse, aucune mesure, aucun relevé. Le tennis y reçoit une approbation unanime au contraire du football qui n'a que très peu de suffrages favorables[558]. Cette conclusion tient plus du cliché que de l'observation objective. Nous partageons le point de vue de la doctoresse Houdré qui écrit : *on a l'impression que parmi les détracteurs du sport féminin, il en est un lot important qui n'est pas de bonne foi ; leur opinion s'est formée hors de toute documentation ; ils cherchent des arguments pour la faire prévaloir*[559]. Et ils ne sont pas à une contradiction près, traiter à quelques heures d'intervalles les mêmes jeunes filles de laideurs sur les terrains de football ou de charmantes et gracieuses jeunes filles quand elles font de la rythmique. A propos d'un article publié par J. Mortane sur le tennis féminin, Marcel Vitry de l'*Écho Sportif du Nord Est*, en colère, écrit à ce sujet : *le sport n'a pas de plus dangereux adversaire que ces écrivains sportifs qui négligemment profèrent des énormités sans paraître se rendre compte des résultats que cela peut avoir*[560]...

Très nettement le sport et l'athlétisme pratiqués par la femme sont critiqués et désapprouvés. « Athlétisme féminin » : pour nombre de médecins et de dirigeants sportifs *ces deux mots jurent d'être accouplés. Est-il rien de plus contraire à la nature féminine que la musculature vibrante et l'esprit dominateur qui caractérisent le véritable athlète*[561] *?* Il est courant de considérer que l'athlétisme s'adapte assez mal à la nature des femmes, notamment après les Jeux Mondiaux Féminins de 1922 à Paris. Comme le football, l'athlétisme est un sport violent. *Cette épreuve terrible pour le corps féminin le rend si peu aimable. Quelles sont ces furies toutes possédées par une sombre folie ? Leurs yeux sont hagards, leurs bouches st crispées et je préfère ne pas parler de leurs poitrines. Dans un dernier effort, elles passent la ligne d'arrivée, palpitantes, épuisées. On ne peut imaginer de spectacle plus navrant de délabrement physique.* (...) *Ces jeunes femmes que nous aimerions nymphes légères, dans leur mystère et leur fragilité, à qui leur faiblesse donne tant de force sur nos coeurs, comme nous déplorons de les voir transformées en Menades, de voir leur tendre chair soumise à de tels travaux. Nous souhaiterions pour elles*

---

558 "Ce qu'on pense en Grande-Bretagne du sport féminin ", *L'Auto*, 22 juillet 1926.

559 Houdré Dr M., "La pratique des sports d'équipe" in *L'Auto*, 12 janvier 1922.

560 Vitry M., "Le lawn tennis et la femme", *Écho Sportif du Nord Est*, 25 mars 1922.

561 Ruffier Dr, "Athlétisme féminin", *Physis*, juillet-septembre 1920 publié dans Boigey Dr M., *L'éducation physique féminine*, op. cit., pp. 68-72.

d'autres fards que ceux du vent et de la poussière. (...) Les exercices violents ne sont probablement pas faits pour les femmes[562].

Le Docteur Pierre Faidherbe s'oppose catégoriquement à cet athlétisme féminin pour différents motifs, essentiellement physiologiques et sociaux. L'athlétisme féminin est *inutile parce que les méthodes d'éducation physique sont suffisamment nombreuses, sûres et attrayantes pour que, bien choisies et médicalement surveillées, elles produisent le résultat qu'on nous demande : relever l'état physiologique de nos futures mères et le maintenir dans sa forme optima. L'athlétisme féminin est un danger physiologique, parce que les organes de la femme sont excessivement sensibles à toutes sortes d'influences.* De plus, *parce que le système nerveux de la femme particulièrement susceptible réagit violemment à tout effort, à toute secousse ; parce que l'athlétisme ne corrige rien et ne fait qu'accentuer la malformation. L'athlétisme féminin est un danger social s'il détourne une seule femme de son véritable but : la maternité.* Enfin, il poursuit *l'athlétisme féminin est un danger national s'il trouble en quoi que ce soit dans le coeur de nos femmes le désir d'être mères*[563]. André Glarner, s'appuyant sur les propos du Dr Anthony, partage également ce point de vue. Pour lui, l'athlétisme tend à détourner la femme du foyer, ou à la dissuader d'en fonder un, et il l'a soustrait ainsi à son rôle de maternité alors que c'est la raison d'être de la femme[564]. Pour le Dr Ruffier s'ajoute un autre inconvénient : l'athlétisme féminin *tourne à l'exhibitionnisme. Le succès des réunions d'athlétisme ne tient pas à la valeur sportive des concurrentes* mais à la mise en valeur des corps aux yeux du public[565].

Pour d'autres, les inconvénients de l'athlétisme se réduisent à quelques exercices à éviter sans pour autant rejeter l'athlétisme intégral[566]. A la suite du championnat de France, Jeanne May exprime sa crainte de voir des épreuves peu hygiéniques, tels les sauts. C'est le cas du Docteur Ruffier lui-même pour lequel l'athlétisme féminin *ne doit comporter aucune épreuve de détente brutale ni de pure vitesse.* Cet avis est partagé également par le Pr Langlois qui considère que la course à pied et le saut en longueur ou en hauteur sont à prohiber. C'est aussi la position prise par le Congrès de Vichy

---

562 Charles G., "Jeux Olympiques Féminins", *Le Figaro*, 21 août 1922.

563 Faidherbe Dr P., "Sur l'athlétisme féminin", allocution présentée au Premier congrès médical d'éducation physique de l'enfant et de la femme à Vichy, 9-11 septembre 1922.

564 Glarner A., op. cit.

565 Ruffier Dr, in *L'Auto*, 24 novembre 1922.

566 May J., "Les championnats de France", *La Vie au Grand Air*, 15 juillet 1919 ; Ruffier Dr, "Athlétisme féminin", op. cit. ; Langlois Pr, "La femme ne devrait ni courir ni sauter ni jouer au football", *L'Auto* , 21 février 1922 ; *Journal de Médecine de Paris*, 4 novembre 1922 ; Bensidoun Dr E., op. cit., p. 42.

de 1922 notamment à propos des sauts, souvent remis en cause. Le Congrès propose de supprimer le saut en longueur, étant donné la violence inévitable de la chute. C'est également l'opinion du Docteur E. Bensidoun pour qui le saut entraîne une *action brutale sur les organes féminins qui en interdit l'abus. Il n'est pas question*, non plus, *pour la femme, de participer à des courses de fond, ni de grand fond.*

Avec les mêmes inconvénients, football et athlétisme, ne peuvent donc convenir à la femme. Le reproche qu'on leur fait, c'est de *fatiguer la jeune fille, de surmener ses muscles, d'épuiser son coeur et ses poumons* [567]. En effet, *le sport féminin a de nombreux détracteurs et tous les arguments présentés naguère contre le sport masculin servent à nouveau avec quelques autres par surcroît* [568], liés à la spécificité féminine. *Il est d'usage courant de présenter deux objections : la première est la crainte de voir les sports déféminiser la femme et la seconde, celle de la détourner de ses devoirs : intérieur et maternité* [569]. En bref, le sport éloignerait la femme de l'image traditionnelle que l'on attend d'elle, et que l'on a retracée plus haut.

Nos compagnes sont devenues, coureuses, footballeuses et sauteuses. Elles s'alignent en cross-countries, qui les voient barboter dans la crotte jusqu'aux reins, je dirai même, jusqu'aux seins. Elles luttent pédestrement de vitesse en des déboulés à l'issue desquels le vainqueur s'affale sur le sol, traits crispés, yeux hagards, coeur battant la breloque. Elles disputent des matches de football où les crises de nerfs alternent avec les coups de pied. Elles courent à bicyclette sous la pluie qui plaque leurs cheveux et l'effort pénible qui contracte leur visage [570]. Elles ne sont plus femmes. Mme Irène Popard ne peut admettre, non plus, *ces faciès torturés par l'effort et ne comprendra jamais l'aveuglement des responsables qui ne semblent pas se soucier des funestes répercussions d'une épreuve à fatigue intense sur l'organisme si délicat d'une jeune fille* [571].

A se livrer à des exercices sportifs, *les femmes se sont virilisées ; leurs seins et leurs hanches ont cessé de se développer ; devenues des sortes de « neutres », beaucoup restent incapables de maternité* [572]. Comme le souligne M. Houdré, les détracteurs accusent le sport féminin d'*éloigner la femme de ses devoirs naturels, de lui enlever le goût du mariage et plus spécialement l'instinct de la maternité* [573]. C'est d'ailleurs pourquoi, en

---

567 Houdré Dr M., in *L'Éducation Physique et Sportive Féminine,* 1er février 1928.

568 *L'Auto*, 29 octobre 1921.

569 *Revue de la Riviera Illustrée*, 3 avril 1921.

570 Breyer V., "Pour la femme et non contre elle", *L'Écho des sports*, 5 décembre 1927.

571 "Les professeurs de gymnastique harmonique n'aiment pas le sport de compétition surtout le football", *L'Auto*, 27 janvier 1926.

572 Laumonier Dr J., in *Éducation Physique et Sportive Féminine*, 1er juillet 1924.

573 Houdré M., "Maternité", *L'Auto*, 11 septembre 1924.

réponse, *il existe au Stade Elisabeth un grand tableau où sont exposées les photographies des bébés mis au monde par les sociétaires de Femina Sport, devenues d'heureuses mamans ;* et d'ajouter : *c'est à la fois une protestation contre les calomnies et une propagande auprès de nos jeunes sportives.* Henri Desgranges est de ceux-là. Partisan d'un programme d'activités physiques propices à la maternité, *il n'arrive point à se persuader que la femme soit destinée à faire une championne quand la nature l'a faite pour avoir des enfants. Est-ce à préparer des performances sensationnelles que la femme fera des enfants plus beaux ? Personne ne se trouvera pour le croire. Il serait en vérité dommage que nos femmes, filles, mères et soeurs, soient détournées de leur devoir social qui est la maternité* [574]. Cet avis est également partagé par Rose-Nicole : *il serait à craindre que la femme-athlète ne soit plus qu'athlète et oublie dans l'ardeur des compétitions sa réelle tâche humaine : la maternité* , qu'elle n'ait pas le temps de *songer au service qu'elle doit à sa patrie, surtout à sa patrie d'après-guerre : l'enfant et l'éducation de l'enfant. Il est à redouter très franchement que cette idée d'être mère ne vienne à la femme-athlète qu'accidentelle, après les soucis graves de son amour-propre de sportive* [575]. Or comme nous l'avons vu précédemment, *la femme n'est point construite pour combattre mais pour procréer* [576].

La compétition cible des critiques

Toutefois, plus que l'activité en elle-même c'est souvent la façon dont elle est pratiquée sous forme de compétition qui dérange. *Le football, la barette et même le cyclisme sont des sports qui, en compétition, s'avèrent trop durs pour être pratiqués par des femmes, fussent-elles des championnes entraînées* [577]. Les propos de Irène Popard sont clairs à ce sujet. Si elle admet *certains sports, tels que la natation, le tennis, l'aviron,* c'est *toujours absolument en dilettante, sans que la lutte pour la première place vienne dénaturer le but bienfaisant* de ces pratiques[578]. Les propos de Paulette Bron vont dans le même sens. *Quand serons-nous assez sportives pour comprendre l'utilité du sport et l'inutilité d'un championnat ? Beaucoup objectent que ces derniers sont chacun nécessaires à la propagande de leur sport... Il est rare de voir dans une partie de championnat du « vrai sport ».*

---

574 Desgranges H., "Le sport chez les femmes", *L'Auto*, 27 mars 1923.

575 Rose-Nicole, "La femme et les sports", *La Vie au Grand Air*, septembre 1918.

576 Boigey Dr M., *L'éducation physique féminine* , op. cit., p. 4.

577 *L'Auto*, 18 novembre 1931.

578 "Les professeurs de gymnastique harmonique n'aiment pas le sport de compétition surtout le football", op. cit.

Le résultat importe trop [579]... Du sport mais pas de championnat! Une même activité pratiquée uniquement dans un but éducatif n'est pas déconseillée et peut se voir même recommandée. N'offrant aucun danger par elle-même, elle peut devenir dangereuse pratiquée en compétition. C'est ce que pense Jacques Franc. *Les femmes veulent maintenant lutter, boxer, sauter, jouer au football tout comme les hommes.... On ne le dira jamais assez : en principe et sauf quelques exceptions qui confirment la règle (natation, lawn tennis, patinage, escrime ...) les sports de compétition ne sauraient convenir au sexe faible. Ce qui ne l'empêche d'ailleurs nullement de courir, sauter, grimper tout à son aise, autrement qu'en épreuves proprement dites. En toute chose il y a la manière* [580]. C'est aussi l'avis du Docteur Ruffier qui n'est pas opposé à l'athlétisme féminin, s'il est tout différent de l'athlétisme masculin[581]. *Il faut que la femme fasse du sport pour être agile, souple, équilibrée et pouvoir fournir à son pays des « produits de choix ». En somme le sport doit être pour elle un moyen et non une fin* [582]. Mais *trop « d'emballées » ne conçoivent le sport féminin qu'avec réunions sensationnelles, championnats, critériums, olympiades, affiches à tous coins de rue et chaleureux articles dans tous les journaux* [583].

La tendance exclusive du sport vers la spécialisation et la performance ou la *manie de la compétition* [584] dérange les esprits. Le Dr M. Boigey fait partie des nombreux adversaires de la compétition et ne soutiendrait en aucun cas, comme il le dit lui-même, l'utilité des compétitions sportives pour les femmes[585], de même que son confrère H. Diffre qui considère que *la compétition n'est pas faite pour les femmes* [586] ou bien Latarjet pour lequel *la compétition sportive tue en germe la force de la femme, espoir de notre nation* [587].

Ce rejet de la compétition renvoie en fait à deux dimensions distinctes. La première est liée à l'esprit même de lutte, de rivalité, de concurrence que génère la situation de compétition et auquel se livrent les rivales. Cet affrontement pousse à des efforts intenses et prolongés, à des attitudes motrices inhabituelles, à des comportements virils, dangereux

[579] *L'Auto*, 6 décembre 1923.

[580] *L'écho des sports*, 16 mars 1921.

[581] Ruffier Dr, "Athlétisme féminin", op. cit.

[582] Rose-Nicole, "La femme et les sports", *La Vie au Grand Air* , septembre 1918.

[583] Ruffier Dr, in *L'Auto*, 24 novembre 1922.

[584] Diffre Dr H., "Le sport modéré", in Boigey Dr M., *L'éducation physique féminine* , Paris, Felix Alcan, 1925, p. 66.

[585] Boigey Dr M., *L'éducation physique féminine*, op. cit., p 64.

[586] Ibid., p. 68.

[587] Cité dans Diffre Dr H., "Le sport modéré", in Boigey Dr M., ibid., p. 67.

physiquement, notamment en raison des trop nombreux chocs subis. La soif de vaincre pousse également à la spécialisation en vue d'obtenir des résultats les meilleurs possibles. Elle provoque aussi des débordements ou des comportements outranciers sur lesquels nous ne reviendrons pas.

En conséquence, *les femmes ne devraient point établir de records athlétiques. En réalité elles doivent se contenter d'une simple initiation athlétique. Il leur faut déconseiller l'athlétisme, dans tous les cas où il est pratiqué en compétition, suivant le code olympique actuel. Les efforts exigés dans de telles conditions surpassent, en général, les ressources physiologiques de la femme*[588]. *Pas de courses de fond, de sauts en longueur, en hauteur, ni en profondeur en vue de records, pas de lutte ni de boxe. Tout exercice qui s'accompagne de heurts, chocs et secousses est dangereux pour l'organe utérin*[589].

L'autre versant des critiques a trait davantage au spectacle que donne cette lutte. Il intéresse moins le sujet agissant que l'observateur. Ce spectacle que d'autres qualifient d'exhibition, met en jeu le corps féminin de façon indécente, immorale. Et dans la compétition, c'est presque moins l'effort excessif qui est nuisible que la réalité du spectacle et de l'exhibition. *Je veux bien du championnat à condition qu'il ait lieu à huit clos*, écrit Henri Desgranges[590]. *Que les jeunes filles fassent du sport entre elles, dans un terrain rigoureusement clos, inaccessible au public : oui, d'accord. Mais qu'elles se donnent en spectacle, à certains jours de fêtes, où sera convié le public, qu'elles osent même courir après un ballon dans une prairie qui n'est pas entourée de murs épais, voilà qui est intolérable*[591]*!* On perçoit là une grande hypocrisie. Que les femmes pratiquent du sport mais qu'on ne le voit pas, qu'on ne le sache pas! Pour d'autres, *il faut délaisser les championnats et se contenter d'organiser des épreuves d'où l'atmosphère du championnat est exclue*[592]. On reproche, en effet, aux sports féminins leurs démonstrations publiques. *Les puritains voudraient que ces jeunes filles opèrent en privé*[593].

L'image qui s'offre au regard masculin est trop éloignée des représentations dominantes. Elle ne peut que choquer l'opinion générale. *Nous sommes contre tous les vilains spectacles auxquels il* (le sport féminin) *peut donner lieu, et qui le déconsidèrent aux yeux des profanes que nous voudrions précisément convertir. Nous sommes contre les bousculades du terrain de football, contre les cross courus sous la pluie et dans la boue,*

---

588 Boigey Dr M., *Physiologie de la culture physique et des sports*, op. cit., p. 214.

589 Boigey Dr M., *L'éducation physique féminine*, op. cit., p 64.

590 Desgranges H., in *L'Auto*, 27 mars 1923.

591 Propos rapportés dans Houdré Dr M., "Le public et le stade", *L'Auto*, 24 décembre 1925.

592 "A propos de championnats", *L'Éducation Physique et Sportive Féminine*, 1er juin 1931.

593 Mortane J. et S., "Doit-on encourager le sport féminin?", *Très Sport*, 1er mai 1925.

contre les arrivées de courses qui voient la gagnante, quand ce n'est pas la dernière, s'écrouler sur le sol, pantelante, cheveux dénoués, cuisses à l'air et yeux hagards [594]. Cet avis est également partagé par J. Franc. La raison *qui consiste à présenter les sportives en des exhibitions pitoyables constitue sans doute aucun le plus sûr moyen d'éloigner celles qu'on se propose de convertir à la cause* [595].

Singeant avec un scrupule ingénu, les grands concours athlétiques masculins, s'attachant même aux sports les plus durs et les plus sévères, on se distribue au cours d'une belle réunion officielle, des titres de championnes et de recordwomen.....Les championnes, les recordwomen s'engagent dans une voie ingrate et difficile où quelques-unes, très rares, n'arriveront à approcher les performances masculines qu'à force de se déféminiser, de devenir des êtres hybrides, taillés pour la lutte et l'effort, non pour la douceur, la grâce et la persévérance [596], bousculant ainsi les repères traditionnels.

Football et dépravation des moeurs

Les matches disputés en public dans des costumes considérés comme indécents sont assimilés à des exhibitions malsaines. La curiosité que témoigne le grand nombre de spectateurs sur les touches des rencontres féminines de football pose question. *Songez que deux équipes de femmes ont attiré plus de spectateurs et spectatrices que des équipes cependant réputées et pensez-en tout ce que vous voudrez* [597], s'exclame un sportif. *Il est clair que les spectateurs, simplement attirés par une vague curiosité de sexe, désirent voir quelle sorte d'exhibition les femmes peuvent donner d'elles-mêmes dans un exercice qui convient aussi peu que possible aux femmes* [598]. Dans ces conditions le football, source d'immoralité, ne peut être recommandable aux femmes.

Avec la pratique des sports de compétition, la championne *risque de viriliser son esthétique* [599] faisant disparaître les attributs de l'éternel féminin, les cheveux longs, la poitrine... Le modèle de la garçonne[600], cette

---

594 Propos de Breyer V. publiés dans Boigey Dr M., *L'éducation physique féminine*, op. cit., pp. 72-74.

595 *Écho des sports*, 16 mars 1921.

596 Ruffier Dr, "Athlétisme féminin", op. cit.

597 *L'Éducation Physique et Sportive Féminine*, 1er avril 1927.

598 "La condamnation du football féminin par la Football Association anglaise", *L'Auto*, 8 décembre 1921.

599 Bouttier E., *Belle par le sport*, 1945.

600 Terme popularisé à l'issue de la publication de l'ouvrage de Victor Margueritte en 1922 ; Bard C., *Les garçonnes. Modes et fantasmes des années folles*, Paris, Flammarion, 1998.

femme nouvelle avec ses cheveux coupés, qui s'habille comme les hommes dérange. Surtout quand son excentricité vestimentaire dépasse les terrains de sport pour s'exhiber dans la rue. Ce vent de virilité qui gagne les sportives ne plaît pas y compris dans les rangs mêmes des dirigeants du sport féminin. La violation de la norme ne peut être tolérée au sein même de la Fédération sportive féminine. L'allure garçonnière, c'est ce que reproche la FFSF à une sportive, Violette Morris, en refusant de lui délivrer en 1928 une licence et la mettant ainsi dans l'impossibilité de prendre part aux compétitions nationales et internationales des sports régis par la Fédération. Elle se voit exclue définitivement de la Fédération malgré sa réclamation auprès du Tribunal, cherchant à obtenir la restitution sous astreinte de sa licence et à faire condamner la FFSF en 100 000 francs de dommages et intérêts en réparation du préjudice subi. Les dirigeants de la Fédération lui reprochent son androgynie, et particulièrement le port du costume masculin, non toléré par l'usage. Cette violation de la norme vestimentaire est, en effet, un des motifs déterminants de son exclusion. La mutilation volontaire qu'elle s'est infligée à la poitrine pour être plus à l'aise dans la conduite de son automobile en révolte plus d'un et ne joue pas en sa faveur. C'est, en effet, l'image d'une femme « déféminisée » qui est à voir et qui scandalise.

Dans ce procès, comme celui du sport féminin, il n'est pas seulement question d'excentricité vestimentaire mais aussi de comportements contraires aux bonnes moeurs. Il est question d'une longue suite d'écarts de tenue, de conduite, de langage et de manquements graves à la discipline que l'on retrouve dans les critiques adressées au sport féminin. *La « Morris » n'est vraiment pas un exemple, elle fume comme un sapeur, s'entraîne d'une façon qui apparaît comme un défi aux normes, vadrouille dans les vestiaires dans une tenue et avec des manières qui attentent presque aux bonnes moeurs, dévergonde les débutantes, et se disperse dans des activités sportives lucratives*[601]. *En pantalon d'homme, la casquette de côté, la cigarette au coin de la lèvre,* elle *lâche des « nom de D... » et traite la Fédération comme la fille de Mme Angot n'aurait pas traité la « dame à M. Barras »*[602].

Aux yeux des détracteurs, la conduite de certaines jeunes filles manque de correction dans de trop nombreux ébats sportifs. *Nous avons vu à l'arrivée de certaines courses cyclistes féminines, des concurrentes poser leur machine contre le trottoir, allumer leur cigarette, entrer dans les estaminets, boire une consommation sur le comptoir et employer des expressions d'argot qui choquaient même les moins rébarbatifs. Dans les trains au retour de réunions, parfois des jeunes filles manifestent un laisser-*

---

601 Ruffin R., op. cit., p. 138.

602 Desgranges H., "Les destinées du féminisme sportif", *L'Auto*, 26 février 1929.

aller dans la tenue et le langage qui est loin de les rendre sympathiques. Sur les terrains, au cours d'un match, on entend des phrases malsonnantes, prononcées avec une énergie regrettable [603].

De plus, sur ces terrains, les jeunes femmes, au langage parfois ordurier, ont tendance à prendre plaisir à exhiber leur corps, symbole de dépravation des moeurs. *Le sport a été victime de son succès. Lorsque l'on s'est aperçu que le public se dérangeait pour assister à ses manifestations, maintes jeunes filles ont décidé d'aller se montrer sur les stades. Peu leur importait la spécialité qu'elles choisiraient, elles tenaient à s'exhiber* [604]. *Il leur est peut-être un peu venu à l'idée que la pratique de la course à pied, du saut ou du football aurait quelques bons effets sur la santé, mais cette raison utilitaire, qu'on ne cesse d'ailleurs de mettre en avant, entretient beaucoup moins leur ardeur sportive que la joie d'évoluer, en costume spécial, sous les yeux complaisants de quelques centaines de spectateurs* [605]. C'est aussi pour cette raison que Rose-Nicole s'est élevé contre le cross de Chaville, même si la responsabilité de cette situation revient moins aux jeunes sportives qu'aux spectateurs eux-mêmes. Ce cross *expose les concurrentes aux réflexions douteuses parfois d'un public gouailleur auquel le sport importe infiniment moins que l'esthétique des concurrentes. Il ne saurait trop approuver par ailleurs, ces concours disputés sur un terrain privé, clos, les concurrentes étant au surplus séparées des spectateurs* [606]. Henri Desgranges peint également cette situation où *les experts sportifs tâtent les cuisses des sportives ou les zyeutent comme des bêtes de course* [607].

Dans ces conditions on comprend les difficultés rencontrées par le sport féminin pour se développer. Les femmes ont à lutter contre les représentations dominantes liées à leur sexe qui leur limitent ou leur interdisent la pratique sportive. La propagande anti-football féminin n'est pas sans effet sur le développement du football.

---

[603] Mortane J. et S., "Doit-on encourager le sport féminin?", *Très Sport*, 1er mai 1925.

[604] Ibid.

[605] Ruffier Dr, in *L'Auto*, 24 novembre 1922.

[606] Rose-Nicole, "La femme et les sports", *La Vie au Grand Air*, septembre 1918.

[607] Desgranges H., "Les destinées du féminisme sportif", op. cit.

2- La pratique féminine en déclin

Les critiques adressées au sport féminin en général et au football en particulier ralentissent son essor et limitent sa progression. Malgré les efforts de propagande, le football, chez les jeunes filles et les femmes, a des difficultés à se développer dans la région parisienne et plus encore en province. Les gens ne sont pas insensibles aux critiques. *La famille soucieuse de bien élever sa jeune fille ne l'envoie pas au football, elle ne l'enverra jamais, elle ne veut pas de culottes exagérément courtes* [608]. Le rejet du costume écourté, la crainte de la brutalité, la peur des accidents[609]... n'encouragent pas la pratique du football par les jeunes filles. Elles-mêmes finissent par se persuader que ce n'est pas une activité faite pour elles. Les effectifs stagnent avant de connaître une régression certaine et finalement le football sera finalement mis hors-jeu par la FFSF en 1933.

2-1 L'essor du football féminin : un échec

Ces critiques adressées à la pratique féminine du football ont en effet un écho non négligeable. Quel est précisément son impact ? Des mesures sont-elles prises pour interdire ou limiter la pratique du football par la gent féminine comme c'est le cas en Angleterre ou en Belgique ? En Angleterre, la Fédération condamne, en effet, le football féminin, en 1921. La *Football Association* demande aux clubs qui lui sont affiliés de refuser leurs terrains pour des matches féminins considérant que ce n'est pas une activité pour les femmes et qu'en conséquence *il ne doit pas être encouragé* [610]. D'autant plus qu'en devenant un succès spectaculaire, le football féminin est exploité commercialement. Cette attraction sensationnelle est en effet source de bénéfices importants sachant que de 20 à 25 000 spectateurs assistent à certaines rencontres. Toutefois, cette interdiction sera détournée par certaines sociétés, sous couvert de charité, au profit d'oeuvres religieuses[611]! En Belgique, la même position est prise par l'Union Belge des Sociétés de Football Association qui interdit à ses clubs affiliés la location des stades pour les matches de football[612]. En France, si les mesures

---

608 Amy R., in *L'Éducation Physique et Sportive Féminine*, 1er février 1928.

609 Houdré Dr M., in *L'Auto*, 12 janvier 1922.

610 "La condamnation du football féminin par la Football Association anglaise", *L'Auto*, 8 décembre 1921.

611 "Que pense la Faculté des sports féminins ? ", *L'Auto*, 22 avril 1922.

612 Moyse R., "La situation critique du sport féminin en Belgique", *L'Auto*, 12 août 1929.

prises à l'encontre du football féminin sont moins sévères, le football féminin n'arrive cependant pas à prendre un véritable essor.

La guerre contre les préjugés est bien difficile à mener et après une période d'euphorie au début des années vingt, le football au féminin marque très vite une stagnation. Des signes de faiblesse se font jour. Dès 1924, la naissance d'une polémique interne, au sujet de la pratique du football par les femmes en été, ne favorise pas le développement d'une activité qui connaît déjà de nombreux adversaires, comme le souligne une licenciée[613]. Soutenue par certains avis médicaux et notamment le Dr Boigey[614], la FFSF considère que le football estival est contre-indiqué pour les hommes comme pour les femmes et décide d'en interdire la pratique. Cette décision provoque de vives réactions notamment celles des dirigeants des *Cadettes de Gascogne* et de *Femina Sport*, qui s'opposant à cette prise de position iront jusqu'à démissionner, fait sur lequel nous reviendrons. Le quotidien sportif *L'Auto*, s'appuyant sur une enquête menée auprès de quelques médecins, se fait l'écho de ces désaccords qui ternissent un peu plus l'image du football féminin. Le Dr André Galand rejoint la Fédération considérant que le football n'est pas conseillé pendant les grosses chaleurs d'été. Le Dr Thooris aussi estime que la suspension du football en été est recommandable, non par crainte de la chaleur, mais en raison de la nécessité d'une suspension de l'entraînement[615]. C'est aussi l'avis de la capitaine de l'équipe d'*Académia*, Mlle Suzanne Guéry, qui considère qu'en dehors des dangers qu'elle peut présenter, la pratique du football l'été entraînerait une spécialisation peu souhaitable. Ces divergences de points de vue provoquent des remous et des désordres au sein de la Fédération féminine qui ne sont pas très favorables à la propagande du football féminin.

Un an plus tard, le 8 novembre 1925, *L'Auto* titre en une : *Le football féminin est-il en régression ?* Et malgré l'infirmation de Mlle J. Brûlé mettant en avant la multiplication des onze féminins, le doute s'installe. Interrogée par un journaliste de *L'Auto* pour donner son avis sur la vitalité du football, Mme Milliat s'exprime ainsi en 1926 : *j'ai cru un moment à l'avenir du football féminin ; je n'y crois plus. Il y a eu indubitablement un grand mouvement d'enthousiasme qui a fait créer un grand nombre d'équipes, mais vous devez remarquer que celui-ci a peu ou pas varié.* En trois années, son discours a bien changé. En effet, en 1923, elle publiait dans le même journal un article sous le titre *La progression du football féminin* dans lequel elle faisait part de son optimisme et se réjouissait de la

---

613 *L'Auto*, 21 août 1924.

614 *L'Auto*, 30 août 1924.

615 *L'Auto*, 2 septembre 1924 ; 6 septembre 1924.

quarantaine d'équipes féminines s'étant mise à la pratique de la balle au pied, *un des sports les plus sains et les plus captivants*[616]. En 1926, le ton a changé, la situation aussi. Les effectifs n'augmentent pas.

Le football, s'il réussit à vivre à Paris en raison de la densité de la population, a du mal à survivre en province, comme l'ensemble des sports féminins d'ailleurs. L'équipe des *Sportives de Reims* a une existence difficile malgré ses efforts de propagande. Les Rémoises suscitent, en effet, quelques matches amicaux contre des équipes parisiennes. Elles acceptent aussi de jouer des matches à l'extérieur, à Saint-Dizier ou Vitry-le-François par exemple pour la demi-finale de la Coupe La Française contre la *Ruche Sportive*. Elles organisent à Reims la finale du championnat de France en 1922[617]. Malgré tout, leur survie est difficile. Seules, complètement seules, dans la région à s'adonner au football, elles ne peuvent que très rarement rencontrer des équipes parisiennes celles-ci étant prises presque tous les dimanches par leur propre championnat. De plus, les rencontres à Paris engendrent des frais de déplacement trop élevés qui limitent leur nombre. Le club est donc amené à disparaître faute de compétition. A Toulouse, l'*Intime Sportive Toulousaine* et *Femina Tolosa Sports*, après une période de succès de curiosité, disparaissent à leur tour ; l'*Intime* d'abord, dissoute en 1926, puis *Femina* en février 1928[618]. M. Gaudillère se lamente de cette situation. *Le championnat de France est arrivé à ses demi-finales et aucune provinciale ne reste plus en course. Sur les équipes engagées, deux seules participèrent à la compétition, les autres déclarant forfait avant le début de ce championnat, incapables de mettre sur pied une équipe digne de ce nom*[619]. L'équipe de Quevilly, plus résistante, finit par disparaître elle aussi.

La raison souvent invoquée de la disparition des équipes de province, et probablement à juste titre, est sans conteste le manque d'argent. *Songez, dit Mme Lebley, animatrice de l'US Quevilly que nous ne pouvons jouer au football en compétition qu'une fois l'an lors du championnat de France. Seul club de notre Comité régional, nous ne pouvons rencontrer personne et quant à inviter des équipes parisiennes, même en match amical, mieux vaut ne pas y songer, devant le coût des prix de transport. Battues aujourd'hui nous devons, jusqu'à l'an prochain, nous entraîner entre nous, jouer contre des « poteaux » ou pratiquer du football à six contre six*[620]. A Reims, le

---

616 "Le football féminin peut-il encore faire des progrès? ", *L'Auto,* 17 août 1926 ; Milliat A., "La progression du football féminin", *L'Auto,* 6 décembre 1923.

617 *L'Écho Sportif du Nord-Est,* 1er avril 1922 ; 4 mars 1922.

618 "L'activité sportive de la femme en province. A Reims", *L'Auto*, 17 février 1927 ; "Où en est le sport féminin en province ? Il n'y a plus de sportives à Toulouse", *L'Auto*, 4 janvier 1929.

619 Gaudillère M., "Les sports féminins", *Don Quichotte* , n°3, 1928.

620 Moyse R., "Les footballeuses de province", *L'Auto,* 21 mars 1930.

bilan est le même. *A la base, il y a le manque d'argent.* Dans le Nord aussi, *la première difficulté réside du côté financier car nos sections sont pauvres et ne sont pas soutenues. La seconde c'est que les dirigeants compétents et sachant mener convenablement une section féminine avec le tact et le doigté nécessaires sont rares. Les familles d'autre part se désintéressent en général de ce que nous faisons* [621]. A Toulouse, la cause serait davantage liée au poids de la tradition. *Les parents se sont effrayés d'un laisser aller possible... l'opinion était défavorable aux jeunes sportives. Elles étaient mal vues* [622]. Ce qui on l'a déjà vu est un obstacle majeur à la diffusion du football féminin.

A Paris, la régression s'accélère en 1928. En début de saison 1928-1929, on assiste à des matches opposant des équipes de plus en plus souvent incomplètes. *Il faut encore déplorer, cette année, à l'occasion du championnat de Paris de football, des forfaits et la présence d'équipes incomplètes, trop incomplètes même. Sur les dix équipes qui jouèrent dimanche, trois étaient amputées de plusieurs unités : la Clodo joua à neuf, Dunlop Sports à huit et l'équipe B des Cadettes, qui ne présenta que quatre joueuses, dut déclarer forfait. L'autre forfait est celui du Cercle Féminin de Paris qui, bien qu'engagé, n'a probablement pu mettre une équipe sur pied* [623]. Le football au féminin piétine.

La saison suivante, malgré l'optimisme de M. Payssé, n'est guère plus brillante. Onze équipes au lieu de douze sont engagées dans le championnat de Paris et elles ne représentent que cinq clubs différents. L'auteur d'un article sur ce sujet dans le journal sportif *L'Auto* souligne l'absence d'*En Avant, Parisiana, Nova Femina, Chemins de Fer de l'État et Basco-Béarnaises* qui participaient au championnat de Paris et qui ne pratiquent plus ou sont dissoutes[624]. Il rejoint M. Bourgeois, ancien membre de la Commission de la Coupe de France à la FFFA et des commissions techniques de la FFSF en 1928, qui reconnaît, lui aussi, que le football n'a marqué aucune progression sur les années passées[625]. M. Bourgeois ajoute que la diminution d'effectifs relevée à Paris est pire encore en Province avec la disparition définitive de Quevilly, Dreux, Reims. Seuls deux clubs résistent à Marseille. Comparativement aux années précédentes, cela indique bien une nette régression. R. Moyse, constate également, quelques mois plus tard, que les équipes provinciales sont d'année en année plus

621 *L'Auto*, 7 janvier 1929 ; 1er février 1929.

622 *L'Auto*, 4 janvier 1929.

623 "Sports féminins", *L'Auto*, 23 octobre 1928.

624 "La saison 1929-1930...d'après M. Payssé", *L'Auto*, 12 décembre 1929.

625 Moyse R., "Le football féminin tend-il à disparaître ?", *L'Auto*, 28 décembre 1929.

réduites et que les championnats de France de football deviennent à quelques exceptions près *la réplique du championnat de Paris* [626].

En 1931-1932, Mme Milliat présentant la saison hivernale souligne ce *léger déclin* marqué par le football[627]. Le championnat ne compte en effet plus que huit équipes. Le mal est chronique ; la régression du football se poursuit. Comme le souligne fréquemment R. Moyse dans les colonnes de *L'Auto, le football féminin se meurt* [628]. *Les familles tendent de plus en plus à éloigner leurs enfants des terrains de football* [629].

Le sport féminin ne fait pas recette. La première démonstration suscite un intérêt de curiosité, puis l'indifférence du public rend la tâche difficile. C'est le même constat qui est fait dans la région toulousaine : *quelques succès de curiosité sont obtenus puis cette vogue de courte durée s'évanouit.* Les quelques exhibitions de football faites en Normandie amusent également les spectateurs, mais plus difficile est de parvenir à intéresser le public au-delà de cet effet de surprise[630]. De même à Paris, alors que se joue le match le plus important de la saison 1926-1927 opposant l'équipe de Femina Sport au « onze » des Cadettes de Gascogne, un journaliste du *Miroir des Sports* souligne le faible nombre de spectateurs. *Seuls, quelques voisins du terrain prennent la peine de se déranger et de renforcer la petite mince troupe des enfants du quartier qui se sont glissés dans le champ par les interstices, bien connus, de la palissade ou de la haie. Le public a-t-il tort de s'abstenir ? On ne saurait l'en blâmer. Chez les sportives, le football n'est pas un jeu très mouvementé, riche en passes changeantes, passionnant par ses actions multiples, mais un exercice agréable de culture physique* ; c'est du *pousse-ballon* [631]. La qualité du spectacle proposé est-elle en cause comme le suggère ce journaliste ?

Si quelques articles font allusion aux prouesses de quelques joueuses telles que l'avant-centre Madeleine Bracquemond appréciée notamment pour *ses déplacements de jeu vers les ailes, ses dribbles et ses shots* qui lui valent son surnom de *Nicolas du football féminin* [632], la plupart d'entre eux peignent le faible intérêt des rencontres. Un sportif donnant ses impressions sur un match de football féminin qu'il a vu se disputer en province,

---

[626] Moyse R., "Les footballeuses de province", *L'Auto,* 21 mars 1930.

[627] Moyse R., "La prochaine saison hivernale des sportives françaises. Mme Milliat nous dit les projets et les espoirs de la FFSF", *L'Auto,* 22 septembre 1931.

[628] Moyse R., "La régression du football féminin", *L'Auto,* 18 novembre 1931.

[629] "Chez les sportives le basket-ball féminin a pris un grand essor. Il semble que ce soit au préjudice du football et de la barette", *L'Auto,* 26 décembre 1926.

[630] *L'Auto,* 7 janvier 1929 ; 4 janvier 1929 ; 10 janvier 1929.

[631] *Le Miroir des Sports*, 23 novembre 1926.

[632] Ibid.

rapporte : le jeu est *tout ce qu'il y a de quelconque ; pas de vitesse, pas de cohésion, pas d'entente, ni de soudure entre les divers éléments ; on a l'impression de voir évoluer quelques jeunes débutantes touchant pour la première fois une balle. Seules les lignes arrières montrent quelque brio, ce qui s'explique facilement par la mollesse générale des demis et avants : la balle arrive morte. En somme si les femmes peuvent s'amuser entre elles à « jouer au ballon », elles ne peuvent produire un football animé, capable d'intéresser le public*[633]. La qualité du football pratiqué pose question. On sourit dans les tribunes par des *passes molles, des « loupés » et des dégagements timides*[634]. Les critiques sont sévères et n'épargnent pas l'Équipe de France, *vraiment désordonnée avec excès*[635]. Le jeu est souvent confus. Certaines footballeuses elles-mêmes relèvent aussi ce travers : *les joueuses doivent conserver leur place et ne pas courir à droite et à gauche, se replier ensuite et repartir à l'attaque. Cette course échevelée nuit à la beauté du jeu*[636]. Ces reproches ne sont toutefois pas propres au football, on les retrouve en hockey également. A propos du match de sélection de l'équipe de France pour le premier France-Angleterre de hockey, on peut lire : *aucune tactique, aucun essai de jeu d'équipe n'est tenté. Les équipières se contentent d'essayer d'avoir la balle, pour non moins vivement s'en débarrasser*[637].

La médiocrité du jeu de football est également relevée par G. Hanot en 1922, *leur valeur de footballeuse est si faible qu'une équipe de douze ans l'emporterait sur elles, à la fois par le maniement du ballon et par l'intelligence du jeu*[638]. Quelques années plus tard, on regrette le peu de progrès réalisé *: les meilleures joueuses à l'heure actuelle (en 1929) sont toujours celles qui pratiquaient il y a plusieurs années, aucune nouvelle ne s'affirme ou ne se découvre, et comme les anciennes commencent à supporter le poids des ans, comme d'autre part, elles possèdent de gros défauts dont elles ne peuvent arriver à se débarrasser aucune amélioration dans le football féminin ne peut être constatée*[639]. *Il suffit d'observer une partie pour se rendre compte que les femmes manquent de puissance athlétique et de la rapidité d'exécution nécessaire pour les mener à la bonne fin, ce qui donne au jeu un aspect de lenteur et d'impuissance, qui se traduit d'ailleurs, le plus souvent, par un total insignifiant de buts marqués au*

633 *L'Éducation physique et sportive féminine,* 1er avril 1927.

634 *Le Miroir des Sports*, 23 avril 1935.

635 *L'Auto,* 31 octobre 1921.

636 Gouraud-Morris V., in *L'Auto,* 14 décembre 1922.

637 *L'Auto,* 18 janvier 1923.

638 Propos de G. Hanot rapportés dans Laget F. et S., Mazot J. P., op. cit., p. 215.

639 *L'Auto,* 28 décembre 1929.

cours d'une partie[640]. Parvenir à intéresser le public sur le long terme demande en effet une certaine qualité de jeu que l'on acquiert par un travail, qui n'est pas toujours effectué.

Si les comptes rendus de matches ne sont pas toujours aussi négatifs, il faut reconnaître que l'entraînement semble souvent faire défaut. On reproche aux joueuses de ne pas travailler suffisamment la technique, et de ne pas savoir shooter. *Presque toutes les footballeuses, en effet, shootent de la pointe du pied.* Et *peu d'entre elles savent bloquer convenablement une balle*[641]. En effet, dans les clubs féminins, *on prépare peu physiquement la jeune fille, et, techniquement pas du tout.* Pour cette préparation technique, il faut des éducateurs (entraîneurs chez les hommes) qui font défauts dans les clubs féminins[642]. *Les dirigeants masculins préfèrent consacrer leur activité à des clubs de jeunes gens. Quant aux dirigeants féminins, il n'y en a point. Les quelques dévouées qui s'étaient attelées à la tâche au lendemain de la guerre, se sont retirées sous leur tente, en présence de l'indifférence du public, de la mauvaise volonté des parents, de la difficulté aussi qu'elles ont éprouvée à garder au sein de leur société la discipline et la haute moralité. (...) L'orientation qui s'impose, c'est celle du sport féminin pour... la jeune fille (et non pour le public) celle de la pratique d'exercices sains et mesurés en vue du meilleur équilibre physique et moral*[643].

Une jeune fille veut jouer au football ? On l'incorpore dans une équipe et elle tape dans le ballon, ensuite on lui fait disputer les championnats où il faut gagner à tout prix, on encourage les joueuses sur la touche, on critique l'arbitre suivant que le résultat vous est plus ou moins défavorable et voilà[644]. Les propos de Lucienne Viel le confirme. *Moi j'ai appris en jouant. Il n'y avait pas tellement de conseils. J'sais pas si à Femina elles avaient un entraîneur, nous on n'en avait pas. Il y avait des conseils de papa mais... de voir jouer les hommes c'est comme ça qu'on apprend. Moi j'ai appris beaucoup de choses comme ça.* Les souvenirs qu'évoque sa soeur vont dans le même sens. *Il n'y avait pas d'entraînement. Rien n'était prévu pour ça à l'époque. On était convoqué, on se retrouvait au vestiaire et puis c'était tout. On s'apprêtait, on allait jouer.* A propos de l'entraîneur, elle ajoute : *on ne peut pas dire que c'était un entraîneur comme on voit maintenant, ça n'existait pas d'ailleurs à ce moment-là. Il était sur le terrain, il donnait des conseils mais c'est tout*[645].

---

640 Jeudon Dr in Labbé M., op. cit.

641 *L'Auto*, 29 avril 1934.

642 *L'Auto*, 28 décembre 1929.

643 *L'Auto*, 10 janvier 1929.

644 *L'Auto*, 28 décembre 1929.

645 Entretiens cités avec Lucienne Viel et Jacqueline Laudré.

Le seul entraînement que les équipes pratiquent ce sont les « matches d'entraînement » c'est-à-dire des matches intra-club ou interclubs que les équipes disputent les dimanches libres, en dehors de ceux consacrés aux parties officielles, aux matches de championnat. Pas d'*apprentissage des premiers éléments du jeu*[646] ou d'*entraînement d'étude*, selon l'expression de Clément, comprenant le perfectionnement technique individuel ou l'étude des différents coups (shoot, blocage, coup de tête, dribbling) et d'ensemble (des essais de combinaison, des séries de passes...)[647] qui sont pourtant considérés comme les *exercices préliminaires* par nombres d'auteurs. G. Rozet, par exemple, insiste sur la nécessité de posséder *l'alphabet ou gammes du football*, pour pouvoir commencer à jouer de véritables parties. Il donne à ses lecteurs novices quelques conseils. *L'alphabet du ballon rond ou ses gammes indispensables consistent dans le shoot, la passe et le dribbling. On apprend à shooter en jouant devant les buts en s'entraînant devant les poteaux à faire pénétrer avec rapidité et précision la balle entre ces poteaux. On apprend à passer en courant en ligne de joueurs, chacun passant la balle à son voisin, successivement et latéralement. On apprend à dribbler en courant seul et en poussant le ballon à petits coups précis devant soi. L'instructeur pourra fort bien, par exemple, organiser des courses de dribbling avec le chrono comme juge, sur des distances variant entre 50 et 100m...*[648]

Si les joueuses de football acquièrent souffle et vitesse, l'été pendant la saison d'athlétisme, souplesse durant les leçons d'éducation physique, elles n'ont pas l'occasion d'apprendre et de perfectionner leur adresse sur le ballon en dehors du jeu lui-même, ce que semblent regretter certaines joueuses. Une licenciée s'exprimant dans *L'Auto* revendique la possibilité d'apprendre à dribbler, à shooter, etc... quelques instants par semaine durant les trois mois d'été[649]. Mais la saison estivale est plutôt réservée à l'athlétisme, complément naturel du football ; il rend d'ailleurs la pratique du jeu plus aisée. C'est en tout cas ce que pense Mlle Suzanne Guéry, capitaine de l'équipe d'*Académia*, pour qui les meilleures joueuses de football se recrutent parmi les ferventes de l'athlétisme[650]. Si quelques démonstrations et entraînements de football ont pu avoir lieu notamment à *Femina Sport* en 1918 au moment de la naissance de la pratique féminine, comme nous l'avons évoqué précédemment, il ne semble pas que cette pratique ait perduré avec le développement des rencontres, malgré les conseils de certains. Les jeunes filles devront, *sous la conduite des moniteurs, être*

---

646 Bard H., Diffre H., *Le football association*, op. cit.

647 Clément H., *Pour devenir un bon joueur d'association*, Paris, Nillson, 1932.

648 Rozet G., *Le Football sport national et le stade communal*, Paris, Hachette, 1918.

649 *L'Auto*, 21 août 1924.

650 *L'Auto*, 3 septembre 1924.

exercées aux mouvements préparatoires de foot-ball (dribbling, passe, réception de balle, shoots, etc...) ; des séances de 10 à 15 minutes seront très intéressantes et plairont beaucoup aux débutantes, écrit Paul Boucher[651].

Si pendant ce temps, la préparation du footballeur a tendance à évoluer, il faut toutefois rappeler que, pour nombres d'équipes masculines, *la meilleure préparation est incontestablement le jeu même. Le joueur doit donc saisir toutes les occasions qui se présentent à lui pour faire de ces parties amicales qu'à juste raison l'on nomme « parties d'entraînement » ; c'est par elles qu'il acquerra graduellement l'endurance et la science du jeu dans son moindre détail* [652]. Et comme le soulignent les joueurs masculins de l'époque interrogés par P. Lanfranchi, il ne faut pas négliger l'observation des aînés dans l'apprentissage[653]. Seuls les grands clubs masculins parviennent à instaurer des entraînements en semaine. M. Fischer du *Red Star* fait allusion aux quatre heures d'entraînement de ses joueurs de l'équipe première, comme des juniors et des débutants, au cours desquelles ils travaillent la base de l'enseignement du football *les passes précises, le blocage de la balle, le jeu en triangle, les renvois et les arrêts de balle avec la tête* ainsi que des exercices appropriés à certains joueurs, tels que par exemple les renvois des joueurs arrières aux avants, les plongeons du gardien de but[654]... Pour les autres, comme le remarquent différents auteurs du football association, il est difficile de réunir une équipe un autre jour que le dimanche jour du match pour un entraînement en commun. Les terrains sont si loin et les occupations des joueurs si diverses[655].

De plus, *les sports féminins d'équipe souffrent de la crise de terrain* [656], en province comme à Paris. L'accès aux équipements n'est pas interdit comme en Belgique mais les clubs ont des difficultés à en obtenir malgré leurs revendications et leurs demandes aux autorités compétentes. Il est presque impossible de louer des terrains aménagés indispensables aux ébats sportifs. Aucune société féminine de la capitale à l'exception de *Femina Sport* ne dispose de terrain de jeu et nul ne se soucie de mettre à leur disposition la pelouse verte et le vestiaire indispensables[657]. Les

---

651 Boucher P., op. cit.

652 Tunmer N. G., Fraysse E., *Football (Association)*, Paris, A. Colin, 4e édition, 1913.

653 Wahl A., Lanfranchi P., op. cit., p. 72.

654 Lomazzi F., "Le rôle de l'entraîneur dans un club de football", *L'Auto*, 29 septembre 1931.

655 Clément H., op. cit. ; Renaux A., Boucher P., *L'art et la pratique du football association*, Amiens, Lévaillard, 1921.

656 Moyse R., "Les sports féminins d'équipe souffrent de la crise de terrain, *L'Auto* , 3 novembre 1930.

657 Houdré-Boursin Dr M., "L'herbe coûte chère...", *L'Auto*, 10 mars 1927.

sportives doivent se contenter de ceux que les masculins veulent bien leur prêter, ce qui devient de plus en plus difficile avec le nombre croissant d'équipes. De plus, ils ne sont pas toujours en bon état. Pour exemple : le match comptant pour le championnat de Paris, opposant les équipes de *La Clodo* aux *Cadettes de Gascogne* au début de l'année 1930 se déroule sur un terrain quasiment impraticable. *Le terrain n'a de terrain de football que le nom : rempli de trous, mal tracé, il possède également le grand désavantage de se trouver à 1200 m au moins des vestiaires*[658], ce qui oblige les jeunes filles à effectuer plus d'un kilomètre en tenue de sport. Cette situation n'est pas exceptionnelle. Selon la Doctoresse Houdré-Boursin, *la plupart des terrains sont désolants de pauvreté, d'inconfort et même d'insécurité.* Elle ajoute : *combien de fois n'ai-je pas vu des sportives s'en aller jouer au ballon ou faire de l'athlétisme sur une prairie pelée, parsemée de cailloux ou de tessons de bouteille, sans clôture, avec pour tout vestiaire une salle prêtée par un bistrot voisin*[659]*!* En hockey aussi, la pénurie de terrains est presque insurmontable se lamente Mme Lecoq-Carloni. Comment organiser des championnats alors que certains clubs ne possèdent aucun terrain ? Presque tous les matches doivent se jouer sur les grounds des grands clubs qui en possèdent plusieurs d'où *la difficulté de se rendre sur des terrains éloignés de leur domicile notamment pour les jeunes filles débutantes dans le sport et que les familles ne sont pas encore habituées à voir émancipées.* Elle ajoute : *si on songe à la création de nouvelles sociétés féminines qui augmenteront l'an prochain l'effectif des joueuses, on entrevoit déjà le moment où les clubs ne possédant pas de terrains ou des terrains impraticables ne pourront plus être acceptés dans la compétition*[660]. Cette pénurie de terrain n'aide pas l'essor de la pratique du football et des autres sports de grand terrain. Même à *Femina Sport* qui dispose pourtant du Stade Élisabeth, les effectifs stagnent en raison de l'insuffisance d'équipements à la disposition des joueuses de football, de barette et de hockey[661]. Cette situation n'est cependant pas propre au sport féminin, elle touche tous les sportifs. De nombreuses sociétés sportives parisiennes éprouvent des difficultés à se procurer un terrain pour évoluer, s'entraîner. La presse dénonce ces carences. Sous la plume de G. Hanot, on peut lire, dans *Football Association*, dès 1921, un article intitulé : *le manque de terrains de football*[662]. Dans les années trente, nombre d'articles s'alarment de l'insuffisance des installations sportives au regard des pays

---

[658] "L'éloignement, le mauvais état des terrains féminins", *L'Auto,* 15 février 1930.

[659] Houdré-Boursin Dr M., "Nos terrains de jeux", *L'Auto,* 25 mars 1930.

[660] Lecoq-Carloni, "Hockey. La pénurie des terrains", *L'Auto,* 7 décembre 1929.

[661] Moyse R., "Les sports féminins d'équipe souffrent de la crise de terrain", op. cit.

[662] Hanot G., "Le manque de terrains de football", *Football association.*, 26 mars 1921.

voisins et notamment l'Allemagne[663]. Une pétition en faveur des terrains de sports est même lancée, à l'initiative de *L'Auto*, en 1931. Hommes politiques comme journalistes s'insurgent contre ce manque crucial d'équipements à Paris et dans la proche banlieue. Les maires de Montreuil, Puteaux... dénoncent *la grande misère du mouvement sportif dans de nombreuses communes* [664].

Mais *les sportives manquent de terrains de jeu encore bien plus que les garçons qui n'en ont guère...* [665] ; elles manquent également de piscines. Sans beaucoup de succès, les dirigeants en réclament et notamment la Doctoresse Marie Houdré. *Il est indispensable de fournir aux sportives des terrains où elles puissent courir sans attraper d'entorses et jouer entre elles sans être exposées aux regards des passants. Ces terrains ne peuvent être situés loin des villes où se recrutent les sportives car les familles n'aiment guère laisser voyager seules les jeunes filles. D'autre part, des besognes ménagères multiples retiennent longuement au foyer nos sportives et diminuent le temps qu'elles peuvent consacrer à leurs jeux. Or autour des grandes villes, et particulièrement autour de Paris, les meilleurs emplacements sont pris par les sociétés masculines qui, plus anciennes et plus riches, sont forcément les mieux servies*. Quelques années plus tard, ne voyant les choses évoluer, elle ajoute cette réflexion : *en France, on trouve la place qu'il faut pour entretenir des pâturages (dame ! les vaches vous donnent du lait, des veaux, etc...) pourquoi ne trouverait-on pas la place qu'il faut pour créer des stades féminins : la santé, la vigueur des futures mamans n'est-elle pas aussi intéressante que celle des vaches* [666] ?

Ce handicap généralisé du manque de terrain freine donc la constitution de nouvelles équipes féminines et plus encore le développement des sports de grands terrains. Il conduit même certaines sociétés à cesser leur activité. C'est le cas notamment des *Cadettes de Gascogne* qui, en 1932, disparaissent avant de trouver refuge ensuite à *Femina Sport*. Pour les dirigeants, les époux Domenc, *le problème se pose pour eux comme pour tant d'autres sociétés parisiennes modestes : un stade! Où trouver à proximité de Paris, un stade et comment l'acheter, en supposant qu'on en trouve un* [667]*!* Avec les années, le problème s'exacerbe d'autant que les clubs masculins ont de plus en plus de difficultés à prêter leur terrain le dimanche matin, comme le souligne, en 1932, Mlle Zaremberg, présidente du Comité

---

663 "Le sport et la ville. Les politiques municipales d'équipements sportifs XIX°-XX° siècles", *Spirales*, n°5, 1992.

664 Soupé F., "La grande misère du mouvement sportif dans de nombreuses communes de la région parisienne", *La Voix de l'Est*, 2 décembre.

665 Houdré-Boursin Dr M., "Nos terrains de jeux", *L'Auto*, 25 mars 1930.

666 Houdré Dr M., "Des terrains pour les sportives!", *L'Auto*, 4 octobre 1923 ; 25 mars 1930.

667 *L'Auto*, 8 octobre 1932 ; 1er novembre 1932.

de Paris de la FFSF[668]. Et l'aménagement d'un stade fédéral, idée chère à Alice Milliat, n'est pas chose aisée.

Manque de terrains, difficulté à former des équipes de onze joueuses, le football vivote. Un autre obstacle à l'essor du football féminin est en effet le recrutement de nouvelles sportives, surtout en province[669]. Il est difficile à l'*aspirante sportive* d'obtenir l'autorisation de se livrer aux activités qui l'attirent, d'autant que de nombreux parents n'ont eu la chance de développer cet amour des activités sportives durant leur jeunesse. Il est plus difficile encore de les poursuivre. Comme le titre *L'Auto*, *la sportive est inconstante... dans son attachement à son club. En général, l'amour des couleurs est quelque chose de violent mais aussi de transitoire et de passager. Nous passons notre temps à former des petites élèves, à en faire des jeunes filles aguerries et fortes. Puis, elles nous quittent : mariage, autres occupations, vie encombrée, nécessité de l'existence. C'est un défilé constant d'adhérentes* [670]. En conséquence, les équipes sont instables. Or seule la conservation des mêmes compositions d'équipe permettrait d'offrir une bonne qualité de jeu grâce à des combinaisons exécutées avec une bonne entente, condition importante pour la reconnaissance de l'activité.

Manque de terrains, manque d'argent, faible qualité du jeu, propagande anti-football féminin...tous ces facteurs contrariants interagissent pour freiner l'essor d'un sport avant même qu'il ait atteint un niveau suffisant de développement. Le football féminin ne s'est donc jamais développé suffisamment pour susciter de grandes compétitions. A l'exception de la région parisienne le nombre d'équipes est très réduit et les joueuses sont à cours de compétition. La qualité du jeu s'en ressent, d'autant que les filles n'ont pas de terrain pour s'entraîner. En conséquence, il est délicat de trouver des mécènes. Or sans argent, pas de terrain...

La stagnation voire la régression touche d'autres pratiques féminines qui subissent alors le même sort que le football. La barette aussi *semble vouloir disparaître*. Le manque de terrains est également un des principaux arguments avancés pour expliquer cette régression. Manque de terrains d'entraînement et de matches ainsi que manque de clubs provinciaux dénonce Theuriet. *En province, après avoir vu se développer quelques équipes dans le Sud-Ouest à Périgueux, à Toulouse, à Lille, aucune de celles-ci ne subsiste et seule la quarantaine de pratiquantes que trouve Femina Sport dispute actuellement des compétitions organisées* ; le nombre de joueuses pour la région parisienne se réduit donc aux seuls membres de

668 "Le développement du sport féminin dans la région parisienne", *L'Auto*, 23 janvier 1932.

669 "Le recrutement des sportives", *L'Auto*, 28 janvier 1926.

670 *L'Auto*, 25 novembre 1925.

Femina. A cela s'ajoute une mauvaise propagande, selon un dirigeant de Femina Sport. *Il est certain que pour nombre de jeunes filles et leurs parents, la barette est envisagée comme étant le rugby féminin c'est-à-dire un sport essentiellement brutal*[671].

Les discours des thuriféraires du sport féminin nuisent aussi au développement du cross country ou course à pied dans les bois qui voit à son tour ses adeptes fléchir. *Après avoir connu un certain succès dû aux nombreuses compétitions qui furent organisées ces dernières années, il semble que le cross-country féminin subit une crise très sérieuse, crise au double point de vue de manque d'épreuves et de compétitrices*, constate R. Moyse en 1930[672]. Seulement quatre épreuves sont courues sur une période de six mois, de novembre à avril : le Prix d'Ouverture, le championnat de Paris, le championnat de France, et une rencontre France-Belgique, chacune d'elles n'attirant qu'une trentaine de participantes. M. Bréard du *CS de l'Orge* s'en prend à la mauvaise organisation des épreuves. Elles sont fixées l'après-midi alors que nombre de pratiquantes de la course à pied jouent également au basket-ball. De plus, elles sont souvent trop dures. C'est ce que pense également M. Brice, membre de la commission cross country du Comité de Paris de la FFSF, pour qui cette difficulté est loin d'encourager les crosswomen à poursuivre leur activité[673]. M. de Granval explique quant à lui, la régression du cross country par la lourdeur des *contrôles médicaux, visite, contre-visite, avant, après chaque course, convocation le soir pour examen médical*, et la pression exercée sur les organisateurs d'épreuves pour limiter la distance, contrôler la difficulté du tracé du parcours... qui découragent sportives comme dirigeants[674].

Reprenant le même constat trois ans plus tard, R. Moyse revient sur les causes de cette régression. *Après une période très prometteuse...les résultats acquis au cours de la saison dénoncent une régression du cross féminin*, tant sur le plan qualitatif que quantitatif. Les causes de cette désaffection sont essentiellement le manque d'argent et de réunions. *Nous n'avons pas d'argent, nous disait dimanche un dirigeant régional. Quand grâce à quelques bonnes volontés, nous mettons une section féminine sur pied, celle-ci ne peut vivre. A plusieurs centaines de kilomètres de Paris, souvent seul dans notre région, nous ne pouvons rencontrer personne et les*

---

671 Moyse R."Le sport de la barette est-il sur le point de disparaître ?", *L'Auto,* 7 janvier 1931.

672 Moyse R., Le cross country féminin est-il sur le point de disparaître ?", *L'Auto,* 16 janvier 1930.

673 Ibid.

674 Moyse R., "Le cross country féminin est-il sur le point de disparaître en France ?", *L'Auto,* 16 janvier 1931.

Parisiennes ne sont pas assez riches pour venir nous rendre visite. Aussi après parfois quelques années, parfois une seule, tout disparaît[675].

Quoi qu'il en soit, si le manque d'argent est une des principales causes de la stagnation que marquent le cross country, la barette ou le football, la réalité est plus complexe. C'est à un ensemble de causes interpénétrées qu'il faut attribuer la régression de ces activités. Le manque de terrain souvent dénoncé ne tient pas pour le cross country par exemple or cette activité périclite elle aussi.

Ce qu'il faut retenir aussi c'est que le football n'est pas seul à régresser. La mort lente du football n'est pas isolée et s'inscrit dans un mouvement assez général de ralentissement de l'activité sportive féminine, quoique certaines activités se développent, en particulier le basket-ball.

2-2 Le basket : un anti-football ?

Ne serait-il pas souhaitable de voir les sportives adopter le basket-ball, jeu sans aucun risque, qui leur offre les possibilités d'acquérir un meilleur développement en s'amusant, en faisant du sport, et sans jamais sacrifier la grâce et la beauté, plutôt que de les voir s'aventurer dans des sports dangereux comme le football[676] ?

Alors que le football régresse d'autres sports progressent et notamment le basket-ball. Chez les sportives, le basket-ball féminin a pris un grand essor. *D'une enquête faite auprès de plusieurs dirigeants de clubs,* en 1926, *il résulte que le basket-ball recueille de plus en plus d'adeptes au détriment du football et de la barette. Alors que le football et la barette sont en complète stagnation, le basket-ball - plus peut-être encore que dans les clubs masculins- prend dans les clubs féminins une très grande extension. Grands et petits clubs ont formé des équipes et les championnats de Paris ont mis en présence 45 équipes. Or il y a à Paris une vingtaine d'équipes de football*[677]. Le basket-ball est le sport dont le développement est le plus marquant. *Cette année* (1932) *50 équipes prennent part aux championnats de Paris, mais ce qui nous fait dire que le nombre de joueuses augmente (600 joueuses sur un total de 1000 licenciées), c'est l'assiduité à l'entraînement. Les équipes s'entraînent trois fois par semaine à Lattès, au Palais de la Nouveauté, à l'Élan et surtout à l'Église américaine. Des rencontres amicales ont lieu régulièrement*[678]. Très tôt, le basket-ball

---

675 Moyse R., "Après une période très prometteuse...les résultats acquis au cours de la saison dénoncent une régression du cross féminin", *L'Auto,* 14 mars 1933.

676 *L'Éducation physique et sportive féminine*, 1er février 1927, p. 3.

677 *L'Auto,* 26 décembre 1926.

678 "Le développement du sport féminin dans la région parisienne", *L'Auto,* 23 janvier 1932.

féminin a du succès et prend une grande place dans l'activité des sociétés féminines et en particulier dans celles où le recrutement est restreint. Les motifs de cette orientation des femmes vers la pratique du basket sont multiples : des effectifs restreints, des terrains réduits, l'absence de brutalité dans la pratique du jeu où la souplesse s'allie à la grâce des attitudes, etc...

Il *a l'attrait du sport et les vertus de l'éducation physique*[679]. Comparé au football-association, le basket-ball est tout ce que le football n'est pas. Il est éminemment féminin. Ce sport, *bien que se rapprochant un peu du football, est cependant moins fatigant, c'est pourquoi, tout en exigeant des joueurs de l'initiative, de l'a propos et de la résistance, il peut être pratiqué par le sexe faible. Sorte de football sans brutalité*, il *convient très bien à des sportives*, note également un journaliste sportif faisant le compte rendu des activités se mettant en place à *Académia* dès 1915[680]. *Il est, par ses règlements, exempt de toute brutalité,* peut-on lire également à son sujet. Il n'est pas brutal ni épuisant pour l'organisme[681]. Les préjugés sont unanimement favorables. Selon A. Milliat, ce sport *a conquis les familles et désarmé la presque totalité des antagonistes du sport féminin parce qu'il est gracieux et peut se jouer en tunique*. Le basket *est extrêmement gracieux et convient infiniment au charme de la femme,* écrit également Jeanne May dans *La Vie au Grand Air*[682]. De plus, le basket-ball a l'avantage de rester à l'abri de tout excès. Moins spectaculaire que le football, il n'attire pas les foules et échappe ainsi à la *championnite aiguë*, au battage, au professionnalisme. Il reste le sport des *purs*, note J. Flouret, en 1934[683].

Le basket-ball a la faveur de la plupart des médecins. Il est parfaitement accessible et recommandable à la femme, selon le Dr Jeudon. C'est aussi l'avis que partage Chailley-Bert[684]. Le Dr Henri Diffre, qui est plutôt réfractaire aux autres sports de ballon et à la compétition, va même plus loin, considérant que *la balle au panier est le sport de la femme*. Il exige *des efforts en extension, mouvements les plus propices à l'entretien d'une vie physique améliorée*. Ce sont aussi les vertus que met en avant le

---

679 Maxime de la Fédération Française de Basket-Ball cité dans *Sport et santé*, avril 1934.

680 *L'Auto,* 31 mai 1915 ; 4 juin 1915.

681 Diffre Dr H., "La balle au panier, sport de la femme", *L'Éducation Physique et Sportive Féminine*, 1er juin 1924 ; *L'Éducation Physique et Sportive Féminine*, 1er février 1931.

682 *L'Auto,* 22 novembre 1923 ; *La Vie au Grand Air*, 15 novembre 1920.

683 *Sport et Santé*, avril 1934.

684 Jeudon Dr R. in Labbé M., op. cit. ; Bendisoun Dr E., op. cit., p. 43.

Dr Boigey pour lequel le basket-ball redresse la taille en développant les masses musculaires dorso-lombaires[685].

Il est également conseillé par des professeurs d'éducation physique. C'est le cas notamment de Jean A. Latte, professeur au Lycée de Bordeaux, qui reconnaît au basket-ball différents bienfaits pour le corps féminin. Il nécessite souplesse, adresse, vitesse et détente. Il sollicite les grandes fonctions, il met en jeu la majorité des muscles. Il est enfin *l'un des jeux les plus propres à hâter la combustion des tissus graisseux*[686]. Il a le mérite d'être un sport complet. *Un match sérieux de basket-ball est une leçon complète de culture physique, leçon qui dure 40 minutes et au cours desquelles tous les muscles du corps travaillent étant donné la diversité des attitudes imposées par le jeu lui-même*[687]. Toute la musculature du joueur est en effet sollicitée pour un effort tout particulier de redressement. Une partie de balle au panier est en conséquence particulièrement vantée pour ses bienfaits sur la fonction circulatoire[688]. C'est le *sport d'équipe idéal pour la femme, il met en jeu toutes les facultés, développe toutes les parties du corps*, écrivent pour leur part le père et le fils Chabrel, du *Club Sportif Garennois*[689].

Le jeu charmant du basket-ball constitue à lui seul une culture physique intensive qui a le mérite de dissimuler sa violence, sous un aspect gracieux[690]. *Ses avantages sont multiples. Si nous examinons le côté pratique, nous voyons de suite qu'il n'exige pas, comme le rugby ou le football de grands terrains, difficiles à trouver, très onéreux, éloignés du centre des agglomérations, mais au contraire des terrains réduits, facile à trouver partout, et que de ce fait il peut s'installer facilement dans les cours de récréation des écoles, lycées, collèges, dans les terrains à proximité des usines..., de sorte qu'on peut le pratiquer sans dérangement et sans perte de temps. Le matériel est des plus simples aussi : deux poteaux panneaux avec paniers et ballon. On voit de suite qu'un terrain s'installe à peu de frais. Les frais d'équipement sont également moindres*[691].

N'exigeant qu'un terrain restreint, un matériel peu coûteux et un petit nombre de joueuses, *il est très en faveur dans les milieux scolaires ainsi que*

---

685 Diffre Dr H., "La balle au panier, sport de la femme", *L'Éducation Physique et Sportive Féminine*, 1er juin 1924 ; Boigey Dr M., *L'Éducation Physique Féminine*, op. cit., p. 44.

686 *Sport et Santé*, mars 1933.

687 Milliat A., in *L'Auto*, 22 novembre 1923.

688 *Sport et Santé*, avril 1934.

689 *L'Éducation Physique et Sportive Féminine*, 1er février 1931.

690 *La femme sportive*, 1er mai 1921.

691 "Pourquoi le basket-ball est un sport d'avenir", *L'Éducation Physique et Sportive Féminine*, 1er février 1931.

dans les sociétés sportives féminines[692]. Il est d'ailleurs pratiqué dans les différentes fédérations à recrutement féminin qui défendent pourtant des conceptions différentes de la femme en mouvement, notamment en terme de moyens préconisés. La FSFSF organise pour ses sociétés affiliées un championnat de France de basket-ball à partir de 1919. De son côté, la FFFGEP compte aussi du basket-ball au programme de la Coupe Nationale d'éducation physique, aux côtés des exercices d'assouplissement, des productions aux appareils, aux ballets, aux mouvements d'ensemble..., même si, pour elle, il ne s'agit pas du même basket-ball. Elle se défend en effet de pratiquer le *vilain jeu* de la FFSF où la tactique, liée au championnat, est surtout d'empêcher l'adversaire de marquer, alors que bien jouer c'est marquer soi-même[693]! Quoi qu'il en soit réellement, le jeu repose sur des règles identiques à celles de la FFSF et de la Fédération Sportive du Travail (FST) qui fait aussi disputer chaque année sa Coupe fédérale de basket-ball[694]. Beau jeu ou vilain jeu, le basket-ball, entouré de préjugés particulièrement favorables recueille donc un large consensus dans les milieux féminins.

Pratiqué dès 1915 à *Académia*, le basket-ball conquiert rapidement Paris et la province, notamment à Strasbourg où l'équipe de forte valeur remporte à plusieurs reprises le championnat de France avant d'être concurrencé par les *Linnets* de Saint-Maur[695]. La force du basket-ball c'est aussi d'être consacré par des manifestations internationales. Aux « Olympiades » de Monaco en 1921, il est le seul sport d'équipe maintenu au programme. Cinq équipes représentent la France dans ce tournoi qui compte : *Académia* (deux équipes), *En Avant, Sportives, Femina Sport*, l'Angleterre et l'Italie. L'Angleterre sort vainqueur battant Académia 14 à 2[696]. Par ailleurs, avant même qu'un championnat du Monde soit mis sur pied un titre est même décerné. En 1924, la FSFI, réunie à Paris pour son troisième Congrès, décide, en effet, d'attribuer au Canada le titre de Champion du Monde, *considérant la très grande supériorité de l'équipe du Canada sur l'équipe de France, championne d'Europe*. La décision prise, au même moment, de mettre en jeu le titre de Champion du Monde de basket-ball dans un tournoi à trois entre l'équipe championne d'Europe, l'équipe championne du Canada et l'équipe championne des États-Unis se concrétise aux 3e Jeux Féminins Mondiaux à Prague et voit la victoire du Canada. Par contre, la demande réalisée par le Canada pour l'organisation d'un tournoi de basket-ball à Amsterdam, ou à défaut une démonstration, dans le programme

692 *La femme sportive*, 1er mai 1921.

693 *L'Éducation Physique et Sportive Féminine*, 1er juin 1931.

694 Amar M., op. cit., p. 179.

695 Laget F. et S, Mazot J. P., op. cit., p. 208.

696 *L'Écho des Sports*, 27, 28, 29 et 31 mars 1921.

des Jeux est refusé par le CIO. En 1934, à Londres, lors des 4e Jeux, largement dominés par l'Allemagne, la France s'impose, infligeant une sévère défaite aux États-Unis trente-quatre à vingt-trois[697].

De loin le plus pratiqué, le basket-ball a tendance à *détrôner* les autres sports féminins[698]. *Comme à Paris, le basket-ball est en vogue à Reims et on compte actuellement une quinzaine d'équipes. On comptait à Reims en 1922 une vingtaine de sportives, dont une équipe de football. On en totalise aujourd'hui en 1927 environ 250 et quatorze équipes de basket-ball sont formées. Cela compense largement la disparition à Reims, du football féminin* [699]. Le championnat de France qui comprenait 14 équipes en 1929 en compte désormais 34 en 1930 dont 28 en province. Pour Mlle Joly, secrétaire de la FFSF, *ce succès tient dans la facilité qu'ont les clubs à former des équipes. Alors qu'il est difficile pour un club à faible recrutement de maintenir toute une saison onze joueuses, surtout de les maintenir en forme, il est plus facile d'en aligner cinq, ce qui réduit d'autant le risque de forfait. D'autre part pour le football et la barette les clubs manquent de terrains alors que pour le basket-ball ceux-ci sont très nombreux* [700].

Les dimensions restreintes de la surface du jeu permettent d'installer un terrain favorable n'importe où en plein air et dans les gymnases, sous tous les préaux, la balle au panier est en effet un jeu facile à pratiquer partout[701]. Il bénéficie en outre de préjugés favorables, d'une meilleure propagande que les autres sports et de la faveur des pouvoirs publics et de la FFABB selon M. Pagès, Président du Comité fédéral de la FFSF[702]. Au début des années trente, devant le développement grandissant du basket chez les sportives au détriment d'autres comme le football et la barette qui marquent un léger déclin, la Fédération décide de porter tous ses efforts vers ce sport[703], et renonce alors au football.

2-3 La FFSF renonce au football

Le football féminin se meurt [704]. Cette chronique d'une mort annoncée par R. Moyse devient réalité au printemps 1933. Jeudi 24 mai, *L'Auto* titre :

---

697 Registre de la FSFI, op. cit.

698 *L'Auto,* 6 janvier 1931.

699 "L'activité sportive de la femme en province. A Reims.", *L'Auto,* 17 février 1927.

700 *L'Auto,* 6 janvier 1931.

701 *L'Éducation Physique et Sportive Féminine*, 1er juin 1924.

702 *L'Auto,* 6 janvier 1931.

703 *L'Auto,* 22 septembre 1931.

704 Moyse R., "La régression du football féminin", op. cit.

La Fédération Féminine abandonne le football. La raison invoquée ? Elle est purement financière. Le football est trop coûteux pour ses finances et les rencontres sont régulièrement déficitaires pour la Fédération[705]. C'est pourquoi celle-ci renonce à organiser ces matches disputés chaque dimanche.

Les difficultés financières de la Fédération ne sont pas nouvelles mais ne font que s'accentuer. En janvier 1926, on peut déjà lire dans la presse sportive les soucis de gestion que rencontre la trésorière Mlle Chabrel, interrogée par Géo Villetan, faisant le bilan de l'année écoulée. *Nous vivons médiocritement, faute d'argent*, déclare-t-elle[706]. Par mesure d'économie, le gouvernement a réduit la subvention de 60 000 à 30 000 francs. En janvier 1925, la Fédération enregistre un déficit de 10 000 francs. En conséquence, la Fédération se voit contrainte, en plus de la réduction des dépenses administratives, de supprimer les subventions aux comités régionaux, de limiter les frais d'organisation des réunions sportives, d'inciter les Comités régionaux à ne sélectionner pour les finales d'athlétisme à Paris que les meilleurs éléments... En basket-ball par exemple, la Fédération décide de ne plus donner aucune indemnité de déplacement pour les matches inter-régionaux et du championnat de France. En football, elle restreint les déplacements. La Belgique devient le seul adversaire de l'Équipe de France, de même qu'en cross-country ; plus question d'aller en Angleterre[707]. Le fameux France-Angleterre ne fait plus recette une fois satisfaite la curiosité du public. La Fédération limite donc ses actions, l'argent lui étant attribué ne faisant que baisser.

En 1928, Mme Lecoq-Carloni, secrétaire générale de la FFSF, interrogée par un journaliste, regrette amèrement les subventions qu'allouait le ministère de la Guerre plus généreux que le ministère de l'Instruction Publique. M. Gaudillère s'insurge aussi contre cette baisse des subventions. *La FFSF fait état de la pauvreté de son budget, et, en toute justice, nous devons reconnaître qu'elle a raison. Primitivement fixée à 30 000 F l'allocation gouvernementale fut ramenée à 20 000. Croit-on qu'avec 20 000 F on peut organiser le sport dans toute la France ? Et pourquoi cette diminution alors que chaque année, des milliers de francs sont alloués à des clubs ou sociétés n'existant qu'à l'état de fantômes ? Le gouvernement sur ce point, encourage bien mal le sport chez la femme!* Et ce ne sont pas les subventions accordées par le Conseil Général qui peuvent l'aider : 50 francs 35, un triste record[708]. Deux ans plus tard, la situation ne s'améliore

---

705 "La Fédération féminine abandonne le football ", *L'Auto,* 4 mai 1933.

706 Villetan G., "La détresse du sport féminin", *L'Auto,* 2 janvier 1926.

707 Moyse R., "La saison d'hiver des sportives", *Match,* 22 octobre 1929.

708 *Match* , 9 octobre 1928 ; *Don Quichotte,* n°3, 1928 ; *L'Auto,* 3 janvier 1929.

pas. M. Bréard, président du CS de l'Yonne, constate à son tour que les moyens financiers de la FFSF sont toujours insuffisants. La situation est paradoxale : les subventions sont réduites alors que les directives incitent à restreindre les exhibitions, seule source de revenus[709]. C'est pourquoi la FFSF demande, en 1930, à retrouver 60 000 francs de subventions par an[710]. Cette pénurie se ressent dans les Comités Régionaux qui sont eux aussi en difficulté. La présidente du Comité de Paris de la FFSF, Mlle Zaremberg, souligne en 1932 le manque de ressources. *Notre budget (!) se base sur une subvention de 300 F du Conseil Municipal, 600 F de cotisations, les droits d'engagements, encore que ceux-ci servent à l'achat des prix, et c'est tout. C'est peu. Autrefois la FFSF nous allouait une subvention de 1800 francs mais cette année : rien*[711]. En 1933, lorsque la FFSF décide d'abandonner la gestion du football, la situation financière est aussi critique. Elle lance d'ailleurs une grande souscription publique pour réunir l'argent nécessaire à l'achat d'un terrain.

Le gouvernement limité dans ses crédits budgétaires ne donne qu'une subvention annuelle insuffisante. Dans les années trente, la crise qui frappe le pays, comme les autres pays industriels, accentue ce blocage des subventions. Bien que touchée plus tardivement que ses voisins, la France est en effet atteinte à son tour par la dépression économique en 1931. La production industrielle recule, la production agricole ralentit très fortement. Le secteur textile est frappé de plein fouet. Les revenus des salariés chutent en moyenne de 25 à 28,5 % entre 1929 et 1935[712]. Les finances publiques subissent elles aussi le contrecoup de cette paralysie de l'activité économique puisque les rentrées fiscales diminuent. Le budget est déficitaire en 1931 alors qu'il était en excédent depuis plusieurs années. Et *la situation budgétaire ne fait que se dégrader à mesure que l'on s'enfonce dans la crise, les dépenses excédant toujours plus les recettes*[713].

Néanmoins, si le manque d'argent est très vraisemblablement une raison majeure qui pousse la Fédération à l'abandon du football, ce n'est pas l'unique cause. En 1927, R. Moyse suggérait déjà dans les colonnes de *L'Auto* de supprimer la barette réunissant un nombre restreint de

---

709 *L'Auto* , 2 janvier 1930 ; 25 mars 1930.

710 En 1924, la subvention accordée est de 60 000 francs pour la FFSF comme pour la FFFGEP. A titre indicatif, la même année, les Fédérations Françaises de Lawn-Tennis et de Hockey se voient attribuer 20 000 francs chacune, la Fédération de Football Association 100 000 francs, l'Athlétisme 150 000, l'Union des Sociétés de Gymnastique de France 220 000 francs...Cf *Le Gymnaste*, 1er janvier 1924.

711 "Le développement du sport féminin dans la région parisienne", *L'Auto,* 23 janvier 1932.

712 Berstein S., *La France des années 30*, Paris, Armand Colin, 1988, p. 48.

713 Weber E., *La France des années 30. Tourments et perplexités*, Paris, Fayard, 1995, p. 67.

pratiquantes, afin de faire des économies au profit de l'athlétisme. *La FFSF devrait supprimer de son sein la gestion de la barette dont le championnat ne mettra à nouveau en présence cette saison, que trois ou quatre clubs, et employer l'argent dont elle dispose, à l'entraînement de nos athlètes qui l'an prochain et pour la première fois seront admises aux Olympiades* [714].

Cette décision prise à la fin de la saison 1932-1933 n'est pas véritablement une surprise ; elle est attendue. Elle mûrit en fait depuis un moment. Selon les dirigeants de Femina Sport, *le football, depuis toujours, est tenu à l'écart et sournoisement combattu par la FFSF et le Comité de Paris. Jamais personne n'a fait un geste en sa faveur, ni écrit une ligne pour répondre aux informations mensongères que l'on publie régulièrement*, écrivent-ils dans leur bulletin officiel[715]. En effet, depuis quelques années déjà des voix s'élèvent pour supprimer le football qui, selon certains, cause du tort à la propagande du sport féminin en général tant il connaît d'adversaires. Au sein même de la FFSF, Andrée Joly, secrétaire, affirme en 1931 : *les exhibitions de football, en public, sont le plus souvent désastreuses pour la propagande du sport féminin* [716]. R. Moyse, chroniqueur à *L'Auto* va dans le même sens : *la présentation sur le terrain de joueuses de football ou de barette a toujours causé plus de tort que de bien à la propagande des sports féminins dans leur généralité* [717]. *La FFSF ne peut arriver à rendre obligatoire dans ses sociétés l'éducation physique et technique des jeunes filles qui veulent pratiquer le football, qu'elle supprime carrément les épreuves officielles de ce sport ; celles qui voudront néanmoins le pratiquer par goût personnel pourront le faire en privé. Que la Fédération Féminine, dont le devoir est d'encourager le sport féminin en général n'hésite pas à abandonner pour le moment un sport dont elle ne peut assurer la vitalité et le développement.* Il ajoute, *il vaut mieux faire abstraction de toutes compétitions plutôt que de présenter des jeunes filles non préparées aux efforts qu'elles nécessitent, pouvant en cela nuire au développement du sport féminin en général* [718]. Le football féminin ternirait donc l'image du sport féminin et de la FFSF. C'est ce qu'évoque aussi l'entrefilet paru dans *L'Auto* le 1er juin 1933 à propos de l'Assemblée Générale de la FFSF : *Le football ne réalisant pas la propagande que la Fédération était en droit d'espérer est abandonné par la FFSF.*

L'abandon d'une activité trop gênante n'est pas une nouveauté. La Fédération connaît un précédent. En 1926, elle décide de ne plus gérer le cyclisme féminin à la suite de faits jugés inadmissibles. *Sur la proposition*

---

714 Moyse R., "Supprimons la barette!", *L'Auto*, 29 septembre 1927.

715 *Femina Sport*, n°42, septembre 1933.

716 *L'Auto*, 18 novembre 1931.

717 Moyse R., "La régression du football féminin", op. cit.

718 *L'Auto*, 28 décembre 1929.

de la Commission de Moralité réunie d'urgence qui, à la suite du Comité de Paris supprimant sa commission de cyclisme, a pris connaissance du dossier transmis par le dit Comité, et à la suite des plaintes reçues décide de ne plus reconnaître le cyclisme à la Fédération[719]. Ce jugement supprime le sport cycliste féminin en France c'est-à-dire les compétitions de course sur route, l'Union Vélocipédique de France interdisant les courses sur piste sur tous ses vélodromes. En conséquence, les effectifs chutent et, en 1929, seules trois sociétés s'intéressent encore au cyclisme. Cette décision a toutefois moins d'impact que pour le football le cyclisme étant peu développé et le nombre de licenciées n'ayant jamais dépassé la soixantaine[720].

La Fédération cède cette fois-ci à la pression de la propagande anti-football féminin. Lutter contre un état d'esprit assez défavorable au football féminin à un moment où le football se professionnalise devient une position intenable. Le professionnalisme, devenu une véritable obsession à partir du milieu des années vingt, comme nous l'avons déjà souligné, est en effet officialisé en juin 1932. Le football est alors un véritable métier, une entreprise de spectacle et ce n'est donc sans doute pas un hasard si l'abandon de la FFSF coïncide avec la fin de la première saison du championnat professionnel.

De plus, bien que le football féminin ait été consacré par plusieurs rencontres internationales, il n'est pas reconnu internationalement et ne peut donc assurer de propagande à l'étranger chère aux politiques et aux mécènes. Pourtant, c'est une réunion internationale d'athlétisme et de football (France-Angleterre) qui avait servi de prologue à la naissance de la FSFI, comme le souligne A. Milliat[721]. La FSFI adopte et réglemente, d'ailleurs, le football dès le premier congrès tenu le 31 octobre à Paris[722]. Mais le football n'a pas beaucoup de succès. *Si en France le football féminin marque lamentablement le pas, il en est de même pour les autres nations. En Angleterre, il est à peu près tombé ; dans d'autres pays, tels que la Tchécoslovaquie ou la Yougoslavie, il a été très mal accueilli ; le « Hazéna », jeu national là-bas l'a facilement détrôné ; en Allemagne, c'est le hand-ball ; en Amérique et au Canada, le nombre des équipes de basket-ball est de beaucoup supérieur aux quelques unités qui pratiquent le football*[723]. Nombreux sont ceux qui pensent qu'il est *nécessaire de renoncer au cyclisme, au football et aux sports athlétiques pour porter tout l'effort sur l'éducation physique, la natation et le basket-ball, qui*

---

719 *Sports Féminins*, 31 août 1926.

720 Moyse R., "La situation du cyclisme féminin en France", *L'Auto*, 8 mai 1929.

721 *L'Auto*, 22 mars 1923.

722 Registre de la FSFI, op. cit.

723 "Le football féminin peut-il encore faire des progrès ? ", *L'Auto*, 17 août 1926.

conviennent parfaitement aux jeunes filles et ne nécessitent ni de gros frais, ni des effectifs conséquents[724].

2-4 La FFSF disparaît à son tour

Si l'on peut considérer que le football féminin a pu porter atteinte à la notoriété de la Fédération, jusqu'à sa perte, on peut penser, à l'inverse, que le football naissant ne bénéficie pas d'une organisation suffisamment solide pour l'aider à se développer. La FFSF subit, en effet, diverses crises au cours de son existence dont la presse se fait l'écho et qui n'aident pas à sa reconnaissance. Non seulement des tensions apparaissent très tôt entre les différentes fédérations et ne font que s'exacerber, mais des crises internes à la fédération ébranlent un édifice qui n'est pas très solide.

Nous avons vu précédemment que le mouvement sportif féminin est divisé en plusieurs forces. La Fédération d'Éducation Physique Féminine, groupant les sociétés catholiques depuis 1922, et la section féminine de la FST étant peu développées[725], ce sont en réalité deux tendances qui se heurtent, la FFSF (initialement FSFSF) et la FFFGEP (issue de la FFFGS elle-même résultat de la fusion de l'UFSGF et de la FFFSA). Très tôt, la Fédération sportive de Mme Milliat doit se défendre des attaques menées par sa rivale qui use des mêmes arguments que les hommes, faire face au reproche d'exhibitionnisme, affirmer avec force que *ses clubs ne sont pas des usines à championnes*[726]. Les rapports sont plutôt tendus. La tentative de fusion entre ces deux principales organisations féminines se solde d'ailleurs par un échec, la FFFGS refusant notamment deux principes fondamentaux mis en avant par la FSFSF : l'indépendance de la Fédération par rapport aux fédérations masculines et la majorité féminine au bureau[727].

L'entente de 1922 reconnaissant la FFSF comme seule fédération officielle régissant le sport féminin et la FFFGEP comme étant exclusivement chargée de l'éducation physique et de la gymnastique féminine[728] n'a pas apaisé les tensions. La FFFGEP organise des manifestations sportives d'athlétisme, de basket-ball qui déplaisent à la FFSF ; de l'autre côté, la FFSF encourage de plus en plus ouvertement la pratique de l'éducation physique chez ses sportives. Si dans les deux fédérations cohabitent éducation physique et sport, les opinions divergent

---

[724] *L'Auto*, 7 janvier 1929.

[725] Les sportives "rouges" ne représentent que 6% des sportives françaises d'après Amar M., "La sportive rouge (1923-1939)", op. cit.

[726] *Bulletin des Sociétés Féminines Françaises de Sports et Gymnastique*, février-mars 1921.

[727] *La Femme Sportive*, 1er juin 1922.

[728] *L'Auto*, 19 octobre 1922.

sur la façon de pratiquer. La FFFGEP, selon son président, *fait du sport sans compétition ouverte,* défend le *sport édulcoré* [729] alors que l'autre fédération chercherait à imiter le sport masculin. N'ayant pas la même conception du sport féminin, les deux organisations vivent donc dans une atmosphère de constante hostilité dont le bulletin officiel de la FFFGEP est le reflet.

Les propos développés par la FFFGEP, dans son bulletin fédéral, *Éducation Physique et Sportive Féminine*, sont en effet assez virulents à l'égard de sa rivale. Nombre d'articles, notamment signés de la main du docteur Henri Diffre, dénoncent les excès en tout genre que nous avons évoqués plus haut[730]. Des coupures de presse sur ce sujet viennent par ailleurs compléter ces propos, notamment ceux de Victor Breyer dans *l'Écho des sports* ou extraits de journaux régionaux. Des polémiques naissent dans la presse sportive également. Le ton de ces attaques bien ciblées se fait de plus en plus dur. *Qu'on en finisse avec cette erreur grave qu'est le sport féminin actuel. Que les dirigeants du sport féminin abandonnent une voie néfaste, ils vont à l'encontre du but poursuivi*, écrit R. Amy, le président. *Il est inadmissible que cette dirigeante* (A. Milliat) *continue son oeuvre néfaste et que sa fédération soit subventionnée par le sous-secrétariat d'État à l'Éducation Physique, dont le rôle est d'aider les Sociétés qui donnent de la santé à nos jeunes gens et à nos jeunes filles et ne les tuent pas*, ajoute-t-il à la suite du décès de Georgette Gagneux d'une grave maladie[731].

Avec l'essor du basket-ball que l'on a souligné précédemment, la pression s'accentue. Si très nettement, le sport et l'athlétisme de compétition sont critiqués et désapprouvés, le basket-ball, on l'a vu, est valorisé par la FFFGEP. La concurrence est donc grandissante, leurs efforts convergeant sur une même activité. La FFFGEP met ses sociétés en garde contre ce qu'elle nomme *l'offensive adverse* et rappelle à celles qui jouent le basket-ball qu'elles n'ont pour continuer d'exercer nul besoin de s'affilier à une autre fédération, d'autant que celle-ci développe un *vilain jeu* [732]. Les nouveaux statuts adoptés par la FFSF, en 1931, intégrant le terme d'éducation physique, sont aussi la source de nouvelles polémiques. L'article premier des statuts stipule en effet que son but est *de grouper les Sociétés Féminines en vue du développement de l'éducation physique et sportive féminine en France. Elle favorise la pratique des exercices physiques, et régit tous les sports individuels ou collectifs qu'il lui semblera utile d'adopter* (...)[733]. La FFFGEP reproche à la FFSF de sortir des attributions fixées par l'accord

---

729 *Éducation Physique et Sportive Féminine*, 1er décembre 1927-1er janvier 1928.

730 Cf notamment, 1er décembre 1923 ; 1er avril 1924 ; 1er juillet 1924 ; 1er janvier 1925 ; 1er février 1926 ; 1er juillet 1926.

731 *Éducation Physique et Sportive Féminine*, 1er mai 1931.

732 *Éducation Physique et Sportive Féminine*, 1er février 1931 ; 1er juin 1931.

733 Archives de la Préfecture de Police de Paris, ASS 27971P.

signé en 1922 et de calquer son programme sur le sien. Il n'y a pas un fossé entre les deux fédérations et d'ailleurs, certaines sociétés féminines, comme *Femina Sport*, appartiennent aux deux fédérations. En fait, une fédération fait pratiquer de l'éducation physique à ses sportives et l'autre des épreuves sportives à ses meilleures licenciées, l'une privilégie le sport éducatif, l'autre le sport de compétition. Un seul point d'achoppement subsiste donc : les compétitions qu'autorise la FFSF et que condamne la FFFGEP.

Cette divergence entre les deux conceptions du développement du sport féminin dépasse les batailles d'idée entre fédérations en suscitant également de vives tensions au sein même de la FFSF. Pour Madame Milliat, la culture physique doit précéder le sport, doit être un *prélude aux jeux de ballon et à l'athlétisme* ; pratiquée seule, elle est une source d'ennui. La compétition, quant à elle, *n'est pas le but du sport mais c'est son complément inéluctable, car sans elle il n'y a pas d'exemple, il n'y a pas de progrès. Il ne faut pas en faire l'unique souci d'une fédération, mais il faut s'en servir pour créer l'émulation par la production d'une élite qui doit se renouveler et, par son exemple, amener les faibles, les timides, aux exercices de plein air, constituant à la fois un bienfait physique, moral et social*[734]. Madame Le Grand, pour sa part, ne nie pas la valeur éducative de la compétition, mais regrette que *les excès engendre la championnite, une maladie grave du point de vue physique par le surentraînement qu'elle impose, grave du point de vue moral, car le fait envisager le sport non pas comme un moyen de perfectionnement physique, d'équilibre moral et intellectuel, mais comme une fin en soi* [735]. Elle préfère mille pratiquantes obscures à une seule championne, reprochant à Madame Milliat de porter toute l'activité de la fédération sur la compétition.

Ces deux tendances, l'une incarnée par Mme Milliat et l'autre par Mme Le Grand ne pourront cohabiter et verront, en 1930, la démission de Mme Le Grand et le retour de Mme Milliat qui avait abandonné la tête de la Fédération depuis 1926. Mme Le Grand luttant avec difficulté contre l'esprit de compétition avait cherché à démissionner déjà à deux reprises au cours de l'année 1928, une première fois en février et une seconde fois en novembre, ce qui avait créé un sérieux malaise au sein de la Fédération. R. Moyse écrit à ce sujet *il est incontestable que la FFSF traverse actuellement une très mauvaise période, subissant à nouveau, une crise sérieuse de direction. Les récentes polémiques et critiques émises de toutes parts, nos échecs aux Jeux Olympiques d'Amsterdam, et le récent fiasco des dernières réunions de la saison confirment l'opinion générale, que le marasme règne*

---

734 "Madame Milliat expose sa conception du sport féminin", *L'Auto,* 1er mai 1930.

735 *L'Auto,* 25 avril 1930.

actuellement au sein de la FFSF[736]. Les événements de 1930 accentuent ce malaise dont souffre la Fédération, elle qui doit se remettre perpétuellement d'une nouvelle crise.

En effet, rappelons que dès 1919 éclatent des dissensions au sein de la FSFSF, amenant M. Gustave de Lafreté, alors vice-président, à quitter la Fédération pour créer le Comité Directeur des Sports Féminins à l'USFSA. Deux ans plus tard, à l'automne 1924, une scission au sein de la FFSF conduit à la création d'une nouvelle fédération, l'*Union Sportive Féminine de France*[737], dont la vie sera toutefois éphémère.

Au-delà des querelles d'idées, s'installent aussi, semble-t-il, des querelles de personnes dues, selon M. T. Eyquem, à la personnalité débordante de Mme Milliat[738]. Active, déterminée, elle fait beaucoup pour le sport féminin, mais, à contrario, ses opinions très tranchées ne font pas toujours l'unanimité. Sa passion, sa détermination la conduisent à écrire parfois des propos très virulents à l'égard de certains. Le ton d'une lettre envoyée à Mme Le Grand est assez révélateur des rapports qui pouvaient exister entre Mme Milliat et les autres propagandistes du sport féminin. En effet, à la suite d'un forfait de la France de dernière minute pour un match de basket France-Italie, Mme Milliat, en tant que présidente de la FSFI lui écrit : *Quand finirez-vous de saboter le sport féminin en France et le bon renom de la France à l'étranger! (...) Vous ne comprendrez jamais un rôle que vous êtes incapable de tenir. Quant à tant d'incorrections de divers genres, on ajoute une incompétence aussi nuisible, on est indigne de diriger un groupement national*[739]. A la lecture de ces lignes, on peut imaginer que la personnalité de Mme Milliat, son assurance, et certaines indélicatesses, aient pu gêner ou froisser certains dirigeants voire freiner certaines négociations, en dépit de tout ce qu'elle a mis en oeuvre pour le sport féminin. Néanmoins, cette femme à *poigne solide*, selon l'expression de M. Piret[740], ne se devait-elle pas d'agir avec détermination et fermeté pour imposer ses idées dans un monde masculin particulièrement hostile à la pratique sportive féminine ?

Ces remous qui agitent la Fédération, ces rivalités qui l'opposent aux Fédérations concurrentes, sont-ils pour autant préjudiciables au mouvement sportif féminin? *Les difficultés par lesquelles nous sommes passées : conflits, absences de pouvoir central, chamaillerie entre dirigeants ont créé une période de désordre dans notre propagande. Le sport féminin n'en a été*

[736] *L'Auto,* 17 octobre 1928.

[737] *Encyclopédie des Sports*, op. cit., 1924, p. 414.

[738] Eyquem M. T. , op. cit., p. 34.

[739] "La lettre de Mme Milliat à la Fédération Féminine", *L'Auto,* 24 avril 1930.

[740] Piret M., dirigeant du CS de l'Orge, in *L'Auto,* 29 avril 30.

nullement affecté dans ses pratiquantes ; mais il a perdu, au point de vue respectabilité, vis à vis des pouvoirs publics, des organes sportifs des diverses fédérations. On a négligé l'effort nécessaire ; on avait bien d'autres soucis alors que de communiqués à la presse, de tam-tam et de battage[741] *!* Cette situation décrite par J. Brûlé en 1925 pourrait être la description de la situation de la Fédération des années trente. Si les démissions retentissantes, les vives critiques à l'égard du sport de compétition féminin contribuent à affecter la FFSF qui perd progressivement l'appui moral et matériel des pouvoirs publics les effectifs continuent toutefois à augmenter ; ils restent cependant inférieurs à ceux de la FFFGEP[742].

La Fédération, fragilisée, perd toutefois peu à peu sa légitimité et va finalement disparaître. L'abandon du football qui est apparu, à un moment donné, comme nécessaire à la survie de la Fédération ne s'avère pas suffisant pour la sauver. La Fédération féminine sportive piétine ; ses effectifs s'accroissent dans des proportions infimes, constate-t-on en 1928. *La Fédération féminine est en régression certaine, lorsque le 19 mai 1930, Mme Milliat en reprend la direction, confiant la trésorerie à Mlle Germaine Gagneux*[743]. L'un des principaux obstacles au bon fonctionnement général de la Fédération est le manque de ressources. Les subventions gouvernementales se faisant d'année en année de plus en plus minces, la situation financière de la FFSF devient délicate. En conséquence, son action est de plus en plus limitée. Les grandes rencontres internationales sont de plus en plus rares, on l'a vu. Elle ne va plus organiser que des compétitions de basket-ball et d'athlétisme[744]. Le projet d'aménagement d'un stade fédéral accentue son enlisement. Fin 1935, *elle n'a plus d'argent en caisse, sinon quelques milliers de francs bien inférieurs à ses dettes.* De plus, *elle a des procès sur le dos.* Son avenir paraît bien compromis d'autant que le ministre de la santé publique et de l'éducation physique, Ernest Lafont, refuse le versement de toute subvention[745].

La FFSF s'est fourvoyée dans une situation inextricable. La souscription nationale lancée en mai 1933 pour l'édification d'un stade féminin aux portes de Paris a dû être interrompue, sans que pour autant les promesses de subventions spéciales aient été tenues. Les difficultés de trésorerie générées par l'organisation de cette loterie sont quasiment

---

741 "Le football féminin est-il en régression ?", *L'Auto,* 18 novembre 1925.

742 La FFSF compte 293 sociétés en 1927 et 451 en 1933, d'après les Archives de la Préfecture de Police de Paris, ASS 27971[P]. La FFFGEP rassemble plus de 500 sociétés en 1928, d'après *L'Auto*, 24 novembre 1928.

743 *L'Auto,* 13 février 1928 ; Eyquem M. T., op. cit., p. 59.

744 Oger M., "L'avenir de la FFSF", *L'Auto*, 3 avril 1935.

745 *L'Auto*, 10 décembre 1935 ; 16 décembre 1935.

impossibles à surmonter. Au début de l'année 1935, la vente au public de pochettes contenant des bons de réductions chez des fabricants et des commerçants ne suffira pas à réapprovisionner les caisses encore moins à dissiper la méfiance des pouvoirs publics. En effet, si le refus de subvention du Ministre a officiellement pour origine les soucis financiers de la Fédération, cela était en fait prévu par ses prédécesseurs qui avaient déjà réduit les subventions dans des proportions considérables.

Sans ressource la FFSF ne peut plus participer aux épreuves internationales ni organiser ses propres championnats d'athlétisme et de basket-ball[746]. Elle perd donc sa légitimité d'autant que les épreuves de préparation olympique ne peuvent avoir lieu non plus faute de crédits. Devant ces difficultés, Mlle Cherer, la présidente qui succède à A. Milliat, convoque les délégués et les membres de la Fédération en assemblée générale extraordinaire, le 15 décembre 1935 et propose une dissolution qui semble inévitable. Malgré la situation particulièrement critique, l'assemblée repousse, par trente-cinq voix contre vingt-huit cette dissolution[747]. Pourtant la Fédération ne peut, de toute évidence, pas vivre matériellement, engagée dans des transactions sans issue, une situation judiciaire délicate... En conséquence, Mlle Cherer donne sa démission de présidente, en janvier 1936, son poste devenant intenable, sans le soutien ni du Gouvernement ni du Comité National des Sports. La FFSF survivra encore quelques mois puis sera finalement dissoute en mai 1936[748].

Quoi qu'il en soit, la FFSF, *avant même d'être « suicidée », est remplacée*[749]*!* En effet, dès décembre 1935, la FFA, par la voix de son président, M. Genet, prend la décision de retirer à la FFSF la délégation accordée concernant la direction de l'athlétisme. La FFSF continue légalement d'exister, mais elle n'a plus la délégation pour l'athlétisme féminin. La FFA envisage initialement de prendre le relais en créant une commission féminine en son sein, puis devant la réticence de certaines ligues optent pour la création d'un groupement féminin autonome. Le 27 mai 1936, la Fédération Française d'Athlétisme Féminin est officiellement constituée, avec la collaboration des dirigeantes de la FFSF, notamment Mlle Cherer et Mlle Gagneux, qui feront partie du Bureau, respectivement au poste de trésorière et secrétaire générale. Ce Bureau fédéral, élu le 3 juin, sera présidé par M. Vandenberghe, des Linnets de Saint-Maur ; le siège fixé au même endroit que celui de la FFA, rue de Clichy. Pour son démarrage, la FFA a obtenu des pouvoirs publics une subvention initiale de 10 000 francs

---

[746] *L'Auto*, 1er novembre 1935.

[747] Oger M., "La FFSF continue d'exister...", *L'Auto*, 16 décembre 1935.

[748] *L'Auto*, 29 janvier 1936 ; 28 mai 1936.

[749] *L'Auto*, 7 mai 1936.

qui permettra d'aider à la mise en train et surtout à l'organisation des championnats de France[750].

Quant au basket-ball, la FFSF s'en voit aussi dépossédée. Au printemps 1936, la FFBB annonce, elle aussi, le retrait de son mandat. *Le Comité central rappelle que la Fédération française de basket-ball est le seul pouvoir dirigeant, régissant le basket-ball en France. Considérant que la situation actuelle du basket-ball féminin lui crée le devoir d'intervenir, décide le retrait du mandat qui avait été donné en fait à la Fédération Féminine Sportive de France, et l'organisation du basket-ball féminin dans le cadre de la Fédération*[751]. Cependant la FFBB envisage différemment l'organisation du basket féminin. Elle ne constitue pas une commission féminine, chaque commission, sportive, de propagande, des arbitres se chargeant chacune de la pratique féminine[752]. Néanmoins, la FFBB s'appuie sur une personnalité très au courant des questions féminines, Mlle Gagneux qui rejoint le comité fédéral. Quelques nouveautés apparaissent et notamment la dispute d'un championnat régional.

Cette orientation du sport féminin en France coïncide avec les orientations internationales. La demande de l'IAAF de prendre en charge la direction de l'athlétisme féminin se fait, elle aussi, plus pressante. Si Mme Milliat réussit, malgré la pression, à conserver à la FSFI la direction de l'athlétisme féminin, au Congrès de l'IAAF en août 1934, sa tâche devient de plus en plus délicate avec le temps. Le président de l'IAAF s'attache à son idée. *Les procédés de force employés contre nous pour nous tenir éloignés du Congrès de l'IAAF* (d'août 1936), *éloignés du Jury, éloignés même du Stade ont fait comprendre à Mme Milliat que l'IAAF par la personne de son président et de ses amis directs, ne reculerait devant aucun moyen pour tuer la FSFI,* peut-on lire dans le compte-rendu du 9e Congrès de la FSFI, d'août 1936. Par ailleurs, l'idée de supprimer les Jeux Mondiaux pour obtenir un programme complet aux Jeux Olympiques se fait jour au sein même de la FSFI par la voix de l'Allemand Voss au cours du 8e Congrès, en 1934. La FSFI s'affaiblit. Est-ce pour cette raison que A. Milliat se retire de la FSFI, de peur de se faire déposséder de son oeuvre, ou est-ce pour raison de santé[753]?

Malgré tout, A. Milliat défend activement son organisation. Mécontente des résultats des négociations, elle se prononce contre la participation féminine aux Jeux tant celle-ci est devenue minime et demande

---

750 *L'Auto*, 8 juin 1936 ; 2 juillet 1936.

751 Décision entérinée par le Comité central de la FFBB, le 7 avril 1936. Cf "Femmes à la une", *100 ans de basket-ball*, supplément à la revue *Basketball*, n°566, décembre 1991, p. 23.

752 *L'Auto*, 29 octobre 1936.

753 Mme Milliat démissionne de la FFSF en mars 1935 pour des raisons de santé. *L'Auto*, 24 mars 1935.

donc au président du CIO d'exclure toutes manifestations sportives féminines aux JO et de reconnaître la seule FSFI comme organisme souverain de l'organisation des Jeux quadriennaux féminins[754]. Mais aucune décision ne peut être prise sans accord avec les fédérations internationales et les débats avec l'IAAF sont tendus. Finalement, les décisions prises montrent qu'elle n'a pas été entendue. Le Congrès de l'IAAF réuni à Berlin en août 1936 décide par quinze voix contre quatre et cinq abstentions, de prendre la direction de l'athlétisme féminin[755]. Les records du monde homologués par la FSFI sont reconnus, mais les Jeux Mondiaux Féminins sont supprimés. Trois nouvelles épreuves sont par contre ajoutées aux Jeux Olympiques, le 200m plat, le saut en longueur et le lancement du poids. On est loin du programme complet que réclamait la FSFI pour abandonner la direction de l'athlétisme féminin! Néanmoins, *dans les faits, la FSFI n'a plus d'activités après 1936,* d'autant que la FIBA décide au même moment de contrôler le basket féminin, *apparemment sans qu'elle soit formellement dissoute*[756]. Au plan international comme au plan national, les hommes récupèrent donc un mouvement qu'ils ont refusé pendant des années, sans doute par crainte qu'il n'échappe à leur contrôle, à leur pouvoir.

2-5 L'impossible autonomisation du football féminin

La FFSF renonce au football, mais... les sportives continueront à le pratiquer[757]. Dans le courant de l'été 1933, les sociétés parisiennes pratiquant le football s'organisent, sous l'impulsion des dirigeants de Femina Sport notamment, pour permettre aux footballeuses de continuer à pratiquer leur sport favori même si celui-ci est en perte de vitesse. Fin août tous les clubs pratiquant le football sont convoqués au Stade Femina ; l'ordre du jour est clair : formation d'un groupement et organisation de la saison[758]. Cette réunion des délégués d'une quinzaine de groupements parisiens jouant habituellement au football décide la constitution d'un groupement sportif spécifique pour la pratique du football féminin. Reprenant les structures préexistantes, ce groupement aura toutefois du mal à survivre.

Réunis en assemblée extraordinaire les délégués des sociétés *Cadettes, Clodo, CRS-4-Chemins, Dunlop Sport, En Avant, Femina Sport, Hirondelles, Montrouge, X, Basco-Béarnaises* créent ainsi la *Ligue*

---

[754] Lettre de A. Milliat présidente de la FSFI au Comte de Baillet-Latour président du CIO, courrier n°7379, Archives du CIO.

[755] Registre de la FSFI, op. cit.

[756] Gafner R.(sous la dir. de), *Un siècle du CIO* , op. cit., p. 229.

[757] *L'Auto,* 28 septembre 1933.

[758] *L'Auto,* 21 septembre 1933.

Féminine de Football Association (LFFA). Ils créent donc une fédération unisport autonome comme leurs homologues, quelques années plus tôt, avaient créé la Fédération Cycliste Féminine de France quand la FFSF s'était désintéressée du sport cycliste féminin en 1926. Une partie des sociétés affiliées à la FFSF se groupe donc en une ligue dissidente dont le bureau est composé comme suit : M. Côme à la présidence, secondé par Mme Jeannot vice-présidente, Mlles Raspail et Lefebvre respectivement secrétaire et secrétaire adjointe, M. Jeannot en tant que trésorier[759]. On perçoit là une masculinisation de la direction de ce nouveau groupement avec deux hommes aux postes clés, présidence et trésorerie, et messieurs Camus, Heidmann et Hourdequin comme autres membres. Cette tendance se confirme en juin 1934 lorsque la LFFA réunie en assemblée générale forme un nouveau bureau qui conserve à sa tête M. Côme et à la trésorerie M. Jeannot, rejoints par M. Buisson au poste de secrétaire et M. Maunoir à celui de conseiller technique. Les femmes sont maintenues au rang d'adjointes ; Mlle Lefebvre reste secrétaire adjointe, Mlle Concord devient trésorière adjointe et Mlle Besnard, vice-présidente. Au cours de cette même assemblée, la LFFA décide de changer le nom du groupement pour celui de *Fédération Française de Football Féminin* (FFFF)[760].

Le football semble bien repartir. P. Payssé constate à *Femina* que *les footballeuses sont venues plus nombreuses qu'en 1932 s'inscrire au stade, et tous les clubs pratiquant ce sport ont vu leurs équipières revenir*[761]. Même la célèbre Violette Morris, ex-internationale, va rechausser les brodequins à crampons pour rejouer sous les couleurs de *Dunlop Sport*, la Ligue lui délivrant une licence. Un nouveau club, *Black and White* est créé, pour la pratique du football et de la culture physique. Dynamique, celui-ci développe très vite des cours de football technique tous les mardis et vendredis soir de 20h à 22h et un entraînement le dimanche de 9h30 à 12h[762].

Avant même sa constitution officielle, la LFFA décide, à la reprise à l'automne 1933, l'organisation d'un championnat de Paris en deux séries, comme la saison précédente. Finalement, les dirigeants optent pour un championnat avec deux poules. Rien de bien nouveau cependant. Dans la poule A, on retrouve *Femina Sport, Club des X, Hirondelles, En Avant, Femina 2, Black and White* et dans la Poule B, *Dunlop Sport, Clodo, Cadettes, CRS 4 Chemins, Basco-Béarnaises, Femina 3.* Les premières rencontres débutent le dimanche 26 novembre. La première édition voit la

---

759 *L'Auto,* 3 octobre 1933.

760 "La Fédération Française de Football Féminin est créée", *L'Auto,* 16 juin 1934.

761 *L'Auto,* 28 septembre 1933.

762 *L'Auto,* 26 octobre 1933.

victoire en finale de *Femina Sport* (champion du groupe A) qui, comme les deux saisons précédentes, l'emporte sur *Dunlop Sport* (champion du groupe B) par deux buts à un[763]. L'année suivante, en 1935, *Dunlop Sport*, de nouveau finaliste, l'emporte cette fois face à *En Avant* par quatre buts à zéro. En 1936, c'est le CA XIVe qui sort vainqueur à l'issue d'une saison sans aucune défaite[764]. Malgré les appels aux clubs de province, le championnat de la LFFA reste uniquement parisien, faute de participantes, semble-t-il.

Le match annuel France-Belgique en avril est également maintenu. En 1934, trois matches de sélection précèdent cette rencontre ainsi que deux matches d'entraînement « sélection de l'équipe de France », avec la formation définitive, contre « équipe de Paris ». Le match se dispute le 28 avril 1934 sur le terrain du *Red Star* à Saint-Ouen, sous le patronage de *L'Auto*. L'équipe de France se présente sous la formation suivante : Jouve, Concord, Manca, Ferrat, Villedieu, Delpuech, Boutinaud, Behr, Jeannot (capitaine), Arsac, Despau. La moitié de l'équipe participait déjà à la rencontre l'année précédente sous l'égide de la FFSF qui s'était soldée par un match nul[765]. L'équipe de France perd cette fois deux à zéro. Le compte-rendu dans *L'Auto*, dont voici un extrait, n'est pas de nature à revaloriser le football féminin : *pour la première fois, l'équipe belge a battu l'équipe française. Les Françaises ont baissé. Elles tentèrent bien par à-coups de réagir, mais chaque fois qu'elles arrivaient devant les buts adverses, elles perdaient tout contrôle de la balle. L'extrême gauche fut inexistant, et la cohésion fit défaut*[766]. Pourtant la fédération de football féminin organise des matches de propagande, équipe de France contre équipe de Paris à Houdan, à Amboise, à Cayeux, à Nanterre, à Persan, à Montereau pour l'inauguration du stade de l'ASA Monterelaise, en lever de rideau d'un match du *Red Star* à Saint-Ouen[767]... Une conférence sur le football féminin par M. Jacoby est par ailleurs organisée au Lycée Buffon, en octobre 1934[768].

Néanmoins, les Françaises renouent avec la victoire. Au printemps 1935, la France reçoit de nouveau les Belges le 23 mars, avec en lever de rideau le reste de l'équipe de France opposé à l'équipe de Paris. Ce match a lieu à Saint-Ouen, sous la présidence d'honneur de M. Queville, ministre de la santé publique et de l'éducation physique. L'équipe française qui compte quatre nouvelles joueuses sur le terrain gagne un but à zéro. Un mois plus

---

763 *L'Auto*, 19 avril et 24 avril 1934.

764 *L'Auto*, 6 juillet 1935 ; *L'Auto*, 8 avril 1936.

765 *L'Auto*, 28 avril 1934 ; *L'Auto*, 7 avril 1933.

766 "Déroutant tous les pronostics, la Belgique bat la France par 2 à 0", *L'Auto*, 29 avril 1934.

767 *L'Auto*, 4 décembre 1934.

768 *L'Auto*, 11 octobre 1934.

tard la victoire est plus nette encore six à deux face aux Anglaises. En 1936, l'équipe peu remaniée bat les joueuses belges trois à un[769].

Malgré les tentatives pour relancer le football, la FFFF connaît néanmoins des problèmes à son tour. Dès décembre 1934, M. Payssé prend la décision de déclarer forfait pour tous les matches opposant *Femina*, qui compte plusieurs équipes, à *Dunlop*. Celle-ci comprend Mme Morris dans ses rangs, connue pour le port de la tenue masculine. Les comptes rendus du Conseil de *Femina Sport* font, par ailleurs, allusion à l'automne 1935, à divers incidents avec la Ligue de Football[770]. Nous n'en connaissons pas vraiment la nature, mais ils ne favorisent certainement pas le développement de cette dernière. D'autres incidents fragilisent l'organisation fédérale. D'après la presse sportive, la Fédération Française d'Athlétisme aurait interdit les terrains de ses clubs au football féminin. Résultat : la pratique du football féminin s'éteint peu à peu. Au début de la saison 1935-1936, la section de football de *Femina Sport*, important foyer de footballeuses, est en régression en raison de *la défection d'un certain nombre de joueuses et à la suite de la campagne menée contre ce sport par les Pouvoirs Publics en particulier*[771]. En effet, les hauts dirigeants ne sont pas très favorables à cette activité. M. Dézarnaulds, sous-secrétaire d'État à l'Éducation physique, déclare à un journaliste à ce sujet : *en ce qui concerne les sports mon avis est net : il y a des sports pour la femme et des sports qui ne peuvent guère être utiles à son développement physique. Dans la première catégorie, je classerai le tennis, la natation, le basket-ball mais n'attendez pas de moi que je fasse pour le football et la barette, le même effort*[772]. En octobre 1937, la barette qui, comme ailleurs, ne fait plus d'adeptes est supprimée[773]. Le football disparaîtra peu de temps après.

Déterminer à quel moment précis les jeunes filles et les femmes cessent le football n'est pas chose aisée, mais certains articles nous laissent à penser que le football disparaît à la fin de l'année 1937. Suivre le championnat de football féminin dans la presse devient difficile dès la fin 1936 mais quelques comptes rendus attestent de sa vitalité en 1937. En février 1937, le classement du championnat de Paris publié par *L'Auto* nous indique que neuf équipes, issues de sept clubs, sont encore en lice : le *CA du XIVe, l'AS Préfecture de la Seine, le Club Féminin des X (1 et 2), les Cadettes de Paris, le SC Chatillon, Femina Sport (1 et 2) et En Avant*[774].

[769] *Le Miroir des Sports*, 23 avril 1935 ; *L'Auto*, 14 avril 1936.

[770] Réunion du Conseil de Femina Sport, 2 octobre 1935, Archives de Femina Sport.

[771] Ibid.

[772] Moyse R., "L"éducation physique féminine n'est pas oubliée...", *L'Auto*, 3 octobre 1936.

[773] Réunion du Conseil de Femina Sport, 6 octobre 1937, Archives de Fémina Sport.

[774] *L'Auto*, 16 février 1937.

Toutefois, les articles sur le sujet se faisant de plus en plus rares, nous n'avons pas trouvé le vainqueur de cette compétition. Au printemps 1937, le traditionnel France-Belgique a lieu à Cherbourg. A l'automne, au Stade Buffalo, en lever d'un match masculin, l'équipe de France rencontre l'équipe de Paris[775] . Ensuite, nous perdons les traces. Un article publié dans *L'Auto* en septembre 1938 au sujet des sports pratiqués par les femmes confirme que le football ne fait plus partie de leurs activités[776]. Malgré les tentatives de quelques adeptes de ce sport viril, le football féminin disparaît. A Femina Sport, au début de l'année 1939, une pétition est présentée par Mlle Carmen Pomiès en faveur du football. La direction répond à cette requête par la négative préférant une démonstration de hand-ball par deux équipes scolaires masculines[777], le dimanche 26 mars. En mars 1939, on retrouve malgré tout une allusion à un match de football dans la presse sportive. On peut lire : *FFFF : football, entraînement dimanche 5 mars à 10h30 au Stade Municipal de Châtillon pour un Challenge des Anciennes contre les Jeunes. Toutes les joueuses sont convoquées* [778]. Il s'agit sans doute davantage d'un match de folklore disputé par des nostalgiques que de réelles rencontres.

Il semblerait que ce groupement autonome de football cesse toute activité officielle à la fin de l'année 1937, marquant ainsi la disparition institutionnelle du football féminin.

Conclusion de la première partie

L'apparition du football féminin en France à l'automne 1917, un an avant la fin de la première guerre mondiale, s'inscrit en rupture avec les autres pratiques physiques développées jusque-là, pratiques distinctives et hygiéniques, et en même temps coïncide avec les débuts de la pratique féminine des sports dit athlétiques, les courses, sauts, lancers, le basket-ball et le cross country qui réunissent eux aussi des jeunes filles et des femmes issues de milieux modestes. Né à *Femina Sport*, société de gymnastique féminine installée dans le quatorzième arrondissement de Paris, le football féminin demeure une activité essentiellement parisienne malgré quelques essais éphémères en province à Reims, Toulouse, Tourcoing, Lille, Quevilly, Dreux et Marseille. En 1922-1923, il est pratiqué par environ deux

[775] *L'Auto*, 30 mai 1937 ; 28 novembre 1937.
[776] *L'Auto*, 15 septembre 1938.
[777] Réunion du Conseil de Femina Sport, 1er mars 1939, Archives de Femina Sport.
[778] *L'Auto*, 4 mars 1939.

cents jeunes femmes issues de quatorze sociétés en région parisienne et de trois clubs provinciaux (Reims, Toulouse et Tourcoing). Dix ans plus tard, *l'Olympique de Marseille* est la seule équipe à subsister en province .

Ignoré par l'USFSA, le CFI puis la FFFA, le football féminin s'organise en marge du sport masculin au sein d'une fédération multisports autonome la *Fédération des Sociétés Féminines Sportives de France* (puis *Fédération Féminine et Sportive de France*) qui voit le jour également en 1917. Cette fédération féminine dirigée essentiellement par des femmes, notamment Alice Milliat, met en place championnat de Paris, puis championnat de France sur le même modèle que les compétitions masculines.

Pour autant, on ne peut considérer que les joueuses de football affichent une volonté explicite de rivaliser avec les hommes. Elles ne font pas de la pratique du ballon rond un sujet de revendication pas plus qu'elles ne plaident par ailleurs pour l'amélioration des conditions de vie des femmes ou ne participent à la campagne pour le droit de vote... Comme les autres sportives, elles ne sont pas militantes. Et malgré le rapprochement tenté par le Conseil National des Femmes Françaises avec la création de la Coupe de football *La Française*, du nom de son organe officiel, les footballeuses ne rejoignent pas les mouvements féministes associatifs. Ne se retrouvent-elles pas dans cet élan contestataire animé par des femmes mûres appartenant aux classes moyennes et supérieures[779] ?

Néanmoins, les discours des dirigeantes du sport féminin français et en particulier de Alice Milliat, la plus dynamique d'entre elles, nous laissent à penser que les sportives les plus impliquées ne sont pas insensibles à la place et au rôle des femmes dans la société. Ce que confirment par ailleurs les propos de Paulette Leblond qui sont révélateurs de sa façon à elle de vivre les rapports entre les sexes : *je ne me suis pas mariée à cause du sport car j'ai préféré ça au mariage. Je suis trop indépendante*, nous confie-t-elle. *J'ai fait ma petite vie tranquille sans un sou d'un gars, ça je le dis car j'en suis fière*[780]. C'est pourquoi nous considérons la pratique du football et la pratique sportive en général moins comme un engagement militant revendicatif qu'une expression en acte du principe d'égalité des sexes, que d'autres nomment *féminisme en action*[781]. Même si elles n'ont pas toutes pour ambition d'améliorer la condition féminine, les footballeuses, en faisant une percée dans un univers masculin, constituent elles aussi un petit groupe de pression qui agit à sa façon pour l'émancipation non sans rencontrer nombre d'obstacles.

---

[779] Bard C., *Les filles de Marianne...*, op. cit., p. 11.

[780] Entretien avec Paulette Leblond, Paris, 5 septembre 1997.

[781] *La Française*, 21 janvier 1922 ; 10 mars 1922.

En effet, nombre de médecins, de journalistes, d'éducateurs et même de sportifs condamnent le football féminin usant d'arguments moraux, pseudo-scientifiques et médicaux que nous avons largement développés et dont il aura du mal à s'affranchir. Aggravé par le développement du professionnalisme et les divisions internes au mouvement sportif féminin, le déclin du football féminin semble inéluctable d'autant que la crise économique, sociale et politique renforce l'influence de ses adversaires. Le football féminin subit le contrecoup et échoue d'abord en 1933 puis en 1937.

La difficile féminisation du football durant l'entre-deux-guerres ne se déroule pas de façon linéaire. Deux phases peuvent être identifiées : une phase d'essor, après guerre et une phase de déclin qui s'amorce à la fin des années vingt pour s'accélérer durant les années trente. En ce sens le football féminin apparaît comme un miroir des rapports de sexe. Sa trajectoire est le reflet assez fidèle de l'émancipation des années vingt et la réaction des années trente.

Les années vingt présentent des signes d'émancipation féminine, souvent symbolisée par les cheveux courts à la garçonne. Des lendemains de la guerre émerge en effet, malgré les résistances, un nouveau modèle de la femme, la femme émancipée des « années folles », débarrassée du corset, jupes et cheveux courts, parfois en pantalon, bien qu'au-delà de ces apparences les normes restent vivaces[782]. L'activité féminine se développe dans différents domaines suscitant intérêt ou curiosité. Le moment est plutôt faste pour l'emploi féminin. Les jeunes filles, à l'exception de celles issues de milieux aisés, exercent de plus en plus souvent une activité salariée tout au moins jusqu'à leur mariage. Les femmes pénètrent massivement les bureaux, les services publics et administratifs[783] pour des tâches qui deviennent exclusivement féminines. Employées des postes comme dactylographes se multiplient. Ces dernières appartiennent généralement à des milieux modestes d'artisans, petits commerçants ou ouvriers, habitant dans des quartiers populaires de Paris ou dans des banlieues ouvrières[784] tout comme les midinettes de la couture ou les ouvrières de l'usine. La progression de la scolarité des jeunes filles, notamment dans l'enseignement primaire supérieur, favorise également l'accès aux professions d'institutrice et d'infirmière. Les femmes les plus diplômées, peu nombreuses, conquièrent ponctuellement des fonctions masculines. Le mouvement féministe s'élargit. Les porte-parole des aspirations égalitaires veulent se faire entendre. Pour Michèle Riot-Sarcey, l'essor du féminisme dans cette

---

782 Sohn A. M., "Entre-deux-guerres. Les rôles féminins en France et en Angleterre", Duby G. et Perrot M., op. cit., pp. 91-113.

783 Battagliola F., *Histoire du travail des femmes*, Paris, La Découverte, 2000, p. 56.

784 Sornaga A., "Autour des débuts de la dactylographie, les femmes et la machine à écrire", *Pénélope*, n°10, 1984, pp. 84-90.

période est intimement lié à l'essor du travail salarié[785]. Les féministes sont d'autant plus mobilisées que certaines nations viennent d'accorder le droit de vote (La Norvège en 1913, le Danemark en 1915, la Suède en 1918, l'Allemagne en 1919, la Belgique en 1920...).

En revanche, les années trente sont moins propices à l'émancipation. La grande dépression qui débute aux États-Unis en 1929 nous ramène à d'autres réalités. L'atmosphère de crise brise en effet tout élan, *déterminant une véritable réaction contre l'émancipation féminine, contre l'accession des femmes aux carrières intellectuelles, aux professions industrielles*[786]. Le travail des femmes est remis en cause. Le vêtement, le textile sont les premiers touchés ; après 1936 la crise s'approfondit et touche le secteur tertiaire. Les employées des postes sont massivement licenciées... Le chômage massif constitue un argument de taille pour le retour des femmes mariées au foyer. La pression contre le travail féminin se renforce. A partir de 1931 se développent dans la presse des articles particulièrement hostiles au travail féminin. Plusieurs congrès, en 1933, à Paris, revendiquent le retour au foyer[787]. Derrière la footballeuse, comme toute femme, se profilent l'épouse et la mère. Les valeurs familiales traditionnelles ont un succès croissant. Les féministes ripostent et maintiennent la pression mais avec moins d'ardeur. Face aux résistances masculines, le combat féministe s'essouffle. Montée du fascisme et menace de guerre provoquent l'enlisement de la cause suffragiste et le déclin des grandes associations féministes à partir de 1935-1936. 1940 mettra un terme aux revendications des femmes.

Néanmoins cette opposition quelque peu caricaturale années vingt/années trente doit être nuancée. L'après-guerre est en effet marqué par un triomphe des discours réaffirmant les rôles traditionnels dévolus à la femme, d'épouse, de mère et de maîtresse de maison qui restreint les avancées. La crainte de la virilisation des femmes héritée de la Belle Époque devient une *obsession collective* au cours des années vingt[788]. Elle vise les adeptes du ballon rond comme toutes les autres « émancipées », intellectuelles, artistes... qui ne sont pas d'une manière ou d'une autre en conformité avec l'image traditionnelle de la féminité. Le football féminin en bousculant les normes se heurte à de vives réactions et suit une trajectoire qui n'est pas spécifique au regard des représentations sociales de la féminité.

---

785 Riot-Sarcey M., *Histoire du féminisme*, Paris, La Découverte, 2002, p. 76.

786 *La Française*, 1er avril 1933.

787 Bard C., *Les femmes dans la société française au 20e siècle*, Paris, Armand Colin, 2001, p. 68.

788 Maugue A., *L'identité masculine en crise au tournant du siècle*, Marseille/Paris, Rivages, 1987 ; Bard C., *Un siècle d'antiféminisme* , op. cit., p. 161.

Par contre, le football suit une trajectoire originale par rapport au football masculin. Bien que profondément inspiré de l'organisation masculine du football, il est contraint de se développer en marge au sein d'une organisation institutionnelle autonome. Et l'officialisation du professionnalisme en 1932 renforce encore ce décalage entre football féminin et football masculin ce qui ne fera que s'accentuer au cours du siècle de ce point de vue là.

Deuxième partie

RENAISSANCE ET DEVELOPPEMENT (1965-2001)

« Le foot, c'est aussi l'affaire des filles. »
L'Est Républicain, 26 juin 2000.

« La femme est l'avenir du foot : elle est déjà son présent. »
L'Équipe Magazine, 28 octobre 2000.

Disparu à la veille de la Seconde Guerre mondiale, le football féminin traverse ensuite une période noire, tout comme le rugby, alors que le basket-ball continue sa progression. Pendant la guerre, bien que quelques joueuses aient pu continuer à taper dans la balle à quelques rares occasions et clandestinement, sur le terrain d'un club masculin parisien de tennis[789], le football féminin ne redémarre pas. La politique du Gouvernement de Vichy, pourtant favorable au sport féminin[790], ne profite pas au football, considéré comme *nocif pour les femmes*[791]. Malgré une tentative éphémère entre 1947 et 1951, il ne réapparaîtra durablement qu'au cours des années soixante.

Pourtant, sous le régime de Vichy, le sport fédéral progresse, regroupant de plus en plus d'adhérents. Malgré les difficultés du moment, la dynamique du mouvement associatif, soutenue et encouragée par la très active propagande en faveur des activités sportives menée par le régime, facilite la création de nouvelles sociétés. La progression amorcée en 1937, et suspendue en 1939-1940, se poursuit régulièrement jusqu'en 1944. Le sport scolaire et universitaire enregistre ainsi une forte croissance de ses effectifs : en 1943, il compte 47 017 licenciés contre seulement 17 194 en 1938-1939[792]. Dans le même temps, le football, sport le plus pratiqué en France, passe de 188 760 adeptes à 281 202, répartis dans plus de sept mille clubs. Parmi eux on dénombre environ trois cents joueurs professionnels[793]. Le sport féminin connaît également une forte ascension. Comme le souligne M. T. Eyquem en 1944, *depuis la guerre de 1939, le nombre de femmes sportives ne cesse de croître*[794] : vingt-six mille sept cents licenciées, toutes fédérations confondues, au sein de trois mille sept cents associations alors qu'on n'en compte en 1939 que quatorze mille pour deux mille deux cent cinquante sociétés[795]. *Qu'il définisse une conception nouvelle des pratiques physiques accessibles à toutes les jeunes filles sans penser à aller à l'encontre des thèses du moment ou qu'il oeuvre de manière originale, toujours est-il que le Commissariat* (Général de l'Éducation Générale et aux Sports créé en juillet 1940) *demeure l'émancipateur du sport féminin*[796],

---

789 Propos de Carmen Pomiès rapportés dans Newsham G. J., op. cit., p. 106.

790 Gay-Lescot J. L., *Sport et éducation sous Vichy (1940-1944)*, Lyon, Presses universitaires de Lyon, 1991, pp. 80-81.

791 "M. T. Eyquem nous parle du sport féminin", *Tous les sports*, 12 juillet 1941.

792 Gay-Lescot J. L., "Le mouvement sportif et l'éducation physique scolaire en régime autoritaire : l'État Français de Vichy (1940-1944) ", *Sport-Histoire*, n°2,1988, p. 45.

793 Zeldin T., *Histoire des passions françaises (1848-1945)*, tome I, Paris, Éditions Payot et Rivages, 1994, p. 1191.

794 Avant propos de Eyquem M. T., *La femme et le sport*, op. cit.

795 Gay-Lescot J. L., "Le mouvement sportif...", op. cit., p. 47.

796 Gay-Lescot J. L., *Sport et éducation sous Vichy (1940-1944)*, op.cit., p. 80.

sous l'impulsion notamment de Marie-Thérèse Eyquem, chargée des sports féminins.

En accord avec la Fédération Française d'Athlétisme, le Commissariat Général effectue un effort important en faveur de l'activité féminine. Convaincu de ses vertus pour régénérer la race française, il érige l'athlétisme en sport de base pour les femmes, comme pour les hommes, et s'en sert pour sa propagande. Des grandes épreuves collectives sont organisées, triathlons (course, saut et lancer de poids) et Critérium National par équipes, qui obtiennent un vif succès[797]. Ainsi, l'athlétisme féminin fait un important progrès quantitatif et, en 1943, la FFA délivre dix mille licences féminines, soixante-dix pour cent de plus qu'en 1939[798]. Ardente militante en faveur de la pratique sportive féminine, M. T. Eyquem encourage d'autres manifestations de masse qui mettent aussi en valeur la gymnastique, qu'elle affectionne tout particulièrement, à l'image de la journée nationale de la sportive. Regroupant cinquante mille jeunes femmes des différentes fédérations, dans quinze villes de France, cette Fête Nationale de la sportive en juillet 1942 se veut une véritable glorification du mouvement sportif féminin français et de l'oeuvre de rénovation physique de la race demandée par le Maréchal Pétain[799]. A Paris, devant vingt mille spectateurs, mouvements d'ensemble de gymnastique, de rythmique, de danses folkloriques se mêlent aux présentations d'aviron, de basket ou d'escrime, aux démonstrations de volley, de handball ou encore de tennis composent un programme fort éclectique.

Néanmoins, si M. T. Eyquem encourage l'éducation sportive féminine, comme aucun politique ne l'avait fait avant elle, elle en fixe les conditions et limites. Dans le projet de redressement national, la lutte contre la « dégénérescence féminine » passe par une indispensable pratique physique mais modérée et contrôlée. Profondément attachée à un sport sagement mené et précédé d'une éducation physique générale, elle s'oppose à un « certain » sport féminin, *à la manière des hommes* [800] et s'inscrit ainsi dans une certaine continuité avec les discours d'avant-guerre. Mais, loin pour autant de décourager la compétition, elle met en avant divers dangers à éviter dont le mauvais dosage, le surentraînement, la virilisation. Jetant les bases d'une doctrine féminine en référence à la Doctrine Nationale, elle prétend *réduire au maximum les dangers de façon à réaliser un sport équilibré, mesuré, simple, en un mot véritablement féminin*. C'est pourquoi elle dit s'engager dans une lutte contre les exhibitions spectaculaires

---

[797] *Tous les sports*, 24 avril 1943 ; 10 juillet 1943.

[798] Eyquem M. T., "Sur l'athlétisme féminin", *Tous les sports*, 24 juillet 1943.

[799] *Tous les sports*, 4 juillet 1942 ; 11 juillet 1942.

[800] *Tous les sports*, 13 décembre 1941.

propices au cabotinage, l'immoralité, la mauvaise tenue, ce qui la conduit à des mesures restrictives à l'égard de certaines activités et de l'entraînement mixte, au cours duquel *les femmes risquent d'être surentraînées et d'oublier le but d'éducation morale qu'elles se doivent de poursuivre* [801].

Dès lors, si *l'athlétisme appliqué à la femme* [802] peut être sagement conduit avec de la mesure, le football représente un risque trop important de masculinisation des femmes, aux *effets physiques désastreux*, contre laquelle s'insurge M. T. Eyquem[803]. Au même titre que la barette, le cyclisme (sous forme de compétition) et les sports de combat, la pratique féminine du football se voit rigoureusement interdite en 1941. Cette liste des sports interdits à la femme est contenue dans les instructions données par M. T. Eyquem, au cours d'une réunion, tenue le 27 mars 1941, aux présidents, secrétaires généraux et représentants des sections féminines des différentes Fédérations, et en présence de MM. Foulon, du Commissariat Général, et Denis, Secrétaire Général du Comité National des Sports, et elle est également publiée dans une circulaire adressée à tous les Délégués Régionaux par le Service des Sports du Commissariat Général de l'Éducation Générale et aux Sports[804].

Si on reproche au football et au rugby, violence et excès de compétition, d'autres sports collectifs échappent à cette interdiction. Comme le basket-ball, le hand-ball convient parfaitement aux jeunes filles car il est *exempt de brutalité, toutes les charges étant défendues*, même s'il n'a pas toutes les vertus du *plus féminin des sports* qu'est la natation[805]. Il procure les avantages du football et de la barette, moins *les inconvénients qui ont déterminé leur abandon par la FFSF : violences des contacts, chutes, attitudes disgracieuses et peu féminines* [806]. Pour R. Cormontagne, professeur d'éducation physique particulièrement impliqué dans l'essor du hand-ball scolaire, c'est même *le sport féminin par excellence, le sport que les jeunes filles rechercheront pour se distraire et se fortifier, le sport qu'elles pourront pratiquer aussi en vue des compétitions et sans crainte d'excès si, dans les rencontres, il est adapté à l'âge et au degré de résistance des joueuses* [807].

---

801 *Tous les sports*, 17 janvier 1942 ; 12 juillet 1941.

802 Mercier E., "L'athlétisme appliqué à la femme", *Tous les sports*, 30 août 1941.

803 Eyquem M. T., "Sports féminins", *Encyclopédie Générale des Sports et Sociétés Sportives en France*, 1946, pp. 18-19.

804 *Tous les sports*, 2 août 1941.

805 *Éducation Générale et Sports*, avril-mai-juin 1943.

806 Eyquem M. T., *La femme et le sport*, op.cit., p. 105.

807 Cormontagne R., "Handball. Les femmes peuvent pratiquer ce sport", *Tous les sports*, 25 octobre 1941.

Dans les textes relatifs à l'enseignement, le football féminin n'a pas non plus sa place. Bien qu'elles autorisent et encouragent à la pratique de l'initiation sportive, comme pour les jeunes gens, en évitant toutefois les exhibitions spectaculaires, les Instructions du 1er juin 1941 relatives à l'EGS se refusent à intégrer le football. *Dans l'entraînement physique proprement dit, les exercices peuvent être pour les filles, les mêmes que pour les garçons. Les jeunes filles devront être entraînées aux exercices sportifs avec les méthodes utilisées pour les garçons, suivant un dosage approprié. Les jeunes filles pourront pratiquer entre elles la plupart des sports et des jeux, à l'exclusion des jeux violents (football, rugby, boxe)*[808], même si malgré tout, dans les faits, la gymnastique d'assouplissements et la rythmique demeurent centrales dans l'éducation physique féminine.

Interdit dans l'institution scolaire comme le monde associatif, le football féminin ne bénéficie donc pas du regain de la pratique sportive, masculine comme féminine, durant la période 1941-1944. Les terrains de football délaissés par les femmes sont désormais occupés par le hand-ball naissant. Grâce à la vitalité de Mme Comte de *Femina Sport*, animatrice du hand-ball féminin à ses débuts, les premières équipes créées en 1939 à *Femina Sport* sont bientôt rejointes par d'autres. Un premier championnat peut débuter en 1942 bien que l'effectif reste encore réduit puisque seuls les quelques grands groupements possèdent une équipe. Dans les petits clubs, les sports les plus couramment pratiqués demeurent le basket-ball en hiver, l'athlétisme léger et la natation en été[809].

A la sortie de la guerre, malgré le succès des jeux d'équipes, les femmes ne réinvestissent pas le football. Sa pratique est toujours aussi peu estimée. *Le football ou le rugby, qui se jouent sur de vastes terrains et exigent des déplacements épuisants, sont à prohiber au même titre que tous les sports fondés sur des qualités d'endurance (le cyclisme, le cross country) ou de violence (lutte, boxe, etc.)*[810]. Ainsi le football requiert-il un engagement physique que d'aucuns trouvent peu compatibles avec l'éternel féminin. Comme le rappelle le Dr Friedrich, *le but de l'exercice physique chez la femme est de la mettre à même de franchir plus aisément l'épreuve de la maternité. Nous voulons former des femmes saines qui nous garantissent une postérité robuste*[811]. *Si l'athlétisme sagement conduit, et surtout la natation, sport utilitaire et spécifiquement féminin, sont recommandés par contre, il lui est interdit de jouer au football, au rugby, de faire du cyclisme de compétition ou des sports de combat*, confirme le Dr

---

808 *Instructions*, 1er juin 1941, p. 42.

809 Eyquem M. T., *La femme et le sport*, op.cit., p. 295.

810 Lalou E., *Les règles du jeu*, Paris, PUF, 1948.

811 Friedrich Dr., *Le corps et le sport, les bases biologiques de l'éducation physique*, Paris, Payot, 1954.

d'Encausse, chef des services médicaux sportifs de l'extra-scolaire au ministère de l'Éducation nationale en 1952[812]. Les exercices physiques conseillés aux femmes restent des plus traditionnels. Tout effort violent reste proscrit car il risque d'engendrer de *graves mécomptes gynécologiques*[813]. Nombreux sont ceux qui persistent également à penser que *les compétitions auxquelles se livrent les femmes doivent demeurer le moins publiques possible*, d'autant que la gloire sportive est bien peu compatible avec les soins du ménage[814]. Dans les années cinquante, le discours évolue peu et si l'athlétisme (et encore pas toutes les disciplines) est toléré, seules les activités à finalité esthétique et expressive sont plébiscitées. On s'accoutume à l'idée que les femmes sont faites pour les exercices lents, doux, arrondis, harmonieux, esthétiques... Le football, violent et disgracieux, remettrait en question l'image traditionnelle de la femme.

Ainsi les perceptions sociales de la femme comme un être différent et particulièrement fragile évoluent peu. La natalité reste une préoccupation constante ; la puissance militaire de la France en dépend. Le rôle de mère est donc particulièrement valorisé. Depuis les années trente, avec le fléchissement de la natalité s'affirme un modèle consensuel qui favorise la vie au foyer. Les crises successives accroissent cette propension à assigner les femmes à la maison. La politique familiale coercitive de Vichy ne fait que renforcer ce maintien au foyer, contrarié toutefois par les nécessités économiques. Comme le dit Robert O. Paxton, non sans humour, *Vichy aime mieux les femmes enceintes de préférence, en chaussons dans leur cuisine*[815]. L'enseignement ménager familial, indispensable à la culture scolaire féminine, est d'ailleurs rendu obligatoire en 1942 ; *l'école doit surtout former des citoyens courageux, de bonnes mères de famille*[816]. L'éducation des jeunes filles et des femmes les engage à mettre très tôt leur corps au service de la reproduction et de la santé familiale comme les y encouragent les manuels rédigés à leur intention : *n'oublie pas que tu es femme et que ton corps doit être cultivé pour la grâce, la souplesse et la résistance plus que pour la force. N'oublie pas qu'un jour tu seras maman.* Et l'auteur d'ajouter *cette idée doit nous donner un profond respect de notre corps ; nous n'avons pas le droit de le négliger car il n'appartient*

---

812 D'Encausse P., *Sport et Santé*, Paris, Amédée Legrand et Cie, 1952, p. 44.

813 *Almanach de Miroir Sprint*, 1947 cité dans Amar M., *Nés pour courir. Sport, pouvoirs et rébellions 1944-1958*, Grenoble, PUG, 1987, p. 9.

814 Colinon M., *De la bible à Marcel Cerdan. Présentation du sport*, Paris, Éditions SPES, 1949, p. 187.

815 Paxton R. O, *La France de Vichy, 1940-1944* , Paris, Seuil, 1997, 2e édition, p. 218.

816 *Note sur la politique familiale* datant de 1940 cité dans Muel-Dreyfus F., *Vichy et l'éternel féminin*, Paris, Seuil, 1996, p. 97.

pas qu'à nous[817]. Si la femme doit l'entretenir, elle se doit aussi de le protéger.

Au lendemain de la guerre, les femmes connaissent un bref instant d'espérance en obtenant en quelques mois, d'importants progrès législatifs. Mais, contrairement à ce que l'on peut penser, le droit de vote acquis en 1944 n'est pas l'indice d'un réel changement profond du statut des femmes. *L'égalité des sexes fait un immense pas en avant, dans les textes de lois comme dans les esprits, même si elle n'empiète nullement sur la fonction sociale, toujours attendue des mères. Mais les signes d'essoufflement se multiplient vite : dès 1946, l'égalité des femmes et des hommes s'efface devant le rôle des mères*[818]. La Libération représente en effet *autant le temps de l'émancipation politique que celui de la pérennité de leur enfermement domestique*, constate également Luc Capdevila[819]. On exalte les valeurs familiales et l'on prêche le retour des femmes à la maternité comme l'illustrent les propos d'un représentant d'une association familiale tenus à l'occasion de la fête des mères à Quimper en mai 1946 : *la femme a des mains, non pour faire marcher les machines, mais pour pouponner* (...) *l'enseignement féminin à l'heure actuelle prépare des cerveaux et non des mamans*[820]. Pendant le baby boom, la place de la mère idéale est naturellement au foyer. Et comme le souligne le Dr Friedrich, *la vocation de la femme étant la maternité, on se le rappellera toujours dans l'organisation du sport féminin*[821]. Les propositions faites en matière d'éducation féminine ne s'éloignent guère de cette image utilitaire traditionnelle : favoriser l'enfantement.

Cette période n'est donc pas propice à la reprise d'activités aussi subversives que le football féminin. Un essai de relance en Alsace en 1947, évoqué dans l'historique de la Ligue d'Alsace de Football Association[822], échoue et n'a pas laissé d'autres traces. Les quelques matches de charité Franco-anglais (comme en 1920!) sur le sol britannique entre 1947 et 1951 demeurent également sans suite.

---

817 Lesterlin de Bellet Dr H., *Joie de vivre, petit manuel de vie saine à l'usage des jeunes filles de France*, 1943, cité dans Muel-Dreyfus F., op.cit., p. 336.

818 Chaperon S., *Les années Beauvoir (1945-1970)*, Paris, Fayard, 2000, p. 10.

819 Capdevila L., "Identités masculines et féminines pendant et après la guerre" in Morin-Rotureau E.(sous la direction de), *1939-1945 : combats de femmes. Françaises et Allemandes, les oubliées de la guerre* , Paris, Éditions Autrement, 2001, pp. 199-220.

820 Ibid., p. 218.

821 Cité dans "Quelques réflexions sur le sport féminin", *Quel Corps ?*, n°12-13, 1979.

822 "Féminines. L'irrésistible ascension", *1919-1999 : 80e anniversaire de la Ligue d'Alsace de Football Association*, p. 40.

Plus de dix ans après la dernière rencontre de football féminin France-Angleterre, quelques Françaises sont en effet amenées à jouer avec des Anglaises contre l'équipe de Preston[823] (elle-même à l'initiative de la rencontre), les 23, 25 et 26 juin 1947, en faveur notamment du British Legion Memorial Building Fund[824]. A l'occasion de ce match de charité, Madeleine Alline, Madeleine Boutineau, Aline Dingu, Paulette Leblond et Cécile Sorel s'associent aux joueuses de Preston pour former un onze. Internationales de basket-ball ou encore adeptes d'athlétisme, de natation, de ski..., peu ont goûté aux joies du ballon rond auparavant ; seule Paulette Leblond a déjà une expérience de footballeuse[825]. Membre du *Club Féminin des X* dans les années trente, elle participe au Championnat de Paris et intègre la sélection française de la Fédération Française de Football Féminin jouant notamment contre la Belgique en 1935 et 1936. Néanmoins, sa seule présence ne suffit pas. Plus expérimentée, l'équipe de Preston l'emporte. Les Françaises sont conduites à former leur propre équipe l'année suivante. En juin 1948, une équipe de sportives françaises se déplace Outre Manche pour affronter ce même team, représentant l'Angleterre, et disputer cinq rencontres dans différents stades. La France s'incline de nouveau. Avec une équipe un peu remaniée, elle joue également en juillet 1949 puis en 1951[826]. Malgré le renfort de handballeuses, ces rencontres se soldent encore par un échec sportif pour les Françaises face à une équipe jouant régulièrement au football mais restent un succès spectaculaire et lucratif pour aider différentes fondations à la mémoire des combattants de la dernière guerre[827].

Alors qu'on compte dix-sept équipes de football féminin en Angleterre en 1947, puis vingt-six en 1951, malgré toutes les difficultés pour disposer de terrains de jeu en raison de l'interdiction de la Football Association (prononcée en 1921 et toujours en vigueur), l'unique équipe française formée annuellement à l'occasion de ces matches internationaux de charité disparaît sans que l'on sache pourquoi. Il est vraisemblable que le club de Preston cesse d'inviter une équipe aussi peu performante faute d'une compétition régulière en France.

Les années cinquante ne sont pas plus fastes que l'immédiat après-guerre alors qu'en Allemagne, quelques femmes, probablement stimulées par la victoire en Coupe du Monde de l'équipe nationale en 1954, disputent quelques rencontres de 1955 à 1957 avec toutes les difficultés liées à l'interdiction prononcée par la Deutscher Fussball Bund de fouler les

---

823 Le même club qu'en 1920 : *Dick Kerr's Ladies Football Club* de Preston.

824 *Souvenir Programme*, 23 juin 1947 ; 25 juin 1947 ; 26 juin 1947.

825 Entretien cité avec Paulette Leblond.

826 Programmes souvenir de 1948, 1949 et 1951.

827 Newsham G. J., *In a League of their own!*, op. cit., p. 113.

terrains de football réservés à ses seuls licenciés[828]. En France, jusqu'à la fin des années cinquante, le développement du sport connaît une période de stagnation relative et une féminisation très lente, limitée aux activités traditionnellement « adaptées » au genre féminin. La gymnastique volontaire ou gymnastique d'entretien, qui connaîtra un réel engouement au début des années quatre-vingts, se développe comme une alternative aux compétitions sportives. Un des buts de la Fédération Française de Gymnastique Éducative est la lutte contre les abus du sport de compétition qui risqueraient de faire perdre à la femme sa féminité. Cette activité hygiénique à visée esthétique n'éloigne pas la femme de son rôle traditionnel comme l'illustre le slogan d'une brochure publicitaire publiée en 1956 par la Fédération : *pour plus de bonheur familial*[829]. La Fédération Française de Gymnastique Éducative compte en 1955, 294 licenciées, 4 450 en 1965[830]. Les années cinquante sont marquées également par l'émergence des ballets nautiques féminins accordant une place privilégiée à l'apparence et à l'esthétique du corps. La natation artistique puis synchronisée, bien qu'accueillie en France avec un certain mépris, est acceptée comme discipline officielle par la FINA en 1952 après une démonstration aux Jeux olympiques, et devient une activité féminine uniquement. La Fédération Française de Natation y voit cependant un double avantage : attirer plus de femmes à la Fédération et plus de spectateurs autour des bassins[831] ; l'idée n'est pas nouvelle. En 1955 a lieu le premier championnat de France auquel participent huit clubs sur les dix-huit qui pratiquent. Gymnastique volontaire, natation synchronisée, ces deux activités convenant bien à la nature féminine illustrent les préoccupations du moment.

Ce n'est que dans le climat plus favorable des années soixante que les jeunes filles et les femmes réinvestiront les terrains de football.

---

828 Lopez S., *Women on the ball. A guide to women's football*, op. cit., pp. 119-122.

829 Clément J. P., "Pratiques corporelles féminines, différenciation sexuelle et gestion de la mixité en EPS (1945-1980)", in Arnaud P. et Terret T., op. cit., tome 2, p. 45.

830 Dechavanne N., "La féminisation de la FFGEPV. Émergence d'une spécificité de l'expression féminine", Arnaud P., Terret T., op. cit., tome 1, p. 42.

831 Barraud N., "Histoire de la natation synchronisée. La conquête de l'eau par les femmes", Arnaud P., Terret T., op. cit., tome 1, pp. 25-37.

CHAPITRE 3

La réapparition du football féminin à la fin des années soixante

Après une période de stagnation pendant les années cinquante, la FFF voit, au cours des années soixante pousser ses effectifs notamment de ses catégories minimes et cadets. Malgré cet engouement pour le football de la jeunesse née après la guerre, les stades sont à moitié déserts. Sportivement et financièrement les années soixante sont mauvaises pour le football[832]. Plusieurs clubs sont en déficit. Mais à la fin des années soixante et plus encore au milieu des années soixante-dix, le football est marqué par le développement de la télévision qui va modifier l'impact du ballon rond dans la société. Bien que les retransmissions ne soient pas d'une grande qualité, elles représentent de nouvelles possibilités de recettes pour les clubs. Les publicitaires commencent à s'intéresser plus sérieusement aux rencontres de football et bouleversent les données du marché. La réclame fait son apparition en 1968 sur les maillots des joueurs. En 1970, ces inscriptions publicitaires rapportent déjà quelques millions de francs aux clubs. Le sponsoring commence à prendre des proportions importantes. Dans le même temps, les revenus des joueurs commencent à grimper sensiblement, toutefois sans comparaison avec aujourd'hui.

C'est au moment où ces nouvelles tendances se dessinent que le football féminin refait surface en France après une longue éclipse, apparaissant quasiment simultanément dans plusieurs régions et dans des circonstances quelque peu similaires : l'organisation de fêtes.

---

[832] Wahl A., op. cit., p. 267, p. 308.

1- Des femmes balle au pied : une attraction originale

La réapparition du football au féminin dans les années soixante s'inscrit dans une logique festive. Le football pratiqué exceptionnellement par des femmes aurait comme vocation d'attirer un large public afin d'assurer le succès de propagande d'une réunion masculine.

C'est en effet l'idée qui guide Monsieur Schiltz lorsqu'il décide en 1965 de former une équipe féminine à l'occasion de la fête du *Club Sportif d'Humbécourt*, club récemment créé par lui-même, qui vient de faire ses débuts dans le championnat départemental. Ce club de football d'un petit village haut-marnais d'à peine quatre cents habitants, regroupant une équipe de jeunes (cadets) et de deux équipes d'adultes, composées essentiellement d'Humbécourtois, n'est pas riche. La présence féminine exceptionnelle devrait pouvoir assurer le succès de la fête annuelle et *faire rentrer de l'argent dans les caisses du club* [833]. La presse locale annonce l'événement comme *le clou* de la journée. *Mères de famille et jeunes filles d'Humbécourt ont formé une équipe de football opposée aux pompiers, ce prochain dimanche*, titre *L'Est Républicain* à quelques jours de la rencontre[834].

L'équipe formée une dizaine de jours avant le fameux match, est composée de jeunes filles et jeunes femmes de la commune, d'âges divers, dix-sept ans pour la plus jeune, quarante-cinq ans pour la plus âgée. On retrouve Madeleine Schiltz, l'épouse du président du club, Simone Piot, la femme du trésorier, Bernadette et Françoise Petitjean parentes du secrétaire, Jacqueline Croissant la fille du maire... Madame Maigrot qui joue en attaque a deux enfants, de même que Madame Chantal qui, elle, occupe le poste d'ailier. Madame Marie-Rose Pierron, l'épouse du vice-président du club, mère de neuf enfants, est capitaine de cette équipe de douze joueuses entraînées, depuis quelques jours, par le mari de l'une d'elle, le demi-centre Le Belleguic. Cette *partie de rigolade* qui oppose cette équipe à une équipe masculine s'achève sur le score de quatre à deux. Les *galants auraient laissé la victoire aux charmantes sportives* [835]...

Comme les organisateurs l'avaient envisagé, les hommes n'ont semble-t-il pas résister au charme des demoiselles chaussées de crampons osant la balle au pied. Qualifiée de *match de l'année*, de *grand match inédit, vraiment original, insolite* même par *L'Est Républicain, cette rencontre obtient un gros succès d'affluence. Tout Humbécourt était « descendu » au terrain et des communes voisines, on était venu en nombre, attiré par*

---

833 Entretien avec Jean Schiltz, Humbécourt, 9 novembre 1998.

834 *L'Est Républicain*, 25 septembre 1965 ; 21 septembre 1965.

835 *L'Est Républicain*, 27 septembre 1965.

l'alléchante affiche. Plus de cinq cents spectateurs étaient réunis autour du terrain, une *foule record*. L'objectif est donc atteint, la recette est à la hauteur des attentes[836].

Ce match ayant obtenu un certain succès, il devient un rendez-vous annuel. Fin août 1966, les femmes chaussent de nouveau les crampons contre une équipe masculine composée en majorité des dirigeants du club et de pères de joueuses, vêtus de costume 1900. Le coup d'envoi donné par la doyenne du village, âgée de quatre-vingt-six ans ajoute un peu de piment[837]. L'équipe féminine est quelque peu remaniée, certaines ne souhaitant pas retenter l'aventure. C'est le cas de Françoise Maigrot qui nous dit : *mon mari ne voulait pas. Il était un peu jaloux. Et puis... il fallait garder les enfants* [838]. Quelques sportives rejoignent alors le groupe, une athlète, championne de Champagne de 800m et trois basketteuses. Pour la troisième édition en 1967, l'équipe locale créée pour l'occasion est opposée cette fois à une équipe féminine formée par les localités voisines, Allichamps, Eclaron, Wassy, Saint-Dizier, au Nord du département de la Haute-Marne ; c'est donc pour la première fois un match entièrement féminin. *Comme les années précédentes, cette rencontre, placée habituellement sous le signe de la bonne humeur, constitue l'attraction numéro un de cette fête* [839]. En 1970, à ces rencontres insolites de football vient s'ajouter du sensationnel : de la boxe féminine, les footballeuses rencontrant les boxeurs du *Ring Bragard* [840].

Cette équipe féminine de football réunie une fois par an, *juste pour attirer du monde,* finit par s'éteindre ; le projet du Président de Humbécourt de faire la tournée des plages est abandonné. Avec la naissance d'équipes féminines dans la Marne, puis dans le département, cette équipe perd de son attractivité et n'a plus lieu d'être d'autant que les jeunes filles et les jeunes femmes d'Humbécourt qui avaient chaussé les crampons pour aider le club à vivre ne semblent pas prêtes à jouer sérieusement au football ; nombre d'entre elles sont mariées, avec des enfants comme le souligne J. Schiltz. Elles jouent toutefois quelques matches contre Reims puis cessent toute activité fin 1970.

Dans le Bas-Rhin, c'est pour célébrer le quarante-cinquième anniversaire de l'*Association Sportive Gerstheim* qui coïncide avec l'inauguration du nouveau terrain que germe l'idée d'un match féminin. Le secrétaire du club, Eugène Baumert, prépare attentivement cet événement et

---

836 *L'Est Républicain*, 21 septembre 1965 ; 27 septembre 1965 ; 28 septembre 1965.

837 "Une fois encore le sexe faible s'est montré fort", *L'Est Républicain*, 27 août 1966.

838 Entretien avec F. Maigrot à l'occasion de l'entretien avec J. Schiltz.

839 *L'Est Républicain*, 8 septembre 1967.

840 *L'Est Républicain*, 1er septembre 1970.

cherche une idée spécifique, originale pour que ce soit une vraie réussite. Un an à l'avance, à la fin de l'été 1966, il commence à réunir quelques jeunes filles du village qui veulent bien jouer le jeu, un groupe de jeunes de dix-huit vingt ans qui se connaissent parfaitement ayant fait quasiment toute leur scolarité ensemble. Une grande partie d'entre elles joue par ailleurs déjà au hand-ball. L'équipe constituée pour l'occasion débute alors l'entraînement une fois par semaine afin de préparer le « grand match ».

Quelques semaines avant le grand jour, des affiches sont collées un peu partout dans les villages voisins, dans les restaurants, les différents commerces pour annoncer l'événement. L'instigateur du projet voudrait voir les filles jouer en jupette de tennis et fleurs dans les cheveux mais les filles s'y refusent ne souhaitant pas rompre avec leurs habitudes vestimentaires, leur apparence physique. *Non à l'époque on portait les jeans, les tee-shirts c'était hors de question qu'on se féminise*, se souvient Monique Jacky[841]. Le club leur fournit donc un costume plus conforme, une tenue de footballeur à laquelle il manque toutefois les crampons. Le dimanche 20 août 1967, entre le match opposant les minimes locaux à ceux d'Osthouse et celui de l'équipe première de Gerstheim affrontant une sélection régionale, se déroule le fameux match contre les joueuses de Woelfling en Moselle, *rencontre très attendue à laquelle assistent un millier de spectateurs* [842]. Ce match connaît donc un vif succès, attirant de nombreux venus des villages voisins peu habitués à fréquenter ce stade et participe grandement de la réussite de la journée. *Il n'y aurait jamais eu autant de gens pour une seule inauguration de terrain. Les gens étaient vraiment venus pour ce match. Une fois le match de foot féminin terminé la moitié des gens sont partis* [843]. Suite à ce succès, cette équipe prévue initialement uniquement pour la journée anniversaire reçoit des demandes inespérées de matches amicaux. Le club décide alors de faire des matches de gala contre rémunération pour payer les déplacements en autocar de l'équipe, notamment en Allemagne.

A Reims, le football féminin naît également à l'occasion d'une fête. Un journaliste sportif du quotidien *L'Union*, Pierre Geoffroy, décide de former deux équipes féminines de football pour inventer une attraction originale dans le cadre du tournoi annuel corporatif de l'*Union Sports* et amuser le public blasé de la kermesse annuelle. *L'objectif est initialement une fantaisie, presque un gag* [844]. Début juillet 1968, un appel est lancé dans la presse : *à l'occasion de son grand tournoi qui aura lieu cette année les 24*

---

[841] Entretien avec Monique Jacky, Strasbourg, 25 juillet 2001.

[842] *L'Alsace*, mardi 22 août 1967.

[843] Entretien cité avec Monique Jacky.

[844] Perpère L., Sinet V., Tanguy L., *Reims de nos amours 1931-1981 : 50 ans de Stade de Reims*, Reims, 1981, pp. 177-180.

et 25 août, l'Union Sports désire mettre sur pied un match inédit entre deux équipes féminines de football. Les jeunes filles désirant participer à cette manifestation sont priées de se présenter à la rédaction sportive de L'Union tous les jours. Ces inscriptions seront reçues à partir d'aujourd'hui jusqu'au 26 juillet. Le lendemain, l'annonce est plus complète, il s'ajoute : *les jeunes filles qui aiment le sport et en particulier le football et rêvent de le pratiquer au moins une fois en équipe, peuvent se faire inscrire dès à présent tous les jours à la rédaction sportive de L'Union. L'initiative pourrait être intéressante et qui sait, poser la première pierre d'un club féminin de football à Reims, ce qui existe déjà dans beaucoup de grandes villes, et de toute façon ce sera pour les participantes, une belle occasion de s'amuser entre sportives* [845].

Alors que *les organisateurs pensent avoir des difficultés pour trouver vingt-deux joueuses improvisées qui osent se prêter à cette comédie*, cette initiative a du succès[846]. Quelques jours seulement après cette annonce l'équipe rémoise prend forme avec une douzaine d'inscriptions. Alors que Pierre Geoffroy pense *avoir affaire à des rigolotes, ce sont des filles « bien » qui se présentent. Ce qui n'était, d'abord, qu'une idée publicitaire prit bientôt un tour plus sérieux, car les joueuses retenues n'entendaient pas « exhibitionner » pour la galerie ; elles tenaient absolument à jouer un vrai match.* Pour lui *c'est une farce qui a manqué son début. Dès que j'ai vu ces filles arriver après la parution de la petite annonce, j'ai compris que l'on ne pourrait pas tourner le match à la « rigolade » comme prévu.* D'abord, *elles savaient presque toutes taper dans un ballon : la plupart jouaient déjà depuis plusieurs années avec leurs frères et se débrouillaient très bien* [847]. A cette occasion il s'est rendu compte qu'*il y avait un nombre inimaginable de filles qui pratiquaient le football d'une manière sauvage à la périphérie de Reims* [848].

Avant la fin du mois, un premier entraînement est mis sur pied. L'entraînement a lieu deux fois par semaine, le lundi et le vendredi de 18h à 19h30, au Terrain Trois Fontaines, des rencontres d'entraînement, de mises au point sont en effet nécessaires avant le grand jour. Ce groupement de jeunes filles intéressées par la pratique du football s'organise et crée très vite le *Football Club Féminin de Reims*. L'entreprise ayant pris de l'ampleur, *les joueuses sont présentées au grand public* un tout petit peu plus tôt que prévu, *à l'occasion d'un match attraction,* le samedi 24 août à 19h30 en lever de rideau d'une rencontre amicale de l'équipe masculine Stade de

---

845 *L'Union*, 9 juillet 1968 ; 10 juillet 1968.

846 Perpère L., Sinet V., Tanguy L., op.cit.

847 "A Reims, le football se joue au féminin" et "On n'ose plus rire des joueuses de football", coupures de presse, Archives de G. Souef.

848 Bressan S., "Le boom du football féminin", *France Foot 2*, 5 janvier 1979.

Reims, opposée à Valenciennes, sur la pelouse du Stade Auguste Delaune[849]. Le lendemain, comme prévu initialement, elles disputent le Challenge du Coq Sportif dans le cadre de la kermesse de l'*Union Sports*. A peine baptisé, le FCFR est invité à jouer dans la cour des grands. Leur adversaire : les jeunes filles et jeunes femmes du FC Schwindratzheim, né quelque temps plus tôt. Selon l'organisateur, *elles ont refusé de livrer ce match contre des garçons : elles ont réclamé des adversaires de même sexe*[850].

Cette première rencontre, dirigée par Mlle Hortense Wittemann, l'unique arbitre féminin officiel de la ligue d'Alsace[851], semble une réussite sur le plan sportif d'abord puisque les Rémoises, vêtues d'un maillot bleu roi et d'une culotte blanche aux couleurs de la ville, battent leurs homologues de Schwindratzheim par trois buts à un. De plus, d'après le compte rendu dans la presse, le public est venu nombreux. *On n'avait jamais vu une telle affluence pour un lever de rideau au stade Auguste Delaune! Les cinq mille spectateurs qui assurèrent le succès de la soirée de samedi, étaient presque tous déjà installés au début de la seconde mi-temps du match féminin. La plupart était venu par curiosité, plus ou moins sceptique...*[852] Nicole Mangas se souvient : *en entrant sur le terrain on appréhendait la réaction des spectateurs. Au début il y a bien sûr eu quelques ricanements...*[853] mais bien vite *les constructions de jeu (une-deux, contre-attaques, dribbles...), les centres et les tirs bien frappés, soulèvent les ovations de la foule qui n'en revient pas*. Le journaliste, qui n'est autre que Pierre Geoffroy, ajoute : *sans tomber dans l'exagération, c'est-à-dire une trop grande fréquence, il serait intéressant - ne serait-ce que pour les finances du football - de renouveler de tels lever de rideau*[854]. Le lendemain, le match de football féminin qui constitue l'une des principales attractions de la kermesse séduit tout autant le public. Le FCFR confirme sa victoire en remportant la rencontre dotée du Challenge Coq Sportif par deux buts à un, grâce à un *joli but final fort applaudi*. La kermesse n'a jamais rapporté un tel succès ; deux mille spectateurs ont assisté à cette rencontre Reims-Schwindratzheim. Le dimanche suivant l'équipe est de nouveau présentée au public dans un match à sept en intermède du tournoi de Sermiers. Les Rémoises rencontrent les pionnières d'Humbécourt, le 27 octobre, en lever de rideau du match de division d'honneur Saint-Dizier- Premium Reims (nette victoire dix à un),

---

849 *L'Union*, 25 août 1968.

850 "On n'ose plus rire des joueuses de football", op.cit.

851 Hortense Wittemann première arbitre de la Ligue d'Alsace de Football-Association est parmi les premières arbitres françaises.

852 "D'authentiques footballeuses", *L'Union*, 26 août 1968.

853 Darpic C., "Football au féminin", *France-Soir*, 2 août 1971.

854 "D'authentiques footballeuses", op.cit.

ainsi que d'autres équipes qui se forment petit à petit[855]. Le club rémois entraîne, en effet, *dans son sillage une quinzaine d'autres créations d'équipes féminines de football dans la région champenoise.*

De même à Caluire, dans la banlieue lyonnaise, pour apporter du piment à la fête du club le 1er mai 1968, Roger Tschopp, dirigeant du Sporting Club Saint-Clair, organise une rencontre de football exceptionnelle opposant des jeunes filles de Caluire et de Rillieux aux basketteuses de Bron. Grâce à un article paru dans la presse locale, il réussit à réunir vingt-six filles, pour faire un match treize contre treize comme le raconte sa fille, Marie-Christine Tschopp, aujourd'hui dirigeante de la section féminine[856]. Une partie des joueuses présentes ce jour-là se prend au jeu et, avec quelques basketteuses de Caluire, constitue un effectif suffisant pour former une équipe la saison suivante. A Toussieu, petite localité du Rhône, c'est pour la fête nationale le 14 juillet 1970 que le football féminin prend naissance[857]. A la suite de cette journée *pour rire*, les jeunes filles récidivent en s'inscrivant à un tournoi la semaine suivante et, en septembre, elles décident de participer au Championnat du Rhône. A Etroeungt, dans le Nord, c'est également à l'occasion d'une fête que s'est organisé le premier match de football féminin en 1971. *A l'occasion d'une kermesse, le comité des fêtes a voulu faire jouer un match féminin, basket ou autres... Les filles d'Etroeungt ont choisi foot* [858].

Ce sont donc des festivités qui amènent les femmes sur les terrains de football et non plus seulement dans les rangs de spectateurs, afin d'amuser, de distraire le public par un événement peu ordinaire, voire comique. On retrouve là le modèle anglais du football de kermesse ou de charité, constitué d'équipes féminines improvisées à l'occasion de fêtes de bienfaisance et qui sont beaucoup plus folkloriques que sportives. Cette pratique de « lever de rideau » féminin n'apparaît-elle pas en France comme un antidote à la désertion des stades qui inquiète ? Un fléchissement du nombre de spectateurs affecte en effet le football amateur comme le football professionnel. En vingt ans, de 1951 à 1969, la première division perd près de la moitié de ses spectateurs ; la moyenne de spectateurs par match de championnat de première division passe de onze mille quatre cents à six mille cinq cents, constate J. F. Bourg[859]. La désaffection du public pour les stades engendre des crises financières dans de nombreux clubs. Les recettes

---

[855] *L'Union*, 9 octobre 1968.

[856] Prudhomme L., "Sexe faible et ballon rond. Esquisse d'une histoire du football féminin" in Arnaud P. et Terret T., op.cit., pp. 111-126.

[857] Hebdo Sport, Journal Officiel de la Ligue Rhône-Alpes de Football, 22 juin 1983.

[858] *France Foot 2*, 5 janvier 1979 ; *Des femmes en mouvement*, janvier 1982.

[859] Bourg J. F., *Football-Business*, Paris, O. Orban, 1986, p. 91.

au guichet chutent alors qu'à l'époque elles représentent encore 80% des ressources des clubs professionnels. Au cours des années soixante, le football professionnel traverse une crise ; les salaires se tassent, les effectifs diminuent. En 1965, le nombre de joueurs professionnels en France diminue d'un tiers par rapport à 1960. Le métier de footballeur professionnel n'est plus sûr ; il n'a pas encore l'attrait qu'il a aujourd'hui. Certains envisagent même sa disparition : *Le football pro au pied du mur. Il disparaîtra avant trois ans*...titre *Football-Magazine* en 1964[860]. Les prestations de l'équipe de France déçoivent. Écartée de la Coupe du Monde de 1962 au Chili, la sélection nationale est rapidement éliminée en Angleterre en 1966 ; elle ne se qualifiera pas non plus pour la Coupe du Monde au Mexique en 1970. *De 1960 à 1976, les performances du football français ont dessiné une courbe déclinante qui l'ont amené au bas de l'échelle européenne*, se lamente D. Watrin[861]. Le football, de haut niveau comme de moins bon niveau, se dégrade et n'attire plus les foules. Or dans le même temps, la FFF enregistre des effectifs croissants ; le nombre de jeunes pratiquants augmente considérablement. Alors que les frais des clubs ne cessent d'augmenter avec la multiplication des équipes, les moyens financiers manquent. Attirer le public devient une urgence d'où l'idée d'une prestation féminine.

Ce spectacle original destiné à séduire les spectateurs masculins lassés n'est cependant pas l'apanage du football. En rugby, les premières équipes spontanées apparaissent aussi en 1965, formées par des jeunes lycéennes ou universitaires pour la plupart, soeurs ou compagnes de rugbymen, *désireuses de contribuer efficacement à la vaste campagne contre « la faim dans le monde »*[862] et qui se produisent à cette fin dans des matches de kermesse. Comme le montre C. Louveau, en lutte également, les femmes sont utilisées comme objet, pour appâter la gent masculine. En effet, *les pionnières sont, timidement, les vedettes américaines des rencontres masculines ; elles commencent à lutter, à jouer au football ou au rugby, en catimini, dans un contexte de fêtes, de kermesse, de folklore*[863]. Cette réapparition de la pratique du football féminin réduit initialement à une parodie traduit néanmoins l'existence d'un nombre suffisant de filles motivées pour que la fête ne soit pas sans lendemain.

---

860 *Football-Magazine*, novembre 1964 cité dans Wahl A., Lanfranchi P., *Les footballeurs professionnels des années trente à nos jours*, Paris, Hachette, 1995, p. 163.

861 Watrin D., *Les mystères du football français*, Paris, Albatros, 1980, p. 81.

862 "Historique du rugby féminin", document de la FFR, 1998.

863 Louveau C., *Talons aiguilles et crampons alu... Les femmes dans les sports de tradition masculine*, INSEP, 1986, p. 21.

2- Une diffusion rapide

Si les premières années, le côté « exhibition » des manifestations perdure telle que l'illustre la rencontre opposant Cimbali Sports de Saint-Quentin face au FCF Reims organisée au profit de deux joueurs gravement blessés[864], au fil des saisons, le côté cocasse s'estompe. Avec la création d'autres équipes, *ce qui n'est qu'un divertissement folklorique pour kermesse estivale devient en très peu de temps, un sport*[865], non sans difficultés sur lesquelles nous reviendrons. Rapide dans les régions pionnières, l'essor du football féminin est toutefois inégal sur le territoire.

En Alsace, le football féminin, né en 1967 on l'a vu, se développe rapidement, d'abord dans le Bas-Rhin. Au début de l'année 1968, une équipe féminine prend naissance au sein du *Football Club Eschau* et joue un premier match à l'occasion du 1er mai contre le pionnier Gerstheim. De même, *le Football Club Féminin Schwindratzheim,* le seul club autonome de la région, joue le 14 juillet 1968 sa première rencontre amicale gagnée par l'*AS Gerstheim* un but à zéro devant plus de 1000 spectateurs au Stade de la Zorn[866]. Puis une section féminine voit le jour au *FC Duttlenheim* ainsi que dans d'autres clubs permettant la mise en place d'une compétition pour la saison 1969-1970, avec la participation de l'*AS Hoerdt, l'AS Muttersholz, du Sporting Club Notre-Dame Strasbourg, du FC Duttlenheim, FC Eschau, FC Geudertheim, FC Haguenau, FC Offendorf et FCF Schwindratzheim.* Schwindratzheim remporte ce championnat s'offrant ainsi le premier titre de champion féminin, en battant Notre-Dame de Strasbourg en finale, après une lutte très serrée[867]. En 1970, alors que l'activité du FCF Schwindratzheim se développe, multipliant les déplacements et les rencontres notamment contre Reims, le football féminin gagne le Haut-Rhin avec la naissance d'une équipe au *FC Baldersheim* le 2 avril 1970, puis à Rouffach et Bantzenheim ce qui permet l'organisation à l'automne d'un petit championnat. Début 1971, grâce à la formation de trois nouvelles équipes dans le Haut-Rhin à Richwiller, Loechlé et Huningue, le championnat départemental s'élargit. Au début de la saison 1971-1972, la Ligue d'Alsace compte désormais vingt-cinq clubs qui possèdent une équipe féminine.

Comme le souligne C. Mennesson et T. Ébelé, la réapparition du football féminin dans cette région de France s'explique vraisemblablement

---

864 *L'Union*, 14 mars 1969.

865 Delamarre G., "Ces jeunes filles qui rêvaient de football", *Miroir Sprint*, 18 novembre 1969.

866 Archives privées de Josette et Roger Bei.

867 *Alsace-foot*, 10 avril 1970 ; 9 et 22 mai 1970 ; 3 juillet 1970.

par la domination très nette du football masculin dans l'espace des sports alsaciens[868]. La victoire du Racing Strasbourg en Coupe de France face à Nantes en 1966 a-t-elle pu enthousiasmer les foules au point de susciter des envies chez les jeunes femmes ? Toujours est-il que les équipes féminines se créent d'abord dans les communes où la pratique masculine est solidement implantée. Il apparaît également que la plupart des sections féminines de football s'implantent dans les communes rurales dans lesquelles elles ne sont pas en concurrence avec d'autres pratiques telles que le basket-ball ou le hand-ball alors que, parmi les pionnières, beaucoup jouaient déjà au hand-ball. La proximité de l'Allemagne peut-il être un autre facteur explicatif de l'essor de cette pratique ? Nous n'avons pas trouvé de lien direct avec le football féminin allemand permettant de penser que c'est sous son influence qu'est née la pratique féminine alsacienne. Les premiers adversaires du club de Gerstheim sont d'abord des Lorraines avant d'être des Allemandes.

En région Champagne-Ardenne, la réussite de l'équipe rémoise encourage d'autres clubs à constituer une section féminine. Dès le mois de septembre 1968, une entente est formée à Thiérache dans l'Aisne. Elle rencontre le FCF Reims à la fin du mois, perdant par trois buts à zéro, en lever de rideau de la division d'honneur devant six cents spectateurs. Deux autres équipes féminines sont également en formation l'une à Chaumont et l'autre à Soissons puis de nouvelles tentatives ont lieu à Sainte-Menehould, à Épernay..., puis à Asfeld dans les Ardennes[869]. Le club féminin de Reims contribue au développement de l'activité dans la région en aidant les équipes nouvellement créées. Les Rémoises *participent à l'entraînement d'une autre équipe plus novice et qui bénéficie ainsi de l'expérience de son aînée... Les joueuses de Reims font école non seulement en suscitant la création d'autres équipes mais en les conseillant directement* ; c'est le cas notamment pour le début des Ardennaises[870].

Très tôt, l'idée d'organiser une compétition se fait jour. *Il est probable que l'année prochaine un challenge régional soit organisé entre les équipes existantes ou apparues entre temps* peut-on lire dans *L'Union* le 9 octobre 1968. Poursuivant son rôle d'organisateur et d'animateur pour l'implantation du football féminin dans la région, le club rémois s'attache à mettre sur pied cette compétition. Après quelques matches amicaux, le 23 mars 1969, ce challenge (Coq Sportif) créé par le FCF Reims, débute avec la participation de treize clubs ou sections féminines : Sporting Club Jaeger Châlons, Football Club Féminin de Chamarandes, Stade Chevillonnais, l'Entente de

---

[868] Mennesson C. et Ébelé T., "Analyse socio-historique de l'implantation du football féminin en Alsace", Arnaud P. et Terret T., op. cit., tome 1, p. 128.

[869] *L'Union*, 30 septembre 1968 ; 9 octobre 1968 ; 11 novembre 1968 ; 20 janvier 1969.

[870] *L'Union*, 15 janvier 1969.

Thiérache, Racing Club Épernay, le Football Club Féminin Ardennes Asfeld, Sporting Club Marnaval, Football Club Féminin Méry-sur-Seine, Sporting Club Sainte-Menenhould, Cimbali Sports Saint-Quentin, S A Sézanne, l'UAFC Soissons, et le FCF Reims, répartis en quatre poules géographiques : le Groupe Sud (Chamarandes, Chevillon, Marnaval), le Groupe Nord (St Quentin, Soissons, Entente de Thierache), le Groupe Centre A (Châlons, Epernay, Sézanne, Méry sur Seine) et le Groupe Centre B (Reims, Asfeld, Sainte-Menehould) afin de limiter les frais de déplacements et l'organisation de la première saison conçue comme une période de rodage[871].

En phase finale, sur la pelouse du Stade Delaune, le dimanche 29 septembre 1969, quatre clubs se disputent le trophée offert par le Coq Sportif; Sézanne se place troisième devant Saint-Quentin et Reims bat Marnaval deux buts à zéro en finale. *Quoique menée à la marque par 2 à 0 au bout d'un quart d'heure de jeu, marqué par une magnifique démonstration de technique des Rémoises, Marnaval eut le grand mérite de ne pas se décourager. Après que leur gardienne ait été suppléée par la transversale, évitant ainsi un troisième but, les Haut-Marnaises firent le forcing, n'ayant plus rien à perdre, mais tout à gagner dans l'offensive. Sous l'impulsion d'un avant-centre percutant, elles mirent l'adversaire désorganisé à rude épreuve et par deux fois, avant le repos, ratèrent d'un cheveu le but, la gardienne « Gigi » sauvée à son tour par la barre. Il faut souligner la très grande partie de la populaire Gigi, qui réalisa des parades sensationnelles et fut parfois héroïque sur des sorties au devant du terrible avant-centre Nelly Reb, même un peu trop brutale à certains moments. En seconde mi-temps, Marnaval continua son forcing, ne permettant pas à Reims de reprendre le contrôle du jeu. Ce fut donc une finale acharnée, très dense* [872]. La deuxième édition du Challenge du Coq Sportif compte dix-sept clubs dont six nouveaux : Grauves, Vitry-le-François, Sedan, Monthermé, Charleville et Vrigne-aux-Bois. Début 1970, on compte vingt-et-un clubs de football féminin éparpillés dans les cinq départements de la Champagne et des Ardennes. C'est la Ligue la plus importante en nombre d'équipes créées grâce à la vitalité de FCF Reims.

Ce club féminin bénéficie en effet de deux atouts importants. D'abord, la proximité du *Stade de Reims*, même s'il n'est plus le grand club d'hier, que les filles vont intégrer en janvier 1970. Reims est en effet *une grande équipe qui a marqué l'après-guerre et réussit la première à atteindre une notoriété hors du commun, grâce à la Coupe d'Europe des clubs* [873] et à la

---

[871] *L'Union*, 12 février 1969.

[872] *L'Union*, 29 septembre 1969.

[873] Wahl A., *Les Archives du football* ..., op. cit., p. 315.

généralisation de la radiophonie qui contribue à populariser l'image des grands joueurs de football de Reims et de la sélection nationale. *Les exploits des héros de 1958 débordent de loin le cercle ordinaire des amateurs de football. Ils suscitent un mouvement passionnel au niveau national*[874]. Cependant la descente en deuxième division en 1964 marque la fin de cette époque prestigieuse où le club représentait la France hors des frontières grâce à la présence notamment de Raymond Kopa, Just Fontaine, vedettes de la Coupe du Monde en 1958... Les années soixante voient en effet la chute du grand Reims. Le bel effectif s'amenuise, les matches se déroulent devant une assistance de plus en plus réduite tout comme d'ailleurs d'autres clubs de deuxième division tels que le *Racing Club de Paris* ou *l'Olympique de Marseille*. Alors qu'il touchait à la fin des années cinquante jusqu'à trois millions de francs pour une production à l'étranger, il se retrouve en 1967 dans « l'enfer » de la deuxième division[875]. Pourtant bien que le Stade ne séduise plus les foules, la notoriété acquise durant les années cinquante ne s'est pas effacée ; les exploits techniques de ses grands joueurs et les six titres de champion de France acquis entre 1949 et 1962 sont encore présents dans toutes les mémoires, bien au-delà du cercle des initiés. La population locale est donc imprégnée de ce passé glorieux et marquée par le football rémois qui apparaît comme un puissant symbole d'identité. Il n'est donc pas surprenant que les jeunes filles imprégnées de cette ambiance pendant leur enfance soient tentées de taper dans le ballon.

On peut penser également que l'équipe de Reims accumulant les mauvaises performances n'est pas défavorable à l'idée de mobiliser les spectateurs par un renouveau du spectacle. La présence de jeunes filles en lever de rideau ne pourraient-elles pas aider le club à remonter la pente ? L'équipe féminine ne pourrait-elle pas jouer le rôle faire-valoir ? Les filles vont surtout jouir de l'image favorable de Reims et contribuer momentanément à faire parler du club.

Grâce au prestigieux *Stade de Reims*, le *Football Club Féminin de Reims* peut se permettre d'organiser, outre de nombreux déplacements, un tournoi international, moins d'un an après sa création ; c'est une autre initiative favorable à la propagande du football féminin. Sous le patronage de *L'Union*, il réunit les 14 et 15 juin 1969 une équipe anglaise, *Herne Bay Ladies Football Club*, une équipe tchèque, *Slavia Pramen Kaplice*, champion de la Bohème du Sud, et une Sélection Alsacienne ; la victoire revient aux Tchèques qui marquent en final deux buts à zéro contre le FCF

---

874 Ibid., p. 318.

875 Wahl A., Lanfranchi P., op. cit. , Paris, Hachette, 1995, p. 167.

Reims[876]. Un autre atout majeur est la présence du journaliste sportif Pierre Geoffroy de *L'Union* qui, très actif au sein du club, signe de nombreux articles sur le club de Reims et le football féminin en général et fait également profiter l'équipe de ses relations professionnelles. Ainsi, les nombreux déplacements, tant en France qu'à l'étranger, grâce aux relations et au prestige du *Stade de Reims* et les nombreux articles parus dans *L'Union de Reims,* ainsi que dans la presse nationale, concourent au développement du football féminin dans la région, mais aussi dans tout l'hexagone. A Marseille par exemple, ce sont les échos de la tentative rémoise qui poussent six filles du collège Anatole France à organiser une équipe à *l'Olympique de Marseille*[877].

D'autres Ligues connaissent aussi un essor relativement précoce. Dans le Sud-Est, le football féminin apparaît sur la Côte d'Azur en juin 1968 à l'initiative de Keita Barou, qui, avec le concours des dirigeants du club de football *CSC Vieux Nice* forme une équipe qui se consacre à l'entraînement pendant deux étés successifs avant que ne débute la compétition départementale officielle en 1970, suite à la naissance d'autres équipes féminines à *l'Étoile de Menton*, au *Racing Club Grasse*, à *l'Olympique Suquetan* à Cannes, à *Cannes Bocca Olympique*, à *l'US Cagnes sur Mer*, ainsi qu'au *FC Antibes...*

Dans la région lyonnaise, après Caluire en 1968, c'est à Sainte-Foy-lès-Lyon, qu'une section féminine est créée officiellement par Madame Émilie Toutain le 1er octobre 1969. Affiliée à la *Fidésienne Amicale Sportive* présidée par Monsieur Baud, elle compte, trois mois plus tard, trente-six licenciées[878]. En mars 1970, une équipe féminine se constitue à l'Association Sportive de Montchat, un quartier de Lyon, sous le nom de *Coccinelles.* Elles sont six ou sept pour ce premier entraînement sous la direction de Claude Vittu, l'entraîneur, sous l'oeil du Président Monsieur Savet[879]. Puis d'autres filles rejoignent très vite le groupe qui joue son premier match en avril contre Sainte-Foy-lès-Lyon, match qui s'achève par une lourde défaite dix-huit buts à zéro! En juin 1970, le premier tournoi organisé à Lyon voit la victoire de Caluire devant Sainte-Foy. 1970 voit aussi la naissance des premières équipes dans la Loire, d'abord au *Football Club Saint-Étienne*, sur l'initiative de son dirigeant Monsieur Fropier puis en novembre 1970, à l'Association Sportive Saint-Étienne à la demande de jeunes filles supporters de l'équipe professionnelle. Ces deux équipes

---

[876] *L'Union*, 23 avril 1969 ; 16 juin 1969.

[877] Bei J., *Le football féminin*, Nice, J. Bei, 1973.

[878] Fisher P., "Déjà 36 licenciées à Sainte-Foy-lès-Lyon", *L'Équipe spécial football*, 12 décembre 1969.

[879] Entretien avec Dominique Rinaudo, Bron, 2 juillet 2001.

consacrent leur première année d'existence à l'entraînement et à quelques matches amicaux avant que ne commence le championnat de la Loire en 1971-1972 avec huit équipes[880].

Dans la région Parisienne, c'est au sein de la *Vie au Grand Air de Saint-Maur* que prend naissance la première équipe féminine au cours de la saison 1967-1968 à l'initiative de Monsieur Indrigo. Elle est rejointe en octobre 1968 par le *Racing Club de Paris Joinville* sous l'impulsion de Monsieur Ivanovic[881]. A Joinville-le-Pont, l'entraînement débute avec deux joueuses en octobre 1968. Petit à petit, d'autres joueuses rejoignent le groupe et en mars 1969, l'effectif est de treize joueuses. Le premier match a lieu fin mars 1969 contre l'équipe des Artistes de Paris (dirigée par le comédien Jean-Marie Bernard) que Joinville gagne cinq à un, puis en avril contre Méry sur Seine (défaite treize à un) puis d'autres matches contre Soissons, Châlons... Mais c'est surtout la rencontre Reims-Sélection du Nord Est disputé le 16 novembre 1969 sur le terrain de Jean-Bouin[882], qui va stimuler la création de nouvelles équipes qui joueront leur premier championnat en 1971-1972.

Dans la Ligue du Centre-Ouest, les femmes commencent à jouer au football en 1968 en Angoumois où des matches s'organisent à Soyaux, Ruelle, Angoulême notamment lors des fêtes traditionnelles de fin d'année. A la fin de la saison 1969-1970, la Ligue compte treize équipes, en septembre 1971 vingt-cinq, et l'année suivante une quarantaine.

Toutes les régions de France ne bénéficient pas d'un tel développement. La Lorraine, qui connaît pourtant la naissance de l'équipe de Woelfing en 1967 et est par ailleurs entourée de foyers actifs, connaît des essais plus tardifs. Quelques clubs commencent l'entraînement à l'automne 1970, et il faut attendre le 25 avril 1971 pour que s'organise un premier tournoi disputé à Morhange avec huit équipes[883]. A la fin de la saison 1970-1971, la Ligue ne compte que soixante et une licenciées féminines[884]. Le premier championnat ne débute qu'en 1971-1972. En Picardie, malgré les débuts précoces du Cimbali Saint-Quentin en 1968, le football féminin tarde à se développer. En 1970, la Ligue ne compte que trois équipes. En 1971, les rangs de la Ligue grossissent ; on compte dix équipes mais, dès l'année suivante, il n'y en a plus que cinq.

Dans le Nord, la pratique féminine du football débute au sein du club *Enersports Dunkerque*, patronné par la Raffinerie de pétrole de BP

---

880 Bei J., op. cit.

881 Ibid.

882 *Le Parisien*, 17 novembre 1969.

883 *Lorraine Football*, 20 novembre 1970 ; 28 mai 1971.

884 *Lorraine Football*, 11 juin 1971.

Dunkerque, à l'initiative de son président, Monsieur André Lorieux, en 1970. Cette équipe attire rapidement une quarantaine de filles qui s'entraînent deux fois par semaine le jeudi soir et le samedi après-midi. D'autres clubs suivent le mouvement comme le *Racing Club Bergues, l'Omnisports Grande-Synthe et l'Union Sportive Dunkerque*... permettant ainsi l'organisation de matches amicaux, de tournois lors de fêtes locales, de lever de rideau d'équipes professionnelles, et d'un officieux championnat du district maritime pour la saison 1971-1972 avant son officialisation l'année suivante. En 1971-1972, on compte également deux clubs dans les Flandres, sept dans l'Escaut et deux dans l'Artois.

En Normandie, le mouvement est lancé en 1970 par une équipe de basket-ball SPOR qui décide de pratiquer le football. Mais cette entreprise ne dure pas. Début novembre 1970, une section féminine se crée en Seine Maritime au *Football Club de Rouen*, grâce à Madame Dupuis. Monsieur Bertin, membre du Comité directeur du club professionnel, dirige les Rouennaises dans un travail d'initiation technique pendant six mois sans faire le moindre match. Cinq clubs se forment également en 1970 en Basse Normandie au *SM Caen, CS Longny au Perche, US Moussonvilliers, FC Saint Lô, AS La Perrière* qui organisent des matches amicaux et tournois, en attendant la mise en place de championnats de district.

Dans le Centre, l'apparition du football féminin date du printemps 1969 avec la création d'une section féminine au sein de l'*Amicale des Éducateurs de Football de l'Indre* entraînée par Monsieur Luneau, président de l'association. D'abord seule équipe du département, l'équipe de l'Amicale se consacre à l'entraînement deux fois par semaine ainsi qu'au recrutement de nouvelles joueuses. Puis d'autres équipes se forment, ce qui lui permet de conclure un premier match en avril 1970 contre Issoudun, puis d'autres rencontres amicales à Bourges, Châtellerault et Tours. Dans le Loiret, la première équipe est formée par Monsieur Bernard Ranoul. Après une saison d'entraînement, l'*Arago Sport d'Orléan*s est amené en septembre 1971 à disputer le championnat du district d'Eure et Loir faute d'adversaires dans le sien. En septembre 1971, la ligue compte vingt-et-un clubs.

En Bourgogne, la ligue ne compte qu'une équipe pour la saison 1970-1971 et seulement six la saison suivante : *FC Autun, FC Châlon et Prisufoot Châlon en Saône-et-Loire, ASUC Migennes et l'AJ Auxerre* dans l'Yonne et enfin l'*AG Montbard* en Côte d'Or.

La Ligue Atlantique compte neuf clubs en 1970 principalement dans la région nantaise, et vingt-deux l'année suivante.

En Auvergne, le football féminin fait son apparition en 1971. En septembre 1971, on dénombre six équipes, une dans le Puy de Dôme, l'*Association Sportive Romagnat* et cinq dans l'Allier, l'*AC Creuzier le*

Vieux, Ygrande SC, Etroussat FC, Les Mordus du football de Vichy et le RC Saint-Léon .

En Franche Comté, les débuts du football féminin sont plus tardifs encore. En 1971, la Ligue n'a pas d'équipe féminine. Le premier club apparaît à Valentigney dans le Doubs en 1972, bientôt rejoint par une dizaine d'équipes.

Début 1973, trois ligues de la FFF ne connaissent pas encore le développement du football féminin. Dans la Ligue de Bretagne, une seule équipe féminine pratique le football à Saint Divy. En Corse, la ligue ne compte aucune équipe pratiquant le football féminin de même que dans le Midi (Sud-Ouest)[885].

Ainsi il apparaît que le développement du football est rapide à ses débuts et très largement répandu d'autant que de nombreuses équipes féminines qui n'en sont qu'au stade de l'entraînement ne font pas toujours connaître leur existence à leur ligue régionale[886]. On ne peut qu'être frappé par cette rapidité et la simultanéité de l'émergence de différentes équipes en France. En trois ans (1968-1971), le football féminin compte plus de 2 000 joueuses officiellement licenciées à la FFF. Alsace et région rémoise apparaissent comme les deux principaux foyers de réapparition du football féminin en France, facilitant la pénétration du football féminin dans le reste de l'hexagone, le club féminin de Reims jouant un rôle déterminant de popularisation. Ce processus d'implantation s'effectue néanmoins de manière inégale dans les différentes régions de France. L'essor le plus impressionnant est enregistré par le Lyonnais qui vient en tête avec quarante équipes en 1972. La Ligue du Lyonnais (aujourd'hui Ligue Rhône-Alpes de Football) est une ligue à fort taux de licenciés masculins, dans une région qui comprend, par ailleurs, un grand nombre de sportifs licenciés[887]. Les disparités spatiales repérées sont-elles comparables au football masculin ? Le football féminin s'implante-t-il alors plus facilement ou au contraire plus difficilement dans les régions où le football masculin est plus fortement développé ? D'après la lecture de la carte représentant le nombre de licenciés proposée par D. Mathieu et J. Praicheux[888], l'implantation du football féminin est un assez fidèle reflet de l'implantation du football masculin. On retrouve dans les deux cas un taux de pratique élevé dans le Lyonnais, le couloir rhodanien, la Côte d'Azur, l'Alsace comme dans les lieux de moins forte densité, le Centre, par exemple, ou plus encore le Midi, terre du rugby.

---

885 "Football féminin : 323 équipes recensées en France", *L'Union* , 21 février 1973.

886 *Lorraine Football* , 20 novembre 1970.

887 Augustin J. P., *Sport, géographie et aménagement*, Paris, Nathan, 1995, p. 122.

888 Mathieu D., Praicheux J., *Sports en France* , Paris, Fayard-Reclus, 1987, p. 30.

Toutefois, à cette étroite corrélation apparente subsistent deux exceptions, la Corse, et plus encore la Bretagne, où pourtant le football est si populaire. On peut penser que le statut de la femme, plus traditionnel dans la Bretagne catholique et en Corse, est un frein à la pratique de cette activité virile par les femmes. Malgré tout, cette répartition des licenciés laisse apparaître une assez forte conformité nous permettant de penser que l'implantation du football féminin est facilitée dans les régions à forte implantation masculine. Pour autant est-ce la conséquence du poids des structures ou le rôle joué par la famille dont on connaît l'importance dans le choix d'une activité sportive de l'enfant[889] ? Le football féminin bénéficie des structures et infrastructures préexistantes qui facilitent son développement même si l'institution ne lui offre pas un accueil toujours très favorable. Les formations féminines sont le plus souvent des sections féminines de clubs masculins[890] dont l'encadrement est principalement le fait d'anciens joueurs. Mais c'est surtout la présence de footballeurs dans la famille, pères, frères et plus rarement les maris qui orientent les jeunes filles et les femmes vers la pratique de cette activité. Par ailleurs, et dans une moindre mesure, on peut se demander si la disparition du hand-ball à onze peut être un élément favorisant l'essor du football féminin ; ce dernier offre aux femmes la possibilité d'une pratique collective de plein air. Toutefois, le manque de connaissances de l'évolution du hand-ball féminin en France nous invite à la prudence.

A ces particularismes liés au football s'ajoutent des éléments de conjoncture liés notamment au statut de la femme en France. Ce n'est pas un hasard si la renaissance du football s'accompagne quasiment en même temps de l'implantation du rugby féminin ainsi que d'autres activités sportives traditionnellement masculines, telles que la lutte ou la boxe. La boxe française féminine apparaît au début des années soixante-dix en Ile de France. On compte en 1975, une trentaine de femmes à la fédération[891]. La fin des années soixante, et plus encore le début des années soixante-dix, marque en effet l'arrivée des femmes dans de nombreuses activités à une période de renouveau du féminisme revendicatif sur lequel nous reviendrons.

---

889 Louveau C., "La génèse des goûts sportifs", *Travaux et Recherches en EPS* "Sociologie du sport", Paris, INSEP, 1979, pp. 97-101.

890 C'est le cas également en rugby. Cf Carpentier C., Forget S., Quintillan G. (coord.), "Sport de haut niveau au féminin", *Les Cahiers de l'INSEP*, n°32, 2002, p. 425.

891 "Les femmes s'en mêlent...", *L'Équipe Magazine*, 20 mars 1982.

3- Comment devient-on footballeuse ?

Qui sont ces femmes qui osent chausser les crampons sous les regards amusés du public, essentiellement masculin ? Qu'est-ce qui les pousse à s'essayer à la pratique d'un sport toujours accroché à l'image de virilité ? Le football exige en effet des qualités dites masculines force, puissance...loin de la forme ou la grâce. On parle de duels d'homme à homme, de contacts virils d'autant que le développement dans les années soixante d'un jeu défensif, voire ultra-défensif avec « le catenaccio » [892], accentue sa brutalité et sa dangerosité. Bien que moins violents qu'en rugby, les contacts peuvent se montrer très rudes. D'autant que l'argent joue un rôle de plus en plus important au détriment de l'esprit du jeu. En se commercialisant le football se durcit tant les intérêts en jeu deviennent essentiels. Et le football amateur n'est pas à l'abri de cette violence qui gagne du terrain[893]. Alors pourquoi les femmes optent-elles pour cette activité qui n'est pas « faite pour elles » ? Les témoignages de quelques joueuses qui débutent le football en club tardivement à l'âge adulte, à la fin des années soixante et début des années soixante-dix, nous apportent quelques éclairages. Ils confirment en particulier que la présence du père ou d'un frère aîné footballeur est déterminant dans l'accès au football pour la plupart d'entre elles. Elles découvrent le ballon rond en général avec eux, même si elles le pratiquent aussi avec leurs copains de voisinage.

Beaucoup de filles viennent au football parce que leur milieu familial a toujours baigné dans le football[894]. Ces nouvelles footballeuses sont d'abord bien souvent spectatrices des exploits de leur frère ou de leur père. A la campagne comme dans les villes de province, le match de football fait partie des activités dominicales dès la plus tendre enfance. Parents et amis viennent voir et encourager l'équipe locale. Monique Jacky, joueuse de la première heure à Gerstheim, fait partie dès son plus jeune âge de ce groupe de spectateurs qui vient s'installer derrière la main courante pour assister aux exploits des jeunes hommes du village. Paulette Sutter accompagne son père entraîneur de football partout pour voir les matches. Pour Lisa Gerwig, ancienne joueuse de Schwindratzheim et aujourd'hui responsable de la promotion de la femme à la Ligue d'Alsace de football, le match de football c'est aussi la *sortie du dimanche* avec son père et son frère qui jouent dans

[892] Mischel A., *Football. Les systèmes de jeu. Les grandes équipes de 1860 à nos jours*, Paris, Chiron, 1991, p. 79.

[893] Watrin D., op. cit., p. 13.

[894] Boully J., "Le football féminin doit devenir autre chose qu'un simple objet de curiosité", *Miroir du Football,* Coupure de presse, Archives du Football Club Féminin de Reims, 1973.

son village, Bishwiller[895]. C'est aussi le cas de sa partenaire Marilou Duringer qui va voir jouer ses copains. Florence, débutant à l'Étoile Sportive de Juvisy en 1970, suit également les matches de son frère tous les dimanches[896].

Mais ces jeunes filles, pour la plupart, ne sont pas seulement spectatrices. Elles s'adonnent aux joies du ballon rond, de façon informelle, avec leurs frères ou leurs copains. *Souvent le père ou le frère joue déjà au football. Ou alors dans les campagnes, les filles très jeunes sont mêlées aux jeux des garçons et arrivent dans les clubs avec quelques notions de jeu*[897], comme beaucoup de filles de Gerstheim. Monique Jacky elle-même joue avec ses voisins : *dans ma rue, il y avait une dizaine de garçons, il n'y avait pas de filles ; donc j'ai énormément joué dans la* rue. *C'est comme ça que j'ai appris à jouer au foot*. Paulette Sutter joue avec les garçons dans la rue avec ses frères et son père[898]. Comme l'indique la rémoise Michèle Monier : *nous avons répondu aux annonces des journaux parce que nous jouions déjà avec des garçons. Nous ne nous sommes pas engagées dans ce match sans aucune connaissance du foot*. Vers l'âge de huit-neuf ans, elle se mêle aux garçons de son village qui s'amusent à frapper la balle dans la rue. *Il n'y avait que des garçons ainsi je n'avais qu'eux comme camarades et je participais donc à tous les jeux*[899]. Même chose pour sa coéquipière Ghislaine Souëf.

Nelly Reb qui débute dans une équipe à Marnaval en 1969 à l'âge de dix-neuf ans joue en fait elle-aussi depuis l'âge de dix ans avec ses trois frères joueurs de football[900]. Comme le dit une autre joueuse rémoise, *du foot, on en fait depuis toujours, avec nos frères et les garçons. A la campagne, c'est le seul sport, le moins cher. Toutes, plus ou moins nous venons de la campagne. Il suffit d'un ballon et d'un champ*[901]. C'est également le cas pour les citadines. Sa partenaire Régine Pourveux joue, elle aussi, avec les enfants de son quartier avant de faire ses débuts dans le club de Reims de même que Annie, capitaine de l'équipe de Juvisy, qui tape dans la balle pour s'amuser avec ses frères et leurs copains. Françoise, Martine, Marie, Jackie, membres de l'équipe féminine de l'*Olympique de Marseille*, commencent à jouer au foot avec leurs pères, frères ou copains dans la rue

---

895 Entretien cité avec Monique Jacky ; Entretiens avec Paulette Sutter, Strasbourg, 25 juillet 2001 et Lisa Gerwig, Strasbourg, 26 juillet 2001.

896 "Le sport au féminin", *Olympe*, mai 1981.

897 Bressan S., op. cit., 1979.

898 Entretiens cités avec Monique et Paulette Sutter.

899 Caro M. B., "Une "footballeuse" nommée Michèle", *J2 Magazine*, 9 octobre 1969.

900 Entretien avec Nelly Reb, Saint-Dizier, 25 novembre 1998.

901 "Pourquoi le football ne serait-il pas un sport féminin?", *Femme d'aujourd'hui*, 14 avril 1971.

ou dans la cour d'école[902]. Ces jeunes femmes, quand elles débutent la pratique associative, jouent donc en fait avec leurs frères ou leurs camarades depuis plusieurs années. Ce sont des joueuses initiées de cette manière « sauvage ». Comme le dit Michèle Monier c'est en jouant très souvent avec les garçons *que j'ai appris les premiers rudiments de la technique*[903].

Toutes cependant n'ont pas cette expérience. Josette Arbrun de Woelfing, bien que baignant dans un milieu favorable au football avec un père et un frère *fanas de foot,* ne s'intéresse pas du tout au football et ne s'y essaie pas avant de débuter dans l'équipe de son village. Comme la plupart de ses partenaires, Françoise Maigrot, joueuse de Humbécourt, n'y a jamais joué non plus. Dominique Rinaudo n'a jamais touché un ballon de sa vie quand elle fait ses débuts à Lyon en 1970 à l'âge de 18 ans alors que, régulièrement dans son enfance, elle accompagne son frère au stade pour le voir jouer. Mais elle aime le football et poursuivra sa pratique. *J'adorais le foot*, dit-elle, *mais jamais il me serait venu à l'idée d'y jouer parce que pour moi c'était prohibé ; la femme ne devait pas jouer au football donc la femme ne jouait pas au football*[904]. Avant d'y être « autorisée », elle pratique néanmoins d'autres activités sportives, plus conformes aux normes de la féminité, bénéficiant des infrastructures de sa ville natale, ce que les filles de milieux ruraux n'ont pas souvent. Comme beaucoup de filles de son âge, Dominique, à six ans, est attirée par la danse classique qu'elle pratique à l'Amicale Laïque de Bron jusqu'à l'âge de dix ans, avant de s'initier à la gymnastique. Elle découvre aussi le basket-ball à l'arrivée au collège à douze ans, puis le hand-ball et enfin le volley-ball qu'elle pratique en club encore aujourd'hui. Dominique Rinaudo n'est donc pas exempte de toute expérience sportive quand elle débute le football. D'ailleurs nombre de jeunes filles qui participent aux premières rencontres de football à la fin des années soixante pratiquent d'autres disciplines, l'athlétisme, la gymnastique, le basket-ball ou le hand-ball qu'elles poursuivent souvent en parallèle du football. *Née dans une famille sportive (mes frères et mon père jouaient au football, ma mère au basket), j'avais tâté de plusieurs sports. Je suivais les matches de foot de mon frère tous les dimanches et plutôt que le basket ou tout autre sport de salle, je voulais jouer au football*, rapporte *Olympe*[905]. Martine Desvages, capitaine de l'équipe féminine du Stade Malherbe

---

902 Labadie-Laroudé C., "Vingt-cinq ans de passion", *Foot*, avril 1995 ; "Le sport au féminin", *Olympe*, mai 1981 ; "Un ballon dans le berceau", *Des femmes en mouvements* , 21 août- 4 septembre 1981.

903 *Football L'Équipe Magazine*, 20 mars 1970.

904 Entretien cité avec Dominique Rinaudo.

905 *Olympe* , n°6, mai 1981.

Caennais, joue également au hand-ball et au basket avant de pouvoir jouer au ballon rond. Muriel Renard s'initie au collège au hand-ball[906].

Contrairement aux joueuses actuelles qui font leurs débuts en club de plus en plus tôt, les pionnières débutent tardivement dans une équipe structurée. A Gerstheim en 1967, elles ont entre 18 et 25 ans, la moitié vient d'exploitations agricoles. Marilou Duringer débute à l'âge de 18 ans. Elle travaille comme la plupart de ses coéquipières, en tant qu'employée depuis un an par une compagnie d'assurance. Lisa Gerwig, également de Schwindratzheim, commence quant à elle encore plus tardivement à l'âge de 28 ans. Les jeunes filles qui composent la première équipe de Reims, en 1968, ont une moyenne d'âge de 17 ans[907], c'est la plus jeune équipe. Elles sont étudiantes, secrétaires, employées, vendeuses, l'une est coiffeuse... Michèle Monier, la capitaine, est préposée aux PTT ; Nadine Julliard, l'ailier droit et Ghislaine Royer, la gardienne de but, toutes deux âgées quinze ans poursuivent leurs études au lycée. Liliane Roth-Laval, la doyenne, a trente cinq ans et est mère de famille. Michèle Darbre est secrétaire. A Etroeungt, elles sont lycéennes, ouvrières, employées de bureau ou encore auxiliaires d'éducation physique[908]. A Reims, comme à Sézanne, Lyon, Nice, Nantes ou Toulouse... ces dames et ces demoiselles sont secrétaires, sténo-dactylos, standardistes, vendeuses, fonctionnaires, étudiantes[909]. Parmi les dix-sept Françaises qualifiées pour Mexico en 1971, composant alors la première équipe de France officielle, on compte deux employées, une monitrice d'éducation physique, une comptable, une mécanographe, une sténodactylo, deux ouvrières, cinq lycéennes, deux étudiantes, deux joueuses sans profession. Agées de 16 à 26 ans, la moyenne d'âge est de près de 20 ans[910].

Les femmes jouant au football sont plutôt issues de milieux populaires bien que quelques-unes viennent de couches moyennes. Elles font surtout des études courtes les menant rapidement dans la vie active ; *les intellectuelles sont rarissimes,* comme l'indique Jean Neuvel[911]. De même, la plupart des joueurs appartient au monde des ouvriers et petits employés. Footballeuses comme footballeurs comptent une majorité de représentants des classes modestes. Il n'est pas surprenant qu'hommes et femmes

906 *L'Équipe* , 24 octobre 1973.

907 "D'authentiques footballeuses", *L'Union*, 26 août 1968.

908 *France Foot 2*, 5 janvier 1979.

909 Meynac A., "Le ballon rond change de sexe", Coupure de presse, 1971, Archives du FCF Reims.

910 *France-Soir*, 2 août 1971.

911 Neuvel J., *La commercialisation privée de la femme ou de l'artifice féminin*, Lyon, Éditions Demain, 1987, pp. 185-190.

appartiennent au même milieu social puisque ces jeunes filles et ses femmes viennent à la pratique de la balle au pied par imprégnation familiale.

En dehors de l'imprégnation familiale, quelles raisons plus personnelles les attirent ou les poussent à pratiquer ce sport ? Bien que les joueuses aient des difficultés à extérioriser les raisons de leur « choix » pour le football, leurs réponses sont diverses. Pour Monique Jacky, *c'était le besoin de quelqu'un qui s'occupe de nous et organise, parce qu'entre nous il n'y avait pas de leader qui aurait organisé.* Le besoin du groupe est plus fort que l'activité elle-même. *Ça aurait été du basket, on aurait fait du basket.* Pour d'autres c'est au contraire les spécificités de l'activité qui les attirent, la possibilité de « manier » la balle avec les pieds[912] ou de pratiquer en plein air. Pour Rosine Nizard et Maryse Lesieur, deux lycéennes rémoises de dix-huit et dix-neuf ans, l'une arrière gauche et l'autre avant centre, c'est, en dehors de la formation sportive et familiale que nous avons déjà évoquée, *le goût d'abord de la nouveauté, de l'originalité* et surtout *cette ambiance de sport de plein air que nous ne connaîtrions pas dans la pratique d'un autre sport d'équipe*[913]. Pour les joueuses de Saint-Quentin, l'ambiance est primordiale.

Martine Desvages explique son goût du football par le plaisir qu'elle ressent. *Personnellement, je joue au football pour le plaisir qu'il me procure. Je ne saurais pourtant expliquer les raisons profondes de ce plaisir car c'est quelque chose que l'on ressent au fond de soi sans pouvoir l'exprimer. Est-ce le fait de se sentir seule et un peu perdue sur un immense terrain tout en sachant que vos équipières feront tout pour vous aider? Est-ce l'attrait du grand air? J'ai également joué au hand-ball et au basket et je dois dire qu'aucun de ces deux sports ne m'a procuré autant de plaisir*[914]. Cette notion de plaisir revient souvent dans les témoignages ce que constatent également dans leur étude C. Mennesson et T. Ébelé[915]. Autrement dit, il y a une grande diversité liée aux personnalités de chacun.

Si Josette Bei pratique aussi le football avec plaisir, c'est toutefois par *choix politique* qu'elle commence à jouer en 1971 dans le club *Cannes Bocca Olympique. C'est le phénomène social qui l'intéresse, l'évolution du rôle de la femme.* Elle défend le football féminin car il est selon elle *le plus porteur de l'évolution de la femme.* C'est pour cette raison qu'elle crée avec son mari, en 1972, une section féminine au *Montet Bornala Club* à Nice, qui regroupe des joueuses habitant un même groupe d'immeubles, entreprise

---

912 Pointu R., "Les femmes et le football", *Miroir Sprint*, 22 septembre 1970.

913 *Le Monde*, 5 novembre 1969.

914 *L'Équipe*, 24 octobre 1973.

915 Mennesson C. et Ébelé T., op. cit., p. 133.

qu'ils doivent abandonner fin 1973 en raison de leur activité professionnelle (commerce) qui leur prend trop de temps. Il ne s'agit pas pour autant de revendiquer un pouvoir féminin, de rejeter les structures masculines mais de montrer que *les femmes ont les mêmes capacités que les hommes*, qu'elles peuvent pratiquer des *activités similaires à celles des hommes*. Josette Bei se définit, contrairement aux autres, comme *féministe*, sans être pour autant militante dans un mouvement féministe organisé. Bien que les écrits sur le sujet l'intéressent, elle se défend de faire du sexisme ; *elle est contre la guerre des sexes* [916].

Josette Bei fait figure d'exception. Dans le tour de France des clubs que le couple Bei effectue au cours de l'été 1973 pour faire un bilan de ce qui se passe dans les différentes régions, ils sont quelque peu déçus de s'apercevoir que les animateurs du football féminin ne s'intéressent qu'au football et uniquement au football ; ils n'ont pas d'autres visées. La question des rapports hommes/femmes, objet de vives discussions par ailleurs, n'est pas envisagée. Seul le football est au centre des débats. Ils se sentent seuls à défendre une autre cause. Les joueuses n'expriment pas non plus de volonté militante dans les quelques interviews que l'on peut trouver dans la presse. Si les journalistes sont tentés de faire un lien, considérant que, pour elles *la pratique du football est une façon de s'affirmer*, de *prouver leur égalité* [917], cette motivation n'apparaît en fait que très exceptionnellement dans les discours des joueuses elles-mêmes. Seule Florence de l'ES Juvisy s'exprime ainsi : *avec mes tendances féministes, le foot représentait pour moi une revendication* [918].

A ces exceptions près, pour les footballeuses des années soixante-dix interrogées aujourd'hui, leur pratique n'est pas le fruit d'un désir d'émancipation. Le football n'est pas pour elles un moyen de remettre en cause leur condition de femme, même si elles sont sensibles à cette question. Monique Jacky ne supporte pas que deux de ces camarades délaissent le football à cause de leur ami : *c'est pas possible tu vas te laisser... si tu abandonnes le foot, il te demandera autre chose, tu n'arriveras pas à te faire respecter* [919]. Sensible au fait de ne pas se laisser marcher sur les pieds par les hommes, elle ne considère pas pour autant son engagement personnel dans la pratique du football comme un moyen de s'affirmer. Cet avis est assez unanimement partagé. *On n'a pas de revendication féministe ou quelque chose comme ça,* dit Dominique Humbert. *Est-ce qu'il faut qu'on soit militantes, est-ce qu'il faut faire du prosélytisme ? Je ne crois pas,*

[916] Entretien avec Josette et Roger Bei, Ecully, mai 2001.

[917] *Miroir Sprint*, 18 novembre 1969.

[918] *Olympe*, mai 1981.

[919] Entretien cité avec Monique Jacky.

ajoute-t-elle. *Les femmes jouent au football et continuent à le pratiquer parce qu'elles l'aiment sans autre arrière-pensée*[920].

Comme le souligne C. Louveau, *contrairement à ce que l'on peut parfois lire ou entendre, les femmes font rarement de leurs choix sportifs des emblèmes revendicateurs. Y compris quand elles optent pour des disciplines inhabituelles pour elles, tels le football, le rugby ou l'haltérophilie*[921]. Pourtant, le football féminin réapparaît à une époque fortement marquée par un féminisme actif ; concomitance qui n'est sans doute pas le fruit du hasard.

Dans leur jeunesse, les jeunes femmes pratiquent donc le football dans la rue bien avant de pouvoir engager leur pratique au sein d'une structure formelle, souvent amenées très tôt au bord des terrains par les hommes de leur entourage. Les entretiens que nous avons réalisés nous permettent donc de confirmer les résultats de C. Louveau qui montre que l'ambiance familiale, à travers le modèle du père ou du frère, joue en un rôle dans le choix de l'activité pratiquée. *Les footballeuses ont quasiment toutes, en moyenne, un homme de leur environnement proche pratiquant lui aussi le football,* tout comme les joueuses de rugby. *Une footballeuse sur deux a un père qui fait du football, un frère dans un cas sur deux aussi*[922]. Les femmes qui s'engagent à l'âge adulte dans une pratique footballistique organisée d'abord sur un mode festif puis sur un mode compétitif sont issues de classes sociales plutôt populaires ou classes moyennes. Leur pratique du football réalisée avant tout pour le plaisir ne constitue pas une revendication, n'est pas le fruit d'un désir d'émancipation féminine, même si la question est dans l'air du temps.

4- « L'air du temps » ?

Cette réapparition soudaine du football féminin trente ans après son extinction, et surtout sa diffusion aussi rapide dans l'ensemble du territoire (ou presque) interrogent. Pourquoi les femmes regagnent-elles les terrains à la fin des années soixante et au début des années soixante-dix ? L'émergence du football féminin semble accompagner, comme au début du XXe siècle, le

---

920 Propos de Dominique Humbert, in Vella P., *Féminin singulier. Le football conjuqué au féminin*, production Cardan/TLM, septembre 1998.

921 Davisse A., Louveau C., *Sports, école, société : la part des femmes*, Joinville-le-Pont, Actio, 1991, p. 106.

922 Louveau C., *Talons aiguilles et crampons alu*... op. cit., p. 92.

mouvement d'émancipation des femmes. Pour autant les nouvelles footballeuses connaissent-elles une situation comparable à celle qu'ont vécue les pionnières ? Ces apparentes similitudes avec le début du siècle ne doivent pas nous faire oublier que le contexte est différent.

Les années soixante sont marquées par des profonds changements, forte poussée démographique, urbanisation accélérée, *montée des nouvelles classes moyennes*, scolarité prolongée... contribuant à modifier les modes de vie, les rapports sociaux, les valeurs...[923]

D'une manière générale, le sport connaît une période de croissance. L'évolution relativement lente jusque-là s'accélère. Alors qu'au cours des années cinquante, le nombre de pratiquants licenciés à une association sportive affiliée à une Fédération dite olympique demeure stable, il double la décennie suivante, passant de 907 000 à 1 864 420 pour atteindre 3 360 000 en 1978[924]. Le sport attire de plus en plus la jeunesse, nombreuse, au moment où la génération du baby-boom atteint l'âge de l'adolescence. Les effectifs de la FFF augmentent rapidement de 487 063 en 1965 à 698 020 en 1970, ils doublent même entre 1965 et 1975 pour atteindre 1 046 068[925]. *Les femmes peuvent difficilement rester étrangères à la culture sportive*[926]. De fait, les licences sportives féminines augmentent également et passent de 220 630 en 1963 à 596 736 en 1972 soit de 17,5 % du nombre total de licenciés des fédérations olympiques à 22,36 %[927] bien que cette croissance concerne différemment chacune des fédérations. Le nombre de basketteuses a plus que doublé entre 1963 et 1970 passant de 21 712 licenciées à 46 382 pendant que les handballeuses passent de 2 514 à 8 555[928]. Le football féminin réapparaît donc au moment où d'autres pratiques se féminisent massivement ; la proportion des femmes en basket-ball passe de 21% en 1963 à 32,6% en 1970, en volley-ball de 13,5% à 24% et en hand-ball de 10 à 15,7%[929].

Le contexte de la guerre froide et de la décolonisation accentue les enjeux politiques et symboliques des grandes compétitions internationales. Le mouvement olympique, amplifié par le développement de la télévision, prend chaque jour davantage d'importance. En France, les faibles résultats

---

923 Clément J. P., Defrance J., Pociello C., *Sport et pouvoirs au XX e siècle* , Grenoble, Presses Universitaires de Grenoble, 1994, p. 87.

924 Clément J. P., "Les mutations de la société française et l'évolution du sport de 1945 à nos jours", *Éducation physique et sport en France 1920-1980*, op. cit., pp. 147-181.

925 Augustin J. P., *Sport, géographie et aménagement*, op. cit., p.45.

926 Davisse A., Louveau C., *Sports, école, société : la part des femmes*, op. cit., p. 20.

927 Clément J. P., op. cit., pp. 147-181.

928 Arnaud P., Terret T., *Histoire du sport féminin*, op. cit., p. 173.

929 Davisse A., Louveau C., op. cit., p. 65.

des tricolores dans les rencontres internationales, notamment aux Jeux Olympiques de Rome en 1960 incitent l'État à s'intéresser davantage à la question sportive. Soucieux des résultats du sport français et du prestige national, le gouvernement infléchit donc une réelle politique de rénovation du sport dans la perspective des JO de Grenoble. Élever le niveau sportif de chacun et les performances de l'élite devient une priorité des pouvoirs publics. Des mesures particulières sont prises en faveur des installations sportives avec la loi-programme d'équipements sportifs et socio-éducatifs (1961-1965). *Des milliers de terrains de football sont édifiés et les clubs urbains et péri-urbains se multiplient* [930] et, d'ailleurs dans les petites localités, le football est bien souvent la principale activité de loisir des jeunes gens. Au nom de la démocratisation du sport, l'État publie un Essai de doctrine du sport en 1965 définissant son rôle et ses attributions parmi lesquels la formation des cadres dirigeants et l'accès aux métiers du sport qu'il entend contrôler par la création, en 1965, du Brevet d'État (qui devient Brevet d'État d'Éducateur Sportif en 1972).

A l'école, les sports acquièrent une place privilégiée dans les cours d'éducation physique et sportive. Ils sont progressivement introduits dans les établissements du second degré. Déjà présents dans les associations sportives scolaires, ils gagnent plus massivement l'éducation physique dans le cadre des demi-journées de plein air et de sport puis dans la leçon elle-même. En effet, dans les Instructions Officielles de 1962, l'initiation sportive intègre la demi-journée de sport. Dans celles de 1967, l'enseignement des gestes sportifs les plus caractéristiques acquiert sa place dans la leçon d'éducation physique proprement dite qui devient exclusivement sportive. Ces Instructions consacrent certains acquis de la pratique. *Faire du plein air, c'est déjà et depuis longtemps faire des sports collectifs* [931]. Les élèves sont entraînés à la compétition sportive par des rencontres internes à leur classe, inter-classes ou inter-établissements et bénéficient d'une formation sportive comparable à celle pratiquée dans les clubs. Même si cela profite davantage au hand-ball qui devient le sport scolaire par excellence, le football est largement pratiqué par les jeunes gens et bientôt par les jeunes filles. Jusque-là très marginale, la mixité scolaire est instituée officiellement par la loi Berthouin en 1959. Elle s'établit d'abord pour les nouveaux lycées puis en 1963 pour les Collèges d'Enseignement Secondaire nouvellement créés. Bien que la co-éducation ne se généralise structurellement que dans les années soixante-dix, en 1964, la moitié des collèges et lycées sont mixtes[932], favorisant un *enrichissement intellectuel réciproque*. Les jeunes

---

[930] Augustin J. P., op. cit., p. 44.

[931] Clément J. P. et Herr M., *L'identité de l'éducation physique scolaire au XXe siècle*, Clermont-Ferrand, AFRAPS, 1993, pp. 251-267.

[932] Lelièvre F. et Lelièvre C., *Histoire de la scolarisation des filles*, Paris, Nathan, 1991.

filles acquièrent davantage de chances d'accéder aux sports, collectifs en particulier. Quelques propositions pédagogiques illustrent la volonté d'un enseignement indifférencié en rupture avec les conceptions développées jusque-là privilégiant une éducation physique féminine à base de danse, de rythmique... J. Zoro par exemple présente dans la *Revue EPS*, un parcours de sports collectifs permettant de *noter les élèves, garçons et filles de la 6e à la 2e*, comprenant différents éléments techniques en basket-ball, hand-ball, volley-ball et football[933].

Dans le même temps, l'instruction progresse et les filles participent largement à ce mouvement. Dans tous les pays d'Europe, le nombre de filles scolarisées progresse rapidement. La certification scolaire des filles augmente aussi : en 1965, le pourcentage de jeunes filles reçues au baccalauréat égale celui des garçons[934]. Cette élévation du niveau scolaire stimule le travail féminin. *Franchir un niveau d'instruction, c'est s'affranchir des pesanteurs du foyer pour exercer une profession* [935]. Après une baisse de la main d'oeuvre féminine durant les années quarante et cinquante, s'amorce donc, au tournant des années soixante, une lente remontée de l'emploi féminin qui s'accélère après 1968. Cette période de croissance économique favorise le plein emploi et la progression du salariat féminin notamment grâce au développement du secteur tertiaire. Dans les bureaux notamment, on fait largement appel à la main-d'oeuvre féminine. Cette plus grande participation des femmes à la vie sociale change leur propre vie et bouscule quelque peu le regard que l'on peut porter sur elles.

Autre changement d'importance qui affecte l'école et plus largement la société est la massification de l'enseignement supérieur même si les filles y ont moins facilement accès. L'accroissement des effectifs étudiants représente d'ailleurs un des fondements du malaise étudiant en 1968. Les universités françaises passent en effet de moins de deux cent mille étudiants en 1962 à près de cinq cent mille en 1968 sans que les structures et le fonctionnement se soient réellement adaptés à cette mutation[936]. Contestation de l'autoritarisme et de la hiérarchie, désir d'accéder à une plus grande autonomie deviennent les principales revendications. L'agitation étudiante qui prend bientôt la forme d'une protestation plus globale en mai 1968 en s'étendant à l'ensemble de la société française, soulève de nouveaux questionnements sur les rapports sociaux et engendre des mutations sociales importantes notamment au plan des mentalités. Mai 68 est à l'origine de profondes transformations dans la société française qui ont tout

---

933 Zoro J., "Sports collectifs, parcours", *Revue EPS*, novembre 1961, pp. 21-24.

934 Bosio-Valici S., Zancarini-Fournel M., *Femmes et fières de l'être. Un siècle d'émancipation féminine*, Paris, Larousse, 2001, p. 68.

935 Duby G., Perrot M., op. cit., pp. 431- 463.

936 Lavabre M. C., Rey H., *Les mouvements de 1968*, Florence, Casterman-Giunti, 1998.

particulièrement modifié la vie des femmes. Dans le sillage de ce mouvement, réflexions et analyses sur la question féminine se développent.

Quasiment absent des contenus de la contestation en 1968, le mouvement des femmes va se développer comme un effet de la participation des femmes aux contestations de la fin des années soixante. Des groupes « femmes» se créent au sein des organisations de gauche et d'extrême gauche, tandis que des mouvements spécifiquement féministes soulignent la sororité et la spécificité irréductible des revendications féminines[937]. Spontanés, ou plus structurés, divers groupes de femmes commencent à se réunir dans les quartiers, sur les lieux de travail... pour discuter des rapports entre hommes et femmes. C'est le cas du Mouvement de Libération des Femmes, plus connu sous le sigle MLF, qui se crée à Paris *en filiation directe avec le mouvement de mai 68*[938], s'inspirant de l'exemple américain du *Women's lib* .

Né aux États-Unis au milieu des années soixante, le mouvement des femmes prend une ampleur internationale. Les actions spectaculaires et symboliques menées par les Américaines parmi lesquelles la perturbation de la cérémonie d'élection de Miss Amérique ou la grève nationale d'août 1970 ont un important écho médiatique. La traduction des principales publications américaines favorise également la diffusion des idées à un large public. Presque tous les pays occidentaux connaissent dans les années soixante-dix, un mouvement de libération des femmes. Au travers de témoignages, de reportages, différentes tendances s'expriment alors dans des journaux, des brochures, des tracts et différents modes de lutte se développent.

En France, contrairement aux revendications antérieures longtemps centrées sur l'accès au droit de vote, la lutte des femmes se focalise essentiellement sur le droit à disposer librement de son corps. La liberté d'avortement (interdit en 1920) et de contraception sont des thèmes mobilisateurs. Comme aux États-Unis, des actions spectaculaires sont menées parmi lesquelles la signature d'un manifeste, publié en avril 1971 dans *le Nouvel Observateur*. Trois cent quarante-trois femmes, plus ou moins connues, déclarent avoir elles-mêmes avortées clandestinement et réclament sa dépénalisation[939]. A cette campagne en faveur de la libéralisation de l'avortement qui aboutira à des mesures sociales et législatives, s'ajoute la dénonciation des violences masculines et des crimes commis contre les femmes sans oublier tout ce qui a trait à la vie quotidienne. De nombreuses femmes s'attachent également à dénoncer le

---

937 Lavabre M. C., Rey H., op. cit., p 120.

938 Centre lyonnais d'études féministes, *Chronique d'une passion : le Mouvement de Libération des Femmes à Lyon*, Paris, L'Harmattan, 1989, pp. 24-25.

939 Frisque C., *L'objet femme*, Paris, La Documentation française, 1997, p. 61.

caractère sexiste de la publicité qui donne à voir la femme au foyer ou objet de séduction.

Néanmoins, bien que le corps apparaisse comme un des thèmes centraux parmi les revendications, en mouvement, il n'intéresse pas les féministes. Comme au début du vingtième siècle, le sport n'apparaît pas comme un espace à conquérir. A l'exception de quelques reportages isolés, il est absent des questionnements des publications qui défendent la cause des femmes. Comme nous l'avons déjà évoqué, les footballeuses, comme les sportives en général, ne militent pas en faveur de l'égalité des sexes. Cependant, c'est dans ce contexte que réapparaît le football féminin, trente ans après sa disparition et cette renaissance ne saurait être indépendante des transformations et des mouvements sociaux affectant la vie des femmes, même si elles n'en sont pas complètement conscientes.

Quoi qu'il en soit le football féminin se développe concrètement sur les terrains et les instances officielles du football ne sauraient s'en désintéresser comme au début du siècle.

CHAPITRE 4

Institutionnalisation du football féminin

Sous la pression de la réalité, la Fédération Française de Football, contrairement à cinquante ans plus tôt, intègre la pratique féminine, non sans discussion toutefois. Le football féminin s'organise au sein d'une commission spécifique qui s'attachera a son organisation et à son développement qui se rapprocheront progressivement de ce qui existe déjà pour les hommes.

1- La reconnaissance du football féminin par les instances fédérales

Le football féminin commence à se développer dans les Ligues, on l'a vu, un peu en marge de la Fédération Française de Football, avant même que la direction parisienne ne prenne position. Les principaux animateurs du football féminin en France se réunissent, début 1970, à Paris, au club du Coq Sportif, sur la proposition du club rémois. Ces manifestations, présidées par Louis Petitot, de la ligue du Nord Est, conduisent, le 28 mars 1970, trois ans après la naissance des premières équipes féminines de football, à la reconnaissance du football féminin par le Conseil Fédéral de la Fédération Française de Football[940], ce que vient de faire l'Association Suédoise de Football et ce que fera, en Allemagne, la Deutscher Fussball Bund en octobre 1970[941].

---

940 *France Football Officiel*, 15 avril 1970.

941 Frennstedt T., "La Suède : précurseur universel cité dans Mignot A., Loisel E., *Féminines. Coupe du Monde 1995. Analyses & enseignements*, FFF.

Cette reconnaissance ne va cependant pas de soi. Le football féminin est loin de faire l'unanimité dans les milieux officiels. *La plupart des responsables de la FFF ne veulent pas vraiment se prononcer sur la question, peut-être par crainte de représailles à la maison, soit pour misogynie s'ils disent non soit pour idée folâtre s'ils disent oui... Alors ils noient le poisson en établissant un semblant de structures, mais sans aucune action positive*[942]. Quelle est la signification de cette critique au demeurant assez naïve ? La Fédération d'abord sceptique s'en inquiète, bon gré mal gré, tentant de *canaliser ce qu'elle ne peut pas empêcher*[943]. Le danger est bien que le football féminin se développe en marge de la Fédération comme en rugby à quinze. En effet, en réponse à l'hostilité de la Fédération Française de Rugby, naît, en mars 1970 à Toulouse, l'Association Française de Rugby Féminin. Gilles Delamarre, dans *Miroir Sprint* écrit en conclusion de son article en novembre 1969 : *Il est urgent de créer la 4 F. C'est-à-dire la Fédération française de football féminin*. Un de ces confrères voit d'ailleurs déjà avec la naissance de Comités Régionaux peut-être une future FFFF en train de prendre forme. Pour Pierre Geoffroy, c'est bien ce qui motive la Fédération. *La Fédération masculine décide de créer une commission spéciale pour contrôler le mouvement afin qu'il ne lui échappe pas, bien plus que pour le diriger et l'animer favorablement*[944]. La plupart des animateurs des instances du football se désintéressait de la pratique féminine voire s'y opposait comme le confirme Marilou Duringer : *il y en avait beaucoup qui n'en avaient rien à faire du football féminin. C'étaient des machos*[945]. Mais l'éventuelle création d'une organisation autonome représente bel et bien une menace suffisante. C'est le cas au Danemark où existe depuis le milieu des années soixante la *Danish Women's Football Union*, ou en Italie avec la *Federazione Italiana Calcio Femminile* créée en mai 1968, ou encore en Angleterre, la *Women's Football Association* créée en 1969. D'ailleurs, en 1971, le football féminin alors joué dans vingt-deux pays européens ne se trouve sous le contrôle de l'association nationale masculine que dans huit d'entre eux[946]. De plus, si les dirigeants de la FFF accordent leur bienveillance aux femmes ce n'est pas toutefois pas sans arrière-pensée. D'une part, les femmes peuvent apporter un surplus de licences qui n'est pas négligeable ; le potentiel de garçons ou d'hommes licenciables s'amoindrit. Mais surtout, les joueuses sont de futures épouses

---

942 Sutter M., "Les filles du foot", Coupure de presse, Archives privées de Ghislaine Souëf.

943 Ferran J., "Les femmes, le football et France Football", Coupure de presse, 1971, Archives privées de Ghislaine Souëf.

944 *L'Union*, décembre 1971.

945 Entretien avec Marilou Duringer, Landersheim, 11 février 2000.

946 *Women's football*, conférence sur le football féminin, 27-30 octobre 1998 à Londres, UEFA, 1998.

et mères de famille et la Fédération peut espérer qu'elles deviennent de bonnes propagandistes du football[947] comme l'illustrent quelques années plus tard les propos de Francis-Pierre Coché, alors entraîneur de l'équipe nationale féminine. *Nous souhaitons que le plus grand nombre de filles approchent la pratique du jeu afin que plus tard, lorsqu'elles seront devenues des épouses et des mères, elles soient ouvertes à nos problèmes*[948]. On peut attendre des femmes qu'elles jouent le rôle d'incitation familiale et non plus seulement de frein à la pratique du conjoint et des jeunes enfants. Malgré les réticences et les hostilités du monde du football, on peut penser que ces différents arguments ne laissent pas les dirigeants du football français indifférents. C'est dans ces circonstances que la FFF opte finalement pour l'intégration du football féminin en son sein.

En même temps qu'il reconnaît le football féminin, le Conseil Fédéral de la FFF désigne une *commission d'étude chargée de l'organisation nationale du football féminin*. Celle-ci arrête des règles du jeu, fait procéder à l'impression de licences féminines, mention qui jusque-là était ajoutée à la main comme l'évoque Marilou Duringer. Quelques mois plus tard, le 24 juillet 1970, le Conseil Fédéral décide la nomination d'une *Commission Centrale du football féminin*. On y retrouve le noyau de la commission d'étude Mademoiselle Martine Augustin (de Nantes), Madame Émilie Toutain (du Lyonnais) et Messieurs Jean Flageul (de Nancy), Pierre Geoffroy, Marcel Legal (de Sézanne), Louis Petitot, Robert Petitqueux (de Nice), Alfred Tugend (de Schwindratzheim), auxquels s'ajoutent Messieurs Pierre Leprou et Jean Sadoul, délégué du Conseil Fédéral[949]. Ses missions comprennent l'étude des questions relatives à la pratique et à la réglementation du football féminin, l'institution de compétitions, la participation de la sélection nationale à des matches internationaux et l'oeuvre de propagande, travail mené en collaboration avec les commissions régionales.

Cette commission initialement composée principalement de dirigeants masculins, se féminise lentement au fil des années, avec les anciennes joueuses qui viennent grossir les rangs. En 1978, sa composition est plus équilibrée et dix ans plus tard, les femmes deviennent majoritaires, grâce notamment à la loi de 1984. Devenue depuis 1997 *Commission Centrale Féminine*, elle comprend aujourd'hui une majorité de femmes : Michèle Carado, Bernadette Constantin, Christine Diard, Isabelle Gibassier, Marie-Jo Haussler, Jocelyne Kuntz, Christine Leroux, Elisabeth Loisel, Jeannine

[947] Bressan S., "Le boom du football féminin", *France Foot 2*, 5 janvier 1979.

[948] Hugonin P., "Francis-Pierre Coché : son cheval de bataille le foot féminin", *L'Alsace*, 21 novembre 1983.

[949] *France Football Officiel*, 9 septembre 1970.

Mourgues, Dominique Rinaudo, Sandrine Roux, Sophie Ryckeboer-Charrier, Sylvie Trilles et Marilou Duringer, déléguée du Conseil National du Football Amateur, auxquelles s'ajoutent Messieurs Bruno Bini, Claude Fort, Daniel Mathieu, Gérard Sergent et Aimé Mignot[950].

Avant même la reconnaissance institutionnelle au plus haut niveau, le football féminin s'introduit dans certaines ligues régionales de football sous la forme de commissions à partir de1969. En Champagne, au début de la saison 1969-1970, un an après la renaissance du football féminin dans la Marne, se crée le *Comité Régional de Football Féminin*[951]. Quelques semaines plus tard, l'ancien arbitre international Paul Marenco constitue une commission féminine de football pour le district Côte d'Azur. Au même moment, en Alsace, sur proposition de M. Tugend, président de Schwindratzheim, une réunion a lieu le 4 octobre 1969 à Strasbourg, sous la présidence de M. Laugel, président de la Commission Départementale du Bas-Rhin, afin d'organiser le football féminin au sein de la ligue. Elle permet la création d'une Commission féminine de football du Bas-Rhin qui se réunit sept fois au cours de la saison afin d'établir le calendrier des rencontres, veiller à l'application des règlements et à la régularité des championnats[952]. Cette commission perd toutefois son autonomie et rejoint dès 1971 la Commission des Jeunes du Bas-Rhin. Le football féminin commence à se structurer à l'échelon départemental le plus souvent en rejoignant des commissions préexistantes : Commission des Jeunes en Alsace, Commission de Propagande, dans le Lyonnais, Commission des Championnats dans le Centre Ouest..., mais reste de composition essentiellement masculine.

Ensuite, un peu partout, des commissions féminines régionales voient le jour notamment à partir de 1971 à la Ligue de Lorraine, du Centre Ouest... mais non sans difficultés. Dominique Rinaudo, membre de la Commission Féminine de la Ligue Rhône-Alpes, évoque ses souvenirs et les conditions difficiles dans lesquelles elle a débuté en 1971 à la Ligue à l'âge de vingt ans. *Au début on était deux, Monsieur Rivière* (qui deviendra ensuite président) *et moi. On se réunissait une fois par semaine. On était dans un petit cagibi, petite pièce tout au bout du couloir. On était vraiment des laisser-pour-compte, personne n'arrivait jusqu'à nous tellement c'était loin. Les relations n'étaient pas faciles avec les autres membres de la Ligue. On était toléré mais ils ne croyaient pas du tout au football féminin. Ils ne faisaient rien pour nous aider.* Finalement, *on s'est surtout attardé à aller à la pêche aux licenciées en faisant de la propagande, par des articles dans la*

950 Annuaire fédéral saison 2000-2001, FFF.

951 Coupure de presse, juillet ou août 1969, Archives privées de Ghislaine Souëf.

952 *Alsace-foot*, 3 juillet 1970.

presse (M. Rivière était journaliste au Progrès), *des matches de propagande un peu à gauche à droite dans des petits villages pour essayer de trouver quelques licenciées. C'était pas facile.* A ces difficultés s'ajoute celle d'être la seule femme de la Ligue[953]. Toutefois, la commission féminine prend de l'ampleur et se féminise, notamment à partir de 1978 date à laquelle il est décidé que l'effectif des commissions régionales féminines doit comporter au moins 3/5e de femmes ou de jeunes filles choisies pour leur action en faveur du développement du football féminin. Cependant, les difficultés persistent.

La mise en place des premières compétitions précède dans certaines régions la reconnaissance officielle du football féminin par la FFF mais celle-ci stimule toutefois la création de championnats avec la naissance des Commissions et sous la pression des dirigeants impliqués. C'est le cas notamment à Paris où, à la demande de plusieurs clubs, et notamment du *CO Paray-Athis*, une réunion a lieu, le 6 octobre 1971, au siège de la Ligue de Paris et de l'Ile de France pour la création d'une compétition. En fonction des spécificités locales c'est-à-dire surtout du nombre d'équipes, chaque région organise sa compétition. Si la Commission Centrale Féminine, réunie le 10 octobre 1970, compte en France trois championnats régionaux, en Alsace, dans le Sud-Est et dans le Centre et trois en voie de réalisation dans la Ligue d'Atlantique, du Lyonnais et du Nord-Est[954], il s'agit en fait moins de compétitions de Ligue que de championnats de district, à l'échelle départementale, plus faciles à organiser initialement. C'est le cas notamment en Alsace, dans le Lyonnais, le Sud-Est, le Nord, la Normandie... 1971-1972 marque le début du premier championnat officiel en de nombreux endroits. C'est le cas à Paris où neuf équipes participent au premier championnat : *AS Brévannes, AS Marcoussis, ASPTT, CSM Livry-Gardan, Étoile Sportive de Juvisy, Paris Saint-Germain, Racing Club Paris-Joinville, US Grigny, VGA Saint-Maur* que remporte Paris-Joinville devant Saint-Maur. On en comptera seize dès l'année suivante[955]. Avec l'augmentation du nombre d'équipes, des compétitions régionales se mettent en place en même temps.

En 1972, au côté des Statuts Corporatif, des Jeunes, des Professionnels..., s'ajoute le Statut Fédéral Féminin, adopté par l'Assemblée Fédérale du 24 juin et mis en application en début de saison. En son article premier, la Fédération rappelle ses engagements : *La Fédération Française*

953 Entretien cité avec Dominique Rinaudo.

954 *France Football Officiel*, 28 octobre 1970.

955 *Paris-Football*, 18 mai 1971 ; 7 septembre 1972.

de Football gère, dans le cadre de la délégation consentie par les Pouvoirs publics, le football féminin. A cet effet, le Conseil Fédéral nomme annuellement les membres de la Commission Centrale Féminine, parmi lesquels il désigne une commission restreinte du football féminin. Le président de la Commission centrale médicale est membre de droit de la CCF. Les Ligues régionales sont tenues d'instituer une Commission régionale féminine (CRF) dont la collaboration avec la Commission régionale médicale est assurée dans les mêmes conditions que ci-dessus[956]. Cette prise de position n'est pas sans importance puisque les ligues régionales en retard se trouvent contraintes de régler la question. Le Statut définit notamment les catégories de joueuses, la réglementation de la pratique du jeu et la mixité, respectivement dans ses articles 5, 6 et 10 qui subiront régulièrement quelques modifications.

Le début des années soixante-dix marque donc la reconnaissance du football féminin par la FFF et la mise en place d'une organisation qui n'évoluera que très peu dans sa structure : Commission Centrale, Commissions Régionales et Statut fédéral féminin.

Au niveau international, la marche est plus lente. La création en février 1970, en Italie, d'une fédération féminine autonome la *Fédération Internationale et Européenne de Football Féminin* (FIEFF) sous l'emprise de la firme Martini-Rossi va toutefois stimuler le processus de reconnaissance du football féminin par les autorités du football. Selon Pierre Geoffroy, cet organisme *créé pour pallier la négligence, la carence, le désintéressement de la FIFA à ce sujet*, et mettre sur pied un championnat du monde, dont la phase finale au Mexique est un succès, stimule les initiatives de récupération[957]. Au début des années soixante-dix, l'UEFA crée d'abord un groupe de travail spécial et les associations membres sont invitées à remplir un questionnaire relatif au football féminin dans leur pays. La question du football féminin est ensuite évoquée, au cours d'un Congrès de l'UEFA tenu à Monaco en juin 1971, six mois après le Congrès Mondial de Football Féminin de la FIEFF du 5 et 6 décembre 1970, auquel participent les représentants d'Allemagne, d'Autriche, d'Espagne, de Hollande, d'Italie, du Mexique, de Suisse et de France, en la personne de Pierre Geoffroy[958]. Selon le journaliste Jacques Ferran, *le sentiment général est le suivant : on n'apprécie pas tellement que les femmes « se mêlent » de jouer au football, mais puisque, décidément, elles le font, il est préférable de*

---

956 "Statut fédéral féminin", Annuaire 1972-1973, FFF.

957 Sutter M., "Les filles du foot", Coupure de presse, 1976, Archives privées de Ghislaine Souëf.

958 *Mexico 71 II campeonato Mundial de Futbol Femenil*, boletin editado por la organisation de este mundial, 1971.

ne pas les laisser en marge des clubs et des fédérations officielles[959]. Les dirigeants européens pressent unanimement l'UEFA et la FIFA d'agir et de prendre le contrôle du football féminin. Ils insistent sur les dangers de laisser le mouvement se développer en marge des pouvoirs officiels. Le Suédois Tore Brodd, le président de la fédération suisse Victor de Werra ou l'Autrichien Geroc notamment redoutent particulièrement la commercialisation du football féminin telle qu'elle a tendance à se développer en Italie. C'est aussi l'avis du Président de la FIFA, Sir Stanley Rous, qui redoute *l'intrusion de matchmakers qui finiraient par donner une caricature de ce sport pour en faire un spectacle à part*[960].

Lors d'une réunion à Rome, le 20 novembre 1971, l'UEFA décide finalement de *prendre en charge le contrôle et l'organisation du football féminin par l'intermédiaire des associations membres*[961]. Une première conférence sur le football féminin, suivie par les délégués de neuf associations membres est tenue à Zurich, le 22 mars 1973. Dans son *Bulletin d'Information* du 16 avril 1973, l'UEFA publie ses directives concernant le football féminin. L'organisme européen constate que *le nombre de femmes pratiquant le football s'accroît sans cesse dans beaucoup de pays européens bien que les mass média ne le reconnaissent pas et expriment plutôt leur désaccord.* Pour contrôler ce mouvement, l'UEFA nomme une commission spéciale, présidée par un Danois et dont les membres sont une Suédoise, une Suissesse et une Allemande. Elle décide cependant *de ne mettre sur pied, dans le cadre officiel, aucune compétition ni pour les clubs ni pour les équipes nationales représentatives.* Est-ce trop tôt ? La Commission se réunit de nouveau en 1974 mais ne prend pas de décision importante. Après des années d'inactivité, la Commission est finalement dissoute en 1978.

Sous la pression des Italiennes, l'UEFA organise une deuxième conférence sur le football féminin le 19 février 1980 à Zurich. Vingt-neuf des trente-quatre associations membres de l'UEFA y participent sous la direction du président de l'UEFA, Artemio Franchi. La Commission du Football féminin est alors ressuscitée. Une décision importante est prise, la création d'une compétition pour les équipes nationales. On peut penser que dans les différents pays européens le football féminin a pris davantage d'ampleur et que le mouvement est plus solide. Néanmoins, on ne perçoit pas une réelle dynamique en faveur du football féminin au sein de l'UEFA. La troisième conférence sur le football féminin ne verra le jour que dix-huit ans plus tard. Organisée à la fin du mois d'octobre 1998, à Londres, conjointement avec la Fédération anglaise de football, cette conférence est

---

959 Ferran J., "Les femmes, le football et France Football", op. cit.

960 Arbona T., "Entretien avec Sir Stanley Rous : Vive les femmes", *France-Football*, octobre 1971.

961 *Bulletin d'Information de l'UEFA*, n°33, 16 avril 1973.

suivie par des dirigeants de quarante et une des cinquante et une associations membres de l'UEFA. A l'issue de cette conférence, les participants s'engagent pour le football féminin en se fixant des priorités. La déclaration d'intention énoncée en onze points comprend notamment un programme de développement comportant une conférence tous les quatre ans, l'amélioration de l'image du football féminin via la promotion, le marketing et une meilleure couverture médiatique, la formation d'entraîneurs qualifiés, l'encouragement à la mixité, l'amélioration des structures nationales, la création d'une ou plusieurs compétitions européennes interclubs[962].

Quant à la FIFA, son intervention est tardive. C'est dans la perspective de création de la Coupe du Monde de 1991, qu'elle s'attache davantage au football féminin qu'elle ignore, ou presque, jusque-là. Au cours de la saison 1987-1988, elle décide alors de financer le football féminin. La commission de football féminin devient une Commission permanente. Cette commission, présidée par le Danois Poul Hyldgaard, voit l'entrée de son premier membre féminin en la personne de l'Allemande Hannelore Ratzeburg en 1990[963]. Le premier séminaire sur le football féminin organisé par la FIFA a lieu pour la première fois en octobre 1992 à Zürich. Depuis, la FIFA intervient essentiellement au moment des grandes échéances de la Coupe du Monde, tous les quatre ans.

Malgré les résistances, le football féminin intègre donc relativement rapidement la FFF, en 1970, contrairement au rugby féminin qui est exclu de la FFR jusqu'en 1989. La FFF qui voit se développer la pratique du ballon rond dans différentes régions crée des structures spécifiques en son sein pour éviter notamment que le football féminin ne se développe en marge de la Fédération comme dans d'autres pays européens. Le football féminin s'organise alors selon le modèle du football masculin.

2- L'influence du modèle masculin

Alors que dans un premier temps le football féminin s'organise en s'adaptant aux particularités féminines et à la faiblesse des effectifs, il s'alignera progressivement sur les structures préexistantes notamment avec la croissance des effectifs.

---

962 *Women's football*, conférence sur le football féminin, op. cit.

963 "Le football féminin s'est établi auprès de la FIFA", *FIFA News*, novembre 1990.

2-1 Vers une réglementation moins spécifique

Les dispositions prises initialement pour ménager les « faibles femmes » s'estompent, se réduisent, au fil des années, comme en atteste l'étude du Statut Fédéral Féminin du début des années soixante-dix à nos jours. La réglementation de la pratique du jeu rejoint alors quasiment la réglementation des footballeurs masculins.

Quelques mois après la reconnaissance du football féminin par la FFF, des dispositions relatives aux règles du jeu sont arrêtées, en août 1970. Quelques adaptations s'ajoutent alors aux règles du jeu en vigueur :

- utilisation d'un ballon « minimes »

- corners tirés aux 18 m

Toutefois avec l'accord des équipes, l'arbitre pourra décider de l'emploi d'un ballon normal et autoriser le tir du corner au coin des terrains.

- durée des matches : 2 fois 35 minutes

- dégagement de la gardienne de but : celle-ci est autorisée à s'avancer jusqu'aux 16 m en faisant rebondir la balle au sol,

- fautes de mains : indulgence demandée aux arbitres en cas de protection instinctive de la poitrine,

- remplacement des joueuses : trois remplaçantes sans possibilité de faire entrer en jeu la même joueuse.

Par ailleurs, il est souhaitable que les gardiennes de but utilisent un système de protection de la poitrine [964].

A ce propos, Ghislaine Souëf, gardienne de but de l'équipe de Reims, se souvient de la protection de la poitrine qu'on lui avait tout spécialement fait fabriquer par un prothésiste, un soutien gorge extrêmement capitonné qu'elle utilisera toutefois très peu[965]. D'autres imagineront plus tard la création d'autres équipements spéciaux. C'est le cas de Michel Hidalgo, alors entraîneur de l'équipe de France masculine et Directeur Technique National en 1983 qui préconise une chaussure spéciale pour les footballeuses. *Il suffit de deux entorses pour déformer la cheville d'un footballeur, explique-t-il. Si ce n'est pas très fâcheux pour un homme, cela l'est beaucoup plus pour une femme. Pour cette raison, je pense qu'il serait peut-être bon de penser à une chaussure de football un peu spéciale destinée aux joueuses. Une chaussure dont la tige serait plus haute, de façon, précisément à protéger la cheville* [966]. Cette proposition restera cependant sans suite.

---

[964] *France Football Officiel*, 5 août 1970.

[965] Entretien avec Ghislaine Souëf, Reims, 13 novembre 1998.

[966] *Le Football au Féminin*, janvier 1983, pp. 5-7.

Ces dérogations apportées aux lois du jeu s'appuient sur une étude menée préalablement par les docteurs A. Hurez et J. Mérault de la Commission Centrale Médicale. Ceux-ci émettent en effet le projet de réglementation suivant qu'ils présenteront au Congrès Médical du Football en septembre 1970 à Évian :

- la surface des terrains, les dimensions en hauteur et en largeur des buts peuvent être identiques dans la pratique du football féminin et du football masculin.

Il paraît souhaitable que la trêve hivernale soit respectée et même étendue de façon à ce que le jeu soit pratiqué dans les conditions les meilleures sur des terrains aussi peu boueux, glacés ou enneigés que possible et dans les conditions atmosphériques les moins défavorables.

- le poids du ballon devrait être allégé (utilisation du ballon type « minimes »). Cet allègement aurait l'avantage d'être moins fatigant pour les articulations, de pallier à la vitesse et à la force musculaire moindre de la femme, de permettre l'envoi du ballon plus loin, donc de rendre le jeu plus spectaculaire, de rendre le geste plus coordonné, moins âpre, c'est-à-dire plus harmonieux et plus esthétique.

- la durée du temps de jeu s'impose et il est loisible d'admettre que la durée des matches sera de deux fois 30 minutes.

- le remplacement possible d'une joueuse à un moment quelconque de la partie avec possibilité de la faire revenir ensuite sur le terrain doit être admis, avec une limitation du nombre des joueuses participantes à 14 ou 15 par exemple [967].

La Commission Médicale ne se prononce toutefois pas sur certaines dérogations déjà adoptées par certaines ligues sur lesquelles s'appuient la proposition fédérale comme les corners tirés à dix-huit mètres, l'autorisation accordée à la gardienne de s'avancer... On retrouve en effet dans les adaptations adoptées par les instances fédérales une partie du règlement du tournoi de Reims mis en place en juin 1969, l'utilisation du ballon « minimes », les corners tirés de la limite des dix-huit mètres, et le temps de jeu réduit[968], dispositions retenues dans de nombreuses régions.

Ces propositions ne diffèrent guère de celles préconisées durant l'entre-deux-guerres. En effet, le ballon choisi est plus léger et plus petit, le match est raccourci de vingt minutes et l'on est autorisé à tirer les corners de beaucoup plus près. Ce règlement montre également le souci accordé à la protection de la poitrine.

---

[967] Hurez A. et Mérault J., "Le football féminin", Congrès Médical du Football à Évian, 4-6 septembre 1970, Archives de la Commission Centrale Médicale de la FFF.

[968] *L'Union*, 14 juin 1969.

Ces adaptations prévues pour la pratique féminine illustrent la représentation de la femme, comme un être fragile qui transparaît encore davantage dans les considérations sur lesquelles reposent les propositions de la Commission Médicale. *La musculature féminine est en général plus frêle et il est établi expérimentalement qu'un os est d'autant plus résistant qu'il est entouré de muscles plus puissants. Chez la femme, la faiblesse, constitutionnelle relative des muscles, rend les os plus « cassants » d'autant plus que ceux-ci sont généralement moins larges et moins épais, et explique la laxité ligamentaire des articulations entraînant des risques qu'il convient de ne pas négliger.* De plus, *le jeu de tête sollicite les vertèbres cervicales mal protégées par les muscles du cou généralement peu puissants. Le développement des seins exige par ailleurs que le buste féminin puisse bénéficier d'une protection spéciale. Enfin la fragilité capillaire de la femme paraît supérieure à celle de l'homme, d'où une sévérité plus grande des chocs, des coups, etc... et des risques plus importants d'hématomes* [969].

L'étude du statut fédéral féminin, dans l'annuaire officiel de la FFF nous permet de mettre en évidence l'évolution réglementaire des adaptations faites aux lois du jeu en vigueur et la disparition progressive de ces spécificités féminines. Dès 1972, la réglementation de la pratique du jeu, article 6 du statut, ne comprend plus que trois dispositions spécifiques :

- les matches sont joués en deux périodes de trente minutes pour les « Jeunes » et de trente-cinq minutes pour les « Adultes »

- l'emploi du ballon n°4 (type minimes) est obligatoire

- dans les compétitions officielles, trois remplaçantes sont autorisées, sans possibilité de faire rentrer deux fois la même joueuse [970].

La durée des matches initialement de deux périodes de 35 minutes, pour les adultes, jusqu'en 1978-1979, passe à deux périodes de 40 minutes au début de la saison 1979-1980, puis à deux fois 45 minutes comme les hommes, pour la première fois en 1993-1994 mais uniquement pour les équipes seniors évoluant en national. L'emploi du ballon n°4, type « minimes », est obligatoire jusqu'en juin 1989 date à laquelle il est remplacé par un ballon de taille « normale », numéro 5. Le port de protège-tibias devenu obligatoire au cours de la saison 1978-1979 devient également obligatoire pour les hommes en 1990. Il n'existe plus aujourd'hui pour les catégories seniors de particularité, la réglementation de la pratique du jeu a rejoint le modèle masculin. Il n'y a plus de raisons objectives d'adapter les règles du football pour une pratique par les femmes, les données scientifiques ont pris le pas sur les préjugés.

---

[969] Hurez A. et Mérault L., "Le football féminin", op. cit.

[970] Annuaire de la FFF, 1972-1973, Paris, FFF, 1972, p. 133.

Pour les catégories de joueuses, le constat est sensiblement le même. Au début, à l'adoption du Statut fédéral féminin en 1972, la Fédération distingue parmi les filles deux catégories de licenciées : les *Jeunes*, joueuses de 11 à 14 ans et les *Adultes*, de quinze ans et plus. Avec l'augmentation du nombre de joueuses, en 1976, une troisième catégorie les *très jeunes* est créée pour les filles de 10-11 ans. Les deux catégories de jeunes sont rebaptisées *cadettes* et *benjamines* l'année suivante. En 1980, il est décidé de répartir les joueuses en cinq catégories d'âge : *benjamines 1* (7-10 ans) et *benjamines 2* (10-12 ans), *cadettes 1* (12-14 ans) et *cadettes 2* (14-16 ans) et *adultes*. Deux ans plus tard, une sixième catégorie est créée pour les 6-8 ans : les *débutantes*. En 1989, la réglementation est de nouveau modifiée avec la création d'une nouvelle catégorie les *poussines* pour les 8-10 ans à la place des benjamines 1, entraînant quelques modifications pour les autres catégories puisque sont benjamines les jeunes filles de 10-13 ans, et cadettes celles âgées de 13 à 16 ans. Cette multiplication du nombre de catégories de joueuses est certainement liée à l'augmentation du nombre de licenciées mais s'explique aussi par la volonté de s'aligner sur le modèle masculin qui dispose alors des catégories suivantes : débutants (5-7), poussins (7-9), pupilles (9-11), minimes (11-13), cadets (13-15), juniors (15-18), seniors (plus de 18 ans). Aujourd'hui, et depuis 1996, les footballeuses sont réparties en six catégories Débutantes (6-7 ans), Poussines (8-9 ans), Benjamines (10-11 ans), « 13 ans », « 16 ans » et les séniors. La catégorie « 16 ans » remplace les catégories « 15 ans » et « 17 ans » des garçons.

De plus, la mixité, formellement interdite à l'origine, est ensuite encouragée pour certaines catégories. *La composition d'équipe mixte doit être formellement interdite et une équipe féminine ne peut en aucun disputer une rencontre contre une équipe masculine*, peut-on lire dans le rapport de Hurez et Mérault en 1970. De même, l'article 10 du Statut fédéral féminin stipule en 1972 : *sous peine de sanctions, les équipes mixtes et les matches mixtes, amicaux et officiels, sont formellement interdits*. Quelques années après, ce dispositif s'assouplit. En 1978, il est ajouté : *sauf pour les joueuses benjamines qui peuvent être autorisées à pratiquer le jeu à 7 dans des formations mixtes*. En 1990, la mixité s'ouvre aux débutantes, poussines, benjamines et cadettes première année, c'est-à-dire jusqu'à l'âge de quatorze ans.

Avec l'augmentation du nombre de licenciées, les dispositions prises pour réglementer la pratique féminine s'alignent sur la pratique des masculins ; de même pour les catégories de joueuses. Ceci illustre l'évolution progressive de l'image de la femme considérée par les préjugés comme naturellement faible et fragile. Les compétitions vont progressivement s'organiser elles aussi sur le modèle des compétitions masculines.

2-2 S'aligner sur les compétitions masculines

Avec la multiplication des équipes, le besoin de rencontrer les clubs des autres ligues, comme dans les autres sports, se fait de plus en plus sentir. Sous la pression de nombreux clubs, la FFF crée finalement un championnat national original. Les spécificités d'organisation liées initialement à la faiblesse des effectifs s'estompent peu à peu pour ressembler au modèle masculin le plus fidèlement possible.

Le football féminin souffre au stade actuel d'un isolement dans lequel se trouve enfermée chaque région, ignorant ce qui se passe dans les autres ligues[971]. Si les matches amicaux comme les tournois se développent, les rencontres restent toutefois très locales, uniquement départementales pour nombre d'entre elles, en raison principalement de difficultés financières. En conséquence, plusieurs équipes souffrent d'un manque d'opposition dans leur région ce que déplorent des équipes parisiennes, de la Ligue du Centre, de Normandie, du Sud-Est... C'est ce peu d'intérêt de la compétition de district qui conduit l'Étoile de Menton à proposer, à défaut de championnat de Ligue, un match aller-retour, au cours desquels l'équipe visiteuse est hébergée et nourrie par l'équipe locale afin de renouveler les rencontres ; proposition alléchante pour différents clubs français compte tenu de la situation géographique. Par ailleurs, *la différence de niveau entre les équipes vieilles de plusieurs années et les équipes de débutantes pose un problème important quant à l'avenir du football féminin et à son développement*, constate le Rochelais Marcel Massé.

Partant de ce constat partagé assez unanimement par les meilleures équipes, Ivan Ivanovic, dirigeant de l'équipe féminine du R. P. Joinville, fait à son tour une proposition. *Nous dominons toutes les équipes parisiennes et nous n'avons pas de rencontres intéressantes ; il doit en être de même pour vous. Comme le Football Féminin débute et que la Fédération Française de Football ne nous organisera pas un National, je pense qu'il est dans notre intérêt commun, à nous tous dirigeants d'équipes valables de tenter quelque chose*[972]. Il envisage un Challenge Régional composé des deux meilleures équipes de chaque région dans un rayon de 200 Km. Comme le précise Monique Templier d'Orléans séduite par cette idée, *en organisant des*

---

[971] Lettre de J. et R. Bei adressée aux Ligues de la FFF, 2 mars 1973, Archives privées de Josette et Roger Bei.

[972] Courriers divers, Archives privées de Josette et Roger Bei.

challenges dans différentes régions, cela reviendrait un peu à un championnat de France par poule géographique, les vainqueurs des différents challenges se rencontrant en fin de saison. Sous l'impulsion de Roger Bei, ce vaste projet est discuté au cours d'une réunion officieuse à l'automne 1973 à Vichy avec les principaux dirigeants du football féminin. A l'ordre du jour la création d'un championnat national mais aussi et surtout la volonté de faire progresser le football féminin, de le structurer. La presse se fait l'écho de ces pourparlers, insistant sur la réclamation d'un championnat de France[973], qui existe depuis deux ans déjà. La menace pour la FFF de la création d'une fédération autonome refait surface. C'est sous cette pression que la Fédération s'intéresse à la mise sur pied d'un championnat national.

Le premier championnat de France de football féminin voit en effet le jour en 1974-1975 rejoignant ainsi les autres sports collectifs. Les basketteuses disputent en effet au sein de la Fédération Française de Basket-Ball (FFBB) une compétition nationale depuis 1937, les handballeuses, d'abord à 11 puis à 7, depuis 1942. Ouvert aux championnes de ligue 1973-1974, le Championnat de France, Challenge Chesterfield, réunit seize équipes réparties en quatre poules géographiques : *VGA Saint-Maur, US Fourmies, FC Rouen, Stade de Reims* dans le groupe A, *FC Metz, Valentigney, FCF Vendenheim-Schwindratzheim, ESF Vitryates* , dans le groupe B, *ARC Cavaillon, SC Saint-Clair Caluire, Cannes-la-Bocca Olympique, AS Romagnat* dans le groupe C et *Limoges FC, SC Chalans, FCF Bergerac, AS Orléans* dans le groupe D[974]. Il se déroule en deux phases. Les joueuses disputent d'abord en automne trois matches de classement. Les deux premières équipes de chaque poule sont qualifiées pour les quarts de finale ayant lieu au printemps. Dans les intervalles, elles disputent le championnat régional dans leur ligue respective. Cette organisation du championnat national en parallèle du championnat régional s'explique par la faiblesse des effectifs et donc le faible nombre d'équipes.

Le *Stade de Reims* domine largement non seulement le premier tour du championnat en battant *VGA Saint-Maur*, neuf buts à zéro, mais parvient également à battre en finale l'*Arago Sport d'Orléans* en marquant cinq buts à zéro[975]. Enfin, il remporte les trois premières épreuves avant que le club nordiste Etroeungt ne le rejoigne et remporte des succès remarqués.

Dès 1975, dix-huit clubs sont engagés dans la compétition. Puis en 1976, le règlement du Championnat de France féminin fixe à vingt le nombre d'équipes. Avec l'augmentation du nombre de licenciées, en 1979-

---

973 "Les footballeuses ne sont pas contentes", Coupure de presse datée du 22 octobre 1973, Archives du FCF Reims.

974 *France Football Officiel*, 7 août 1974.

975 *France Football Officiel*, 23 octobre 1974 ; 4 juin 1975.

1980, le championnat, pour sa cinquième édition, s'ouvre à quarante-huit clubs répartis en huit poules de six, et se déroule sur toute la saison. Les équipes ne disputent donc plus de championnat régional dans leur ligue respective et se consacrent entièrement au Championnat de France. Celui-ci est organisé en une phase préliminaire où les équipes s'affrontent dans des poules géographiques et une phase finale où les premières de chaque poule sont réparties en deux groupes dont les vainqueurs disputent la finale du Championnat de France. En 1982-1983, cette compétition subit à nouveau une modification ; le championnat se dispute en trois temps : la phase de classement mettant aux prises les clubs qualifiés répartis en huit groupes régionaux de six clubs, la compétition propre à deux niveaux comportant chacun vingt-quatre clubs répartis en quatre groupes de six, et les phases finales[976]. La phase de classement permet d'établir une hiérarchie entre les équipes afin d'uniformiser les niveaux de pratique, d'équilibrer les rencontres en répartissant les équipes de deux « divisions » de niveaux différents. Cette formule ne fait pourtant pas l'unanimité. Daniel Bertrand, entraîneur de l'équipe d'Etroeungt, considère, par exemple, qu'elle *est ridicule. On perd son temps dans la première partie. Il existe une trop grande différence de valeur entre les meilleures formations et les autres*[977].

Le Championnat de France est de nouveau modifié en 1987-1988, trente clubs répartis en trois groupes de dix, puis restructuré en 1992-1993 : Nationale 1A, douze clubs, Nationale 1B, trois groupes de dix clubs. Pour la saison 2002-2003, le championnat de N1A change d'appellation pour celui de division 1, comme les masculins auparavant qui eux jouent désormais en Ligue 1 (L1). La N1B est rebaptisée division 2 et réduite à deux poules de dix, au lieu de trois. Enfin une troisième division voit le jour, ouverte aux équipes réserves de D1, composée de trois groupes de dix équipes[978].

A travers ces multiples changements, le Championnat de France évolue d'abord dans le sens d'une ouverture à plus d'équipes, puis dans un second temps, au contraire, à une restriction de l'élite, avec pour modèle de référence le football masculin comme en atteste aussi la nouveauté de la saison 2001-2002 : la création du Challenge de France, équivalent à la Coupe de France, bien que le nom diffère. Ce Challenge est en effet ouvert à toutes les équipes féminines Seniors en France avec l'entrée en lice des formations de Nationale à partir des 32e de finale, des matches aller-retour à partir des quarts de finale, et une finale sur terrain neutre.

Il faut noter au sein des nombreux changements un point permanent du règlement à partir de 1978 : le souci de la formation des jeunes joueuses.

---

976 Annuaire de la FFF, 1982-1983, Paris, FFF, 1982, pp. 369-458.

977 *Le Football au féminin*, janvier 1983, pp. 16-17.

978 *Le Progrès*, 27 décembre 2000.

En effet, on peut lire dans l'annuaire 1978-1979 de la FFF : *les équipes qui participent au Championnat de France doivent obligatoirement justifier du fonctionnement d'une école d'initiation dont le contrôle sera assuré par le Conseiller Technique Régional.* S'ajoute à cela pour la saison suivante : *le club doit également justifier que vingt benjamines ou cadettes sont qualifiées et participent à une séance d'initiation ou de football à 7 par semaine dans le courant de la saison officielle.* En 1982-1983, ce point du règlement est complété par la nécessité d'utiliser une éducatrice titulaire d'un certificat fédéral d'initiatrice. S'ajoutent également une sanction financière et une sanction pour les joueuses mutées pour tous les clubs dont la situation ne serait pas conforme.

Au niveau régional, avec l'augmentation du nombre de licenciées, de nouvelles compétitions se créent progressivement et se hiérarchisent. Une certaine liberté est laissée à chaque commission féminine régionale de choisir les formules et les appellations qui conviennent en fonction du nombre d'équipes. Dans la ligue Rhône-Alpes, on distingue, depuis 1979, un championnat de District (soit sept au total, un dans chaque district), et un championnat de Ligue avec deux niveaux, Honneur et Promotion d'Honneur. Depuis 1991-1992, pour les deux meilleures équipes d'honneur est organisée en parallèle une compétition inter-régionale (42 clubs répartis en 6 groupes de 7). De plus, chaque ligue organise une Coupe régionale à laquelle peuvent s'inscrire toutes les équipes, tous niveaux confondus, de la région ; en Rhône-Alpes, cette coupe existe depuis 1981-1982.

L'organisation des championnats au niveau de la Ligue se rapproche à échelle réduite de ce qui existe chez les hommes. En effet, il existe un championnat d'Honneur (depuis 1935), un championnat Honneur Régional (depuis 1971) et un championnat de Promotion d'Honneur régional (depuis 1974). De même, la Coupe Rhône-Alpes a été mise en place en 1978[979].

Créé pour répondre à une demande pressante des meilleures équipes, le championnat national est disputé pour la première fois en 1974-1975, rejoignant la Suède et le Danemark qui organisent le leur un an plus tôt. L'organisation originale de ce tout premier championnat de France en interlude des championnats régionaux disparaît avec l'augmentation du nombre d'équipes et, avec les années, le Championnat de France féminin se dote des allures du championnat masculin.

---

979 Annuaire de la Ligue Rhône-Alpes de Football, 1992-1993, pp. 75-86.

2-3 L'équipe de France et les rencontres à l'étranger

Avant même la constitution d'une équipe de France, l'équipe féminine de Reims se déplace fréquemment à l'étranger. Ces déplacements, qui feront au FCF Reims sa renommée, participent de la création de ce groupe France qui reste au début essentiellement rémois avant que ne s'organise un réel dispositif de sélection.

Dès 1969, les Rémoises effectuent une tournée estivale de deux semaines en Tchécoslovaquie en juillet puis d'une semaine en Angleterre fin août et début septembre. Le bilan des sept matches joués contre la *Slavia Pramen Kaplice* de Prague est sévère : six défaites et un match nul. En Angleterre, après une victoire cinq à deux contre une sélection de plusieurs clubs de Leicester puis contre l'équipe du British Rail deux buts à un, le FCF Reims s'incline finalement quatre à zéro contre *Wanderers Nuneaton* championne du Midland[980].

L'équipe rémoise, renforcée par la présence de Dominique Defraiteur, gardienne de but de Saint-Quentin et Nelly Reb de Marnaval, représente même la France lors d'un tournoi européen à Turin les 1er et 2 novembre 1969, qualifié par les organisateurs de Première Coupe d'Europe de Football Féminin[981]. Après une défaite contre le vainqueur un à zéro, devant cinq mille spectateurs et contre les Britanniques deux à zéro devant cette fois quinze mille spectateurs, elles terminent à la quatrième et dernière place de cette Coupe d'Europe remportée par l'Italie devant le Danemark. Pour certains, ces défaites ne sont pas une surprise, *le style des Rémoises laisse encore trop à désirer : on joue encore trop au « pousse-ballon » et l'on évite les « contacts »*[982]. Cependant, Reims, porte-drapeau à travers le monde, continue ses déplacements internationaux.

En mars 1970, les footballeuses rémoises retournent en Italie à l'occasion des congés de Pâques, invitées par les deux équipes de *Rome Lazio* et *ACF Roma*. Au mois d'août, sollicitées pour des matches de démonstration contre la Roma, elles se déplacent outre-atlantique, à Boston, New York, Chicago, New Jersey aux États-Unis et à Montréal au Canada. A leur retour, elles poursuivent leur tournée en Italie, rencontrant cinq équipes différentes, accumulant victoires et défaites. Finalement, l'équipe rémoise totalise, en 1969 et 1970, *40 000 km de tournées, autant que les pros de l'AS Saint-Étienne*[983]. On ne peut qu'être frappé par la rapide arrivée sur la scène internationale de cette équipe qui participera en 1972, au tournoi de

---

980 *L'Union*, 6 août 1969 ; 8 septembre 1969.

981 *L'Union*, 30 octobre 1969.

982 *Le Monde*, 5 novembre 1969.

983 "Des crampons pour ces dames", *L'Express*, 19 octobre 1970.

Bandung en Indonésie jouant la finale devant soixante mille spectateurs et qui fera, en 1974, une tournée d'un mois dans les Caraïbes, en Martinique, puis en Guadeloupe et en Haïti[984]. L'influence du « grand » Stade de Reims n'y est pas étrangère, relayée par la puissance médiatique de Pierre Geoffroy que nous avons déjà évoquée. *Dès le début des contacts internationaux, Serge Batteux* (du Stade de Reims) *conscient que ce prestige naissant des footballeuses du FCFR ne pouvait qu'être intéressant pour le Stade de Reims, alors en division II, leur propose de prendre le nom et les couleurs du club professionnel masculin. Ainsi apparaît en 1970, la section féminine de football du Stade de Reims avec cependant une gestion et une direction autonomes de celle des masculins* [985].

L'été 1970 marque aussi les débuts non officiels de l'équipe de France féminine jouant en match amical contre l'Italie, à Rome en juillet et à Reims en septembre. En effet, la FFF donne son accord, mais sans que pour autant la sélection française soit régie par elle. Le groupe, composé à l'initiative du FCF Reims sous le label France, reste régional, avec en majorité de Rémoises et des filles du Nord-Est malgré la présence de Myriam Bacaud et Marie-Christine Tschopp, originaires de Lyon, et Catherine Legrand de Chartres. Cette situation provoque des remous, et finalement, la Commission Centrale du football féminin, récemment créée, décide lors de sa réunion du 10 octobre 1970 qu'à l'avenir les sélections nationales seront gérées par la Fédération.

Quelques mois plus tard, la perspective d'un mondial féminin stimule la formation de l'Équipe de France, mais bien tardivement. En effet, dans un premier temps, en février 1971, le Conseil Fédéral de la FFF *décide de ne pas se faire représenter par une sélection nationale mais d'autoriser une équipe de club à y participer*. Un mois plus tard, cependant, il *donne son accord pour qu'une sélection française participe au 1er Championnat du Monde Féminin* (en fait le second) *organisé par la FIEFF*[986]. Le premier match officiel de l'Équipe de France sous l'égide de la FFF se déroule donc le 17 avril 1971 à Hazebruck. La France battant les Pays-Bas par quatre buts à zéro obtient sa qualification pour le tournoi final qui a lieu au Mexique au mois d'août, tout un symbole un an après le Mondial masculin.

Afin de former l'équipe qui participera à ce tournoi, un match de sélection a lieu le 23 avril 1971, à Rouen, en lever de rideau du match France-Hongrie Espoirs. Cette rencontre féminine oppose la sélection du Nord à la sélection du Sud de la France formées toutes deux pour l'occasion. Après quelques rassemblements et matches de sélection, dix-sept joueuses

---

984 Meunier R., "Football féminin", *Le Podium*, Antilles Guyane, 6-12 août 1974.

985 Perpère L., Sinet V., Tanguy L., op. cit.

986 *France Football Officiel*, 10 février 1971 ; 3 mars 1971.

sont finalement retenues, accompagnées de Monsieur Aimé Ily, directeur des activités générales de la FFF, Pierre Geoffroy, le Rémois membre de la Commission Centrale du football féminin et l'arbitre fédéral Pierre Coqueville. L'ossature est en majorité rémoise avec neuf sélectionnées, Royer, Serre, Pourveux, Mangas, Thomas, Dié, Lesieur, Henry et Monier, trois joueuses des clubs environnants, Guyard de Sézanne, Goret de Saint-Quentin et Butzig de Vrigne aux bois, et cinq joueuses issues d'une autre région, Binard de Rouen, Ratignier de Mâcon, Tschopp de Caluire, Marcassoli de Marseille et Meyer de Strasbourg[987]. Ce groupe suit un stage de préparation d'une semaine à Reims, jouant quatre matches contre l'équipe tchécoslovaque du Slavia Kaplice. Le jour de leur départ, les joueuses sont reçues au siège de la FFF pour une réception en leur honneur. Pour cet événement, le journal de la Fédération, *France Football Officiel*, consacre pour la première fois sa Une à la sélection française[988]. L'équipe de France féminine est bel et bien née, avec pour premier sélectionneur Pierre Geoffroy.

A Mexico, l'équipe française retrouve cinq autres équipes pour disputer le titre, l'Angleterre, l'Argentine, le Danemark, l'Italie et le Mexique[989], l'équipe tchécoslovaque n'ayant pu obtenir de visa. Après une défaite contre le Danemark trois buts à zéro et une autre contre l'Italie un à zéro, l'équipe française se classe à la cinquième place évitant de justesse la dernière en battant l'Angleterre trois buts à deux. Le Danemark remporte le titre de champion du Monde aux dépens du Mexique en s'imposant trois buts à zéro en finale devant cent mille spectateurs. Maryse Lesieur évoque l'ambiance et le succès de cette manifestation dont chacune garde un excellent souvenir. *Chaque jour des articles garnissent les pages sportives de tous les journaux de Mexico. Les footballeuses féminines font presse égale avec l'équipe nationale mexicaine. Une foule de spectateurs et de chasseurs d'autographes assistent à nos entraînements matinaux* [990].

Jusqu'ici rares et improvisés, les rassemblements de la sélection tricolore se développent à partir de 1973. 1973 marque une année de contestation. En même temps que les dirigeants réclament un championnat de France, ils contestent l'équipe rémoise comme sélection nationale [991]. Pour eux, *cette formation s'est arrogée le droit d'être « le Club de France » alors qu'aucune sélection nationale n'a jamais été faite, qu'aucun dirigeant*

---

987 *France Football Officiel*, 21 avril 1971 ; 2 juin 1971 ; 7 juillet 1971.

988 *France Football Officiel*, 11 août 1971.

989 *Mexico 71 II campeonato Mundial de Futbol Femenil*, boletin editado por la organisation de este mundial, 1971.

990 *France Football Officiel*, 25 août 1971.

991 Coupure de presse datée du 22 octobre 1973, Archives du FCF Reims.

n'a jamais été contacté par l'entraîneur « dit national ». Profondément déçu par les trois dernières rencontres françaises, trois défaites (5 buts à 2 contre la Suisse en septembre 1972, 3 à 0 contre l'Angleterre en avril et 5 à 3 en mai 1973) Ivan Ivanovic crie sa colère. *Je ne crois pas que cette équipe de France représente l'élite du football français féminin, elle ne représente en réalité que le Stade de Reims avec sept ou huit filles lui appartenant. Je souhaite que pour l'avenir du football féminin cette emprise cesse* [992]. Si, à partir de 1973, les rassemblements nationaux de sélection se développent, ils restent toutefois peu nombreux en raison notamment du peu de rencontres internationales jusqu'en 1980. Le premier stage de l'équipe de France féminine organisé par la FFF se déroule les 4, 5 et 6 avril 1975 à Paris, à l'INS, avec la participation de vingt-cinq joueuses. Il deviendra bi-annuel en 1977[993] avec la nomination de Francis-Pierre Coché à la tête de l'équipe de France qui marque aussi la fin de l'impérialisme rémois. Avec la mise en place d'une compétition européenne, la préparation s'intensifie.

Au plan international, alors que pendant plusieurs années, les féminines ont dû se contenter de matches amicaux, l'UEFA crée la première compétition européenne réservée aux sélections nationales féminines, le Tournoi Européen féminin, en février 1982. Seize pays, répartis en quatre groupes géographiques, participent à cette première édition, étalée sur deux saisons : l'Angleterre, la Belgique, le Danemark, l'Écosse, l'Eire, la Finlande, la France, l'Irlande du Nord, l'Islande, l'Italie, la Norvège, les Pays-Bas, le Portugal, la République Fédérale Allemande, la Suède et la Suisse. La France retrouve dans son groupe l'Italie, le Portugal et la Suisse. Les Françaises jouent leur premier match contre les Italiennes, le 30 octobre 1982 à Valence, devant près de deux mille spectateurs. *Les Italiennes dominent territorialement pendant pour ainsi dire toute la partie, grâce à une meilleure occupation du terrain que les Françaises et aussi, une plus grande maîtrise dans l'utilisation du ballon. Toutefois, incapables de se créer de véritables occasions de but, elles ne peuvent concrétiser leur supériorité au tableau d'affichage, tout en s'exposant aux redoutables contre-attaques de Michèle Wolf et ses camarades*[994]. Inscrivant un but, signé Isabelle Musset, l'Équipe de France remporte son premier match un à zéro. Malgré ce début prometteur, après deux victoires, trois matches nul et une défaite contre l'Italie trois buts à zéro, l'équipe tricolore n'est finalement pas qualifiée pour la suite du Tournoi. De 1982 à 1989, trois épreuves se déroulent sans que la France ne participe aux demi-finales.

---

992 "Les footballeuses ne sont pas contentes", op. cit ; Lettre de Ivan Ivanovic à Monsieur Bei, 21 juillet 1973.

993 Novak J. et Virion B., op. cit., p. 126.

994 Ragonneau M., "Des débuts prometteurs", *Le Football au Féminin*, janvier 1983, p. 8.

Remporté par la Suède en 1984, la Norvège en 1987 et l'Allemagne en 1989, ce tournoi spécifiquement féminin disparaît, remplacé par une plus officielle compétition, à l'image de celle des hommes, le Championnat d'Europe des Nations créé en 1989[995]. Après une phase de qualification par groupes, un tournoi final à huit équipes a lieu. La première édition de l'actuel Championnat voit la victoire en 1991 de l'Allemagne, devant la Norvège, le Danemark et l'Italie. L'équipe germanique ne cède son titre qu'à une seule reprise à la Norvège qui bat l'Italie en finale en 1993 et remporte les trois trophées suivant en 1995, 1997 et 2001. Les pays scandinaves sont toutefois présents en force.

La France participe pour la première fois au tournoi final du Championnat d'Europe des Nations en 1997. Ayant terminé deuxième de son groupe derrière la Russie, elle joue les barrages contre la Finlande. Victorieuse de ces rencontres, elle rejoint, pour les quarts de finale, l'Allemagne, le Danemark, l'Espagne, l'Italie, la Norvège, la Russie et la Suède mais se fait éliminer dès le premier tour. Même scénario en juin 2001 lors de la phase finale à Ulm en Allemagne. Terminant à la première place de son groupe durant les qualifications devant la Suède, l'Espagne et les Pays-Bas, la France, battue par la Norvège et le Danemark, ne peut atteindre les demi-finales malgré sa victoire sur l'Italie deux buts à zéro.

L'arrivée de la première Coupe d'Europe des Clubs Champions Féminins en 2001-2002 est un clin d'oeil supplémentaire à l'élite masculine[996]. Un premier tour géographique regroupe trente-deux équipes réparties en huit poules de quatre. Les huit premiers sont qualifiés pour les quarts de finale qui se disputent par matches aller-retour. Il en est de même pour les demi-finales, la finale se disputant sur un seul match et sur terrain neutre. C'est l'équipe du *Toulouse Football Club*, championne de France 2001 pour la troisième année consécutive, qui représente la France pour cette première édition. Vainqueur de sa poule devant les Ukrainiennes de Legend Cheksil, les Écossaises de Ayr United et les Croates d'Osijek début novembre 2001 en Écosse, le club de Toulouse se qualifie ensuite pour les demi-finales en battant Arsenal en quart de finales au mois de mars 2002 mais se voit éliminer par Franckfort[997].

Ainsi, progressivement, l'UEFA dote les féminines des mêmes compétitions que les masculins, Championnat d'Europe des Nations et dernièrement Coupe d'Europe des Clubs champions. Cependant, la hiérarchie du football féminin n'est pas, en Europe, exactement celle du

---

995 Pour les hommes ce championnat d'Europe est créé en 1958.

996 La Coupe d'Europe des Clubs champions est disputée depuis 1956.

997 *foot-feminin.fr, Le Magazine*, mai-juin 2002.

football masculin. On note en effet la suprématie de l'Allemagne et des pays nordiques, notamment la Suède et la Norvège et dans une moindre mesure le Danemark, pays qui comprennent les plus forts taux de licences féminines d'Europe[998].

Qu'en est-il des compétitions mondiales ?

2-4 Coupe du Monde et Jeux Olympiques : la consécration

La Coupe du Monde organisée depuis 1930 pour les hommes, grâce notamment à Jules Rimet, voit le jour très récemment chez les féminines, en novembre 1991, vingt ans après celle organisée par la FIEFF. Cette première compétition internationale organisée par la FIFA peut être considérée comme un succès en réunissant cinq cent mille spectateurs pour les vingt-six matches et *plus de soixante mille spectateurs au match d'ouverture et en finale. Cent chaînes de TV ont repris des images, depuis des reflets filmés sur le moment jusqu'à la retransmission en direct d'un match entier* [999].

La Coupe du Monde officielle, que réclame la Fédération norvégienne depuis 1986, s'organise d'une manière un peu particulière qui illustre les difficultés de développement du football féminin. D'abord elle est précédée d'un tournoi d'essai en 1988. Ce Tournoi Mondial International Féminin qui regroupe douze équipes réparties en trois groupes : le groupe A comprenant la Chine, le Canada, les Pays-Bas, la Côte d'Ivoire, avec dans le groupe B le Brésil, la Norvège, l'Australie, la Thaïlande, et enfin la Suède, les USA, la Tchécoslovaquie et le Japon dans le groupe C. La France n'est pas qualifiée. Ce tournoi voit la victoire des Norvégiennes sur les Suédoises par un but à zéro ; les Brésiliennes terminent quant à elles à la troisième place. Sur la base d'un succès populaire et une organisation parfaite, la FIFA confirme la première coupe du Monde en Chine selon la même formule. Deux nouveaux stades sont construits pour cette manifestation[1000]. Le Dr Henry Fok, membre du Comité Exécutif de la FIFA a pris une part déterminante dans la réussite du tournoi. Cet homme d'affaires a usé de ses relations et apporté notamment son concours financier. Ce Championnat Mondial Féminin obtient l'appui de Mars, l'un des sponsors de la Coupe du Monde de 1994 aux États-Unis. Mars se présente avec le produit M&M's, lequel donne son nom au trophée.

Quarante-six pays participent aux éliminatoires de cette Coupe du Monde. On compte :

---

[998] Allemagne : 13,2% ; Danemark : 17,8% ; Norvège : 24% ; Suède : 20% ; France : 2%.

[999] *China'91*, FIFA, 1992, p. 12.

[1000] *FIFA News*, septembre 1991, p. 11.

- en Europe, l'Allemagne, l'Angleterre, la Belgique, la Bulgarie, le Danemark, l'Espagne, la Finlande, la France, la Hongrie, l'Irlande du Nord, l'Italie, la Norvège, les Pays-Bas, la Pologne, la République d'Irlande, la Suède, la Suisse et la Tchécoslovaquie

- au CONCACAF, Canada, Costa Rica, États-Unis, Haïti, Jamaïque, Mexique et Trinidad/Tobago, en Asie, Chine Formose, Chine Pr, Corée du Nord, Hong Kong, Japon, Malaisie, République de Corée, Singapour, Thaïlande

- en Amérique du Sud, trois pays, le Brésil, le Chili et le Vénézuela

- en Océanie, l'Australie, la Nouvelle Guinée et la Nouvelle Zélande

- en Afrique, Cameroun, Ghama, Guinée, Nigéria, Zambi (le Sénégal, le Zimbabwe et le Congo étant forfaits).

En Europe, les championnats européens servent de tournoi de qualification ; pour la CONCACAF, c'est le tournoi éliminatoire en Jamaïque en avril 1991 et en Océanie, le tournoi de qualification à Sydney en mai 1991. Les championnats asiatiques de l'été 1991 servent également de tournoi de qualification[1001]. Seules douze équipes sont finalement qualifiées pour la Coupe du Monde disputée en Chine du 16 au 30 novembre 1991 : l'Allemagne, le Brésil, la Chine Formose, la Chine Populaire, le Danemark, les États-Unis, l'Italie, le Japon, le Nigéria, la Norvège, la Nouvelle Zélande et la Suède. La France, éliminée avant les phases finales du Championnat d'Europe, ne peut y participer.

Parmi ces douze équipes, seules les joueuses des équipes européennes disputent un championnat régulier. *L'entraînement de base se fait au sein des clubs. Les joueuses ne sont pas des professionnelles et doivent concilier le football et leurs occupations professionnelles. Elles ont l'avantage de pouvoir jouer régulièrement et d'être ainsi adaptées au rythme de la compétition* même si *les entraîneurs nationaux n'ont pu réunir leurs sélectionnées que pendant de courtes périodes* avant la Coupe[1002]. La Chine n'a pas de championnat régulier. Aux USA, il n'y a pas de championnat organisé par la Fédération de football mais il existe une compétition inter-universités dont sont issus quatre-vingts pour cent des joueuses de la sélection nationale. *Le cadre national peut donc être réuni plus souvent et que l'on dispose du temps nécessaire pour des camps d'entraînement et des matches de préparation. En dehors des engagements avec la sélection nationale, les joueuses n'ont cependant pas la possibilité de s'entraîner régulièrement au sein d'un club et surtout, de s'aligner en compétition.* Quant aux autres pays, ils n'ont ni championnat régulier ni soutien de la part de leur association nationale. *Le football féminin se trouve en marge du*

1001 "Le football féminin s'est établi auprès de la FIFA", op. cit.

1002 *China'91*, op. cit., p. 10.

sport en général. Il n'est pas intégré à l'association nationale et ne bénéficie d'aucune compétition régulière. Pour ces équipes et leur entraîneur, il est difficile de trouver le soutien nécessaire (sur le plan financier notamment) à la préparation d'un tournoi mondial [1003]. Malgré les efforts faits pour cette Coupe, notamment la conception de deux stades spécialement construits à brève échéance en vue de cette manifestation dans le Sud de la Chine, ce qui est la preuve d'une certaine reconnaissance du football féminin, celui-ci reste peu développé dans le monde comme le suggère la répartition des groupes.

L'équipe américaine remporte la finale en inscrivant deux buts, signés Michelle Akers-Stahl, sacrée meilleure buteuse du tournoi, à l'équipe norvégienne qui réussit pourtant à égaliser une première fois en première mi-temps quelques minutes après le but adverse. Au cours de cette édition quatre-vingt-dix-neuf buts sont marqués, en moyenne, 3,81 buts par match, le championnat le plus riche en buts de l'histoire de la FIFA. Les comparaisons avec les masculins ne s'arrêtent pas là. Les féminines ont également battu le *minus-record* des avertissements et sanctions. Enfin, le temps de jeu effectif des matches joués en Chine est de cinquante-deux minutes en moyenne par rapport à la durée des matches masculins, de près d'une heure.

Selon la FIFA, *Chine 91 a constitué le meilleur point de départ possible pour une nouvelle phase de développement du football féminin. Ce tournoi mondial fut à cet égard une action promotionnelle exemplaire* [1004]. Plusieurs pays se proposent d'ailleurs d'organiser l'édition suivante.

Alors que quarante-six nations participent aux qualifications de la Coupe du Monde en 1991, cinquante-trois équipes nationales disputent, chacune sur leur continent, les épreuves qualificatives pour la Coupe du Monde 1995 en Suède[1005]. Douze équipes sont retenues : Allemagne, Angleterre, Australie, Brésil, Canada, Chine Populaire, Danemark, États-Unis, Japon, Nigéria, Norvège, et la Suède. L'Angleterre, l'Australie, et le Canada, nouveaux promus remplacent la Chine Formose, l'Italie et la Nouvelle-Zélande. La France est à nouveau absente. A l'exception du Danemark qui renouvelle quasiment complètement son équipe, les autres ont au moins la moitié de l'effectif qui est stable. Au niveau du jeu, on constate que les systèmes de jeu sont modifiés en faveur d'un renforcement numérique du milieu de terrain au détriment de l'attaque. L'équipe norvégienne évolue en 4x5x1 (au lieu de 4x3x3), l'équipe américaine en

---

[1003] Ibid.

[1004] Ibid.

[1005] *2nd FIFA Women's World Cup, Sweden 1995. Statistics* , FIFA, 1995.

3x4x3 (à la place de 4x3x3), la Suède en 3x5x2 (au lieu de 4x4x2)... Le jeu offensif a tendance à se développer davantage sur les côtés puisqu'une milieu, une avant ou une arrière peut se retrouver en position d'ailière. Le football féminin suit l'évolution tactique du football masculin. Le système à trois défenseurs se développe car les femmes, comme les hommes, notamment depuis le Mondial 1990 [1006], jouent le plus souvent avec seulement deux attaquants. Néanmoins, on compte au cours de la deuxième Coupe du Monde féminine autant de buts marqués qu'en 1991 alors que le nombre de buts a plutôt chuté chez les masculins qui cherchent le plus souvent à ne pas prendre de but. En finale, les Norvégiennes, vice-championnes, remportent le titre mondial en battant les Allemandes deux buts à zéro.

Quelques jours avant le coup d'envoi de ce Mondial en Suède, le Comité exécutif de la FIFA décide pour la Coupe du Monde de 1999 de réunir non plus douze mais seize équipes, bénéficiant ainsi du même statut que les compétitions pour juniors : la Chine, la Corée du Nord, le Japon, le Brésil, l'Italie, la Suède, la Norvège, le Danemark, l'Allemagne, la Russie, les États-Unis, le Canada, le Mexique, l'Australie, le Nigéria et le Ghana[1007]. Cette Coupe du Monde qui se déroule en juillet 1999 suscite un vif intérêt aux États-Unis, succès en partie dû à la présence et à la réussite de l'équipe nationale. La finale, jouée à guichets fermés devant 85 000 personnes voit la victoire de l'équipe américaine qui l'emporte face aux Chinoises aux tirs au but[1008]. La seule présence française est celle de Nelly Viennot, arbitre-assistante. Il faudra attendre 2003 pour voir l'équipe de France disputer pour la première fois cette grande compétition.

Doté d'une Coupe du Monde, le football féminin bénéficie désormais d'une grande compétition comme les masculins. Néanmoins, les budgets accordés pour le déroulement de ces manifestations demeurent bien différents. Alors que le budget de la Coupe du Monde en Suède 1995 s'élève à onze millions deux cent mille francs, celui alloué pour les masculins un an plus tôt est de deux cent dix millions de francs soit près de vingt fois plus. On mesure que la marche vers l'égalité a encore du chemin à parcourir, bien que l'accès des footballeuses aux Jeux Olympiques marque un grand pas.

L'entrée du football féminin dans le programme olympique est comme pour beaucoup d'autres disciplines une longue attente pour les femmes. Interrogé en 1971 après le succès de la finale du Mondial Féminin au Mexique par un journaliste de *France Football*, le président de la FIFA, Sir

---

[1006] Mischel A., op. cit., p. 96 et suivantes.

[1007] *US Soccer Yearbook 1999*, US Soccer Federation, p. 56.

[1008] *Le Monde*, 9 juillet 1999.

Stanley Rous, n'envisage pas de faire inscrire les féminines aux prochains programmes des Jeux Olympiques. *Non, si je posais la question en ce moment, je suis certain que ce serait un non impératif. Déjà pour les hommes, le CIO veut que le nombre de qualifiés soit ramené de seize à douze nations* (...)[1009]. C'est finalement une dizaine d'années plus tard que la demande se fait de plus en plus pressante. A l'occasion du symposium consacré au football féminin à Zürich les 22 et 23 octobre 1992, *les participants souhaitent que le sport d'équipe féminin le plus populaire soit inclus dans le programme des Jeux Olympiques, ce qui est déjà le cas du basketball, du handball et du volleyball pratiqués par les femmes.* A ce sujet, *l'association nationale des États-Unis a remis au Secrétaire Général de la FIFA une résolution adoptée par le Congrès Américain exigeant que le football féminin devienne une discipline olympique dès les Jeux d'Atlanta en 1996*[1010]. Ce projet, soutenu par l'épouse du Président des États-Unis, s'appuie sur le fait que les Américaines sont championnes de la première édition du Championnat du Monde en Chine en 1991. Le projet est finalement adopté.

Huit nations participent à ces premiers Jeux : l'Allemagne, le Brésil, la Chine Populaire, le Danemark, les États-Unis, le Japon, la Norvège et la Suède, qualifiées au cours de la Coupe du Monde en Suède en 1995. Le 1er août 1996, l'équipe américaine remporte chez elle la médaille d'or en battant en finale les Chinoises deux buts à un. Les Norvégiennes doivent se contenter de la médaille de bronze, grâce à leur victoire sur le Brésil deux à zéro[1011].

En 2000, aux JO de Sydney, on retrouve l'Allemagne, le Brésil, la Chine, les États-Unis, la Norvège, et la Suède auxquels s'ajoutent l'Australie et le Nigeria. Dans un pays où le football est marginal contrairement au football local « australien », sport numéro un, les matches féminins ne drainent pas la foule (pas plus de dix à quinze mille spectateurs) d'autant que l'équipe nationale ne joue pas les premiers rôles. Le football ne fait pas recette en Australie, y compris pendant les Jeux. En finale de ce Tournoi, les Américaines, championnes olympiques et championnes du monde en titre, s'opposent à la Norvège championne du monde en 1995 et médaille de bronze à Atlanta. Les Norvégiennes l'emportent après un match nul deux buts partout à l'issue du temps réglementaire grâce à un but en or. *En embuscade à l'entrée de la surface, la Norvégienne Dagny Mellgrende, bénéficie d'un ballon mal repoussé par sa vis-à-vis, et d'un contre favorable*

1009 Arbona T., op. cit.

1010 *FIFA News*, novembre 1992, p. 4.

1011 Rapport officiel des Jeux Olympiques du Centenaire, CIO, Volume I, pp. 220-227.

pour aller tromper Sirri Mullinix[1012]. Alors que le Championnat d'Europe est dominé par l'équipe nationale Allemande, les titres mondiaux sont remportés par les Américaines ou les Norvégiennes qui se disputent la suprématie. Les Jeux Olympiques à Athènes en 2004 verront se disputer la médaille d'or par douze équipes au lieu de huit. Une chance supplémentaire pour une participation française!

Coupe du Monde et Jeux Olympiques, les footballeuses disputent les deux grandes compétitions internationales. C'est une véritable consécration. A la dernière coupe du Monde, le mimétisme avec le football masculin va même pour l'Américaine Brandi Chastain jusqu'à enlever son maillot après avoir tiré le penalty victorieux de la finale dans les buts chinois comme le font les hommes à la fin des matches, laissant apparaître un soutien-gorge noir, qui n'est autre qu'un prototype de la marque Nike! Mais comme le précise Sylvie Kauffmann, l'égalité ne se mesure pas seulement au droit d'enlever son maillot à la fin du match[1013].

2-5 Vers une même formation, plus précoce et plus poussée

Alors que les pionnières des années soixante-dix débutent tardivement leur carrière en club, les joueuses actuelles de haut niveau commencent, le plus souvent, très tôt non seulement avec leurs frères et leurs copains comme leurs aînées, mais surtout en club, jouant en mixité, ce qui n'était pas possible initialement.

Avec les frères ou les amis, places, bas d'immeuble ou cours d'école sont les berceaux de leurs premiers pas vers le football. Ainsi Jocelyne Gout frappe-t-elle ses premiers ballons dans la rue, à côté de chez elle, à Alès, avec les garçons du quartier, tout comme Marinette Pichon, meilleure buteuse de la sélection tricolore[1014]. Hoda Lattaf évoque ses débuts avec ses trois grands frères au pied de son immeuble dans le quartier de La Bastide à Bordeaux, d'autres dans la cour de récréation comme Candie Herbert, à Carvin, petit village du Nord, Anne Zenoni à Albi ou encore Aline Riera dans l'Essonne[1015]. La majorité des joueuses grandit dans un environnement familial ouvert au football qui les amène à jouer très tôt avec des garçons, ce qui n'empêche pas les réticences de certains parents. Une étude menée en

1012 Contassot S.," But en or pour la Norvège", *Sports.com*, 28 septembre 2000.

1013 *Le Monde*, 17 juillet 1999.

1014 Entretien avec Jocelyne Gout, Rillieux-la-Pape, 7 mars 2001 ; Entretien avec Marinette Pichon, Saint-Memmie, 2 août 2001.

1015 *L'Équipe Magazine*, 6 janvier 2001 ; *Foot*, 17 février 2001 ; 24 février 2001 ; 10 février 2001.

1992 sur les stagiaires de l'Équipe de France Espoirs montre également que la présence d'un frère footballeur favorise l'accès au football ce que confirment les travaux plus récents menés dans la ligue bretonne de football par Stéphane Héas et Dominique Bodin[1016]. Aujourd'hui, comme hier, la plupart des joueuses sont venues au football par leur père et/ou leur frère. Peggy Provost, qui ne peut jouer les phases finales de l'Euro 2001 pour cause de blessure mais qui participe aux éliminatoires de la Coupe du Monde 2003, se souvient de ses parties avec ses deux frères : *on formait une tournante à trois, sur un petit périmètre, et le premier qui marquait dix buts l'emportait. Ce fut pour moi le déclic*, dit-elle [1017].

Si toutes ne connaissent pas l'aventure de Sandrine Roux qui débute à l'âge de sept ans sous une fausse identité, masquant ses cheveux longs sous une casquette[1018], la plupart des joueuses de haut niveau intègre très tôt une équipe de garçons. Marinette Pichon rejoint à cinq ans les Poussins de Brienne-le-Château, près de Troyes, tout comme Stéphanie Mugneret-Beghé à l'*AS Longchamp*. Gaëlle Blouin obtient également sa première licence à six ans, Sandrine Soubeyrand signe à l'âge de sept ans au club de Boulieu-les-Annonay. Rares sont celles qui débutent tardivement. Elodie Woock fait figure d'exception dans la sélection tricolore. Venue à la compétition après avoir joué au basket-ball jusqu'à l'âge de 17 ans, elle rejoint l'Équipe de France après seulement deux années de pratique compétitive au *Toulouse Olympique Athlétique Club*, remportant le Championnat de France ces trois dernières saisons[1019].

Si quelques joueuses, comme notamment la capitaine de l'Équipe de France, Corinne Diacre, peuvent de façon exceptionnelle à partir de la fin des années quatre-vingts, intégrer des structures sport-études pensées pour les garçons, l'essentiel de la formation des joueuses s'effectue dans les clubs. En effet, les premières classes football de premier cycle qui voient le jour en septembre 1977 n'accueillent pas de jeunes filles, pas plus que les centres de formation des clubs professionnels de première et deuxième division destinés à préparer dans les meilleures conditions possibles leurs futurs joueurs. La première section sport-études consacrée au football féminin voit le jour à Delles (Territoire de Belfort) en 1991 avec quatorze jeunes filles de 6e et 5e. Quelques sections sportives « football féminin » ont vu le jour depuis, comme à Lyon, à Besançon [1020]... depuis la rentrée 2000 stimulées

---

[1016] Bodin D. (sous la dir. de), *Sports et violences*, Paris, Chiron, 2001, pp. 77-81.

[1017] *Foot*, 27 janvier 2001.

[1018] *Le sport, elles en parlent*, Lunes, Hors-Série n°1, Paris, 2000, pp. 119-129.

[1019] *Championnat d'Europe Féminin 2001. Guide des Médias*, FFF, juin 2001.

[1020] "Le foot féminin entre au collège", *Le Progrès*, 12 mai 1999 ; Nneme Abouna M. S., *Le football féminin aujourd'hui. Le cas de la France*, Maîtrise de Sociologie des Faits Artistiques et Culturels, Université de Franche-Comté, 2001, p. 29.

par le plan de développement du football de la FFF. L'ouverture récente d'une structure nationale destinée exclusivement aux joueuses doit leur permettre, comme c'est le cas pour les garçons, d'acquérir un meilleur niveau de football par une intensification de la préparation tout en en continuant leurs études dans de bonnes conditions.

Au sein du Centre Technique National du Football Fernand Sastre situé à Clairefontaine (Institut National du Football, implanté initialement au CREPS de Vichy à son ouverture en 1972), le Centre National de Formation et d'Entraînement Féminin voit le jour le 17 août 1998. La première année, il regroupe vingt-huit footballeuses de quinze à vingt-et-un ans. Recrutées sur concours essentiellement pratique, elles fréquentent les classes de quatrième jusqu'au Diplôme d'Études Universitaires Générales (DEUG). Partageant leur temps entre scolarité et entraînement intensif, ces jeunes filles sont destinées à *assurer la relève du football féminin français*. Ce pôle de haut niveau offre les conditions de scolarisation qui assurent à ces jeunes footballeuses une poursuite normale de leurs études secondaires ou universitaires et les meilleures chances d'obtenir les diplômes préparés. Il leur permet de concilier un entraînement physique adapté à la pratique sportive de haut niveau et d'acquérir un bon niveau de football tout en en continuant des études dans de bonnes conditions. Les objectifs du Centre sont en effet de *permettre à toutes les joueuses d'acquérir une maturité technique, tactique, physique et mentale afin qu'elles puissent rivaliser avec leurs concurrentes de niveau national et international, et un bon niveau d'instruction afin qu'elles bénéficient d'un bon équilibre psychologique et d'un avenir professionnel prometteur.* C'est aussi de *permettre au Centre d'acquérir un label qualité qui soit une référence pour tout le football féminin*[1021].

Alors que les joueuses s'entraînent en club le plus souvent à raison de deux ou trois fois par semaine, elles bénéficient d'une pratique quotidienne de une heure et demi à deux heures de football et ne retournent dans leurs clubs respectifs que pour le match du dimanche. Sur l'effectif 2000-2001, toutes font partie des différentes sélections nationales : quatre sont internationales A, six sont internationales vingt-et-un ans, onze internationales dix-huit ans et six internationales seize ans. Le Centre National de Formation et d'Entraînement Féminin constitue ainsi un véritable vivier des équipes nationales.

Au Centre, on encourage aussi les joueuses à suivre la formation d'entraîneur et à passer le diplôme correspondant. C'est le cas, notamment, de la jeune attaquante Hoda Lattaf qui a passé avec succès le Brevet d'État

[1021] Dossier d'inscription au concours d'entrée du Centre National de Formation et d'Entraînement Féminin pour la saison 2001-2002.

premier degré après avoir réussi un BEP de vente[1022]. Peu de femmes franchissent le pas dans un univers profondément masculin. Pourtant la Fédération ouvre assez tôt aux femmes les stages de formation d'entraîneurs. On peut lire en effet en 1973 : la *FFF vient d'ouvrir les stages de formation d'entraîneurs aux femmes. La première lauréate a été une Rémoise. Michèle Monier a obtenu brillamment le diplôme d'initiatrice* [1023]. En 1981, seules trois femmes possèdent le Brevet d'État d'entraîneur[1024]. Une mesure incitative voit le jour : la mise en place d'un stage national de formation d'entraîneur féminin (BEES 1) tous les trois ans à partir de 1991-1992. Néanmoins, les cadres techniques demeurent aujourd'hui essentiellement masculins. Une étude menée en Bretagne montre que les joueuses ont trois fois sur quatre des dirigeants exclusivement masculins[1025]. Très peu sont entraînées par des femmes. Bien qu'une femme soit à la tête de l'équipe de France depuis 1997, on compte dans le championnat national 2001-2002 une seule entraîneure, il s'agit de Bernadette Constantin à l'ASJ Soyaux, ancienne internationale. Ce n'est pas une spécificité du football. Le basket-ball féminin de haut niveau, comme d'autres activités, est aussi géré par des hommes. Yannick Souvré, capitaine de l'équipe de France de basket-ball, rappelle que tous les entraîneurs de ligue féminine de première division sont des hommes de même que la majorité des présidents de club[1026]. Cette faible part des femmes dans l'encadrement et les postes à responsabilité est également le constat fait d'une manière générale par le groupe de travail « Femmes et sport » mis en place par Marie-George Buffet au printemps 1998[1027]. On note, aujourd'hui, seulement 8% de femmes parmi les entraîneurs nationaux[1028] et deux femmes présidentes de fédération (en équitation et sport adapté) sur l'ensemble des quatre-vingt-six fédérations françaises.

Les arbitres de football sont bien peu nombreuses également. Les premières femmes arbitres apparaissent à la fin des années soixante en même temps que les premières joueuses, avant la reconnaissance officielle du football féminin. Dans la Ligue de parisienne, Martine Giron, coiffeuse de métier, la première à tenter et réussir l'examen à Paris, obtient en 1967 sa

---

1022 Entretien avec Hoda Lattaf, Saint-Etienne, 28 août 2001.

1023 Coupure de presse, *Hebdo Reims*, 1973 in Archives privées de Ghislaine Souëf.

1024 Deymard C., "Ces dames au ballon rond", *Le Nouvel Observateur*, 14 novembre 1981.

1025 Bodin D. (sous la dir. de), op. cit., p. 78.

1026 *Le sport, elles en parlent*, op. cit., pp. 37- 47.

1027 *Actes des Assises Nationales Femmes et Sport*, 29 et 30 mai 1999, Ministère de la Jeunesse et des Sports, 1999.

1028 Carpentier C., Forget S., Quintillan G. (coord.), op. cit., p. 53.

carte d'arbitre officiel de la Ligue[1029]. Agée de 23 ans, bercée dans un milieu familial de football, elle rejoint le corps arbitral à défaut de pouvoir jouer. Quelques mois plus tard, Hortense Wittemann, dont nous avons déjà parlé, devient arbitre de la Ligue d'Alsace. En 1970, elles sont, en France, une quinzaine d'arbitres féminins à diriger les matches de jeunes le dimanche ; une cinquantaine en 1973. En 1974, seules deux femmes arbitrent des Seniors ; en 1980, cent dix-sept[1030]. Aujourd'hui l'arbitre la plus connue est Nelly Viennot, première femme arbitre-assistante en D1 masculine du match PSG-Martigues, en avril 1996, première rencontre en ligue des champions en novembre 1999, première femme arbitre à officier sur la touche lors de la finale de la Coupe de France 2002 opposant Bastia à Lorient, première également retenue pour le Championnat d'Europe moins de 19 ans en juillet 2002. Cette jeune femme qui collectionne les premières ne doit pas masquer la réalité. Très peu de femmes encore aujourd'hui sont arbitres de football, d'autant plus à ce niveau de compétition. Il n'y a pas de femmes parmi les trente-sept arbitres centraux de première et deuxième divisions masculines et seulement deux parmi les trente-trois arbitres-assistants. Leur nombre demeure limité à l'image des autres sports. Seuls 8% des juges-arbitres en France sont des femmes[1031].

Quelques années après la renaissance des premières équipes en Champagne-Ardenne et en Alsace, la Fédération Française de Football reconnaît le football féminin de peur de voir s'ériger une organisation autonome. Les dispositions prises initialement pour préserver la santé des joueuses et s'adapter à la faiblesse des effectifs progressivement disparaissent. Le football féminin suit le développement du modèle masculin obtenant la dispute des compétitions les plus prestigieuses, Championnat de France, Championnat d'Europe, du Monde et plus récemment les Jeux Olympiques... Néanmoins, la pratique féminine reste à l'écart du monde des hommes. Alors qu'aux États-Unis le football (soccer) a du mal à s'affranchir de son image de sport de filles, ici la tradition masculine est fortement ancrée. Quand on évoque les footballeuses on oublie tous les aspects positifs du football.

1029 Tournon P., "Craintes et respectées : ce sont les femmes-arbitres", *L'Équipe*, 29 mai 1970.

1030 Oudot J. P., "Football au féminin", *Football l'Equipe Magazine*, 20 mars 1970 ; Dufresne C., "Elles sont aussi arbitres. Les cartons jaunes de la dame en noir", *France Foot 2*, 5 janvier 1979 ; "Les femmes aussi...", *Nord Est Football*, 10 janvier 1974 ; Novak J. et Virion B., op. cit., p. 108.

1031 Carpentier C., Forget S., Quintillan G. (coord.), op. cit.

CHAPITRE 5

Un monde à part

Si le football féminin, discipline olympique depuis 1996, rejoint son homologue masculin avec l'adoption progressive des mêmes catégories de joueurs, des mêmes règlements et des mêmes compétitions, il diffère en de nombreux points. Il est « hors jeu » des retransmissions télévisuelles, de l'inflation des salaires et des transferts fabuleux. Tandis que l'un, symbole de tous les excès, draine tous les capitaux, l'autre doit se contenter de moyens financiers plus que modestes provenant principalement des subventions des collectivités locales, de quelques rares sponsors locaux, de l'organisation de tournois... Conjugué au féminin, le football demeure une activité marginale alors que, par ailleurs, il est devenu une *passion planétaire* [1032]. Le poids des traditions n'aide pas à son développement.

1- Entre curiosité et indifférence

La pratique par des femmes du football longtemps réservé aux hommes est diversement appréciée. Alors que les premiers matches de football féminin attirent nombre de curieux alléchés par un spectacle inédit, très vite les stades sont désertés.

1-1 Un objet de curiosité

Lorsque le football féminin réapparaît en France, il est considéré comme une curiosité et tout le monde pense qu'après quelques mois, il est

---

1032 Bureau J., Chancel J., "Une passion planétaire. L'amour foot", *Autrement*, mai 1986.

voué à disparaître. C'est également ce que l'on imagine à l'étranger, notamment en Suède, selon le témoignage de Suzanne Erlandsson[1033].

Le fait de jouer au football pour des filles ou de voir jouer des filles au football, choque ou fait sourire. Les femmes ne sont pas toujours prises au sérieux lorsqu'elles pratiquent un sport ; encore moins quand elles avouent leur passion pour une activité sportive considérée jusqu'alors comme essentiellement masculine. En 1971, pour Raymond Kopa, le football féminin n'est pas sérieux et ne sera jamais admis par le public. A son avis, il restera un spectacle comique. C'est contre-nature ; le football féminin n'est pas encore entré dans les moeurs. *Dans les tribunes, avant le match, la note dominante, c'est on va se marrer!* Pour le premier match international, en septembre 1970, le public vient au stade avec l'intention de *se payer une bonne dose de rire* [1034]. Les curieux prennent plaisir à observer les gestes plus ou moins maladroits des footballeuses qui débutent sur les pelouses à la fin des années soixante. Robert Jonquet, autre footballeur professionnel rémois, avoue : *j'aime bien les voir de temps en temps pour rigoler*. La chose étonne, amuse. *Dès le coup d'envoi réel, les gros rires gras des spectateurs émoustillés par ce spectacle nouveau se déchaînent.* Qu'il est *comique de voir une adolescente vêtue de la tenue rituelle et assez peu gracieuse des joueurs* [1035]! Les footballeuses doivent *résister à la dérision du public et aux incrédulités de nombreux spécialistes, fréquentes, insistantes*[1036]. *Les sceptiques et chambreurs s'en donnent à coeur joie : le foot, ce n'est pas un sport de nanas, de quoi se mêlent-elles ? Qu'elles restent à la maison. Une fille avec des crampons, c'est incroyable*. Florence évoque ses débuts à Juvisy en 1970 : *Nous passions pour de vrais clowns. Les gens venaient aux matches en espérant voir des folles se tirant les cheveux ou s'arrachant les maillots* [1037].

D'autres semblent davantage attirés par les cuisses des footballeuses sur lesquelles se focalisent leurs fantasmes que par d'éventuels accrochages ou crêpages de chignon. Les curieux attirés par les corps féminins en mouvement ne viennent en effet qu'accessoirement pour le jeu lui-même comme l'évoque Marilou Duringer : *au départ on vient voir les cuisses des nanas* ou encore Nicole, internationale : *les spectateurs, des hommes à l'immense majorité, semblaient plus intéressés par nos attributs féminins que par nos capacités de footballeuses. Et les remarques du genre « Quel*

[1033] *Women's football*, conférence sur le football féminin, op. cit.

[1034] Darpic C., op. cit. ; Delamarre G., op. cit., 1969 ; *Paris-Jour* , 21 septembre 1970.

[1035] *Figaro*, Coupure de presse, juillet 1971, Archives du FCF Reims ; Delamarre G., op. cit. ; "On n'ose plus rire des joueuses de football", op. cit.

[1036] Louveau C., *Talons aiguilles et crampons alu...*, op. cit., p. 21.

[1037] *Olympe*, n°6, mai 1981.

dommage, elles ont l'air mignonnes! » étaient monnaie courante[1038]. Martine Puentes, alors sélectionnée en Équipe de France, a droit, comme ses coéquipières, à quelques moqueries : *certains rigolent, commentent nos cuisses. Mais j'entends rarement des critiques purement techniques*, dit-elle[1039].

En 1971, *le football pour une fille, cela ne fait pas sérieux.* Dix ans plus tard, *malgré la progression du nombre de licenciées, il a encore du mal à être pris au sérieux*[1040], d'autant qu'il est né pour être raillé, ridiculisé dans un contexte festif. *Les garçons se moquent encore de nous, nous avons toujours droit à des plaisanteries stupides, à des réflexions déplaisantes,* regrette une footballeuse d'Etroeungt[1041]. Cette image folklorique, qui transparaît dans les illustrations du football féminin, est tenace et n'a d'ailleurs pas totalement disparu comme l'illustre le match de football opposant les femmes des plus grands joueurs de tennis du tournoi de Monte-Carlo. Comme le souligne C. Louveau, *cette manière d'entrer par la tangente, facilitante dans un premier temps, pose ensuite problème. Nombre de pratiquantes doivent faire la preuve qu'elles ne souhaitent pas seulement « s'amuser »*[1042]. En effet, la plupart des footballeuses connaissent au cours des premières années des heures difficiles, des défaites mais aussi et surtout les railleries du public. Il s'agit en effet pour ces jeunes filles de passer du statut de femme déguisée en footballeur, le seul respectable comme l'illustrent les danseuses du Lido revêtues du maillot de l'équipe de France en Une de *But!*, du « top-models » en short en couverture du magazine *Elle* au moment de la Coupe du Monde 1998[1043] ou encore les femmes transformées en femme-ballon de foot par le couturier Paco Rabanne pour cette même occasion, à celui de véritable joueuse de football ; c'est-à-dire passer du statut d'objet à celui de sujet agissant, soit de *corps érotique* à *corps performant*[1044].

Néanmoins, les curieux accoudés à la main courante laissent progressivement leur place à quelques spectateurs qui viennent voir davantage de jeu contrairement à leurs prédécesseurs. *Au début les hommes ont pris ça à la rigolade, en trois ou quatre ans cela a bien changé...*, affirme une nordiste du club d'Etroeungt. Ce que confirme l'un d'eux : *de la franche « rigolade » en voyant ces demoiselles imiter les hommes, on est*

1038 Entretien cité avec Marilou Duringer ; *Olympe*, mai 1981.

1039 Greuil S., "Puentes, héroïne du shoot", *Équipe Magazine*, 18 juin 1988.

1040 Albouy G., "Le football en dentelle", Coupure de presse, 1971 ; *Olympe*, n°6, mai 1981.

1041 Bressan S., op. cit., 1979.

1042 Louveau C., *Talons aiguilles et crampons alu...*, op. cit., p. 21.

1043 *But!*, 6 mars 1998 ; *Elle*, 8 juin 1998.

1044 Baillette F. et Liotard P., *Sport et virilisme*, Montpellier, Éditions Quasimodo et fils, 1999, p. 88.

passé à l'ironie méchante et blessante, puis au scepticisme, au haussement d'épaules au début d'intérêt [1045]. Au début d'intérêt ? *Le public a compris qu'il ne venait pas seulement voir des jeunes très bien faites, au corps harmonieux et musclé, en « short », mais bien des athlètes, balle au pied* [1046].

1-2 Un spectacle peu prisé

Initialement la curiosité amène quelques passionnés du ballon autour des terrains permettant une affluence record les premières années. C'est le cas du premier match à Marnaval, près de Saint-Dizier, en avril 1969 : *cette grande première fait les délices du caissier du Sporting Club Marnaval qui ne se souvient pas avoir jamais distribué autant de tickets! Elle a permis de battre de très loin tous les records de recettes* [1047]*!* Mais une fois l'effet de surprise passé, les amateurs de matches de football désemplissent très vite le stade.

Qu'on le regrette ou non, le football féminin continue d'être une curiosité à laquelle les clients habituels des stades restent plutôt indifférents[1048]. Boudé, le football au féminin n'attire pas les grandes foules ; les clubs comme la sélection nationale. A la fin des années soixante-dix, Reims compte en moyenne deux cents voire trois cents spectateurs par match, comme la plupart des autres équipes engagées dans les différents championnats. Seul Etroeungt, alors champion de France, fait figure d'exception. Selon Daniel Bertrand, entraîneur de l'équipe, chaque dimanche, la rencontre féminine attire entre six cents et sept cents spectateurs, alors que les clubs masculins de division d'honneur des environs drainent à peine cent cinquante personnes. Mille trois cent vingt-huit spectateurs viennent même au stade d'Etroeungt à l'occasion de la demi-finale du championnat de France contre la fameuse équipe de Reims, le 30 avril 1978[1049], un record d'affluence jamais égalé. On est bien loin toutefois de la foule qui fréquente les matches de championnat de première division masculine. De cinq mille personnes à Monaco à près de vingt mille à Bordeaux ou Marseille, onze mille deux cent soixante-dix spectateurs est en effet le nombre moyen de spectateurs par match en France en 1978-1979[1050].

[1045] *France Foot 2*, op. cit. ; Oudot J. P., op. cit.

[1046] Meunier R., op. cit.

[1047] *L'Est Républicain*, 15 avril 1969.

[1048] *Le Monde*, 10-11 novembre 1974.

[1049] *France Foot 2*, 5 janvier 1979.

[1050] Wahl A., op. cit., p. 309.

Ce faible nombre de spectateurs de matches féminins évolue peu avec le temps. Bien que le nombre de spectateurs soit très peu souvent précisé dans les comptes rendus de matches des quotidiens régionaux, quelques exemples nous permettent toutefois de confirmer cette stabilité. A Mâcon, le public réputé très actif ne compte pas plus de deux cents voix pour encourager l'équipe locale opposée ce jour-là à Caluire en mars 1990, et même un peu moins en octobre 1991. A Lyon, même le derby Lyon-Caluire souvent tendu n'attire pas plus de cent à deux cents personnes[1051]. En 1989, la finale Saint-Brieux contre Soyaux n'attire que sept cents spectateurs[1052]. Aujourd'hui, plus de dix ans plus tard, les équipes évoluant en championnat national, à Saint-Memmie, comme à Lyon, Juvisy, la Roche-sur-Yon[1053]... n'amènent pas au stade plus de deux cents à trois cents spectateurs chaque dimanche. Le public, surtout composé des familles des joueuses venues admirer les exploits de leurs proches, réunit aussi amis et quelques habitués, souvent des *papis* [1054] qui finissent par y prendre goût.

Les rencontres disputées par l'Équipe nationale féminine ne suscitent guère plus d'engouement. Le match disputé par l'Équipe de France, encore officieuse, en septembre 1970 contre l'Italie réunit à Reims mille deux cents spectateurs[1055]. Le match contre la Suisse en regroupe deux mille en septembre 1972, France-Pays-Bas en novembre 1975, mille deux cents. Seuls France-Pays de Galles à Pauillac en février 1979 et France-Tchécoslovaquie à Thonon-les-Bains en mai 1988 franchissent la barre des deux mille avec respectivement deux mille deux cent quatre-vingt-dix-huit et trois mille spectateurs. A l'inverse, certains matches comptent moins de mille personnes dans les tribunes notamment France-Belgique à Reims en mai 1976 avec six cents spectateurs et France-Norvège en novembre 1980, neuf cent dix-sept.

Aujourd'hui, les matches de qualification pour le Championnat d'Europe des Nations attirent un plus de monde bien qu'ils ne drainent pas encore la grande foule. 6 787 personnes viennent à Nîmes à l'occasion de France-Suède en juin 2000[1056]. Mais la fréquentation des stades demeure fragile et irrégulière : la rencontre contre les Pays-Bas quelques mois plus tôt réunit moitié moins de spectateurs. Seules les matches qualificatifs pour la Coupe du Monde 2003 parviennent à mobiliser davantage de monde. 8 500 personnes assistent au match France-République Tchèque au Stade de

---

1051 *Le Progrès*, 5 mars 1990 et 21 octobre 1991 ; *Lyon Matin*, 24 septembre 1990 et 9 mars 1992.

1052 *La Croix l'Événement*, 30 juin 1989.

1053 Entretiens cités avec Marinette Pichon, Jocelyne Gout, Hoda Lattaf.

1054 Ibid.

1055 *Miroir Sprint*, 22 septembre 1970.

1056 *Le Football féminin saison 2000-2001*, FFF, pp. 156-157.

la Meinau à Strasbourg en avril 2002 et mieux encore 23 685 spectateurs assistent à la qualification de l'équipe de France pour la Coupe du Monde 2003 à Geoffroy Guichard le 16 novembre .

Néanmoins, à cette exception près, qui est peut-être l'indice d'un changement, le public ne vient pas ou peu au football féminin en France. Ce constat n'est cependant pas propre à notre pays. En Angleterre, les matches de championnat de première « League » réunissent également cent à deux cents spectateurs, des hommes surtout. L'équipe nationale attire quant à elle deux à trois mille spectateurs environ. En Allemagne, les spectateurs sont un peu plus nombreux. L'équipe nationale attire le plus souvent trois à quatre mille spectateurs, le record étant de vingt-deux mille au cours de la finale du Tournoi Européen de l'UEFA l'opposant à la Norvège en juillet 1989[1057]. Pour la finale du Championnat d'Europe 2001, dix-huit mille spectateurs assistent à la rencontre opposant l'Allemagne à la Suède au Donaustadion à Ulm[1058]. En Italie et en Scandinavie, les matches internationaux importants attirent en général dix mille spectateurs, bien plus encore aux États-Unis. La Coupe du Monde 1999 compte une moyenne de 35 000 spectateurs par match ; les rencontres sans les États-Unis ont attiré en moyenne 22 000 spectateurs. La finale de la Coupe du Monde 1999 se joue à guichets fermés devant 85 000 personnes. Plusieurs milliers de spectateurs assistent régulièrement aux matches du Championnat américain, 6 500 spectateurs en moyenne à Philadelphie par exemple[1059].

Mais en France, le football féminin continue à vivoter dans l'anonymat de rencontres confidentielles. Malgré les actions de promotion, de propagande, la foule ne se presse pas dans les gradins des stades pour voir un match féminin. L'engouement pour le football ne touche pas le football des filles qui reste un spectacle peu attractif. Cette maigre affluence pose problème. La plupart du temps, l'entrée du stade est gratuite, les recettes sont donc inexistantes. La récente progression de la féminisation du public télévisuel, mais aussi des grands stades de football[1060] va-t-elle également se ressentir pour les rencontres féminines ? En effet, bien que le match de football (masculin) demeure un spectacle essentiellement d'hommes, il a tendance progressivement à se féminiser. En 1987, les femmes ne représentent rarement plus de 10% des spectateurs des équipes professionnelles, 6% à Laval, 10% à Auxerre, 14% à Marseille... En 1997, elles sont 11% au Havre, 17% à Strasbourg. Elles forment, en 2000, en

---

[1057] Lopez S., *Women on the ball...*, op. cit., p. 208.

[1058] *Onze Mondial*, août 2001, pp. 72-75.

[1059] *Le Monde*, 9 juillet 1999 ; *L'Équipe*, 24 décembre 2001.

[1060] *Libération*, 14 juillet 1998 ; Bromberger C., "Le sport et ses publics" in Arnaud P. (sous la dir. de), *Le sport en France. Une approche politique, économique et sociale*, Paris, La documentation Française, 2000, pp. 97-113.

moyenne environ 23% du public[1061]. Les femmes vont-elles devenir des spectatrices assidues des matches féminins ? Les médias les encouragent bien peu.

1-3 Une pratique « oubliée » par les médias

La FFF, en réponse à une enquête sur le football féminin en Europe menée par l'UEFA en 1985, écrit à propos de l'état du football féminin en France : *la télévision n'a fait aucun reportage depuis février 1982 sur le football féminin. Les radios n'en parlent jamais sauf pour le ridiculiser. La presse écrite « oublie » très souvent les résultats féminins. Sans aucun support des médias, le football féminin a peu de chance de se développer.* Comme le soulignent Annick Davisse et Catherine Louveau, *la place accordée aux pratiques, rencontres, matches féminins dans les média (presse écrite, parlée ou télévisée) est globalement des plus discrètes* [1062]. Il ressort d'une enquête plus récente menée par le groupe « Femmes, Sports et médias » dans le cadre des Assises Nationales Femmes et Sport de mai 1999 que, d'un point de vue quantitatif *dans la presse écrite, jamais plus de 25% de la surface rédactionnelle n'a été consacrée à la pratique féminine, avec des déséquilibres entre la presse régionale et la presse nationale. Les trois quarts de ce quart concernent la compétition de haut niveau et 10% de ces trois quarts de quart concernent les sports collectifs* [1063], soit moins de 2%. On peut alors imaginer la place du football dans ces 2%! *Les sportives, championnes ou autres, apparaissent peu dans les média qu'il s'agisse du spectacle ou des résultats ; et quand elles y sont, c'est le plus souvent dans des disciplines « féminines »-« féminisantes »*[1064]. Et même dans ces disciplines *estampillées féminines*, elles apparaissent très peu sur les écrans de télévision contrairement à l'idée que l'on peut s'en faire : dix-huit heures de patinage en 1998 soit moins de 1% de l'ensemble du temps d'antenne, d'après les chiffres du CSA, alors que le volume horaire consacré au sport ne cesse de s'accroître[1065].

A la télévision, les footballeuses, à l'inverse des footballeurs qui dominent, restent bien les grandes absentes même si quelques reportages montrent les femmes-phénomènes à quelques rares occasions. On peut voir en effet des images pour le premier match France-Italie retransmis en partie

---

[1061] Bromberger C., Ibid ., p. 104.

[1062] Davisse A., Louveau C., *Sports, école, société : la part des femmes*, op. cit., pp. 111-158.

[1063] *Actes des Assises Nationales Femmes et Sport*, op. cit.

[1064] Davisse A., Louveau C., op. cit.

[1065] Gabaston P. et Leconte B., *Sports et télévision. Regards croisés*, Paris, L'Harmattan, 2000, pp. 443-462.

en septembre 1970, d'autres à l'occasion de la journée de la femme le 8 mars ou sur les télévisions locales, quand il n'y a pas d'autres actualités. Comme le dit F. Haroud, journaliste de France 3, *pour elles* (les joueuses du FC Lyon), *c'est mieux qu'elles jouent un week-end où il n'y a pas l'OL ou pas Saint-Étienne, où il n'y a pas un sport majeur masculin. Elles ont plus de chance d'être médiatisés ce jour-là qu'un autre jour* [1066]. Elles n'ont pas leur place dans le paysage audiovisuel français. Pour la Coupe du Monde féminine aux États-Unis en 1999, un an après la Coupe du Monde qui a valu tant d'images, d'émotions et records d'audience[1067], Eurosport, seule chaîne à diffuser la compétition en France, ne propose pas la finale en direct mais se contente d'un long résumé le lendemain. Ce ne sont pas les quatre minutes de la chronique mensuelle de Corinne Diacre sur TF1 depuis février 2000 dans le cadre de l'émission « Téléfoot » du dimanche matin qui bouleverse les grilles du petit écran. *Les télés ne se risquent pas sur le terrain féminin* [1068]. D'ailleurs pour les phases finales du dernier Championnat d'Europe, Canal+ retransmet pour la première fois en direct et en intégral les rencontres France-Norvège puis France-Danemark, les 25 et 28 juin 2001, mais TF1, toujours en quête d'audience maximale, déprogramme le match contre l'Italie du 2 juillet qui n'a plus vraiment d'enjeu, la France étant dans tous les cas éliminée. Le football féminin souffre de ce silence des médias. Privé d'accès à l'écran, le football féminin se voit en même temps privé des recettes qui en découlent. Les footballeuses françaises, inconnues du grand public à l'exception peut-être de Corinne Diacre, ne connaissent pas en effet l'immense popularité des stars masculines, ni même de l'Américaine Mariel Margaret Hamm, considérée comme la meilleure joueuse du monde. Idole de toute une jeunesse américaine portant le maillot 9 « Hamm » et la queue-de-cheval, elle est devenue un véritable phénomène médiatique[1069]. En France, si *la télé court après le foot* [1070], c'est bien du football masculin dont il s'agit. Les footballeuses devront-elles adopter une tenue plus attrayante à l'image du maillot échancré plus sexy des volleyeuses pour espérer gagner un petit peu d'audience, la nouvelle tenue conçue par Adidas pour les championnats d'Europe de 2001, short plus court et maillot cintré[1071], n'étant assurément pas suffisant ?

[1066] Vella P., *Féminin singulier. Le football conjugué au féminin*, production Cardan/TLM, septembre 1998.

[1067] Gabaston P. et Leconte B., op. cit., pp. 49-62.

[1068] *L'Équipe Magazine*, 4 mars 2000.

[1069] *Le Monde*, 9 juillet 1999.

[1070] Constant A., "La télé court après le foot", *Le Monde Télévision*, 8-9 août 1999.

[1071] "Shorty et bloomers : des sports féminins en petite tenue", *La Lettre de l'économie du sport*, 25 juillet 2001.

Dans la presse sportive généraliste, d'un point de vue purement quantitatif, une étude menée sur *L'Équipe Magazine*, sur plus de 1 000 numéros de ce supplément de *L'Équipe* depuis le premier numéro daté du 2 février 1980 jusqu'au 4 août 2001, laisse paraître vingt-trois articles[1072] soit en moyenne à peine plus d'un article par an consacré au football féminin. Ce qui ne fait que confirmer la maigre place qu'accorde la presse sportive aux joueuses de football et à leurs compétitions. Par contre, plus de la moitié des articles consacrés au football féminin sont parus ces trois dernières années ce qui laisserait à penser que les médias s'intéresseraient, toute proportion gardée, davantage aux footballeuses. Toutefois, notons que la sous-représentation de la pratique féminine n'est pas qu'une spécificité du football. A l'exception du numéro spécial maillots de bain publié en début de printemps, la femme est bien peu présente dans les colonnes de ce magazine. Comme le montre Cyril Lemieux, le sport féminin représente en moyenne seulement 5% du volume global de cet hebdomadaire[1073]. Et d'ajouter que les sports féminins traités sont le plus souvent des sports individuels et notamment le ski, le tennis, l'athlétisme et la voile comme dans l'ensemble de la presse écrite en général.

Nous n'avons pas fait une étude de la presse spécialisée aussi précise sur la durée pour permettre de confirmer cette tendance repérée. Toutefois, la lecture du seul mensuel *Onze Mondial* sur une période de dix années du numéro 30 de juillet 1991 au numéro 151 d'août 2001, nous permet de dénombrer un total de onze articles sur le sujet[1074], soit quasiment un par an en moyenne. Ceci illustre l'intérêt porté aux événements féminins. Sur les onze, cinq articles paraissent en 2001 ce qui nous permet de penser que l'augmentation quantitative de la place du football féminin, quoique toujours très modeste, se dessine aussi dans cet échantillon de la presse relative au football. Il resterait toutefois à vérifier que ce résultat n'est pas le fruit du pur hasard et qu'une même tendance se dessine à plus long terme. Comment néanmoins l'expliquer ? Est-ce l'effet Coupe du Monde 1998 qui amène à s'intéresser au tout football et donc à l'équipe féminine, en route à ce moment-là pour les phases finales des Championnats d'Europe avec le soutien du Directeur Technique National Aimé Jacquet ?

[1072] Dans les numéros du 8 novembre 1980 ; 28 janvier 1984 ; 24 janvier 1987 ; 18 juin 1988 ; 18 mars 1989 ; 26 octobre 1991 ; 13 février 1993 ; 17 juin 1995 ; 12 juillet 1997 ; 13 juin 1998 ; 26 juin 1999 ; 3 juillet 1999 ; 17 juillet 1999 ; 25 septembre 1999 ; 20 novembre 1999 ; 4 mars 2000 ; 27 mai 2000 ; 18 novembre 2000 ; 6 janvier 2001 ; 24 février 2001 ; 2 juin 2001 ; 23 juin 2001 ; 4 août 2001.

[1073] Lemieux C., "Les inégalités de traitement entre sportifs masculins et féminins dans les médias français", in Carpentier C., Forget S., Quintillan G. (coord), op. cit., pp. 267-274.

[1074] Dans les numéros de janvier 1992 ; octobre 1994 ; juin 1997 ; août 1997 ; août 1999 ; novembre 2000 ; janvier 2001 ; avril 2001 ; juin 2001 ; juillet 2001 ; août 2001.

Par ailleurs, différentes tentatives d'une presse féminine spécialisée échouent. En janvier 1983, un journal entièrement consacré au football féminin fait son apparition : *Le football au féminin*. Ce mensuel noir et blanc d'une cinquantaine de pages comprend dans son premier numéro une trentaine d'articles dont les interviews des sélectionneurs des Équipes de France masculine et féminine, Michel Hidalgo et Francis Coché, la vie de quelques clubs, des portraits de joueuses, notamment Michèle Wolf, et la vie du football féminin dans les différentes Ligues ainsi qu'à l'étranger. Cette entreprise délicate, audacieuse même, se heurte à des charges financières trop lourdes pour le nombre de lecteurs. Le journal s'éteint au bout de quelques mois d'existence. En octobre 1988, *Femme Foot*, un nouveau magazine en couleurs, fait son apparition. Après quelques numéros, cette revue disparaît, tout comme le bimestriel *Football Féminin* issu de la transformation du magazine plus généraliste *Fémisport* au début des années 1990. La dernière revue en date *foot-féminin.fr, le Magazine*, dont le premier numéro, préfacé par la Ministre de la Jeunesse et des Sports, sort en novembre 2001, présente le calendrier du championnat national, avec les photos de chaque équipe, le Challenge de France, le match de l'Équipe de France contre la Norvège en éliminatoires de la Coupe du Monde 2003, la Coupe d'Europe et divers résultats. Ce nouveau magazine n'a pas non plus un lectorat suffisant pour survivre d'autant que quelques sites sur internet se développent, notamment *football-feminin.com*, *foot-feminin.fr* (dont est issu le magazine), venant s'ajouter au site officiel de la FFF qui présente déjà les équipes de France, le calendrier des rencontres internationales, les résultats, l'actualité, le fonctionnement du Centre national de football féminin.

Une analyse plus qualitative de la presse, qui ne se limite pas aux revues et journaux sportifs pour balayer un champ plus large, nous permet de faire émerger l'image de la footballeuse et de souligner les permanences plus que les transformations. Les footballeuses comme les autres *sportives n'ont pas la place qui leur revient dans les médias. Ignorées par la presse masculine, réduites par la presse féminine qui les montre plus volontiers au repos, en train de se maquiller. On parle du sport féminin dans la mesure où il est gracieux, joli... Quand un rédacteur en chef veut choisir une photo, plutôt qu'une femme en pleine action, il choisit une femme au repos en train de se pomponner ou de refaire sa coiffure mais jamais une fille en plein effort parce que ce n'est pas joli ; on voit ses muscles et ce n'est pas féminin* [1075]. L'oeil du journaliste se focalise sur le corps. Le titre d'un article

[1075] *Des femmes en mouvements*, 21 août- 4 septembre 1981.

relatif à la progression du football féminin en Russie est à ce sujet tout à fait évocateur : *Do girls wearing soccer shoes look nice*[1076] ?

2- Les footballeuses : des femmes comme les autres ?

On sait que *sportifs et sportives font l'objet d'un traitement différent dès lors que sont commentées leurs pratiques et leurs performances. Des sportifs on décrit la technique, les qualités physiques ou stratégiques mises en oeuvre dans l'activité et la performance qu'ils produisent. Le sportif en action est décrit dans ce qu'il fait. Pour les femmes, souvent les appréciations esthétiques précèdent la performance ou la capacité. En même temps ou avant d'être décrites pour ce qu'elles font, les sportives le sont pour leur apparence. Pour elle, l'efficacité ne saurait se passer de l'élégance et de la beauté.* On demande aux sportives de *pratiquer un sport sans suer, sans montrer son effort, sans grimacer, bref en estompant tous ses gros et laids inconvénients... qui deviennent des qualités dès lors qu'il s'agit des hommes*[1077]. C'est aussi ce que l'on peut constater dans nombre d'articles consacrés au football féminin, textes anciens comme plus récents.

En 1969, un journaliste débute son article à propos de Michèle Monnier, capitaine de l'équipe de Reims, ainsi : *Michèle est une brune aux yeux bleus verts, de taille moyenne, elle porte élégamment un ensemble noir avec un chemisier en dentelle blanc très mode. Dynamique et souriante, elle parle et nous raconte l'histoire de son équipe.* Un autre dans *France Football* dresse le portait d'une joueuse *Blonde, souriante, « physique agréable », c'est Maryse Lesieur, numéro 11 de l'équipe de France féminine*[1078]... C'est bien le corps désirable de ces femmes qui fait aux yeux des journalistes la qualité de ces nouvelles footballeuses : *Anita à l'abondante chevelure, reflète tout le charme de l'Andalousie dans ses yeux de braise ; un profil à désarmer l'arbitre* ou encore *Betty c'est le demi de l'équipe de France. Betty est harmonieusement proportionnée. Et mignonne, oui! Des cheveux noirs frisés. Des yeux rieurs. Une voix caressante. Adorable. Et comme de plus elle joue très bien au football, on ne peut qu'être séduit*[1079]. Ces propos relevés dans la presse ne sont pas propres aux commentaires des premières tentatives de relance du football féminin. Plus

---

1076 Vatutin V., "Do girls wearing soccer shoes look nice ?", document de l'Aeroflot, 1995.

1077 Davisse A., Louveau C., op. cit., pp. 111-158 ; *Actes des Assises Nationales Femmes et Sport*, op. cit., pp. 89-90.

1078 *J2 Magazine*, 9 octobre 1969 ; Gillot M., "Maryse Lesieur et ses compagnes ne doutent de rien", Coupure de presse, *France Football*, 1971, Archives privées de Ghislaine Souëf.

1079 *L'Est Républicain*, 15 avril 1969 ; *Paris-Jour*, 21 septembre 1970.

récemment, un article évoquant la victoire allemande en finale du Championnat d'Europe en 1997 dans *Onze Mondial* débute ainsi : *Brigit Prinz a le sourire charmeur et la cuisse ferme* (...) avant d'en venir au déroulement du tournoi[1080]. Les titres sont souvent aussi évocateurs : *Le style de Nelly et les yeux de braise d'Anita en vedette sur le stade de Marnaval. Sylvie Saunier : le charme en plus*, écrit M. Ragonneau en 1983[1081]. En effet, *les médias s'intéressent plus au statut civil et familial des femmes athlètes et à l'opinion du commentateur sur les charmes hétérosexuels de ces dernières qu'à leur performance sportive* [1082].

Au sujet des footballeuses, les journalistes se veulent rassurants. Ils tentent de se prouver et de prouver à leurs lecteurs masculins que les footballeuses ne sont pas des êtres à part, des monstruosités de la nature mais des « vraies » femmes ce que constate par ailleurs J. Hargreaves. *Sportswomen are treated ambivalently - on the one hand they are newsworthy for their athletic efforts and successes, but because sport still poses a threat to popular ideas about feminity, readers are assured in various ways that they remain 'real' women. Similar procedures occur on television. The audience is reassured that despite their involvement in sport, they are still real women, an assertion backed up by reforence to family, husbands, and children* [1083].

A priori une sportive est tout sauf érotique ; le thème idéologique majeur des chroniques sportives féminines est : elle est sportive et pourtant elle est belle [1084]. *On s'attend à voir un « laideron » musclé et viril, taille épaisse, cheveux coupés courts et visage peu séduisant*. Bien que la pratique sportive ait tendance à viriliser les corps, ce ne sont pas des homasses, *ni biceps, ni mollets à la Popeye* [1085]! *Les joueuses ? Dans l'ensemble, de belles athlètes, n'ayant rien de commun avec certains mastodontes des concours de lancers* [1086]. *La tenue de footballeur leur sied à merveille. C'est ce qui frappe le profane, l'apprenti-spectateur. Pas de monstres anabolisés du genre lanceuse de poids ou nageuse qui porte allègrement la moustache et roule des épaules musclées en leveur de fonte. Non, nos filles du foot sont éminemment féminines, séduisantes même. Ann O'Brien en est le parfait exemple. Irlandaise aux cheveux roux comme on le voit sur les publicités de*

1080 Maltret L. et Gadoffre A., "Femmes fatales", *Onze Mondial*, août 1997, pp. 66-69.

1081 *L'Est Républicain*, 15 avril 1969 ; *Le Football au féminin*, février 1983, pp. 22-23.

1082 Lenskyj H., *La femme, le sport et l'activité physique : Recherche et bibliographie*, Gouvernement du Canada. Condition physique et sport amateur, Canada, 1988, p. 67.

1083 Hargreaves J., *Sporting Females*, London, Routledge, 1994, p. 164.

1084 "Quelques réflexions sur le sport féminin", *Quel Corps ?*, n°12-13, 1979.

1085 On n'ose plus rire des joueuses de football", op. cit ; "Les suffragettes du ballon rond", *Record*, février 1974.

1086 "Mieux vaut en rire! Ah les femmes!", *Le Pellerin*, 21 octobre 1973.

son pays. Si sa technique des deux pieds est irréprochable, son physique l'est également [1087]. Même type de remarque et même tournure de la part de J. Boully faisant le compte rendu d'un match observé au Parc des Princes en 1973 : *Les gens doivent avoir tendance à penser que Michèle Wolf doit être une de ces fortes femmes, aux formes gommées, fonçant tête baissée et parfaitement dépourvue du moindre attrait. Elle présente un minois agréable, des yeux vifs et un front têtu. Elle n'a rien d'un phénomène sur le plan physique.* Ce sont les mêmes convictions qui font écrire à un autre journaliste dix ans plus tard, utilisant les mêmes termes : *Sylvie Saunier n'a rien d'un phénomène au plan physique. Bien au contraire. Elle est mince et jolie. On peut même dire que son jeu tout en finesse lui ressemble tout à fait* [1088]. Greuil écrit aussi en 1988 à propos de Martine Puentes, alors avant-centre de l'équipe de France et capitaine de l'équipe de Saint-Maur : *accorte, élégante, mignonne, elle n'a rien d'une virago. Alors, allez-vous me dire, vous avez pris la plus belle pour nous prouver que parmi les 26 000 licenciées, il n'y a pas des « boudins ». Non, nous n'avons pas pris la plus belle, elles existent* [1089]. Physiquement, *il suffit de jeter un coup d'oeil sur nos photos pour s'assurer que ce ne sont pas des monstres. Loin de là. Certaines portent les cheveux longs et se maquillent légèrement. Beaucoup d'entre elles soignent leur ligne et se réjouissent lorsque, grâce au foot, elles ont perdu quelques kilos... Bref, elles sont comme les autres* [1090].

Les jeunes filles ou les femmes qui jouent au football n'en sont pas moins féminines que les autres pour autant. *Nous n'avons pas l'air de « mastodontes »! Sur le terrain, évidemment la haute coiffure et les maquillages sont exclus mais c'est simplement une question pratique*, dit Michèle Monier de Reims en 1969[1091]. Sportives et musclées, elles ne sont pas forcément *baraquées* et ne ressemblent en aucun cas à des *monstres. De la petite à la grande, de la mince à la boulotte, tous les types de femmes sont représentés* [1092]. *Des grandes bringues, des petites rondouillardes, des minettes, aux mille bandeaux multicolores dans les cheveux et aux pommettes rougies par l'effort. Elles rassemblent tous les gabarits et tous les tempéraments. Avec des cuisses un peu musculeuses au sein de l'élite qui s'entraîne deux fois par semaine. Pas de quoi faire débander un amant pour autant* [1093].

1087 Sutter M., "Les filles du foot", op. cit.

1088 *Miroir du Football*, 31 octobre 1973 ; *Le Football au féminin*, février 1983.

1089 *Équipe Magazine*, 18 juin 1988.

1090 "On n'ose plus rire des joueuses de football", *But* , op. cit.

1091 *J2 Magazine*, 9 octobre 1969.

1092 *France Foot 2*, 5 janvier 1979.

1093 Hatzfeld J., "Football de gonzesses", *Libération*, 2 avril 1979.

Autre manière de convaincre de la féminité de ces footballeuses, insister sur les attributs et les rôles typiquement féminins, le maquillage, les tâches ménagères, le port de la robe ou de la jupe plutôt que le pantalon...qui ont encore plus de poids image à l'appui. Il n'est pas anodin de voir dans le reportage *Comment devenir une « femme-foot »* aux côtés de la photo de l'Équipe de France et celle du Stade de Reims, deux images de Michèle Wolf en train de repasser son maillot de football avec pour commentaire : *comme quoi le football n'est pas incompatible avec les petits travaux ménagers* [1094]. Autre symbole de féminité, le maquillage qui est mis en valeur dans plusieurs reportages voire tourné en dérision par certains illustrateurs. Si les femmes perdent le temps du match une partie de leur féminité pour des raisons pratiques, elles se doivent de rattraper cette erreur qu'on ne saurait leur pardonner, dès le coup de sifflet final. *Au vestiaire le match terminé, on oublie les crampons et on sort les trousses de maquillage, Rimmel, fond de teint, pinceaux, ciseaux... Il faut effacer le match, gommer les traits... tués par l'effort* [1095]. Les journalistes se plaisent à immortaliser ses courts instants pour illustrer leurs propos qui sont alors plus convaincants. Sous une photo de Maryse Lesieur que l'on voit en train de se mettre du rouge à lèvres, on peut lire le commentaire : *Jouer au football n'exclut nullement la coquetterie. A peine Maryse Lesieur a-t-elle terminé la rencontre qu'elle retrouve immédiatement les gestes de son sexe*. Même type d'illustration dans *Lecture pour tous*, accompagné du commentaire : *Marie-Claire Harant ne dédaigne pas le rouge-à-lèvres*, auquel s'ajoute un peu plus loin *Michèle Darbre, fragile et athlétique, affectionne, elle, les « mini ». Voilà qui prouverait, si besoin était, que sport et féminité peuvent se conjuguer. La coquetterie ne perd pas ses droits et les problèmes de chiffons restent toujours d'actualité chez ces jeunes filles et jeunes femmes. Ces farouches footballeuses ne délaissent pas les poudriers. Loin de là* [1096]. Une preuve supplémentaire qu'il s'agit bien de réelles femmes puisque seul le visage maquillé est considéré comme féminin.

On insiste aussi sur les talons hauts qui font partie de la parfaite panoplie au même titre que la sacro-sainte robe. Comment imaginer une femme sans cet atout ? Marie-Claire Harant *quitte ses talons hauts pour les crampons* ou alors Martine *alterne très bien talons et crampons* [1097], peut-on lire. Dans le même registre et toujours pour apporter la preuve que la footballeuse ne perd rien de sa féminité à la pratique du ballon rond, l'élégance est mise en avant notamment au travers du parallèle entre tenue de

---

[1094] "Comment devenir une femme-foot", *Foot Supporter Magazine*, n°4, non daté.

[1095] Sutter M., op. cit.

[1096] Oudot J. P., op. cit. ; Brunel C., "Ces dames du ballon rond", *Lecture pour tous*, janvier 1970.

[1097] Brunel C., op. cit. ; *Équipe Magazine*, 18 juin 1988.

ville et tenue de footballeur qui est parfaitement illustré par trois documents photographiques[1098]. L'image remplace le verbe, mais le sens est le même. Le premier, extrait d'une plaquette de présentation du football féminin par la FFF montre la capitaine de l'équipe nationale Bernadette Constantin accompagné du message écrit *l'élégance dans la vie comme sur le terrain*. Le deuxième est un photo-montage superposant une image de Sandrine Roux gardienne de but et une image d'elle-même en tailleur-jupe, comme deux représentations l'une « masculine », l'autre « féminine », d'une même personnalité. Le troisième tout aussi significatif oppose Hoda Lattaf vêtue d'une robe de soirée d'un grand couturier à Hoda balle au pied en pleine action vêtue du maillot France dans *L'Équipe Magazine*. Trois photos récentes qui en disent autant que les propos que nous avons relevés précédemment : pour jouer au football, il s'agit d'être en « formes ». Enfin, on ne saurait oublier la représentation de la maternité. *On a beau être femme-footballeur on n'en est pas moins femme et mère de famille. Sur un coin de terrain il est courant de voir une maman « pouponner »*[1099].

Finalement, les journalistes centrant leurs propos moins sur l'affrontement sportif que sur l'apparence corporelle des joueuses insistent davantage sur les ressemblances que sur les différences. Les footballeuses ne sont donc pas les excentriques que l'on imagine. Elles ont des comportements similaires aux autres femmes et, malgré la pratique d'une activité masculine, conservent toute leur féminité à l'instar de la gardienne de but de Flacé, Laurence Huysentruyt qui *adore se rouler dans la boue mais après chaque plongeon remet coquettement de l'ordre dans la pagaille de ses longs cheveux blonds*[1100]. L'objet de charme n'est en rien altéré, déféminisé ; le corps n'est point devenu disgracieux. Anne Saouter fait le même constat à propos du rugby : *les journalistes sportifs semblent s'évertuer à prouver au public que la rugbywoman est bien une femme : on la décrit coquette (elle se fait des couettes à la sortie des vestiaires), on fait référence à ses aventures amoureuses, à ses enfants*[1101]. Féminité et football (ou rugby) ne sont pas choses incompatibles puisqu'un nombre important de filles se sont groupées dans différents clubs pour le prouver[1102]. Un sondage de *Femme Foot* montre d'ailleurs qu'être *sportive et séductrice* n'est en rien incompatible[1103].

1098 Plaquette de promotion de la FFF, 1995 ; *Onze Mondial*, juin 1997 ; *L'Équipe Magazine*, 6 janvier 2001.

1099 Chabrol A., "On n'ose plus rire des joueuses de football", op. cit.

1100 *La Croix l'Évènement*, 30 juin 1989.

1101 Saouter A., "Femmes et sport : des corps censurés", in Bodin D., op. cit., pp 63-71.

1102 *Atlantique Football*, 22 mai 1974.

1103 "Sportive et séductrice", *Femme Foot*, novembre 1988.

D'autres journalistes voient dans la footballeuse moins un corps érotique qu'une star masculine féminisée. L'allusion faite à leur activité et leur efficacité sur le terrain ne renvoie plus à l'idéal type féminin mais au héros masculin. Pour mettre en évidence les similitudes, le modèle utilisé n'est plus le même. Les joueuses qui se distinguent, et uniquement celles-ci, sont comparées aux meilleurs joueurs. Le nom de la star change avec les années, mais le principe est le même. Nelly Reb de Marnaval est surnommée le Kopa féminin ou la Kopa en jupon[1104], du nom du prestigieux joueur Raymond Kopa qui connaît sa gloire à Reims une dizaine d'années plus tôt. Chantal Royer, ailier droit de l'équipe de France, est, elle, le *véritable Couécou féminin*, alors qu'une joueuse Italienne, Stephania Medri, est qualifiée de *véritable Pelé féminin* [1105]. D'autres chroniqueurs n'hésitent pas à voir apparaître dans la peau des joueuses le talent de Michel Platini. Nathalie Bonnemains est surnommée *La platinette* ou la *Platini en jupons tant la ressemblance est criante*, notamment dans sa façon de tirer les coups francs. Élisabeth Loisel est également comparée à Platini quand elle cesse le jeu pour se destiner à l'entraînement : *à vingt-six ans la capitaine des Bleues tourne la page. Comme avait su le faire Michel Platini, un jour pluvieux de mai 1987* [1106]... Plus récemment c'est Éric Cantona qui est à l'honneur pour évoquer les prestations de Cécile Margaria sélectionnée à neuf reprises en équipe de France entre 1988 et 1995 : *Cécile Margaria, l'autre Cantona! Comme lui, elle préfère être devant que derrière. Comme lui, elle est attirée par le but adverse et marque souvent. Comme lui enfin, elle est internationale et parfois plus souvent sur le banc des remplaçants que sur le terrain avec l'équipe de France* [1107]. L'aspect physique n'échappe pas non plus à la comparaison. A propos d'une joueuse allemande, on peut lire dans la presse : *du haut de ses 180 centimètres et forte de ses 70 kg, la grande brune qui cultive une étrange ressemblance avec Fredi Bobic, l'attaquant du VfB Stuttgart...* [1108]

Il apparaît ainsi contradictoirement que les femmes affublées d'un short et de crampons demeurent de réelles femmes dans leur corporéité mais balle au pied et en action elles ne peuvent qu'incarner un talentueux joueur masculin, seul gage de qualité pour être considérées et appréciées comme véritables joueuses.

1104 "Des crampons pour ces dames", *L'Express*, 19 octobre 1970.

1105 *Paris-Jour*, 21 septembre 1970 ; *L'Union*, 25 mars 1970.

1106 *Équipe Magazine*, 24 janvier 1987 ; 18 mars 1989.

1107 *Football féminin*, février-mars 1992, pp. 32-33.

1108 *Onze Mondial*, août 1997, pp. 66-69.

Seuls quelques-uns se risquent à jouer le jeu de la spécificité, centrant leurs propos moins sur la joueuse que sur le produit du collectif. Ils osent la description d'un jeu féminisé envisagé alors comme une production chorégraphique à l'instar de Catherine Dufresne : *un beau match féminin représente pour moi un ballet... On y retrouve légèreté, grâce, élégance et technique. Le football féminin c'est un jeu tout en finesse* [1109]. Le terme de ballet apparaît également dans la description du football féminin faite par l'abbé Bernard Legain, animateur d'un club féminin en Haute-Saône, qu'il qualifie de *ballet-ballon des filles du foot. Grâce à vous, les filles, le football confine à l'art et à une certaine culture. C'est la conquête artistique du ballon rond à travers la plénitude du geste et de l'imaginaire féminins* [1110]. On retrouve aussi cette idée dans la description d'un entraînement technique de l'équipe de Juvisy sous la plume de L. Girerd : *elles dansent un ballet sous les projecteurs, jouant à cache cache avec les ballons, se les passant et repassant dans les airs ou au ras du sol, et concluent et toutes ces arabesques menées à un train d'enfer par des tirs vers le but* ou encore dans le titre d'un article consacré à la joueuse américaine Mia Hamm : *la danse de Mia* [1111]. Toutefois, cette façon d'envisager la féminisation du football comme d'ailleurs celle du rugby devenu *presque chorégraphique* [1112], reste peu répandue.

On tient sur les footballeuses un double discours, le premier idéalise, le deuxième stigmatise...

3- Une pratique discutée et dérangeante

Je suis absolument pour le football féminin, écrit un joueur anglais, *aux conditions suivantes : il faut que les joueuses conservent leur féminité qu'elles ne cherchent pas à copier systématiquement les hommes, sinon elles n'apportent absolument rien au football* [1113]. *Le football féminin ne convainc pas tout le monde. Il est encore un enfant mal aimé. Certains le tolèrent, d'autres ferment les yeux, jamais il ne laisse indifférent. Lorsqu'on interroge un public pour lui demander : que pensez-vous du football féminin, la*

1109 Dufresne C., "Un étonnant ballet", *France Foot 2*, 5 janvier 1979.

1110 Ragonneau M., "Un football taillé pour les féminines", *Le Football au féminin*, février 1983, p. 43.

1111 *Olympe*, mai 1981 ; *Onze Mondial*, juin 2001.

1112 *Physic*, octobre 1986.

1113 Best G., "Les joueuses de Manchester m'ont convaincu au football féminin", Coupure de presse, juillet 1970, Archives du FCF Reims, 1969-1970.

plupart des personnes interrogées sont surprises ou étonnées si elles ne sont pas impliquées dans le mouvement sportif. Chez les sportifs et les footballeurs, en particulier, les réflexions sont beaucoup plus tranchées. Elles vont du pourquoi pas à l'ironie [1114]. Divertissante pour les profanes, l'infiltration des femmes dans cette discipline réputée virile ne manque pas d'agacer les initiés[1115]. *Lorsqu'on parle du football féminin on oublie tous les aspects positifs du football pour ne retenir que des pseudo-médicaux qui peuvent se résumer autour de quelques idées : le football n'est pas un sport féminin, il est trop violent, trop viril, agressif. Les jeunes filles risquent de perdre leur féminité, sans parler des risques de voir contrariés leurs projets de maternité. On dit aussi que la haute compétition n'est pas très raisonnable pour de « faibles femmes » et qu'il serait plus convenable pour elles de s'en tenir à la pratique saine ne dépassant pas le cadre des loisirs familiaux* [1116]. Les discours hostiles à la pratique féminine sont moins fréquents qu'au début du siècle, mais le football féminin continue à déranger. Il ne donne pas lieu à des blocages institutionnels comme c'est le cas pour le rugby. En effet, en 1972, pour décourager la pratique féminine, le Colonel Crespin, Secrétaire d'État à la Jeunesse et aux Sports adresse aux préfets de région : *Le rugby est contre-indiqué pour les jeunes filles et les femmes pour des raisons évidentes. Cette pratique présente des dangers sur le plan physique et sur le plan moral... aussi je vous demande de ne pas aider le rugby féminin* [1117].

3-1 Une pratique critiquée

Les premières images télévisées de football féminin déchaînent les passions. La retransmission par l'ORTF d'une partie du match contre l'Italie le samedi 19 septembre 1970 fait en effet couler beaucoup d'encre et de salive. Bien que les avis soient partagés [1118], certains propos sont virulents. Labrue nous fait part de sa réaction : *le sport féminin est à l'origine de quelques-unes de nos plus belles émotions de téléspectateurs (Besson à Mexico, Duclos à Athènes, les nageuses de Barcelone) mais, avouons-le, nous n'avons pas été convaincus samedi par les footballeuses. Cette discipline n'est pas en harmonie avec ce qu'on est en droit d'attendre du sport féminin. Le football pratiqué par nos charmantes compagnes n'est en effet qu'une parodie de son frère masculin et l'on comprend mal que la TV*

1114 Novak J. et Virion B., op. cit., p. 186.

1115 "Des crampons pour ces dames", *L'Express*, 19 octobre 1970.

1116 Novak J. et Virion B., op. cit., p. 187.

1117 Cité dans Davisse A., Louveau C. , op. cit., p. 86.

1118 *L'Union*, 24 septembre 1970.

se soit prêtée à cette mascarade. Au contraire d'autres disciplines conviennent mieux aux sportives. Le basket, entre autres...[1119] L'acte de frapper au pied est tout à fait masculin et ne saurait convenir aux femmes. Il n'est pas le seul adversaire du football au féminin. Sous la plume de Robert Vergne, on peut lire dans *France-Football* des propos encore plus franchement hostiles : *Certes la télévision française nous a progressivement habitués à des pantalonnades de plus en plus grotesques dans le genre Inter-villes, Jeux sans frontières... Mais avec le France-Italie de football féminin, on a franchi encore quelques degrés dans la mascarade. Ce ne sont pas les appréciations de René Lucot qui nous feront changer d'avis. Tout à fait à côté de la question, mon cher René, lorsque vous soulignez l'adresse de ces dames. Mais le problème n'est pas là. Ce qui est en question c'est d'abord la nature même de ce sport et de ces pratiquants. Le football est-il oui ou non un sport viril, dur ?... les pantalonnades des footballeuses concourent à la dégradation de la féminité* [1120]. *Personne ne peut contester que le football est un sport viril. Plus la compétition est importante, plus il est viril. Bref ce n'est pas un jeu de femmes* [1121]. Toujours à propos de ce match, on peut lire : *Cette apparition nationale des footballeuses-suffragettes a en fait déclenché une terrible bataille entre féministes et anti-féministes. La France est déchirée non par un débat technique, car sur le plan du jeu les experts sont prêts à reconnaître que certaines footballeuses possèdent déjà une maîtrise supérieure à beaucoup de footballeurs, mais un débat sentimental. C'est la féminité des joueuses qui est en jeu. Les détracteurs estiment que ce sport est trop dur, trop viril et qu'il risque de porter préjudice aux qualités essentielles de la femme, voire à son esthétique* [1122].

Nombre de spectateurs dénoncent cette masculinisation de la silhouette. Vêtues de façon masculine, *portant le maillot et le collant comme un quelconque Pelé*, il est, selon certains, impossible de retrouver la femme sur le terrain[1123]. A ce propos, un journaliste recueille les réflexions de spectateurs du Stade Jean Bouin : *Tu crois que c'est une nana, le goal ? Mais oui. Vise-là de profil. C'est bien une fille. Ben mon vieux faut y regarder à deux fois.* Pour les adversaires du football féminin, les joueuses sont trop masculinisées, de véritables *garçons manqués* [1124] bien peu désirables. L'expression « garçon manqué » se substitue au terme de

---

[1119] Labrue M., "Sports au féminin", coupure de presse datée de septembre 1970, Archives de FCF Reims.

[1120] Vergne R., "Masculin-féminin", *France Football*, 22 septembre 1970.

[1121] Brunel C., op.cit.

[1122] Coupure de presse, septembre 1970, Archives du FCF Reims.

[1123] "Football : les femmes aussi", *Paris-Jour*, 21 septembre 1970

[1124] Brunel C., op.cit. ; "On n'ose plus rire des joueuses de football", op. cit.

« garçonne » utilisé dans les années vingt et devenu désuet, mais il conserve tout son sens. Les footballeuses demeurent atypiques et marginales. L'image que l'on peut avoir d'elles est souvent négative. Certains, pourtant partisans et défenseurs du football féminin, et notamment le Rémois Pierre Geoffroy, évoquent même une certaine tendance à l'homosexualité qui pour ce dernier représente un danger : *quelques dirigeants de club sans scrupules n'hésitent pas à se servir de « meneuses » comme sergents recruteurs, en embrigadant des jeunes dans un circuit très particulier de recrutement*[1125].

Cette perte de la féminité est un argument également développé par un spectateur qui écrit en 1988 : *je me suis risqué dimanche, pour mon malheur, à aller voir un match de « féminines ». J'y allais prêt à apporter ma voix et mon soutien aux beautés locales... Certes je ne m'attendais pas à un défilé de Miss Monde mais quand même!! Je trouve vraiment que l'appellation du Football Féminin est quelque peu abusive et à la limite de la publicité mensongère!! En effet, j'ai eu la nette impression d'assister à un match de juniors qui auraient mal passé leur puberté!! Mais dites-moi donc ce qu'il y a de féminin dans une footballeuse ? Sa coupe de cheveux digne de notre armée française, ses mollets poilus ou sa carrure d'épaule à la Rambo!! Je n'ai pas vu de poils au menton mais c'est sûrement parce que ma vue baisse... Le plaisir de voir vingt-deux corps (sensés apportés douceur et tendresse) se ruer dans la boue, se tackler furieusement et atteindre le sommet de l'orgasme en envoyant un ballon au fond des filets : symbole ô combien féminin! L'orgasme bien connu de la buteuse!! Sans parler de l'équipe victorieuse rentrant tout muscle dehors au vestiaire et poussant son cri de guerre dans la bonne odeur de boue, de sueur (...et de sang ?). Mesdemoiselles, bravo vous avez atteint les sommets de l'ardeur virile... Vive l'égalité des sexes, mais avec intelligence! Ne vous amusez pas à nous singer bêtement nous n'en valons pas la peine. Chacun sa place... Laissez-nous, à nous autres les hommes, la guerre, la bière et le foot...!! Le ballon rond nous appartient. Macho peut être mais surtout lucide...*[1126]

Toujours à propos de la retransmission télévisée de septembre 1970, Chabaud, dans son compte rendu, rapporte les propos d'un provincial : *il n'est pas vrai que les femmes sur la pelouse puissent faire aimer le foot. Et moins encore que le foot puisse nous faire aimer les femmes qui s'aventureraient à y jouer... les femmes ne sont pas faites pour le tacle ou les amortis. Une femme qui joue au foot prête à trop de plaisanteries...Les femmes au foot, oui. Dans les tribunes. Si nos demoiselles ont à ce point des fourmis dans le coup du pied qu'elles s'exercent en salle. Peut-être inventeront-elles un numéro de jonglage gracieux et pourquoi pas nerveux*

1125 "Football et féminité", *L'Équipe*, 26 novembre 1979.

1126 *Femme Foot*, novembre 1988, p. 12.

et puissant. Des footballettes, pourquoi pas ? Footballeur n'a pas de féminin. De grâce les chouteuses dans les tribunes et sur les gradins[1127]. Alors que *Miroir Sprint* titre à sa Une *France-Italie l'a prouvé : les femmes dignes du ballon rond*[1128], *France Football* affiche son hostilité acerbe à l'égard du football pratiqué par les femmes. Peu de chroniqueurs se montrent aussi critiques et farouchement opposés à la féminisation du football. Ainsi Raymond Domenech qui considère que le football n'est pas une discipline féminine : *« Foot-Féminin : l'association monstrueuse de deux mots aux antipodes l'un de l'autre. Comment le football peut être féminin ? Le seul lien étant le F initial de chaque mot... Je vous propose de créer un nouveau jeu. Rien que pour vous. Vous le joueriez à 11 contre 11, sur un terrain de 100 mètres sur 60 environ avec deux grands filets...vous pourriez donner un nom à ce jeu : le « pousse-ballon »*, rapporte *Femme Foot*[1129] ou encore le commentateur de football bien connu Thierry Roland qui affirme, en d'autres termes : *le foot se joue avec du poil aux pattes et au menton*[1130]. Le football ne saurait être une activité féminine ; c'est aussi l'avis d'une enseignante d'éducation physique qui est opposée à son développement. *On a fait suffisamment d'effort ces derniers temps pour que le sport féminin soit adapté aux qualités féminines pour qu'on ne retombe pas dans les erreurs d'autrefois. Le football me semble être un exercice de force. Qui plus est c'est un exercice qui réclame une activité trop intense en raison des distances à parcourir. D'autre part, il y a des empêchements évidents puisque le football se joue aussi avec la poitrine. Et puis jouer avec le pied ce n'est pas joli. Non vraiment le football me semble une forme de jeu masculine. Pourquoi pas le rugby pendant qu'on y est ?*[1131].

Les femmes n'ont pas leur place sur les terrains de football et les spectateurs n'hésitent pas à le leur rappeler. *Au début, quel chahut! Les spectateurs braillaient partout : « va faire la soupe » ou « occupe-toi de ton tricot »...* ou bien encore *la femme au foyer...les demoiselles à l'école... De quoi je me mêle ?... Ce n'est pas un sport de fillettes!...*, font partie des nombreuses réflexions proférées par les spectateurs en août 1968 que rapporte J.P. Oudot[1132]. Marilou Duringer se souvient également d'avoir entendu crier sur la touche des propos tels que : *vous êtes mieux derrière les casseroles ou derrière une cuisinière que sur un terrain de foot*[1133]. D'autres

---

1127 Chabaud R., "Les Chouteuses dans les tribunes", *France Football*, septembre 1970.

1128 *Miroir Sprint*, 22 septembre 1970.

1129 *Femme Foot*, novembre 1988, p. 46.

1130 Azhar A., *Tout à fait Thierry! Ce qu'il n'a jamais dit à la télé!*, Paris, Albin Michel, 1995.

1131 *Miroir Sprint*, 22 septembre 1970.

1132 Brunel C., op.cit. ; Oudot J. P., op. cit.

1133 Entretien cité avec Marilou Duringer.

détracteurs pensent qu'elles *feraient mieux d'aller repriser des chaussettes*, comme le mari de la Rémoise Michèle Porrès à son retour du service militaire découvrant la licence de football[1134]. Le public masculin n'attend pas des femmes autre chose que l'accomplissement de leur rôle de bonne épouse qui leur est traditionnellement dévolu. C'est pourquoi on les invite à ne pas s'éloigner des tâches ménagères. C'est vrai aussi dans les clubs : *Les professionnels du Club* (de Reims) *ne se dérangent pas pour venir nous admirer, constate la capitaine* de l'équipe féminine *de Reims Michèle Monier. Mais ils aiment bien que nous venions servir le Champagne à leurs réceptions* [1135]!

Autre critique adressée au football féminin, la faible qualité du jeu. Aux *préjugés sur les muscles disgracieux* s'ajoute en effet le *jeu piteux*. *Aux yeux des experts, le jeu féminin peut paraître quelque peu démodé. Le ballon vole souvent très haut pour être repris de la tête sans trop de préméditation. Les équipes tendent aussi à se déplacer un peu trop comme deux meutes groupées à la poursuite du ballon* [1136]. Évoquant un entraînement de l'équipe des PTT de Paris auquel il assiste, Daniel Watrin se montre particulièrement déçu. *L'absence de maîtrise technique est évidente et la confusion qui règne au cours du petit match disputé à la fin fait inévitablement penser aux matches de « pupilles »*. A propos d'un match de cette même équipe contre Montargis, il note : *sur le plan de la circulation du ballon, plusieurs défauts sont apparus nettement. D'abord l'ignorance presque systématique de la passe en retrait - restes de la crainte de voir le ballon se diriger vers ses propres buts- ce qui crée parfois des situations confuses, surtout dans la surface de réparation. Il y a aussi une méconnaissance des vertus de la passe latérale, l'arme indispensable à la construction offensive, ce qui étire souvent le jeu dans le sens de la longueur et ne permet pas une occupation rationnelle du terrain. Il est vrai qu'on ne voit pas assez en appui du porteur du ballon, qu'on a tendance un peu à le fuir, et que la passe effectuée, on se soucie trop peu de devenir immédiatement disponible pour le recevoir éventuellement à nouveau. Ce qui frappe le plus le profane, c'est la lenteur de la circulation du ballon. On dirait un match masculin filmé au ralenti, confie un observateur. Les contrôles sont plus laborieux, les passes moins fortes que chez les hommes. Il n'empêche qu'un jeu plus groupé et un meilleur démarquage permettraient sans doute au ballon de suivre un itinéraire plus sûr et moins encombré et de circuler plus rapidement.* Toutefois, il précise que *cette*

1134 Brunel C., op.cit. ; Buguin J. C., "Quand la femme chausse les crampons", Coupure de presse, 1971, Archives du FCF Reims.

1135 *Figaro*, op. cit.

1136 *L'Équipe Magazine*, 8 novembre 1980 ; *Le Monde*, 10-11 novembre 1974.

lenteur ne doit pas être comprise comme une caractéristique définitive du football féminin. La tactique fait également des critiques. *A l'heure actuelle nous en sommes à l'incertitude tactique, un mélange de béton et de 4-3-3 de défense de zone et marquage individuel (assez peu féminin) qui ne donne pas les garanties nécessaires* [1137].

On retrouve là la plupart des ingrédients des détracteurs du football féminin de l'entre-deux-guerres. Bien que la formulation soit renouvelée, l'argumentaire comporte de nombreux points communs : la dureté du jeu, « l'abandon » de la féminité ou la virilisation des corps, la faiblesse du niveau du jeu proposé, en bref l'inadéquation des femmes au football contrairement au basket-ball. On défend ainsi l'image traditionnelle de la femme au foyer. Les préjugés ont la vie dure, comme en témoignent les questions posées au Docteur Andrivet, responsable du service médical de l'INS à Paris, en 1969. *La femme est-elle, physiologiquement, aussi apte que l'homme à jouer au football ? N'est-elle pas davantage exposée aux coups et aux blessures ? Sa résistance n'est-elle pas moindre ? N'aura-t-elle pas ultérieurement, à regretter de s'être adonnée à un sport où les contacts sont quand même nombreux et parfois violents* [1138] ? Cependant, contrairement au début du vingtième siècle, le football n'est pas contre-indiqué médicalement. Les partisans d'un football exclusivement masculin n'ont pas l'appui du corps médical pour étayer et légitimer leur thèse, ce qui n'empêche toutefois pas certaines idées reçues de reposer sur des arguments pseudo-scientifiques.

3-2 La science contre les préjugés

Le Docteur Andrivet ne voit aucune contre-indication à la pratique du football par des femmes. *Rien dans la physiologie de la femme ne s'oppose à ce qu'elle pratique le football*, dit-il. C'est aussi l'avis du Docteur Stephan, médecin lui aussi à l'INS, ou de Serge Batteux, médecin du Stade de Reims et ancien médecin de l'équipe de France, qui considèrent qu'*aucun argument d'ordre médical ne s'oppose à la pratique du football par les femmes* [1139]. Le rapport, établi en 1970, à la demande de la Fédération, afin de réglementer la pratique féminine, par deux médecins de la Commission Centrale Médicale, les docteurs A. Hurez et J. Mérault, va dans le même sens : il n'est pas défavorable à la pratique du football par les femmes et les jeunes

---

[1137] Watrin D., "Le premier âge du football féminin", *Football L'Équipe Magazine*, mars 1973.

[1138] Tournon P., "Aucune contre-indication", *Spécial Football L'Équipe*, 12 décembre 1969.

[1139] "Aucun argument d'ordre médical", *Miroir Sprint*, 22 septembre 1970.

filles[1140]. Le football ne représente donc pas un danger pour le corps féminin. Plus récemment, lors du premier séminaire national de perfectionnement des kinésithérapeutes du football, en mars 1982, M. Delaballe se montre plus positif encore, vantant les mérites du ballon rond pour la femme : *le football, loin de détruire nos filles est un tremplin à leur épanouissement* [1141], ce que confirment quelques années plus tard les docteurs A. Boéda et M. Robin, au cours du premier Symposium médical sur le football féminin en mars 1990 : *le foot féminin est un sport bénéfique sans risques particuliers.* Non seulement la pratique du football n'est pas dangereuse pour la femme, mais, mieux encore, elle engendre des *bienfaits physiques* [1142].

Affirmant les bienfaits de la pratique du football, les médecins chargés de cette étude réfutent en même temps certaines idées reçues, inhérentes à la nature même de la femme : la crainte des coups violents, les risques de blessure... plus particulièrement au niveau de la poitrine qu'évoque M. Jazy avec inquiétude de même que quelques représentants du corps médical[1143]. Le Docteur Bacquaert rappelle, par exemple, la nécessité d'une contention apportée par un bandage ou par un soutien-gorge pour maintenir fermement les seins contre la paroi thoracique. Il considère en effet que les seins sont très vulnérables et les coups portés très douloureux[1144]. Au contraire, pour le docteur Andrivet, *on a avancé que les amortis de poitrine, par exemple, pouvaient provoquer certains troubles des glandes mammaires,* mais il n'en est rien. *Je n'ai pas connaissance de seins éclatés ou détériorés par le jeu,* note aussi un de ses confrères. M. Delaballe confirme quelques dix années plus tard que les traumatismes des seins sont très rares[1145].

Les médecins n'émettent pas non plus de réserve d'ordre gynécologique. *C'est un système solide et bien suspendu puisqu'il résiste à la grossesse et à l'accouchement.* De plus, la menstruation et ses conséquences sont bien tolérées et, au contraire, certaines oublient les douleurs qui disparaissent. Comme le souligne le Dr Marcel Robin, les problèmes du football féminin sont d'abord *des problèmes d'ordres médico-*

1140 *France Football Officiel*, 4 novembre 1970.

1141 Delaballe M., "Le football féminin", 1er séminaire national de perfectionnement des kinésithérapeutes du football, Saint-Étienne, 19-20-21 mars 1982, Archives de la Commission Centrale Médicale, FFF.

1142 "Les spécificités du football féminin", Symposium médical sur le football féminin, 2 et 3 mars 1990, Archives de la Commission Centrale Médicale de la FFF.

1143 Darpic C., op. cit. ; Meynac A., "Le ballon rond change de sexe", Coupure de presse, 1971, Archives du FCF Reims.

1144 *Femme Foot*, novembre 1988.

1145 "On n'ose plus rire des joueuses de football", op. cit. ; "Pourquoi le football ne serait-il pas un sport féminin?", *Femme d'aujourd'hui*, 14 avril 1971 ; Delaballe M., op. cit.

sportifs généraux avant d'être des problèmes gynécologico-sportifs particuliers [1146]. Seuls quelques principes de précaution sont mis en avant pendant la maternité. *Dans l'intérêt de la jeune femme, mais surtout dans l'intérêt du produit de conception qu'elle porte, la pratique du football doit être strictement interdite à n'importe quel stade d'évolution de la grossesse* [1147].

Quant au sport qui virilise la femme, autre facette des aspects médicaux du football féminin, *c'est une idée fausse,* ajoute Dr Andrivet. *Ce n'est pas le sport qui change la morphologie : c'est parce que certaines femmes ont au départ telle ou telle morphologie qu'elles se dirigent vers tel ou tel sport. Les basketteuses par exemple... Les femmes robustes se dirigent vers l'athlétisme et les lancers* [1148]. C'est aussi l'avis du Dr Stephan, pour qui l'idée de masculinisation par le sport est une aberration. Le risque de déformations esthétiques des membres inférieurs apparaît également sans fondement. Les médecins rejoignent ainsi l'idée chère aux cadres du football féminin : *une footballeuse, si elle est féminine au départ, le restera sur le terrain... Ce n'est pas le football qui la transformera* [1149].

La seule contre-indication en fait est psychologique. La femme ou la fille qui joue au football doit absolument éviter toute caricature du bonhomme, commente Martine Berlstein, psychologue[1150].

Ces propos émanant de plusieurs représentants du corps médical réfutent des préjugés issus d'une certaine conception de la place de la femme dans le sport féminin et dans le monde sportif en général. Mais malgré cette caution apportée par la médecine, on vit sur un certain nombre d'idées préconçues et de mécanismes de pensée qui demeurent et que ne suffisent pas à ébranler ces écrits. Beaucoup de parents restent, par exemple, convaincus que le football représente un danger pour l'anatomie, la physiologie et la nature féminine en général et se montrent réticents à inscrire leur fille dans un club de football. Ils *ont peur de la fatigue, de la compétition, des mauvaises fréquentations, de la liberté concédée, des absences au foyer, de voir s'émousser sa féminité, du ralentissement de ses études* [1151]. Par crainte aussi des coups, des blessures, les mères le plus souvent, interdisent donc à leur fille la pratique du ballon rond. Si aujourd'hui la résistance au football féminin s'affiche moins et s'écrit moins

[1146] *Femme d'aujourd'hui*, 14 avril 1971 ; Delaballe M., op. cit ; Robin Dr M., "Les aspects médicaux du football féminin. Le rôle du médecin", *France Football Officiel*, mars 1990.

[1147] Hurez A. et Mérault J., op. cit.

[1148] Oudot J. P., op. cit.

[1149] *Femme Foot*, octobre 1988.

[1150] Dufresne C., op. cit.

[1151] *Le Football Féminin*, FFF, 1982, p. 17.

(ce serait de toute façon politiquement incorrect) on se heurte à un certain nombre d'écueils au quotidien sur le terrain qui l'empêche d'exister pleinement. Son absence dans les médias signifie que son existence est négligeable ce qui a finalement autant de sens et de poids que des écrits niant le bien-fondé de son existence.

3-3 En concurrence malgré elles

Pour de nombreux dirigeants de club, les féminines n'apportent que des difficultés supplémentaires de fonctionnement. Comme le souligne, en 1991, Béatrice Jaricot, alors jeune entraîneure, *les femmes ont du mal à s'imposer* d'autant que *certains clubs sont résolument contre*[1152]. Une Norvégienne expose également les difficultés rencontrées à ses débuts : *J'ai dû faire face à tous les arguments présentés contre le football des filles et des femmes. Tels que pas de terrains, pas d'entraîneur, pas d'argent, pas de vestiaires et ainsi de suite*[1153].

La concurrence des terrains est rude. Les femmes sont souvent reléguées sur les terrains dont on ne veut plus. Au départ, l'équipe rémoise s'entraîne sur un terrain vague perdu dans la zone industrielle de Reims, entre les gravats et les chantiers. Dominique Rinaudo se souvient également de ses débuts à l'AS Montchat en 1970 sur un terrain vague avec une cage au bord de la route, puis de même l'année suivante au FC Lyon : *Nous, on en a bavé, on n'avait pas de terrain, on n'avait pas de vestiaire. On avait un petit parking où les voitures se garaient donc c'était vraiment tout bosselé, on nous avait donné les vieux ballons qui étaient tout ovales tellement ils en pouvaient plus des garçons, des maillots déchirés, des vieux maillots des minimes, il y en a qui rentraient à peine dedans. C'était l'horreur. On n'avait pas droit aux vestiaires, on pouvait pas se doucher après les entraînements. Il fallait vraiment être passionnée, vouloir le faire et continuer pour accepter ça*[1154]. Si les conditions se sont améliorées, l'équipe de N1A s'entraîne toutefois aujourd'hui sur un terrain de rugby avec les poteaux qui font office de cages. Toutes les équipes féminines ne connaissent pas des conditions aussi difficiles, mais l'utilisation des terrains demeure un problème fréquent.

[1152] "Sportives pour sensations fortes", *Marie-Claire*, avril 1991.

[1153] Espelund K, "Retroussez vos manches!", *Women's football*, conférence sur le football féminin, 27-30 octobre 1998 à Londres, UEFA, 1998.

[1154] Entretien cité avec Dominique Rinaudo.

Il y a déjà pénurie de terrain pour les hommes. Alors vous imaginez pour les femmes...[1155]. Au début des années soixante-dix, les entraînements sont difficiles pour l'équipe de La Rochelle en raison du manque de terrains éclairés, pris par les masculins. C'est le cas aussi de Châteauroux qui, comme beaucoup d'équipes, doit cesser très tôt l'entraînement faute d'éclairage[1156]. Ce problème est d'autant plus gênant que souvent les entraînements sont tardifs car ils ont lieu après ceux des équipes masculines. A Monaco, l'entraînement a lieu deux fois par semaine de 20 heures à 22 heures parce que, plus tôt, ce sont les garçons qui ont la priorité des stades[1157]! Même chose à Caluire. L'entraîneur Michel Duc fait part de sa difficulté à motiver les joueuses en programmant un entraînement le jeudi soir à 20h45[1158]. Plus récemment, Monya Haba évoque les soucis de son équipe évoluant en Championnat national, obligée pendant quelques temps de se réfugier sur une pelouse de jardin public et un parking. Initialement domiciliée à Rungis dans le Val de Marne, sa section féminine se déplace durant six saisons au gré des terrains de football qui lui sont provisoirement concédés par différentes communes de la banlieue parisienne, avant de trouver avec soulagement un terrain disponible à Yerres, dans l'Essonne[1159].

Pour les compétitions, le problème est identique. Les Rémoises six ans après leurs débuts ne peuvent obtenir un terrain pour leurs matches de championnat[1160]. Le football féminin est souvent condamné au terrain annexe. Le terrain en herbe réservé traditionnellement aux garçons, quel que soit leur niveau de pratique, ne peut être « prêté » aux filles même exceptionnellement. Un match supplémentaire risquerait d'endommager le terrain, ou bien les filets comme le suggère l'anecdote suivante : une joueuse rapporte que dans son village, le dimanche après le match masculin, les hommes enlèvent les filets des cages et les remettent en place à l'issue du match féminin! *L'essentiel pour les masculins est que les filles n'usent pas leurs filets* [1161]. *Nous sommes tolérées tant que nous ne dérangeons pas*, résume Monya Haba. A Etroeungt, les filles jouent toutes leurs rencontres à l'extérieur, sur le terrain du village voisin à quinze kilomètres voire à quarante quand ce dernier est occupé[1162]. *Dans les clubs, les sections féminines sont acceptées au bas niveau. Mais quand elles commencent à*

1155 *Miroir du football*, 31 octobre 1973.

1156 Courriers adressés à M. et Mme Bei, 1973, Archives privées de J. et R. Bei.

1157 *Femme Foot*, octobre 1988.

1158 "Tes filles "foot" le camp!", *Lyon Matin*, 5 février 1991.

1159 Hopquin B., "Quand les clubs mettent le football féminin hors-jeu...", *Le Monde*, 30 octobre 1998.

1160 "Seule difficulté pour les rémoises : trouver un terrain", *L'Union*, 14 octobre 1974.

1161 "Sans aucune honte nos amis les masculins", *Femme Foot*, octobre 1988.

1162 *Le Football au féminin*, janvier 1983, pp. 16-17.

réclamer le terrain d'honneur, les ennuis commencent, explique Pascal Caillard, entraîneur des filles d'Orsay, dans l'Essonne. *Dès que l'équipe féminine évolue plus haut que la première formation masculine et devient fanion du club, les jalousies et les menaces commencent*, ajoute-t-il[1163]. Et c'est souvent la section féminine qui est sacrifiée. A l'issue de la saison 1984-1985, les féminines d'un club sont championnes de leur ligue, gagnent les barrages et accèdent en nationale. Le comité directeur vote et refuse la montée ne pouvant supporter que les filles jouent en lieu et place de l'équipe séniors B, le dimanche après-midi[1164]. Dans les grands stades, les filles n'ont pas leur place non plus, les clubs professionnels refusant le prêt de leur terrain. A Monaco, le président des féminines, Monsieur Michélis évoque ses relations plutôt tendues avec l'AS Monaco qui ne l'a jamais autorisé à disputer un lever de rideau au Stade Louis II. A Lyon, l'Olympique Lyonnais refuse également au Football Club de Lyon pourtant champion de France à plusieurs reprises (1991, 1993, 1995, 1998), la pelouse du stade de Gerland. La raison invoquée : *il n'y a pas de lever de rideau et si les filles jouent avant, elles vont abîmer le terrain. Quand on ne veut pas, on trouve n'importe qu'elle prétexte*, regrette amèrement le président du FCL[1165].

La section féminine apparaît donc très souvent comme une charge supplémentaire pour les clubs. Comme le dit Marcel Massé, dirigeant d'une équipe féminine, *les équipes masculines, et la plupart de leurs dirigeants, voient d'un mauvais oeil les équipes féminines, en raison, d'une part, d'un manque de terrains pour les matches du dimanche et pour les entraînements et d'autres part, des dépenses nouvelles ainsi créées*. C'est aussi le constat de André Lorieux de Dunkerque[1166]. Cette situation de concurrence génère des conflits qui conduisent souvent les sections féminines à disparaître ou à s'autonomiser. A Montchat, l'équipe féminine est exclue en fin de saison après à peine un an d'existence par décision du comité directeur de l'association parce qu'elle crée trop de problèmes, qu'il n'y a pas assez de terrains. Au FC Lyon, pendant des années, la poursuite de la section est aussi remise en cause chaque fin de saison : *toutes les années on savait pas si on allait être viré ou pas. On était toujours sur la sellette, tout le temps*[1167]. Plus grave, au FC Plessis-Robinson, les footballeuses se voient interdire la compétition. Les trois équipes féminines ne sont pas réinscrites dans le championnat 1998-1999 pour cause de sureffectif masculin lié à l'effet « Coupe du Monde ». Par soixante-deux voix contre et trois

---

1163 *Le Monde*, 30 octobre 1998.

1164 *Femme Foot*, octobre 1988.

1165 Ibid. ; Vella P., *Féminin singulier. Le football conjuqué au féminin*, production Cardan/TLM, septembre 1998.

1166 Courriers de M. Massé et A. Lorieux à J. et R. Bei, printemps 1973.

1167 Entretien cité avec Dominique Rinaudo.

abstentions, l'assemblée générale du club vote, à la fin de la saison, la non-inscription des équipes féminines pour la saison suivante[1168].Ce sont aussi des conflits internes qui conduisent très tôt le FC Schwindratzheim à créer une section autonome, le FC Féminin Schwindratzheim, comme beaucoup d'autres clubs. Néanmoins, le football féminin reste majoritairement intégré au club masculin. En 1985, la FFF dénombre 850 sections féminines pour 70 clubs à part entière. Les sections féminines, à moins qu'elles ne soient la vitrine du club sont sacrifiées pour que les hommes puissent continuer à jouer. *La priorité va toujours à « l'équipe première » qui, à de très rares exceptions près, est celle des garçons. C'est à elle que revient de droit le meilleur terrain d'entraînement (« le pelousé »), elle qui bénéficie du coach le mieux rétribué, elle qui rafle les subventions... Et si, pour des raisons économiques, ou faute d'infrastructures disponibles, un choix doit être opéré, ce sont les féminines qui en subissent les premières conséquences* [1169]. La survie des footballeuses passe donc par une nécessaire lutte au quotidien.

4- Un football différent ?

Dès qu'on évoque le football féminin on a tendance à le comparer à son homologue masculin. S'agit-il d'un ersatz de football ou de *vrai football* [1170] ? Qu'est-ce qui le différencie du football masculin ? Dans la plupart des discours sur le football féminin, il est affirmé que football féminin et masculin ne sont pas comparables et ne doivent pas être comparés. En 1970 comme aujourd'hui, cet avis est assez unanimement partagé. Qu'en est-il réellement ?

4-1 Un style féminin

Nombre de journalistes considèrent en effet qu'il faut absolument éviter de comparer le football féminin au football masculin[1171]. Pour certains, c'est même une erreur fondamentale : *à chacun des deux sexes sa vérité*, pense J.P. Oudot. Pour l'entraîneur de Juvisy, M. Micalaudis, cette

---

1168 *Le Monde*, 30 octobre 1998.

1169 Baillette F. et Liotard P., *Sport et virilisme*, op. cit., p. 17.

1170 Delamarre G., "Ces jeunes filles qui rêvaient de football", *Miroir Sprint*, 18 novembre 1969.

1171 Boully J., "Michèle Wolf et le football féminin plébiscités au Parc...", *Miroir du Football*, 31 octobre 1973.

comparaison ne mène à rien[1172]. Les joueuses partagent aussi cette idée à l'image de Michèle Monier ou de Marie-Angèle Blin qui souhaitent que cesse ce genre de comparaison ou, plus récemment encore, de Stéphanie Mugneret-Béghé qui considère qu'il n'y a pas de comparaison à faire[1173]. Pendant de longues années, les instances fédérales tiennent également ce même discours.

Pour autant, le football féminin est-il parfaitement semblable au football masculin ? Pour certains, *le football féminin est différent. Seules les règles sont identiques* [1174]. Pour d'autres, à l'instar de Claude Simonet, président de la FFF, *ce n'est pas une « spécialité » ou je ne sais quelle « originalité » : c'est du football, c'est le football, point* [1175]! Mais on note, tout de même, que les heurts avec les adversaires sont rares. En quoi le jeu est-il alors différent ? *Il ne faut surtout pas s'attendre à nous voir jouer comme des garçons. Nous avons notre propre engagement physique et notre technique spécifique*, nous dit une joueuse[1176].

Sur le plan physique, football féminin et masculin n'ont rien de commun, selon l'entraîneur de Juvisy. Alors *se rendre à un match féminin en espérant assister à une rencontre aussi pleine physiquement que chez les hommes est absurde. Cela ne signifie pas une absence d'engagement chez les femmes, loin de là, mais l'intensité diffère, ce qui n'est peut-être pas plus mal quand l'on voit certains matches masculins se transformer en combat de rues* [1177]. *Le football féminin ne s'identifiera jamais à celui des hommes. Il ne faut pas chercher à les imiter, nous avons notre football à nous. Ce ne sera jamais brutal, ni dangereux*, dit une joueuse[1178]. *Nous n'avons pas la prétention de jouer en force comme les hommes*, explique Marie-Claire qui porte les couleurs de Reims. *Nous avons un jeu plus féminin, moins brutal. Nous évitons les contacts. Notre foot est moins violent que celui des garçons. Quand, au cours d'une partie, nous nous heurtons, les chocs sont moins brutaux. Les règles sont les mêmes, bien sûr, mais les « jeux », c'est-à-dire la manière de jouer sont vraiment très différents*, confirme une de ses partenaires[1179]. La brutalité n'a pas cours dans les matches féminins, l'engagement physique est moindre[1180]. *Il n'y a pas de défi physique aussi*

[1172] Oudot J. P., op. cit ; Girerd L.,"Le sport au féminin", *Olympe*, mai 1981.

[1173] *J2 Magazine*, 9 octobre 1969 ; *Lyon Figaro*, 23 janvier 1990 ; *Championnat d'Europe Féminin 2001. Guide des Médias*, FFF, juin 2001.

[1174] Blatter J. S, "Le football féminin à la hauteur", *FIFA News*, novembre 1991, p. 1.

[1175] Simonet C., in *Les Féminines*, FFF, 1995.

[1176] *Lyon Figaro*, 23 janvier 1990

[1177] Girerd L., op. cit.

[1178] Hatzfeld J., "Football de gonzesses", *Libération* , 2 avril 1979.

[1179] Caro M. B., "Une "footballeuse" nommée Michèle", *J2 Magazine*, 9 octobre 1969.

[1180] *Le Football au féminin*, janvier 1983 ; *Libération*, 2 avril 1979.

marqué que chez les garçons. Un garçon, il va aller provoquer le duel, il va aller chercher le « un contre un », ce qui n'est pas le cas des féminines, nous dit l'entraîneure de l'équipe de France Élisabeth Loisel[1181]. C'est *un autre football, non de choc, mais de souplesse et de rapidité*[1182]. C'est également l'image que la Fédération souhaite promouvoir aujourd'hui notamment à travers les documents qu'elle publie. *Comme pour toutes les autres pratiques sportives, le football exercé par les jeunes filles est moins physique, moins athlétique que celui joué par les garçons*, peut-on lire ; ou bien *les filles jouent plus en finesse et ont moins de contacts directs avec leurs adversaires* ou encore *le foot féminin c'est un peu de finesse dans un monde de foot!* , reprenant un slogan publicitaire bien connu[1183]. Ainsi la violence n'existerait pas chez les féminines, contrairement à ce que peuvent affirmer certains détracteurs par exemple à propos du match France-Italie de septembre 1970 : *ces demoiselles pareilles aux joueurs de Coupe d'Europe se sont livrées des luttes impitoyables, les entraînant à de beaux crêpages de chignon. Ainsi Chantal Royer, ailier droit de l'équipe de France, se frottait constamment et sans ménagement à sa rivale directe, la brune et piquante Alliéro. Jusqu'à ce que toutes deux à terre se fassent des câlineries... à coups de crampons*[1184]. Les femmes n'ont pas la force et la puissance de leurs confrères, ni la vitesse et l'engagement physique qu'elles compensent avantageusement par une certaine élégance. *Le football féminin détient en plus une beauté qui lui est propre et qui réside dans la pureté du geste, dans l'élégance d'un jeu beaucoup plus élaboré*[1185]. *« Avec les filles tu la joues avec élégance! »*[1186] devient un des nouveaux arguments de la Fédération.

Pour beaucoup, *l'esprit du fair-play occupe une place de choix dans les compétitions féminines*[1187]. Pour Sandrine Roux, *le football féminin est beaucoup moins physique. Il n'y a pas de méchanceté, pas de tricherie. Le ballon circule beaucoup plus et il y a moins de gestes violents. Même au plus haut niveau il y a très peu de cartons jaunes ou rouges*[1188]. Joueuses comme arbitres considèrent que le jeu est moins brutal et plus loyal, les contacts évités. *Elles ont manifestement laissé au vestiaire des hommes les tacles vengeurs et les charges brutales. Les gestes de mauvaise humeur et les insultes à l'arbitre ne fusent heureusement pas*[1189]. Dans l'ensemble, les

---

1181 Entretien avec Élisabeth Loisel, 5 septembre 2001.

1182 Meunier R., op. cit.

1183 *Les Féminines*, FFF, 1995, p. 5 ; *FFF Filles! Tu gagnes à être une fille*, FFF, 2001.

1184 *Paris-Jour*, 21 septembre 1970.

1185 *Femme Foot*, octobre 1988.

1186 *FFF Filles! Tu gagnes à être une fille*, op. cit.

1187 *FIFA News*, novembre 1991.

1188 *Le sport, elles en parlent*, op. cit., pp. 119-129.

1189 Sutter M., op. cit.

femmes jouent de manière plus correcte que les hommes, elles jouent plus dans l'esprit du jeu. C'est également l'avis de John Macaloon qui observe que les matches féminins sont plus *fluides* car les fautes sont rares : *elles ne plongent pas autant que les hommes et elles protestent beaucoup moins* [1190]. Ce qui confirme les propos de Michèle Monier : *nous n'avons pas tendance à faire le cinéma des garçons quand nous tombons. Nous nous relevons aussitôt. Peut-être est-ce parce que nous ne sommes pas aussi truffées de coups.* C'est aussi l'avis d'un arbitre, Monsieur Coureur : *elles font moins de cinéma que les hommes qui parfois font semblant d'avoir reçu un coup douloureux pour obtenir le coup franc* [1191].

Au niveau technique, les femmes développent-elles une façon de faire originale, un style de jeu particulier ? Les joueuses se définissent comme moins agressives, moins brutales et aussi moins techniciennes que les masculins[1192]. Il est souvent admis que les passes sont moins puissantes et moins longues que chez les garçons. *Un footballeur a des passes de 40 m. Comptez la moitié pour des passes de footballeuses,* nous dit un spectateur. Les propos d'une joueuse vont dans le même sens : *les hommes effectuent des passes de 40 mètres. Nous de vingt mètres. Mais une de mes coéquipières, Nicole Mangas possède une frappe de balle phénoménale... Elle s'est beaucoup entraînée*, nous dit la capitaine rémoise Michèle Monier[1193]. *Les tirs manquent aussi quelque peu de puissance. Un homme fait mouche à trente mètres en moyenne, une fille seulement à dix-huit*, note Pierre Geoffroy. Il est couramment avancé que les filles possèdent une puissance de tir inférieure[1194]. Ces différences repérées ne se réduisent toutefois pas à des savoir-faire techniques que les femmes n'auraient pas acquis ou à une gestuelle spécifique qu'elles auraient développée dans leur façon de passer ou tirer. Elles renvoient aux capacités physiques, notamment la moindre force musculaire, bien que l'on considère par ailleurs qu'il n'y a aucune raison physiologique pour que les femmes soient moins bonnes techniciennes que les hommes[1195]. Ce sont les *lacunes morphologiques et physiques* qu'évoque Michel Hidalgo pour expliquer les principaux défauts du football féminin qui sont selon lui : *la force, le jeu de tête, les accélérations* [1196]. Pour ce qui est de la conduite de balle, des dribbles, peu

---

[1190] *Le Monde*, 9 juillet 1999 ; Mouidi-Petignat N., "Femmes en noir", *Women's football*, conférence sur le football féminin, op. cit.

[1191] Oudot J. P.,op. cit. ; Brunel C., op.cit.

[1192] Novak J., "Football Féminin", *Revue EPS*, mai-juin 1982.

[1193] *Lecture pour tous*, janvier 1970 ; *Football l'Equipe Magazine*, 20 mars 1970

[1194] *Miroir Sprint*, 18 novembre 1969 ; *Lecture pour tous*, janvier 1970 ; "Sports masculins : les femmes aussi", *Messages*, juillet 1981.

[1195] *Football l'Equipe Magazine*, 20 mars 1970

[1196] *Le Football au féminin*, janvier 1983, pp. 5-7.

de commentaires à ce sujet. On peut alors considérer que chacun n'y voit pas de différence fondamentale. *Grand pont, petit pont, pichenette, j'ai été épaté pour des filles qu'elles aient autant de technique* avoue même un jeune joueur de football en voyant les joueuses de l'ASPTT évoluant en championnat de France[1197]. Pour Jocelyne Gout, *une fille est capable de contrôler un ballon, faire une reprise de volée aussi bien que les garçons* [1198]. Seul l'amorti de la poitrine pose question, plus particulièrement au début de la pratique féminine. Les femmes auraient tendance à éviter ce geste ou pour un contrôle de ce type à mettre les bras pour protéger la poitrine. Ce que conteste Régine Pourveux : *de plus en plus nous amortissons comme les hommes* [1199]. Martine Puentes ajoute un peu plus tard : on fait plus attention, on s'applique et l'on finit par faire mieux que ceux qui n'en ont pas[1200]. De même, le jeu de tête serait peu développé. Les femmes n'osent sacrifier leur équilibre vertical, ce qui leur interdit non seulement les tacles mais aussi les têtes plongeantes, selon l'animateur du club féminin de Poissy[1201]. Pourtant, si les filles font moins de tacles comme le relève Élisabeth Loisel[1202], ce geste fait partie intégrante de leur répertoire technique.

Qu'en est-il de l'entraînement ? Y-a-t-il une différence entre la façon d'entraîner des garçons et des filles ? Selon Aimé Mignot, ancien entraîneur de l'Équipe de France féminine, *sur le plan du football, il n'y a pas de différence : la manière d'utiliser le ballon est la même chez les deux*. Par contre, sur le plan relationnel, *elles sont plus sensibles. Elles sont plus émotives...* Une plus grande sensibilité qui pose à certaines quelques difficultés[1203]. Pour P. Audier de l'*AS Soyaux Féminin*, on gère la technique de la même façon, mais on se préoccupe de l'aspect psychologique un peu différemment au niveau des filles dans la mesure où le collectif est très fort, les filles très soudées, ce que souligne par ailleurs J. Novak. Pour ce dernier, c'est d'ailleurs ce qui fait la spécificité du football féminin. *La majeure partie des joueuses attache davantage d'importance aux aspects affectifs et relationnels de leur conduite qu'à ceux liés à la stricte performance* et attachent beaucoup plus d'importance au collectif. En conséquence, *il faut gérer l'équipe et faire très attention quand on dit quelque chose à une fille à ce que les autres vont en dire et comment elles vont réagir* [1204]. C'est

---

1197 Delamarre G., op. cit.

1198 Entretien cité avec Jocelyne Gout.

1199 Oudot J. P., op. cit.

1200 Oudot J. P., op. cit. ; Deymard C., "Ces dames au ballon rond", op. cit.

1201 Hatzfeld J., "Football de gonzesses", op. cit.

1202 Entretien cité avec Élisabeth Loisel.

1203 *Femme Foot*, octobre 1988, p. 28 ; *L'Équipe Magazine*, 28 janvier 1984.

1204 Vella P., op. cit. ; Novak J. et Virion B., op. cit., p. 187.

également l'avis de Élisabeth Loisel qui considère que, psychologiquement, il existe une différence alors que, techniquement et tactiquement, l'entraînement est le même, bien que les différences morphologiques et physiologiques imposent un dosage adapté. *Une femme ne réagit pas comme un homme. Une femme est plus sensible et il faut faire attention à la façon dont on aborde certaines remarques* [1205]. La plupart des entraîneurs s'accordent à penser que la particularité est de l'ordre du relationnel. Comme le souligne C. Louveau, les différences observées sur les façons dont les femmes pratiquent les sports masculins sont en effet souvent d'ordre technique mais plus fréquemment d'ordre psychologique[1206].

Ces jeunes filles jouent un vrai football. Ce n'est pas du pousse-ballon comme on pouvait le craindre [1207]. *Moins violent, moins rugueux que celui pratiqué par les garçons, il met davantage en relief la technique, la beauté du geste, tout en conservant une intensité incontestable. Le football pratiqué par des filles n'est pas obligatoirement un football mièvre, un football peureux comme on se plaît trop souvent à le caricaturer* [1208].

4-2 Un football amateur

Rien à voir entre elles et nous. Le football est notre métier. Tandis qu'elles, elles shootent dans un ballon pour s'amuser, dit Jean-Claude d'Armenian, célèbre gardien de but du Stade de Reims en 1970. Alors que les footballeurs bénéficient du statut professionnel depuis 1932, les féminines doivent aujourd'hui se contenter du statut amateur. Elodie Woock affirme à ce propos : *nous en sommes encore aux vraies valeurs, ce n'est ni l'argent, ni la gloire qui nous motive, mais la passion, l'enthousiasme et l'émotion* [1209]. Malgré l'obtention du statut « sportif de haut niveau » stimulée par la reconnaissance du football féminin comme discipline olympique en 1994, les Bleues restent néanmoins complètement amateurs. Si ce statut apporte quelques facilités pour la préparation des joueuses sélectionnées en Équipe de France, ces jeunes femmes ne peuvent vivre de leur pratique. *Le football des hommes et le football des femmes sont deux planètes différentes. Eux ont des résultats, sont connus, et vivent de leur passion ; nous, nous en survivons* [1210], dit à ce sujet l'ex-gardienne de but de l'Équipe de France Sandrine Roux. Les footballeuses, inconnues du grand public - à

[1205] Entretien cité avec Élisabeth Loisel.

[1206] Louveau C., *Talons aiguilles...*, op. cit., p. 30.

[1207] Delamarre G., op. cit.

[1208] *France-Football*, 2 octobre 1981.

[1209] *L'Équipe Magazine*, 13 juin 1998.

[1210] *Le sport, elles en parlent*, op. cit.

l'exception peut-être de Corinne Diacre, capitaine de l'Équipe de France, un temps animatrice du plateau de Téléfoot -, ne connaissent pas en effet l'immense popularité des masculins ou de l'Américaine Mariel Margaret Hamm, considérée comme la meilleure joueuse du monde. En France, les femmes ne sont pas toujours prises très au sérieux bien que, depuis peu, l'Union Nationale des Footballeurs Professionnels récompense d'un Oscar la meilleure joueuse, Anne Zenoni en 2000-2001, Marinette Pichon en 2001-2002. Concilier vie professionnelle et vie sportive n'est pas toujours chose aisée d'autant qu'avec l'augmentation du niveau des compétitions, les jeunes filles sont amenées à passer davantage de temps sur les terrains.

Dans les années soixante-dix, les joueuses s'entraînent une fois par semaine à Etroeungt, comme à Schwindratzheim, Cannes ou Lyon... voire deux fois par semaine dans quelques clubs à Reims[1211], Orléans... Les rencontres restent locales, les déplacements sont donc limités. Avec la naissance du championnat national, l'entraînement bi-hebdomadaire se généralise. Dans les années quatre-vingts, c'est le cas de la plupart des clubs et ce, même jusqu'au milieu des années quatre-vingt-dix. Le Football Club de Lyon, plusieurs fois champion de France, ajoute une séance d'entraînement supplémentaire pour son équipe première en 1994, le championnat de N1A nécessitant davantage de préparation. Aujourd'hui, les Lyonnaises s'entraînent quatre fois par semaine[1212], rejoignant ainsi le rythme des basketteuses ou handballeuses, alors que la plupart des clubs évoluant à ce niveau propose seulement trois séances hebdomadaires comme à Soyaux, Saint-Memmie... Les Bleues doivent compléter leurs entraînements hebdomadaires par une séance supplémentaire qu'elles font souvent seules, précise Corinne Diacre, voire plus encore pour Sandrine Roux.

Si, dans les plus grands clubs, quelques-unes bénéficient de remboursement des frais de déplacement ou du paiement des équipements, les footballeuses ne perçoivent pas de prime de match. Les défraiements de la FFF lors des sélections parmi les Bleues ne suffisent pas toujours à combler le manque à gagner. En 1997, les joueuses sélectionnées ont une compensation financière pour la perte de salaire occasionnée équivalent à peu près à la moitié des heures perdues et touchent gracieusement *deux cents dix francs d'argent de poche* ! ; leurs frais de déplacement sont en outre payés. Pour les phases finales de l'Euro, elles bénéficient de cent francs par jour[1213]. Pendant ce temps, les masculins gagnent cinquante mille francs de prime de match, sans compter les versements du sponsor Adidas et

---

1211 *France Foot 2*, 5 janvier 1979 ; *L'Union*, 22 juillet 1968.

1212 Entretien cité avec Jocelyne Gout.

1213 Ibid.

le salaire versé par le club. Aujourd'hui, les dédommagements de la Fédération seraient plus conséquents, mais ne sont pas dévoilés. Quoi qu'il en soit, les joueuses ne peuvent vivre du football et n'échappent pas à la difficulté de négocier avec leur employeur, chaque mois, quelques jours de congés sans solde comme le souligne Jocelyne Gout évoquant sa participation à l'Euro 1997. *Il n'y a pas trop de problèmes pour celles qui dépendent de l'Éducation nationale mais les autres doivent sacrifier des vacances ou une partie de leur salaire pour pouvoir s'absenter*, estiment les joueuses de Juvisy[1214]. Pour la préparation de l'Euro 2001, l'entraîneure Élisabeth Loisel et son groupe se *heurtent parfois aux contraintes d'ordre professionnel ou scolaire*[1215] qui entravent le bon fonctionnement de l'équipe. De même pour les éliminatoires de la Coupe du Monde 2003, quelques joueuses ne peuvent participer à l'intégralité du stage de préparation qui se déroule fin août 2001 pour des raisons professionnelles.

Ne pouvant vivre de leur passion, les footballeuses se tournent vers d'autres métiers. Jeunes, elles se voient enseignantes d'EPS surtout[1216]. Parmi les vingt joueuses, âgées de dix-neuf à trente-et-un ans, retenues pour participer aux phases finales de l'Euro 1997 les deux tiers poursuivent des études, la filière STAPS étant la plus convoitée (sept joueuses) ; deux étaient éducatrices sportives, deux professeurs d'EPS. Au même moment, le FCF Juvisy était même composé à 90% d'enseignantes ou d'étudiantes en éducation physique[1217]. Aujourd'hui, avec la création d'un nouveau poste à la Fédération, de Cadre d'Animation Technique Régional Féminin auprès de chacune des ligues, et l'existence de la filière de haut niveau de Clairefontaine, vont sans doute se construire des ambitions nouvelles... Se dirige-t-on vers une professionnalisation de l'activité ?

Si en France, toutes les joueuses ont un statut amateur, d'autres pays connaissent la semi-professionnalisation depuis quelques années déjà. Alors que le football féminin est balbutiant en France, il est quasiment semi-professionnel de l'autre côté des Alpes, en Italie. D'ailleurs au début des années soixante-dix, quelques Françaises tentent l'aventure dans des formations italiennes puisque *cinq joueuses partent chez les Transalpines*[1218]. Nelly Reb gagne la *Juventus de Turin*, patronnée par M. Umberto Agnelli. Logée et nourrie, elle dispose d'une voiture et d'un travail

---

1214 Jolly P., "Les joueuses françaises rêvent de l'éclat du "soccer" en retrouvant leur discret championnat", *Le Monde*, 14 septembre 1996.

1215 Flajolet T., "Elisabeth Loisel : "Écrire les plus beaux jours du football féminin", site officiel de la FFF, www.fff.fr, 18 juin 2001.

1216 Louveau C., *Talons aiguilles et crampons alu*... op. cit., pp. 51-52.

1217 Jolly P., op. cit.

1218 "Des crampons pour ces dames", *L'Express*, 19 octobre 1970.

chez Fiat, touche de plus trois cents francs par match. Elle est rejointe par Marie-France Courtois. Deux joueuses du Stade de Reims sont engagées par l'équipe de Rome : Nadine Juillard, ailier droit et Nicole Mangas, arrière. Marie-Christine Tschopp, joueuse de Caluire, gagne aussi l'Italie. Précisons toutefois que ces mutations n'exigent pas que les Françaises habitent toutes sur place. Elles effectuent chaque fois le déplacement pour les matches afin de compléter l'effectif[1219]. Les rencontres ayant lieu essentiellement l'été, elles peuvent poursuivre le championnat français qu'elles retrouvent très vite lassées des voyages entre la France et l'Italie.

Au Japon, une ligue féminine semi-professionnelle naît en 1989 et les Nippons recrutent les meilleures mondiales, Norvégiennes et Chinoises très attirées par des salaires qui, sans comparaison avec celui des hommes, atteignent tout de même le demi-million de francs par an[1220].

Aux États-Unis, les joueuses de l'équipe nationale perçoivent leur premier salaire en 1995 et commencent à signer des contrats très intéressants. Jusque-là, les jeunes internationales qui quittaient le collège devaient gagner leur vie en en tant qu'entraîneure, ou animatrice dans des camps de football ou de vacances, ou en obtenant le soutien financier des fabricants d'articles de sport, en plus de la bourse du Comité Olympique national et des indemnités journalières versées par l'US Soccer. Mais ces revenus étaient bien inférieurs à ceux que leur assurent les contrats d'aujourd'hui pour celles qui ne sont plus scolarisées au collège. *Selon certaines rumeurs, celle qui vient de quitter le collège peut espérer recevoir au moins 2 000 dollars par mois. La joueuse qui doit encore passer ses examens finaux touche des indemnités destinées à couvrir ses frais de voyage et d'hébergement.* De plus, en dehors de ces conventions signées avec l'US soccer, quelques joueuses améliorent considérablement leurs revenus grâce aux contrats conclus avec des sponsors, principalement des fabricants de chaussures de sport. *Selon Akers, les personnes concernées touchent annuellement entre 15 000 dollars et 100 000 dollars, auxquels il faut ajouter des prestations telles que des primes, des habits et du matériel d'équipement. Certaines joueuses participent aux campagnes publicitaires de la chaussure de sport* [1221].

Pour les Jeux Olympiques, les joueuses de l'équipe nationale bénéficiant toutes d'un statut professionnel, sont regroupées pendant un an dans un camp d'entraînement, avec un seul objectif : l'emporter à Atlanta[1222]. Pour la Coupe du Monde 1999, la fédération américaine de football paie les

1219 *L'Union*, juillet 1970.

1220 Dray D., "Ces dames de la balle", *France Football*, du 13 au 19 juin 1995.

1221 Mignot A., Loisel E., *Féminines. Coupe du Monde 1995. Analyses & enseignements*, FFF, 1995.

1222 Jolly P., op. cit.

joueuses 25 à 40 000 dollars par an et la prime de 50 000 dollars en cas de victoire[1223].

Aujourd'hui, la professionnalisation du football féminin s'étend avec la création en avril 2001, aux États-Unis, d'un championnat professionnel au sein d'une nouvelle ligue, la Women's United Soccer Association (WUSA), fondée après le succès de la Coupe du Monde, par des dirigeants de chaînes de télévision câblée (CNN/SI et TNT). Elle attire les meilleures joueuses du monde, de Norvège, du Brésil, d'Australie, de Chine... avec des salaires fixés par la ligue qui s'échelonnent de 15 000 à 50 000 francs par mois. Huit clubs, tous propriétés de la WUSA, participent à la première édition : Atlanta Beat, Boston Breakers, Carolina Courage, San Jose Bay ARea CyberRays, New York Power, Philadelphia Charges, San Diego Spirit et Washington Freedom[1224]. A l'issue des playoffs réunissant les quatre meilleures équipes, les Bay ARea CyberRays de San Jose s'imposent en finale face aux Atlanta Beat à l'épreuve des tirs au but après un match nul 3 à 3. Pour la deuxième saison, ce championnat pro séduit une des Bleues, Marinette Pichon. Elle devient ainsi la première joueuse professionnelle française en rejoignant, en février 2002, à l'âge de 26 ans, le club des *Philadelphia Charges*. A l'issue de la saison, après avoir marqué 14 buts en 18 matches, elle se voit élue meilleure joueuse de l'année 2002 du championnat nord américain[1225]. Elle est rejointe en 2003 par sa partenaire Stéphanie Mugneret-Béghé qui gagne, quant à elle, l'équipe de Boston.

En France, Aimé Jacquet, Directeur Technique National, bien qu'il considère le football féminin comme le football du XXIe siècle, n'envisage pas en France le passage à un statut pro pour demain, peut-être pour ... après demain. L'entrée des féminines de l'Entente Montpellier le Crès au sein du club professionnel Montpellier Hérault Sport Club de Louis Nicollin, que certains journalistes qualifient un peu hâtivement de *première équipe féminine pro*[1226], pourrait engendrer une progressive professionnalisation des joueuses d'autant que le plan de développement fédéral prévoit d'ici 2004 l'incorporation d'une équipe féminine dans chaque club pro de L1[1227]. La qualification de l'équipe de France pour la Coupe du Monde 2003 va-t-elle accélérer le processus ?

1223 *Le Monde*, 17 juillet 1999.

1224 "Philadelphia Charge, un club prometteur", *foot-feminin.fr Le Magazine*, mars-avril 2002.

1225 *L'Équipe*, 24 décembre 2001 ; *France Football*, 27 août 2002.

1226 *Libération*, 12 août 2001.

1227 Plan de développement fédéral 2000-2004, FFF.

Conclusion de la deuxième partie

Après une longue éclipse de près de trente ans, les femmes réapparaissent sur les pelouses des stades au milieu des années soixante dans un contexte festif, à l'initiative de clubs masculins, qui cherchent à redonner au spectacle de football davantage d'attrait. Les spectateurs ont tendance à déserter les stades, alors que par ailleurs le football fait de plus en plus d'adeptes notamment parmi la jeunesse. Transformées pour l'occasion en femme-footballeurs, elles s'offrent ainsi aux regards masculins amusés par une telle incongruité. Réduites à des objets déplacés, les femmes sont conviées sur les terrains de football pour remplir un rôle tout à fait traditionnel et conformiste. On ne peut considérer cette entrée des femmes dans un univers masculin comme un profond bouleversement. Les femmes sont instrumentalisées au service des clubs masculins qui voient avec plaisir augmenter le nombre de curieux. Pourtant, cette pratique initialement parodique se développe très rapidement, avec l'éclosion de nombreuses équipes, en une pratique compétitive pour elle-même qui perdure grâce à un contexte favorable plus durable qu'au début du siècle. Né d'abord en Alsace et en Champagne-Ardenne, le football féminin gagne rapidement l'ensemble du territoire s'implantant d'autant plus facilement dans les régions où la pratique masculine est particulièrement développée.

L'apparition ou la réapparition du football féminin est intimement liée aux transformations affectant la vie sociale et culturelle des français et en particulier les profonds changements des années soixante. Elle s'inscrit dans un mouvement favorable aux acquis sociaux et à l'émancipation féminine. La mixité s'impose dans l'enseignement, d'abord dans les nouveaux collèges d'enseignement secondaire en 1963, puis dans les écoles primaires et enfin dans les lycées. Les années soixante sont aussi marquées par un lent redressement du travail féminin salarié qui s'accélère au tournant des années soixante-dix avec la percée des mouvements de libération des femmes succédant aux mouvements sociaux de grande ampleur qui ont secoué le pays. Cet élan féministe s'accompagne d'avancées significatives. Non seulement le nombre de femmes actives s'accroît de nouveau au profit du secteur tertiaire en plein déploiement, mais les femmes, plus diplômées grâce à une scolarité plus longue, investissent progressivement des professions de plus en plus diversifiées. Elles accèdent à des carrières réservées jusque-là aux hommes même si elles demeurent minoritaires. L'opinion n'y est pas toujours favorable mais la réalité s'impose. Des lois accompagnent cette lente reconnaissance du travail salarié. Une loi sur l'égalité des salaires est votée en 1972 même si elle ne se traduit pas immédiatement dans les faits. Les épouses acquièrent en même temps un certain nombre de droits. Elles se défont de la tutelle maritale en 1965, ce qui leur permet de disposer librement de leur salaire, et de la notion de chef de famille pour celle d'autorité parentale également partagée, en 1970. Sur fond de revendication, les femmes obtiennent, non sans difficultés, le droit à une maternité contrôlée avec la légalisation de la contraception en 1967 puis plus tardivement la libération de l'avortement en 1975. En même temps, la critique de certains comportements masculins, notamment dans la vie quotidienne, s'amplifie. Différentes formes de domination masculine sont peu à peu dénoncées et notamment la violence trop souvent banalisée. Les rapports entre hommes et femmes sont quelque peu bouleversés.

Pour autant, on ne doit pas voir entre mobilisation féminine et (re)naissance du football féminin une relation de causalité. Les mouvements féministes ne s'intéressent pas au sport qui met pourtant en jeu le corps d'une façon particulière. Le football, ou les sports traditionnellement masculins, comme le sport en général, ne font pas partie des revendications. Pas plus que les footballeuses ne militent en faveur de l'égalité des droits. Si le football féminin bénéficie d'une période favorable aux bouleversements des conditions de vie des femmes, ce n'est que de manière indirecte. On ne peut considérer que c'est un acquis des actions menées.

L'essor du football féminin accompagne ces transformations du statut des femmes et des rapports hommes/femmes dans la société. Longtemps spectatrices des matches de leur conjoint ou de leur fils, les femmes deviennent à leur tour actrices. Toutefois cette tendance n'est pas spécifique au football. Dans le même temps, les femmes se mettent à pratiquer le rugby, la boxe ou la lutte. Plus généralement, le sport et le sport féminin se développent. Les effectifs des licenciés progressent notamment dans les sports olympiques dits traditionnels, athlétisme et natation, mais également gymnastique, basket-ball... Le nombre de basketteuses fait plus que doubler entre 1963 - date à laquelle on commence à distinguer les licences féminines des licences masculines - et 1970.

Toutefois alors que certaines activités ont tendance à se développer plus largement au cours des deux décennies suivantes, comme l'ont montré différentes enquêtes et analyses, le football féminin suit une très lente croissance, voire stagne, au milieu des années quatre-vingts. D'une manière générale, les pratiques individuelles connaissent plus de succès que les pratiques collectives. La croissance des effectifs fédéraux est d'ailleurs renforcée par des pratiques diverses le plus souvent individuelles, se réalisant en dehors des institutions sportives traditionnelles. Au modèle classique entraînement-compétition-classement s'ajoutent des pratiques physiques de type hygiéniste ou ludique telles que notamment différentes formes de gymnastique d'entretien, gymnastique volontaire ou culture physique dans les salles de forme, la course à pied ou plus récemment le roller depuis la seconde moitié des années quatre-vingt-dix. Néanmoins, dans le même temps, les effectifs féminins augmentent en basket-ball, volley-ball et dans une moindre mesure en hand-ball grâce notamment à l'enseignement de ces trois activités en éducation physique et sportive à l'école.

Le football féminin, une fois la curiosité retombée, se développe plus lentement, non sans difficulté. Les hommes supportent mal la présence féminine dans leur univers. Sceptiques, détracteurs s'en donnent à coeur joie et continuent à penser que le football n'est pas fait pour les femmes ou plus exactement que les femmes ne sont pas faites pour le football. La femme en short et en crampon jouant la balle avec le pied, risquant de prendre des coups, ne correspond pas à l'image que l'on attend d'elle, ne correspond au standard de la féminité. Les femmes, « invitées » sur les terrains en tant que femmes déguisées en footballeur et objet de moquerie, sont moins bien accueillies en tant que footballeuses désirant participer à des compétitions. Leur pratique a du mal à être prise au sérieux. Néanmoins, malgré les réticences des mordus de football, le football féminin intègre la Fédération Française de Football dès 1970. Il est géré par une commission spécifique qui se féminise peu à peu. Au fil des années, il se dote progressivement des mêmes règlements, des mêmes catégories de joueurs, des mêmes compétitions. Le championnat de France voit le jour en 1974, le championnat d'Europe en 1982, la coupe du Monde en 1991, et les Jeux Olympiques en 1996. Entre 1970 et 2000, le football féminin a tendance à se conformer progressivement au modèle masculin au plan institutionnel et réglementaire, comme les autres pratiques sportives, mais diffère en de nombreux points par ailleurs. Il n'a pas la même aura, n'attire pas les foules, pas les médias et reste en France une pratique sportive amateur. Il demeure un monde à part.

Le football féminin réapparaît à une époque contrastée pour le football masculin. Les années soixante marquent à la fois une augmentation du nombre de joueurs licenciés, et, un essoufflement de la discipline et une moindre attractivité - on compte moins de monde dans les stades -. Au même moment, le football commence à se transformer et, en quelques années, il devient un objet de pur spectacle sous l'effet de la télévision et du développement de la société de consommation. L'écart ne fait que s'accentuer entre la pratique amateur du football féminin même de haut niveau et le football professionnel. Depuis les années quatre-vingts, le football connaît des transformations considérables. Les salaires augmentent de façon massive ; ils sont multipliés par huit entre 1978 et 1990[1228]. Les transferts comme les droits de retransmission télévisuelle explosent et

1228 Wahl A., Lanfranchi P., op. cit., p. 231.

atteignent des sommes exorbitantes. Le football devient une activité économique au même titre que les autres, hantée par le spectre de la rentabilité et de la spéculation. Les clubs professionnels entrent dans l'ère du « football-business » : le budget des clubs de première division quadruple au cours des années quatre-vingt-dix[1229]. Aujourd'hui les stars du football touchent des salaires astronomiques sans compter les revenus de la publicité dus à la commercialisation de leur image.

Si le football féminin se rapproche du modèle masculin sur le plan institutionnel et réglementaire, il reste néanmoins en décalage malgré les perspectives de professionnalisation à moyen ou long terme.

[1229] Thiriez F., "Les clubs français à l'épreuve du "foot-business", *Pouvoirs*, avril 2002, p. 65.

CONCLUSION GÉNÉRALE

Le football féminin naît en France au cours de la première guerre mondiale, en 1917. Il disparaît vingt ans plus tard pour ne réapparaître durablement que dans les années soixante. Ce constat nous a amené à la question suivante, point de départ de notre étude : pourquoi l'histoire du football féminin est-elle traversée par cette importante fracture et par de nombreuses périodes de crises et de ruptures ? que nous avons élargie : pourquoi et comment le football a-t-il été approprié, ou non, par les femmes au cours du siècle ?

Notre projet visait à montrer, d'une part, que l'évolution du football féminin est fortement liée à l'histoire des femmes et aux représentations de la femme en mouvement, ce qui nous a amené à nous interroger entre autres sur le rôle des mouvements féministes dans l'accession des femmes à la pratique du ballon rond. D'autre part, l'évolution du football féminin est spécifique par rapport au développement du football au XXe siècle.

Cette étude nous permet de mettre en évidence que la féminisation du football au XXe siècle ne suit pas une trajectoire indépendante de l'évolution de la place des hommes et des femmes dans la société française. Dans les années vingt, comme les années soixante, le football féminin apparaît dans un contexte propice à des initiatives.

L'essor du football va de pair avec les périodes favorables à l'emploi féminin salarié. En période de croissance économique, la main d'oeuvre féminine est particulièrement sollicitée. Après la Grande Guerre les femmes font des percées notamment dans le secteur tertiaire. L'accès à l'instruction primaire, et secondaire dans une moindre mesure, permet aux femmes d'occuper des emplois dans les bureaux, les services publics grâce notamment au développement de la machine à écrire et de la sténographie qui ouvre un nouveau domaine professionnel aux femmes. La modernisation de l'industrie amène également la création d'emplois qui requièrent des qualités de précision plus que de force. C'est aussi le temps des grandes « premières » dans différents domaines. Au milieu des années soixante, la société, aussi, amorce une transformation. Le taux d'activité féminine qui stagnait depuis les années vingt remonte, et s'accélère même après 1968, comme dans toutes les démocraties occidentales, bien que le taux d'activité des femmes varie sensiblement d'un pays à l'autre. Et, non seulement les femmes sont plus nombreuses à travailler mais elles sont aussi plus nombreuses à poursuivre leur activité salariée après le mariage d'autant que le développement des structures d'accueil pour les jeunes enfants et les commodités de l'électro-ménager allègent le travail à l'intérieur du foyer. Le rapport des jeunes filles aux études et les relations entre les sexes sont bousculés. Le travail féminin gagne en légitimité en même temps que les rôles familiaux sont peu à peu remis en cause.

L'apparition, ou les apparitions devrions-nous dire, du football féminin sont liées également à l'essor du féminisme actif et organisé, qui n'est pas sans lien avec l'émancipation du travail féminin. Elles correspondent *aux deux crêtes des vagues féministes*[1230] que sont le mouvement suffragiste et le mouvement de libération des femmes. Cependant il ne faut pas y voir une relation de cause à conséquence directe. Nous avons vu que les footballeuses ne sont pas des féministes militantes et qu'inversement les féministes engagées ne plaident pas en faveur du football (et plus généralement de la pratique sportive féminine) à de rares exceptions près. Dans les années vingt comme dans les années soixante, les femmes ne font pas de leur pratique du ballon rond une revendication féministe affirmée, ne dénoncent pas par ailleurs les inégalités sociales, économiques ou politiques. Peut-on en conclure pour autant qu'elles ne recherchent pas l'émancipation des femmes ? Nous considérons qu'elles participent à leur façon à l'émancipation ou à la libération de la femme par un « féminisme en action ». Et bien que ces footballeuses n'aient sans doute pas accepté cette étiquette « féministe » cela ne les rend pas moins féministes par leurs actions, pouvons-nous préciser, paraphrasant M. Perrot et C. Sowerwine[1231]. Ainsi la mouvance contestataire favorise-t-elle la naissance du football féminin et en même temps la survie de cette activité féminine participe-t-elle de cet élan d'émancipation féminine.

A l'inverse, nous avons pu constater que les années sans football féminin coïncident avec la régression de la situation des femmes entre les années trente et les années soixante. Le football féminin est le reflet des rapports de sexes dans notre société qui s'illustre à travers d'autres exemples.

Par exemple, les adaptations des règles du jeu édictées en 1919 par la FSFSF et en 1970 par la FFF frappent par leur similitude. Ils témoignent de la pérennité de certains traits associés à la femme et notamment la fragilité mais en même temps révèlent l'évolution des fondements sur lesquels ils reposent. A la sortie de la Grande Guerre, c'est surtout la fragilité des organes féminins de la reproduction qui préoccupe en raison du contexte. On s'inquiète des risques qu'encoure la femme dans la pratique du football pour la maternité. Les coups de pied dans le ballon sont nuisibles aux conditions de gestation dans la mesure où le ventre n'est pas suffisamment protégé. Ces arguments qui enferment les femmes dans leur destin

[1230] Avant propos de Chaperon S., *Les années Beauvoir (1945-1970)*, op. cit.

[1231] Perrot M. et Sowerwine C., in Sohn A. M., Thélamon F. (sous la dir.), *L'Histoire sans les femmes est-elle possible ?*, Paris, Perrin, 1998, p. 244.

biologique sont balayés notamment par les progrès de la médecine, et une meilleure planification des naissances. En 1970, pour autant, l'argument de la faiblesse constitutive n'a pas disparu. Et c'est seulement vingt ans plus tard que les règles du jeu pour les hommes et pour les femmes deviennent en tout point identiques.

L'étude de la féminisation du football au XXe siècle met en évidence également, comme dans d'autres domaines, la permanence de la menace de virilisation de la femme. On est convaincu que la pratique du football donne des allures garçonnières. Le costume, et notamment la culotte, puis le short, comme la gestuelle faite de coups de pied ne correspondent pas au standard féminin. Encore aujourd'hui quand on évoque les footballeuses on oublie tous les aspects positifs associés aux footballeurs. On voit en elles des femmes déformées par la pratique d'un sport viril et rude. *On a vite fait de te traiter de garçon manqué quand tu joues au ballon*, regrette l'attaquante Hoda Lattaf[1232]. La peur de la masculinisation des femmes n'est pas propre au football, elle ressurgit, sous des formes un peu différentes, chaque fois que les femmes osent s'aventurer sur des terrains qui ne sont pas les leurs à priori. L'extension du travail salarié des femmes hors du foyer favorisée par le processus d'industrialisation, déclenche de vives protestations également au nom de la moralité, de la santé des femmes comme du couple, de la bonne éducation des enfants... La formule de Jules Simon prononcée en 1860 *la femme devenue une ouvrière n'est plus une femme* illustre ce rejet social du travail des femmes à l'extérieur[1233] que Annelise Maugue met en évidence à travers les discours par une étude des écrits, notamment romans et pièces de théâtre de 1870 à 1914. On craint que la femme ne puisse mener de front carrière professionnelle et tâches ménagères et maternelles, qu'elle néglige sa maison et délaisse ses enfants [1234]. Par ailleurs, l'église considère le travail féminin comme une menace pour la cohésion du couple et de la famille. De même, durant l'entre-deux-guerres, l'argumentaire développé contre le football est très proche de celui qui s'oppose au travail féminin ; on craint que le football donne des allures masculines et voue les femmes à la stérilité. L'idée dominante est en effet celle d'une incompatibilité entre féminité, travail salarié (ou pratique sportive) et maternité comme le montrent les propos suivants : *les femmes administrateurs, théoriciennes, grandes sportives ou intellectuelles sont dures et inhumaines, connaissent des maternités tragiques, et la compétition leur fait perdre leur féminité dans leur être tout entier* [1235]. D'une manière générale, on assimile

---

1232 *L'Équipe Magazine*, 6 janvier 2001.

1233 Bard C., *Un siècle d'antiféminisme*, op. cit., p. 47.

1234 Maugue A., op. cit., p. 55.

1235 Du Peloux de Saint- Romain, "La femme et la maison", *Chronique sociale de la France*, mai-juin 1943, cité dans Muel-Dreyfus F., *Vichy et l'éternel féminin*, op. cit., p. 340.

l'émancipation des femmes à la décadence, à la virilisation... Aujourd'hui on retrouve les mêmes réflexions à propos de métiers masculins comme par exemple les carrières militaires bien que le vocable ou les justifications évoluent comme on l'a vu précédemment. Les footballeuses, comme les travailleuses atypiques, doivent affronter les soupçons qui pèsent sur leur féminité. Sont-elles des vraies femmes ? Sous entendu ne sont-elles pas lesbiennes ? Marqué durablement par les préjugés à son encontre, le football féminin est le reflet de cette crainte de virilisation des femmes et de l'indifférenciation sexuelle qui apparaît comme une permanence au cours du siècle.

Aujourd'hui encore les préjugés à l'égard des footballeuses sont tenaces mais *se traduisent plus discrètement, ils s'euphémisent car il n'est pas de bon ton de pratiquer, explicitement, l'exclusion sexuelle*[1236]. Le football s'accommode mal avec l'idée que l'on se fait de la féminité. Il est en cela révélateur de la pérennité des attitudes, les traits de caractère que nous attribuons au tempérament féminin et notamment la beauté liée aux fantasmes masculins.

Par ailleurs, la comparaison football féminin / football masculin nous a permis de faire apparaître non seulement un alignement progressif des règlements et des compétitions, mais en même temps des divergences liées à la professionnalisation et à la spectacularisation croissante du phénomène sportif.

Du point de vue organisationnel, le football féminin se rapproche lentement du football masculin, comme la plupart des sports[1237]. Initialement, en 1917, comme en 1919 au moment de la constitution de la Fédération Française de Football Association, le football féminin est contraint de se développer en marge des institutions masculines qui rejettent la pratique du ballon rond par les femmes, en gardant toutefois un certain contrôle par le biais de l'arbitrage. Mais la question du football féminin ne se réduit pas à la dimension institutionnelle. Intégrées à la FFF depuis 1970, dotées des mêmes compétitions, de la plupart des compétitions nationales et internationales, les femmes ne sont pas traitées à l'égale des hommes. Les femmes demeurent amatrices, très loin des transferts, des salaires colossaux, des hommes d'affaire et de la publicité. Et depuis les années quatre-vingts, le décalage entre footballeurs et footballeuses ne fait que s'accentuer.

[1236] Lefevre B., "La sportive : entre modèle masculin et norme esthétique", Arnaud P., Terret T., op. cit., p. 252.

[1237] Arnaud P., "Le genre ou le sexe ? Sport féminin et changement social", op. cit.

Par ailleurs, les femmes n'accèdent pas ou très peu aux postes à responsabilité. La nomination d'Elisabeth Loisel au poste d'entraîneure de l'Équipe de France ne doit pas masquer le faible nombre de femmes à ce poste-là dans les clubs. Cette inégalité existe par ailleurs dans le monde du travail où les femmes ont du mal à s'élever dans la hiérarchie. On en revient à notre première hypothèse, le football féminin suit une trajectoire banale liée aux conditions de vie des femmes et aux rapports hommes/femmes.

Ainsi il apparaît que notre première hypothèse est dans l'ensemble vérifiée. Toutefois, si nous considérons que les footballeuses, les pionnières comme les actrices de la renaissance, ne sont pas des féministes militantes mais des féministes en action, nous avons mis en évidence des tentatives de rapprochement que nous n'avions point soupçonnées entre les structures autonomes du sport féminin des années vingt et les groupements féministes. Cette question mériterait d'être approfondie à travers notamment l'étude du rôle des doctoresses dans les sociétés féminines de l'époque.

La seconde hypothèse n'est qu'en partie confirmée. Pour la première période repérée, on peut parler de trajectoire spécifique du football féminin par rapport aux instances du football mais l'on a montré que l'organisation des compétitions s'effectue sur le même modèle que les compétitions masculines. Pour la deuxième période, si l'on peut parler d'alignement au plan réglementaire et institutionnel, les statuts des joueurs et des joueuses divergent.

A la fin de cette étude, il demeure un certain nombre de questions restées sans réponse et qui constituent un certain nombre de limites. Si pour la période de l'entre-deux-guerres, une comparaison rapide avec les autres sports féminins nous a permis de mieux appréhender la spécificité du football féminin au regard des autres disciplines, celle-ci s'est montrée plus difficile pour la seconde moitié du siècle. Une connaissance plus précise de l'histoire du hand-ball féminin notamment nous aurait aidée pour une meilleure compréhension de la renaissance du football féminin.

Bien des points restent à préciser dans l'histoire du football féminin français et en particulier dans les fédérations affinitaires, Fédération Sportive et Gymnique du Travail et Fédération Sportive et Culturelle de France, et scolaires. Enfin, il resterait à étudier les influences étrangères sur le développement du sport féminin en général et du football féminin en particulier, projet d'envergure.

Part des femmes dans les fédérations « olympiques » françaises

(d'après les données du Ministère de la Jeunesse et des Sports, 2002)

Fédération Française de	Nombre total de licenciés en 2000	Part des femmes (en %)
Athlétisme	16 402	37,7
Aviron	60 282	32,4
Badminton	70 589	41,8
Baseball, softball, criquet	14 008	29,3
Basketball	437 190	38,8
Boxe	**18 591**	**8,4**
Canoë-Kayak	93 921	24,8
Cyclisme	**103 166**	**9,9**
Equitation	428 278	72,7
Escrime	97 836	27
Football	**2 150 442**	**1,9**
Gymnastique	214 001	78,5
Sports de glace	40 562	49,2
Haltérophilie, musculation	22 036	27,8
Handball	273 393	35,9
Hockey	7 290	18,8
Judo, jujitsu, kendo	530 299	24,2
Lutte	13 465	22,7
Natation	200 154	55,2
Pentathlon moderne	1 526	37,6
Ski	182 974	27,1
Taekwondo	36 485	22,6
Tennis	1 048 328	34,5
Tennis de table	175 117	16,8
Tir	**132 163**	**9,6**
Tir à l'arc	51 579	22,8
Triathlon	40 617	17,3
Voile	258 028	19,4
Volley-ball	96 412	48,4
TOTAL	6 960 934	27,2

Les fédérations d'éducation physique et de sports

(1912-1936)

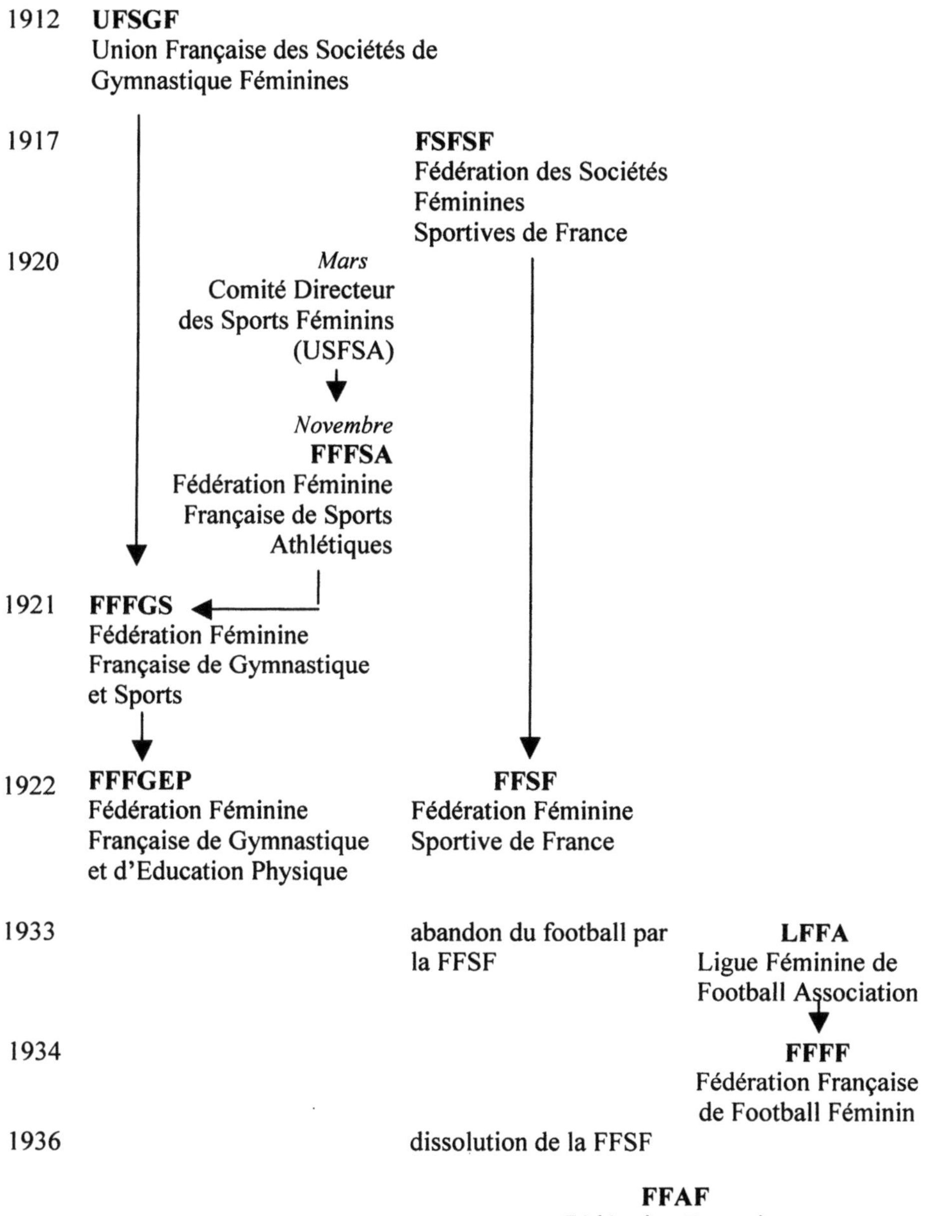

TABLE DES MATIÈRES

654651 - Mai 2016
Achevé d'imprimer par